SIEMENS

Siemens AG
Learning Campus
Business Training
Project Management

St.-Martin-Str. 76
81541 München
Deutschland

D1703605

Manfred Noé
Der effektive Projektmanager

Der effektive Projektmanager

Die persönliche Komponente
im Projektmanagement

von Manfred Noé

 PUBLICIS

Bibliografische Information Der Deutschen Nationalbibliothek
Die Deutsche Nationalbibliothek verzeichnet diese Publikation in
der Deutschen Nationalbibliografie; detaillierte bibliografische Daten
sind im Internet über http://dnb.d-nb.de abrufbar.

Autor und Verlag haben alle Texte in diesem Buch mit großer Sorgfalt
erarbeitet. Dennoch können Fehler nicht ausgeschlossen werden.
Eine Haftung des Verlags oder des Autors, gleich aus welchem Rechtsgrund,
ist ausgeschlossen. Die in diesem Buch wiedergegebenen Bezeichnungen
können Warenzeichen sein, deren Benutzung durch Dritte für deren
Zwecke die Rechte der Inhaber verletzen kann.

www.publicis.de/books

ISBN 978-3-89578-332-6

Verlag: Publicis Publishing, Erlangen
© 2009 by Publicis KommunikationsAgentur GmbH, GWA, Erlangen

Das Werk einschließlich aller seiner Teile ist urheberrechtlich geschützt.
Jede Verwendung außerhalb der engen Grenzen des Urheberrechtsgesetzes
ist ohne Zustimmung des Verlags unzulässig und strafbar. Das gilt
insbesondere für Vervielfältigungen, Übersetzungen, Mikroverfilmungen,
Bearbeitungen sonstiger Art sowie für die Einspeicherung und Verarbeitung
in elektronischen Systemen. Dies gilt auch für die Entnahme von einzelnen
Abbildungen und bei auszugsweiser Verwendung von Texten.

Printed in Germany

Vorwort

Nach der Ausbildung als Betriebswirt begann ich meine berufliche Laufbahn in einem großen Elektronikunternehmen, in dem ich schließlich mehr als dreißig Jahre lang an Projekten beteiligt war. Anfangs war ich einer von vielen Projektteammitgliedern und als Programmierer tätig. Nach der Entwicklung eines riesigen Führungs- und Informationssystems bei der Bundeswehr wurden noch Wartungs- bzw. Weiterentwicklungsverträge abgeschlossen. Das war der Zeitpunkt für mich, meine Bewährungsprobe als Projektmanager zu bestehen. Ich hatte in der Zwischenzeit so viel Geschmack an Projekten gefunden, dass es für mich beruflich eigentlich keine anderen Perspektiven mehr gab. Ich war mit Leib und Seele Projektmanager, auch wenn es immer wieder mal Rückschläge und auch viel Ärger gab. Aber ich wusste auch, dass dies zum Leben eines Projektmanagers gehört und dass es auch immer wieder großartige Erfolgserlebnisse gibt. Ich genoss es, immer wieder mit neuen Aufgaben herausgefordert zu werden und mit anderen Menschen gemeinsam an einer Sache zu arbeiten, die wiederum, wenn sie dann erfolgreich abgeschlossen war, anderen von Nutzen war und Freude bereitete.

Fast alle Projekte waren ganz unterschiedlicher Art: Mal mussten bestehende Systeme funktional erweitert werden, ein anderes Mal sollten Systeme optimiert werden, weil die Antwortzeiten nicht mehr tragbar waren oder die Datenbank aus den Nähten platzte. Auch mussten komplette Altsysteme wegen Hardwarewechsel entsprechend der neuen Umgebung umgestellt, angepasst oder mit neuer Software versehen werden. Dann gab es die Projekte, die unter einem gewaltigen Zeitdruck standen, etwa das Jahr-2000-Projekt in der Produktion bei Audi, der Umzug des Flughafens von München-Riem nach Erding oder auch der Umzug einer Großbank in ein neues Gebäude, mit der gesamten Infrastruktur.

Ich habe in dieser Zeit soviel Erfahrung gesammelt, dass ich danach immer öfter Projektreviews und -audits bei kritischen Projekten durchgeführt habe und, wenn es gefordert wurde, auch die Projektmanager als Coach und Berater unterstützt habe. Zwischen all diesen praktischen Aufgaben habe ich versucht, eine Projektkultur in einigen Bereichen meiner Organisation einzuführen. Dazu wurden Projektmanagement-Guideline, Verfahren und Checklisten entworfen, die die Arbeit der neuen und jungen Projektmanager unterstützen sollten. Dann gab es auch die Zeit, während der viele Unternehmen sich projektorientiert aufstellen wollten. Damals bestand natürlich ein großer Nachholbedarf an Projektmanagementausbildung und organisatorischen Veränderungen. Gerne erinnere ich mich auch an die zahlreichen Trainings bei der Deutschen Bahn AG.

Die größte Erfahrung für mich war jedoch die Arbeit mit den Menschen im Projekt und außerhalb des Projekts. Ich habe eigentlich schon sehr früh festgestellt, dass für mich und viele andere eine gute Beziehung zu allen Projektbeteiligten wesentlicher wichtiger war als die Kenntnisse über Methoden, Techniken und Werkzeuge des Projektmanagements. Mir wurde klar, dass dieser „Mechanismus" zur Grundausbildung eines jeden Projektmanagers gehört, aber für den Erfolg in einem Projekt die menschlichen Eigenschaften ausschlaggebend waren. Von großer Bedeutung ist der Führungsstil des Projektmanagers, also sein Führungsverhalten, die Anwendung effizienter Kommunikations- und Motivationstechniken.

Im Mittelpunkt stehen dabei die Mitglieder des Projektteams und die Kunden. Es zählt zu den Kernaufgaben des Projektmanagers, die Projektmitarbeiter so zu motivieren, dass sie sich mit dem Projektziel und ihren Aufgaben identifizieren. Hilfsmittel seiner Leistungsfähigkeit sind für einen Projektmanager ein ausgeprägtes kooperatives Führungsverhalten und der Einsatz spezieller Führungstechniken. Nur mitdenkende und mitentscheidende Projektmitarbeiter garantieren den Projekterfolg. Genau so wichtig ist eine produktive Zusammenarbeit mit dem Kunden. Kontinuierliche Kommunikation und Beratung sind hier die Zauberwörter. Offene und ehrliche Information stehen im Vordergrund und ermöglichen die Schaffung einer Vertrauensbasis und die Akzeptanz der Vorgehensweise im Projekt. Selbst Fehler oder Probleme führen nicht zu Konflikten, sondern werden durch gemeinsame Maßnahmen einvernehmlich behoben.

Mein Ziel ist es, Ihnen mit diesem Buch mehr die sogenannten „weichen Faktoren" näher zu bringen, als das immer wieder in vielen Seminaren und anderen Projektmanagementbüchern vorgestellte Handwerkzeug des Projektmanagers. Leider werden die Berufsanfänger viel zu selten auf ihre menschlichen Eigenschaften als Führungskraft hin überprüft bzw. entsprechend ausgebildet. Ich habe wirklich viele Projektmanager erlebt, die ihr Handwerk bezüglich Planung und Durchführung eines Projektes aus dem Effeff verstanden, aber letztendlich oftmals scheiterten, weil sie mit den Menschen im Projekt nicht zurecht kamen.

Das war für mich der Grund, dieses Buch zu schreiben, in dem ich Ratschläge und Hinweise für den Umgang mit Menschen in Projekten gebe. Das Beschriebene ist meine persönliche Erfahrung und meine Ansicht der

Dinge und erhebt nicht den Anspruch, an jeder Stelle wissenschaftlich fundiert zu sein. Trotzdem werden alle, die den Berufsweg des Projektmanagers neu einschlagen, und auch die „alten Projektmanagement-Füchse" großen Nutzen aus diesem Buch ziehen können.

Dieses Buch ist allen Menschen gewidmet, die mich auf meinem beruflichen Lebensweg begleitet haben. Zu nennen sind die Trainer der ehemaligen EDV-Schule der Firma Siemens in München und später das Trainingscenter Siemens-Nixdorf, durch die ich viel über Projekt- und Qualitätsmanagement gelernt habe. Die dort erlangten Kenntnisse und viele Inhalte des dort zur Verfügung gestellten Informationsmaterials ergänzen die über dreißigjährige Erfahrung als Projekt-, Qualitäts- und Krisenmanager. Zu nennen sind auch die vielen Kollegen in diversen Bereichen der Firma Siemens, die mit mir gemeinsam Richtlinien und Leitfäden für die tägliche Arbeit im Projekt-/Qualitäts-/Risiko- und Krisenmanagement entwickelt haben.

Zu Dank verpflichtet bin ich auch der Hochschule Bonn-Rhein-Sieg, hier insbesondere Professor Dr. Bernd Ebel aus dem Fachbereich Wirtschaft, der mich tatkräftig unterstützt hat und mir wertvolle Ratschläge und nützliches Informationsmaterial zukommen ließ.

Ein besonderer Dank gilt meiner Ehefrau Waltraud, für das mir entgegengebrachte Verständnis während der Zeit für die Erstellung des Buches, sowie meiner Tochter Christiane, die mir durch unterstützendes Korrekturlesen viel Arbeit abgenommen hat.

Manfred Noé
Rheinbach, im September 2009

Inhaltsverzeichnis

1	**Projektmanagement – Kunst oder Handwerk?**	13
2	**Das Projekt aus der Sicht des Projektmanagers**	19
2.1	Projektbegriff	20
2.1.1	Die Merkmale eines Projekts	20
2.1.2	Arten von Projekten	22
2.2	Projektmanagementbegriff	25
2.3	Wer braucht Projekte?	27
3	**Erfolgsgeheimnis 1: Die Effektivität**	30
3.1	Bedeutung und Abgrenzung von Effektivität	30
3.2	Effektivitätsbereiche des Projektmanagers	32
3.3	Der spezifische Effektivitätsbereich	34
3.4	Die allgemeinen Effektivitätsbereiche	36
3.5	Der persönliche Effektivitätsbereich	40
4	**Erfolgsgeheimnis 2: Eigenschaften und Verhalten**	59
4.1	Unternehmerisches Denken und Handeln	61
4.2	Eine gesunde Portion Selbstvertrauen und Selbstbewusstsein	64
4.2.1	Stärken entwickeln	65
4.2.2	Beherrschung und Überwindung von Angst	67
4.3	Gutes Urteilsvermögen	72
	Urteil 1: Was ist der Umfang des Projekts?	74
	Urteil 2: Was muss alles geplant werden?	75
	Urteil 3: Welche Elemente des Projektmanagementprozesses gelten und welche sind zu ignorieren?	77
	Urteil 4: Wann muss etwas eskaliert werden?	78
	Urteil 5: Wann sollte man ins Detail gehen und wann überfliegen?	78
	Urteil 6: Wann sollte man es selber tun und wann es delegieren?	79
	Urteil 7: Wem kann man im Projektteam vertrauen?	79
	Urteil 8: Was ist eine annehmbare Risikoebene?	80

Urteil 9: Was ist ein akzeptables Niveau paralleler Aktivitäten? 81
Urteil 10: Was ist eine akzeptable Anzahl von Änderungen? 82
Urteil 11: Wann sollten Sie den Änderungsmanagementprozess
durchführen? 84
Urteil 12: Wann ist es sinnvoll, eine Aktivität durchzuführen,
die auf einer Annahme basiert? 86
Urteil 13: Wie viele Ebenen der Projektorganisation braucht man? . 87
Urteil 14: Wann muss man den Schwerpunkt auf die Stakeholder
legen? 88
Urteil 15: Wann ist ein Projekt vollständig? 88

4.4 Kreative Energie 93
4.4.1 Die Kreativität des Projektmanagers 96

5 Erfolgsgeheimnis 3: Führungsstile 101

5.1 Zu vermeidende Stile 102
    Klischee 1: Der Diktator 102
    Klischee 2: Der Macho 104
    Klischee 3: Der Sachverwalter 105
    Klischee 4: Der Perfektionist 108
    Klischee 5: Der Kneifer 110
    Klischee 6: Der Gefälligkeitsapostel 111
5.2 Management und Führung (Leadership) 113
5.3 Zu fördernde Führungsstile 115
5.3.1 Allgemeines zum Führungsstil 116
5.3.2 Den Integrationsstil beherrschen 117
5.4 Zu fördernde Stilmerkmale 120
    Merkmal 1: Stilflexibilität 121
    Merkmal 2: Sich unterschiedlichen Situationen anpassen können . 122
    Merkmal 3: Dynamischer Stil und positives Denken 124
    Merkmal 4: Belastung beherrschen können 124
    Merkmal 5: Respekt vor Menschen haben 126
    Merkmal 6: Vertrauen und Glaubwürdigkeit erzeugen 126
    Merkmal 7: Sinn für Humor 129
    Merkmal 8: Feinfühligkeit im eigenen Umfeld 130
    Merkmal 9: Einfühlungsvermögen (Empathie) für den Kunden ... 133
    Merkmal 10: Politisches Gespür 135
    Merkmal 11: Konfliktfähigkeit 136
    Merkmal 12: Teamführung in Krisensituationen beherrschen 139
    Merkmal 13: Die Integration von Menschen und Aufgaben
    erreichen 140

Merkmal 14: Sinnvermittlung des Projekts und der Projektaufgabe
durchführen 141
Merkmal 15: Das „Wir-Gefühl" entwickeln 142
Merkmal 16: Vernetzen können 143
Merkmal 17: Präsentieren können 144

6 Erfolgsgeheimnis 4: Kommunikation 146

6.1 Die Kommunikationspartner 148
6.1.1 Personen, die direkt am Projekt beteiligt sind 150
6.1.2 Kunden des Projekts 152
6.1.3 Die Stakeholder 157
6.2 Zuhören und verstehen 160
    Regel 1: Aktiv Zuhören 160
    Regel 2: Lernen Sie zu verstehen, was der Kunde will 162
    Regel 3: Legen Sie die Anforderungen/Erwartungen fest 164
    Regel 4: Legen Sie die Annahmen ausdrücklich fest 167
    Regel 5: Verstehen Sie den Zweck des Projekts 168
    Regel 6: Verstehen Sie die Kundenanforderungen 169
    Regel 7: Überprüfen Sie alle weiteren Dinge 171
    Regel 8: Ermitteln Sie den gesamten Kundenbedarf 172
    Regel 9: Bedenken Sie immer, dass es nicht Ihr Projekt ist 173
6.3 Mit den Projektbeteiligten und -betroffenen kommunizieren 174
6.3.1 Planung und Kommunikationsansätze 176
    Regel 1: Planen Sie Ihren Kommunikationsprozess 176
    Regel 2: Akzeptieren Sie die reguläre Berichterstattung als einen
    Teil Ihrer Aufgaben 177
    Regel 3: Benutzen Sie formale Präsentationen, soweit erforderlich . 179
    Regel 4: Benutzen Sie die inoffizielle Kommunikation spontan
    und kontinuierlich 181
6.3.2 Stil und Methode der Kommunikation 182
    Regel 1: Sprechen Sie die gleiche Sprache wie Ihre Partner 182
    Regel 2: Vermeiden Sie zu viele Projektmanagementausdrücke ... 183
    Regel 3: Erklären Sie die Risiken 184
    Regel 4: Präsentieren Sie komplexe Dinge gut verständlich 184
    Regel 5: Stimmen Sie die Kommunikation auf die Bedürfnisse
    der jeweiligen Gruppen ab 185
    Regel 6: Führen Sie eine wirksame Kommunikation mit dem
    Lenkungsausschuss 187
    Regel 7: Verlassen Sie sich nicht auf E-Mails 190
    Regel 8: Seien Sie eindeutig in Ihren Aussagen 191
    Regel 9: Präsentieren Sie an den Meilensteinterminen faktische
    Schlüsselinformation 192

6.3.3 Regeln, um alle Kommunikationstechniken zu untermauern 193
Regel 1: Die Wahrheit sagen 193
Regel 2: Daran denken, dass es nur eine Version der Wahrheit
geben darf 194
Regel 3: Erwartungen bewältigen wollen 195
Regel 4: Feedback geben 197
Regel 5: Bedenken, dass Kommunikation kein Ersatz für
die Lieferung ist 199

7 Erfolgsgeheimnis 5: Das Projektteam 200

7.1 Das Beste vom Projektteam erreichen 201
7.1.1 Erkennen und zuordnen 201
Aufgabe 1: Ordnung in das Projekt bringen 201
Aufgabe 2: Die richtigen Fähigkeiten identifizieren 202
Aufgabe 3: Für Qualität entscheiden statt für Quantität 204
Aufgabe 4: Klare Rollen und definierte Ziele zuweisen 205
Aufgabe 5: Ein Gespür dafür entwickeln, wann man sich von
jemandem trennen muss 206
7.1.2 Das Projektteam zusammenstellen und motivieren 208
Aufgabe 1: Ziele festlegen und Motivation erreichen 208
Aufgabe 2: Das Team aufbauen 214
Aufgabe 3: Stellen Sie sicher, dass es eine persönliche Entwicklung
für die Teammitglieder gibt 218
Aufgabe 4: Die Rückkehr der Teammitglieder in die Linien-
organisation absichern 219
Aufgabe 5: Sich der Teamdynamik und -politik bewusst sein 220
7.1.3 Herausforderungen an die Teamführung 222
Aufgabe 1: Nähe und Kommunikation suchen 222
Aufgabe 2: Ein geographisch verteiltes und isoliertes Projektteam
(virtuelles Team) führen 224
Aufgabe 3: Die Teilzeitkräfte managen 225
Aufgabe 4: Die höheren Führungskräfte managen 226
Aufgabe 5: Nicht fest zugeordnete Experten führen 227
Aufgabe 6: Das Projektteam auflösen 227

8 Erfolgsgeheimnis 6: Das Projekt effektiv managen 229

8.1 Was müssen Sie managen? 229
8.2 Wie sollten Sie managen? 232
8.3 Wie führen Sie die Managementaufgaben durch? 237
8.4 Komplexität vermeiden und Einfachheit erreichen 239

8.5	Managen von Änderungen	244
8.6	Managen von Risiken	246
8.7	Entscheidungen treffen	252
8.8	„Nein" sagen	256

9 Erfolgsgeheimnis 7: Seine eigenen Grenzen kennen ... 260

9.1	Generalist versus Experte	261
9.2	Was Sie als Projektmanager nicht tun sollten	264
9.3	Expertenfähigkeiten im Projekt	266
	Expertenfähigkeit 1: Geschäftsanalyse und Anforderungserfassung	267
	Expertenfähigkeit 2: Änderungsmanagement	267
	Expertenfähigkeit 3: Systemintegration und -test	269
	Expertenfähigkeit 4: Verhandlungen mit Lieferanten	270
	Expertenfähigkeit 5: Vertrags- und Rechtsfragen	271
	Expertenfähigkeit 6: Claim Management	272
	Expertenfähigkeit 7: Projektbüro	273
	Expertenfähigkeit 8: Projektbegleitendes Qualitätsmanagement	274
	Expertenfähigkeit 9: Public Relations für das Projekt (Projekt-PR)	275

10 Schlussgedanken ... 279

Literaturhinweise ... 282

Stichwortverzeichnis ... 284

1 Projektmanagement – Kunst oder Handwerk?

Der Erfolg eines Projektes hängt nicht nur von den notwendigen fachlichen Kompetenzen und vom Einsatz der richtigen Methoden ab, sondern von den Menschen, die das Projekt leiten, und denen, die im Projekt arbeiten und die Methoden anwenden können und wollen. Es bedarf eines Teams von motivierten Mitarbeitern, die gut zusammenarbeiten und in der Lage sind, zielführend, lösungs- und sachorientiert zu kommunizieren.

Es gibt Projektmanager, die immer Erfolg mit ihren Projekten haben. Sie können eine Erfolgsgeschichte vorweisen, die beispiellos ist, selbst bei komplexen Entwicklungen erreichen sie immer wieder die Projektziele. Wenn man mit ihnen spricht und sie fragt, wie sie das so machen, erklären sie ganz offen und frei, dass sie nicht darüber nachdenken, wie schwierig ein Projekt sein könnte und welche Probleme auf sie zukommen. Sondern sie denken immer positiv, sie identifizieren sich mit dem Projekt, sind begeistert und motivieren sich und andere, so in der Art: „Das schaffen wir schon, packen wir's an." Sie freuen sich auf die Herausforderung: „Ein Projekt ist wie ein Kind. Man hilft ihm in allen Lebenslagen und sieht es heranwachsen, man unterstützt und fördert es. Es lernt das Leben kennen, bis es eigenständig ist und sich selbst überlassen werden kann." Dieser Vergleich passt immer irgendwie, egal ob der Projektmanager sich um ein IT-System, eine Fertigungsstraße, ein Kraftwerk oder ein Gebäude kümmert.

Erfolgreiche Projektmanager arbeiten hart, aber sie vermeiden zu starken Druck und Überlastung, die oft ein Merkmal von weniger gut laufenden Projekten sind. Sie scheinen ganz ruhig zu sein und haben alles unter Kontrolle. Auf der anderen Seite gibt es viele Projektmanager, für die die Durchführung eines Projektes ein ständiger Kampf ist, in vielen Fällen sogar ein Mysterium – eine geheimnisvolle Kunst, die sich ihnen verweigert. Offensichtlich haben sie nicht die gleiche Einstellung wie ihre erfolgreichen Kollegen. So finden sie auch nicht heraus, was es mit der geheimnisvollen Kunst auf sich hat, die für den einen so einfach und für den anderen so schwierig ist.

In diesem Buch werden viele Themen beschrieben, die Sie dabei unterstützen, sich ein klares Bild über das Projektmanagement zu machen und Ihnen aufzeigen, wie Sie in diesem Beruf effektiver werden können. Weder in Schulen, in Universitäten, noch in berufsvorbereitenden Ausbildungsgängen werden junge Menschen praktisch auf Management und Führung vorbereitet. Die Absolventen einer Universität oder Fachhochschule wissen manchmal gar nicht so genau, was sie eigentlich wollen. Die meisten wollen in irgendeiner Form Karriere oder Erfolg, etwas Konkretes haben sie dabei nicht sofort im Kopf. Herauszufinden, was ihnen am besten liegt, kann ihnen aber keiner abnehmen. Sie müssen sich selbst um ihre Laufbahn kümmern, dabei sollten sie sich aber erst einige grundlegende Fragen ehrlich beantworten:

„Bin ich von meinem Charakter und meiner Arbeitsweise her ein Einzelkämpfer oder kann ich ein Team führen?"

„Will ich lieber ein Spezialist sein, der ein herausragendes Fachwissen besitzt, oder bin ich eher ein talentierter Integrator, der ein Projekt mit vielen Personen steuern und koordinieren kann?"

Erst wenn die prinzipielle berufliche Ausrichtung feststeht, kann ein aufstiegsorientierter Mensch seine Zukunft planen. Es gilt, eine individuelle Berufsplanung zu entwickeln, die Erfolg und Glücklichsein verheißt. Es kristallisiert sich immer mehr heraus, dass im Projektmanagement neben den fachlichen Qualifikationen vermehrt die sozialen Kompetenzen gefordert werden. Eine auf den persönlichen Karriereweg des Projektmanagers zugeschnittene Weiterbildung, in der es bevorzugt um Softskills geht, ist für die Projekt- bzw. Führungskarriere unbedingt erforderlich.

Besonders wichtig ist die Fähigkeit zu kommunizieren. Immer stärker wird der Projektmanager daran gemessen, wie gut er mit anderen kommunikativ umgeht. Mit „anderen" ist im Projektmanagement ein umfangreicher Personenkreis gemeint, angefangen vom Linienmanager (dem eigentlichen Vorgesetzten des Projektmanagers) über den Kunden als Geldgeber, Sponsor, Nutznießer und Anwender, den Lieferanten und Unterauftragnehmer bis hin zu jedem Mitglied im Projektteam. Bei einigen Projekten kommen sogar nicht direkt vom Projekt betroffene Menschen als Kommunikationspartner in Betracht.

Projektmanagement ist eine Fähigkeit, die innerhalb der öffentlichen Verwaltung und in Wirtschaftsbereichen immer mehr gefragt ist. Es ist eine Fähigkeit, die noch nicht allzu lange in dieser konsequenten Art anerkannt wird. Erstaunlicherweise ist Projektmanagement immer noch ein Berufsbild, in dem nur wenige eine systematische Ausbildung erfahren haben, es beruht vielmehr auf einer Art „Berufung", diese Laufbahn aufgrund besonderer Befähigungen (oder manchmal auch Zufällen) einzuschlagen. Nicht selten war es bisher so, dass man einen guten oder gar den besten Fachmann zum Projektmanager erklärte, der von heute auf morgen ein Projekt zu leiten hatte. Aber viele Manager hatten mit diesem Vorgehen die Rechnung ohne den Wirt gemacht, denn ihre Unternehmensprobleme wurden auf diese Art und Weise nicht behoben. Die Erfolgsrate der Projekte lag oft unter 50 % und der Projektfrust war so groß, dass viele die Nase voll davon hatten, als Projektmanager zu arbeiten.

Dies war und ist nicht immer auf die Projektmanager zurückzuführen, denn nicht alle waren schlecht oder unfähig, Projekte zu managen. Das Problem bestand einfach darin, dass es nicht möglich war, die entsprechenden Kenntnisse zu erwerben, die zum Bearbeiten der Aufgaben nötig gewesen wären. Stattdessen wurden die Kenntnisse in erster Linie durch Learning by Doing erworben. Das hat bei vielen unangenehme Narben hinterlassen, sie aber auch geprägt und größtenteils aus ihnen gute Projektmanager gemacht. Diese erfüllten nicht nur die fachliche Seite ihrer Aufgabe, sondern erreichten auch eine hohe Kompetenz bei ihren Führungsaufgaben.

Doch irgendwann drehte sich der Wind und irgendwie kam es alles anders. In manchen Branchen wurde das Projektmanagement für den Geschäftserfolg wichtig, in einigen sogar überlebenswichtig. Es zeigt sich immer mehr, dass die Rolle des Projektmanagers deutlich an Bedeutung gewonnen hat. Jetzt existiert der Projektmanager zum einen als ein international anerkannter, eigenständiger Beruf und zum anderen Projektmanagement eine Kompetenz, die einen Teil der allgemeinen Werkzeuge und Strategien vieler Topmanager darstellt. Der Bedarf an erfahrenen Projektmanagementexperten ist eine Reflexion ihrer Erfolgsserien.

Viele Unternehmensberater haben diesen Trend erkannt und sich selber projektorientiert aufgestellt und in Unternehmen diese Organisationsart eingeführt, Schulungs- und Trainingszentren sind auf diesen Zug aufgesprungen und versuchen in mehr oder weniger erfolgreichen Seminaren, ihren Klienten das Handwerkzeug des Projektmanagers beizubringen. Es wird Folie um Folie aufgelegt, Netzpläne und Balkendiagramme werden erklärt und vielleicht noch ein Fallbeispiel geübt, aber nach jedem Seminar stellt sich so mancher die Frage: „…und wie wende ich das jetzt an?" Noch ein paar Bücher lesen, die auch nur die Technik und Methoden erklären, oder Learning by Doing?

Mit sich allein gelassen, ohne Feedback und Erfolgsmessung, ohne neutrale Ermittlung von Stärken und Schwächen und richtungsweisende Empfehlungen, welche Fähigkeiten ausgebaut werden sollten, stochern viele bezüglich ihrer Weiterbildung im Nebel. Ich glaube, dass Sie sich nur selber helfen können. Lesen Sie dieses Buch, versuchen Sie Erkenntnisse daraus zu gewinnen und sich die positiven Dinge anzueignen und die negativen abzustellen. Investieren Sie genügend Zeit zum Lesen, denken Sie über das Geschriebene nach und machen Sie sich auch ein paar Aufzeichnungen. Projektmanagement lernen Projektmanager, wenn sie Projektmanagement praxisorientiert, also am „lebenden Objekt", nämlich dem Projekt, durchführen. Wenn Sie dann irgendwann mal ein Projekt leiten und Sie sich „verzwickten" Aufgaben oder Situationen gegenüber sehen, dann ist Ihnen dieses Buch vielleicht eine wertvolle Hilfe bei der Bewältigung etwaiger Probleme oder offener Fragen.

Setzen Sie sich realistische Ziele, beginnen Sie mit kleinen Projekten, lernen Sie aus den Erfahrungen und den Fehlern. Bestimmte Projektsituationen beschleunigen das Lernen der notwendigen Fähigkeiten, bedürfen aber eines hilfreichen Umfeldes. Lassen Sie sich Feedback geben, vom Kunden, vom Linienvorgesetzten und den Teammitgliedern, und gehen Sie persönliche Veränderungen an. Veränderungen geschehen aber nicht über Nacht. *Wer langjährige Gewohnheiten durch neue ersetzen will, braucht Selbstvertrauen, Mut, Konsequenz und viel Geduld.*

Der Projektmanager wird durch eine Anzahl von Prozessen, Techniken und Methodiken unterstützt, die versuchen, das „Wie" eines Projektes zu erklären. Fragt man allerdings erfahrene Projektmanager, was einen guten Projektmanager ausmacht, dann erwähnen sie selten, dass man gute Kenntnisse der formalen Methodiken haben muss. Das offene Geheimnis unter Projektmanagern ist nämlich etwas anderes, nämlich die Fähigkeit, wie der Projektmanager mit den Projektbeteiligten arbeitet, wie er mit ihnen umgeht und wie er kommuniziert. Die Betonung liegt dabei auf einem effektiven Führungsstil, auf teamorientiertem Arbeiten und auf der Kommunikation mit dem Kunden und den Teammitgliedern. Die sozialen Kompetenzen des Projektmanagers gewinnen im Verhältnis zu methodischen Vorgehensweisen oder dem Umgang mit Werkzeugen immer stärker an Gewicht.

Die effektive Ausbildung zum Projektmanager ist tatsächlich langwierig, weil nicht nur die notwendigen handwerklichen Fähigkeiten erlernt werden müssen, die persönlichen Eigenschaften über einen längeren Zeitraum in mehreren, verschiedenartigen Projekten entwickelt werden müssen. Eine solche Ausbildung ist mit bisherigen Konzepten im theoretischen Kontext vieler Bücher und auch der Seminaranbieter nicht durchführbar und ihr Gelingen setzt letztlich auch bestimmte Persönlichkeitsmerkmale voraus, auf die sie aufsetzen kann (Eignung, Talent, Begabung usw.) und die nicht antrainiert werden können.

Es ist tatsächlich so, dass einigen Menschen bestimmte Fähigkeiten in die Wiege gelegt werden. Viele erkennen, dass sie eine künstlerische, musische Begabung haben oder mehr für das Handwerkliche geeignet sind; so kann ich mir auch vorstellen, dass man als Projektmanager geboren werden kann oder die Grundfähigkeiten bereits als Kind unbewusst aufsaugt. Solche Menschen wissen intuitiv, was man machen muss, um Aktionen oder Projekte zu steuern. Aber auch diese begabten Menschen wissen in der Regel, dass sie weiter lernen und Lehren aus Büchern und Praxiserfahrung ziehen müssen. Wenn Sie zu dieser Kategorie gehören, biete ich Ihnen in diesem Buch einige nützliche Lehren an, die Sie bei Ihrer beruflichen Zukunft voran bringen.

Dann gibt es die viel größere Anzahl von Menschen, die die Fähigkeit bewiesen haben, in ihrem gewählten Beruf gut oder sogar großartig zu sein, aber auch noch nicht alle Geheimnisse kennen und ein wenig geführt werden müssen auf ihren beruflichen Weg. Dieses Buch wird Ihnen wertvolle Hinweise und Tipps geben, wenn Sie zu dieser Kategorie gehören.

Schließlich gibt es noch die Projektmanager, die eine Projektmanagementkarriere machen wollen, also jene Schritte vom Junior über den Senior bis zum Direktor, und die Verantwortung für Multiprojekte oder sogar Programme übernehmen wollen. Für alle diese Schritte werden in diesem Buch Hinweise und Tipps gegeben.

Der Inhalt dieses Buches ist in erster Linie auf den Menschen ausgerichtet, der Menschen führen und mit diesen zusammen besondere Vorhaben und Aufgaben lösen will. Wer Menschen führen will, sollte gerne mit Menschen umgehen, die Gemeinschaft und die Teamarbeit lieben, Aufgaben und Verantwortung delegieren können, Einfühlungsvermögen zeigen und auch bereit sein, Fehler zu verzeihen und Vertrauen aufzubauen.

Mir geht es auch darum, deutlich zu machen, was den Unterschied zwischen einem bedeutenden und erfolgreichen Projektmanager und einem durchschnittlichen ausmacht. Dieses Buch ist keine normale Projektmanagementfibel, es will Ihnen nicht das ABC des Projektmanagements vermitteln, sondern es geht um das Geheimnis:

„Was müssen Sie machen,
um ein effektiver Projektmanager zu werden,
um dann stetig und im Einklang mit sich selbst erfolgreich zu sein?"

Alles, was sie hier lesen, gilt gleichermaßen für Frauen und Männer – der Lesbarkeit wegen ist hier immer von „dem Projektmanager" die Rede, ein Sprachgebrauch, wie er auch in vielen Unternehmen üblich ist.

Das folgende Kapitel heißt „Das Projekt aus der Sicht des Projektmanagers". Dieser Einstieg, der zumindest rudimentäre Kenntnisse der Projektterminologie vermittelt, ist wichtig, um ein gemeinsames Grundverständnis zu erzeugen. Es geht dabei nicht um ein ausführliches Glossar von Begriffen – diese definieren die DIN (Deutsche Industrie Norm), die ISO (International Standard Organisation), das PMI (Project Management Institute) oder die IPMA (International Project Management Association) viel ausführlicher. Das hier vermittelte Allgemeinwissen ist lediglich die terminologische Grundlage, auf der die Fachbegriffe im weiteren Verlauf des Buches basieren.

Im darauf folgenden Kapitel 3 gehe ich auf das Prinzip der Effektivität des Projektmanagers ein. Effektivität heißt: Die richtigen Dinge tun. Alle Manager und somit auch die Projektmanager werden an ihrer Effektivität gemessen, also an der Wirksamkeit ihres Handelns. Im Vordergrund steht dabei, was getan wird. Es wird ein Weg aufgezeigt, wie Projektmanager ihre persönliche Effektivität erreichen können und wie diese gesteigert werden kann.

Der Inhalt dieses Buches wurde bewusst so strukturiert, um zwei Ergebnisse zu erreichen. Das erste ist, dass Sie sich selber auf den Prüfstand stellen: „Wo liegen meine Stärken und meine Schwächen?" Deshalb habe ich mich in den Kapiteln 4 bis 7 auf die sozio-psychologischen Aspekte konzentriert und versuche die dahinterstehenden Fragen zu klären:

- Welche Persönlichkeitseigenschaften muss ich als Projektmanager besitzen?

- Welche Führungsstile gibt es, welche sollte ich vermeiden und welche sollten gefördert werden?

- Wie ist die Kommunikation mit den Projektbeteiligten effizient zu gestalten, habe ich die Eigenschaften, gut zuzuhören und auch zu verstehen, was andere wollen?

- Bin ich vom Typ her ein „Teamplayer" und kann ich ein Team zusammenstellen, führen und motivieren?

Das zweite geht mehr auf die aufgabenbezogenen Tätigkeiten ein. Wenn Sie ein Projekt übernommen haben, müssen Sie wissen, was Sie alles managen müssen. Dies zeigt Ihnen Kapitel 8. Sie sollten aber auch wissen, wo Ihre Grenzen als Projektmanager sind, deshalb bietet Kapitel 9 einen Vergleich des Generalisten mit dem Experten und sagt Ihnen, was Sie nicht selber machen sollten.

In Kapitel 10 werden schließlich die Grundgedanken und -aussagen des Buches nochmals kurz vorgestellt, verbunden mit dem Appell an Sie, Ihre eigene Sozialkompetenz selbstkritisch zu beurteilen und evtl. auf der Grundlage der vielen Anregungen und Hinweise in diesem Buch zu verändern oder anzupassen. Ihrem Erfolg als Projektmanager steht dann nichts mehr im Wege.

2 Das Projekt aus der Sicht des Projektmanagers

Für fast jeden Projektmanager ist die Übernahme eines neuen Projektes immer wieder eine neue Herausforderung. In vielen Fällen liegt es daran, dass der Projektmanager einfach zu wenig über das Projekt und die damit verbundene Aufgabe weiß. Selten hat er im Vorfeld als „Proposal Manager" an der Ausarbeitung eines Angebotes mitgearbeitet oder hat auch schon die Spezifikationen (Pflichten-/Lastenheft, Leistungsbeschreibung usw.) mit erarbeitet. So hat er schließlich vielleicht ein paar Dokumente (Projektauftrag, Anforderungskatalog usw.) in der Hand und stellt sich dann die Fragen:

„Bin ich überhaupt in der Lage, das Projekt auf Basis der mir vorliegenden Unterlagen zu beurteilen?"

„Bin ich für die Durchführung des Projekts ausreichend qualifiziert? Reichen meine Fach- und Methodenkompetenz sowie meine soziale Kompetenz aus, das Projekt erfolgreich zu managen?"

„Wie kann ich das Projekt in dem vorgegebenen Rahmen (Zeit, Kosten, Qualität und Umfang) realistisch planen und steuern?"

„Wer stellt mir die für die Durchführung notwendigen Ressourcen zur Verfügung und erhalte ich auch das, was ich für notwendig halte?"

„Wer sind die Projektbeteiligten und Projektbetroffenen?"

„Welche Priorität hat das Projekt in meiner Organisation und beim Kunden?"

Sie sehen schon aus dieser kleinen Auswahl an aufkommenden Fragen bei der Projektübernahme, dass noch viel Klärungsbedarf notwendig ist – mit sich selber und auch mit dem gesamten Umfeld.

Obwohl Sie wahrscheinlich ganz gut wissen, was ein Projekt und was Projektmanagement ist, möchte ich dennoch kurz auf diese beiden Begriffe eingehen, da „Projekt" und „Projektmanagement" sehr unterschiedlich verstanden werden, basierend auf dem, wie man selber als Beteiligter oder Betroffener Projekte erlebt hat. Für manche hat der Begriff vielleicht auch einen unangenehmen Beigeschmack, weil viele Projekte leider in einem mittleren Desaster enden.

2.1 Projektbegriff

Viele Vorhaben werden als „Projekt" bezeichnet, wie z. B. der Bau einer Brücke, die kommerzielle Erstellung von Internetseiten oder die Entwicklung von Softwareprogrammen für die Unterstützung des Geschäftsbetriebes. Auch „Sonderaufgaben" oder „Spezialaufträge innerhalb der Organisation" werden schnell als Projekt betitelt, aber sind das wirklich alles Projekte?

Viele Projektmanager sprechen kurz und bündig von einem Projekt „als ein einmaliges Vorhaben mit festem Anfang und Ende". Im Grunde genommen lägen sie damit auch nicht so falsch, wären auch die Anforderungen an das Projekt berücksichtigt. Auch die Zielerreichung fehlt in der umgangssprachlichen Version.

Die DIN EN ISO 9000:2005 beschreibt den Begriff Projekt aus meiner Sicht gut:

Ein Projekt ist ein einmaliger Prozess, der aus einem Satz von abgestimmten und gelenkten Tätigkeiten mit Anfangs- und Endtermin besteht und durchgeführt wird, um unter Berücksichtigung von Zwängen bezüglich Zeit, Kosten und Ressourcen ein Ziel zu erreichen, das spezifische Anforderungen erfüllt.

2.1.1 Die Merkmale eines Projekts

Nicht alles, was von Menschen geplant und organisiert wird, ist ein Projekt. Projekte sind nach allgemeinem Verständnis umfangreiche Vorhaben zur Lösung eines komplexen Problems. Die Buchhaltung in einem Unternehmen ist kein Projekt, sondern ein Arbeitsablauf, der sich beständig wiederholt, ebenso ist die Produktion von Maschinen oder Autos kein Projekt, weil die Herstellung stets dieselben und im Vorfeld bekannten Produktionsschritte durchläuft. Die Entwicklung einer neuen Fertigungsstraße inklusive der dazugehörigen Systeme stellt allerdings ein Projekt dar, denn:

- Es ist zeitlich begrenzt (definierter Anfang und Ende) – irgendwann ist die Fertigungsstraße fertig.

- Es ist einmalig (neuartig) – die Entwicklung der Fertigungsstraße wird in dieser Form im Unternehmen nie wieder durchgeführt.

- Es hat eine klare Zielsetzung, die zur Schaffung eines Produktes oder zur Erbringung einer Dienstleistung führt – es sollte zumindestens festgelegt sein, was am Ende herauskommen soll.

- Es hat einen begrenzten Aufgabenumfang und grenzt sich gegenüber anderen Projekten eindeutig ab.

- Es ist komplex und durch ein überdurchschnittliches Risiko gekennzeichnet.
- Es benötigt eine projektspezifische Organisation.
- Es ist gekennzeichnet durch begrenzte Mittel (zeitlich, finanziell, personell).

Natürlich gibt es Projekte, die scheinen nie zu einem Ende zu kommen und deren Ergebnisse sind obendrein noch ungewiss, unbrauchbar oder sogar falsch. Das sind eben Beispiele für misslungene Projekte, aber widersprechen keineswegs der Definition. Diese Definition sei hier noch einmal zusammengefasst:

„Ein Projekt ist ein zeitlich begrenztes Vorhaben zur Schaffung eines einmaligen Produktes oder einer Dienstleistung."

Die zeitliche Begrenzung ist eine ganz entscheidende Eigenschaft eines Projektes. Ein Projekt will ein Ziel erreichen. Ist das Ziel erreicht, endet das Projekt. Das Setzen eines neuen Zieles, im Anschluss daran, bedeutet ein neues Projekt.

Ein Arbeitsablauf oder Geschäftsprozess hingegen verfolgt kein spezifisches Ziel, sondern dient der Aufrechterhaltung eines Geschäftsbetriebes. Dem unterschiedlichen Charakter entsprechend bedeutet eine projektspezifische Organisation eine besondere, von der Linienorganisation abweichende Aufbau- und Ablauforganisation.

Das Ziel eines Projektes ist einmalig. Es können zwar sehr viele ähnliche Häuser in Fertigbauweise gebaut werden. Dennoch ist der Bau jedes Hauses einmalig, an einem eigenen Ort, in einer eigenen Umgebung. Die Leistungserstellung ist damit unterschiedlich, diese Projekte lassen sich eindeutig abgrenzen. Mehrere Projekte können zu einem gemeinsamen Programm gehören.

Die Ziele können am Anfang eines Projektes nicht vollständig und unveränderlich feststehen. Dazu sind fast alle Projekte zu komplex und mit zu vielen Unwägbarkeiten behaftet. Stattdessen muss das Ziel, das am Anfang nur in seinen Grundzügen oder vielleicht sogar nur als Idee feststeht, progressiv und iterativ immer weiter herausgearbeitet werden. Das bedeutet in keiner Weise, dass die Ziele unverbindlich sind. Aber am Anfang steht mehr die Vision und nicht das im Detail ausgearbeitete Ziel. Das entwickelt sich, immer orientiert an der anfänglichen Zielvorgabe, weiter, wird detaillierter und damit verbindlicher.

2.1.2 Arten von Projekten

Je nach Auftraggeber und Durchführung der Projekte lässt sich die Vielfalt der verschiedenen Projekte nach bestimmten Arten unterscheiden und einordnen. In der Regel werden dabei drei Kriterien angewandt:

- Wesen des Auftraggebers
- Rolle des Auftraggebers
- Umfang des Projekts

Wesen des Auftragsgebers

Organisationen, die nicht kommerziell ausgerichtet sind, führen häufig *Non-Profit-Projekte* durch, bei denen sie keinen Profit in Form von Geld erwirtschaften wollen, sondern die Projekte aus humanitären Zielen heraus durchführen. In erster Linie sind hier staatliche Organisationen, Kirchen, Rotes Kreuz u. ä. zu nennen. Es handelt sich dabei um

- Entwicklungsprojekte, z. B. den Bau eines Wasserreservats, einer Schule oder eines Kindergartens in Afrika;
- soziale Projekte, z. B. die Resozialisierung Alkoholkranker, Drogenabhängiger, Strafgefangener u. ä. durch Beratungsstellen, Streetworker usw.;
- Schulprojekte, z. B. Projektwochen für die zusätzliche Wissensvermittlung und Erarbeitung etwaiger Vorhaben, England-Reise, Zeltlager, Theateraufführungen oder Fotowettbewerbe.

Wirtschaftsprojekte sind Projekte, die von verschiedenen Unternehmen mit wirtschaftlichen Zielen durchgeführt werden, wie z. B. Kosteneinsparung, Wettbewerbsfähigkeit steigern, Kundenzufriedenheit erzeugen, höheren Umsatz und Gewinn erreichen. Dabei findet keine Unterscheidung statt, ob das Projekt für ein anderes Unternehmen oder für den internen Gebrauch durchgeführt wird. Wirtschaftsprojekte lassen sich in folgende weitere Projektarten unterteilen:

- Bauprojekte
- Verwaltungsprojekte
- Organisationsprojekte
- Forschungsprojekte
- Entwicklungsprojekte
- Investitionsprojekte

- Strategische Projekte
- Operative Projekte.

In *Bauprojekten* spielen Verträge und Vertragswerke eine wichtige Rolle. Der Umfang und die Ziele dieser Projekte sind bereits vor dem Projektstart bis ins Detail festgehalten, Risiken spielen in dieser Projektart häufig eine untergeordnete Rolle. In Bauprojekten sind eine Vielzahl an gewerblichen Mitarbeitern involviert. Während sich der Zeitdruck häufig durchaus moderat gestaltet, stellt der Faktor Kosten eine wesentliche Variable dar. Die den Bauprojekten zu Grunde liegenden Prozesse sind bekannt und eingefahren, die ausführenden Mitarbeiter im Allgemeinen sehr erfahren.

Verwaltungsprojekte – im öffentlichen Dienst, in staatlichen Bereichen und in der Politik – beschäftigen in den meisten Fällen überwiegend administrative Mitarbeiter. Charakteristisch für Verwaltungsprojekte sind die besondere Bedeutung der Teambildung und das sukzessive Konkretisieren der Projektziele. Typisch ist, dass sich sowohl der Projektumfang als auch einzelne Projektziele im Laufe des Projekts verändern können.

Mit *Organisationsprojekten* werden die Aufbauorganisation oder Ablauforganisation (also die Geschäftsprozesse) in einem Unternehmen oder Unternehmensbereich neu gestaltet; sie haben meist das Ziel, durch organisatorische Maßnahmen einen Rationalisierungseffekt zu erreichen. Beispielsweise kann die Aufgabe eines Organisationsprojekts darin bestehen, von der funktionalen Organisationsform in die divisionale Organisationsform umzustrukturieren. Charakteristisch für diese Projektart sind häufige und radikale Veränderungen bezüglich des Projektumfangs und der Projektziele.

Forschungsprojekte erstrecken sich für gewöhnlich über längere Zeiträume. Die Gewichtung der Qualität übersteigt typischerweise die der Ressourcen. Charakteristisch ist der zeitintensive, intellektuelle Prozess, wobei Projektumfang und Projektziele häufig zu Beginn nicht einmal feststehen. Forschungsprojekte werden in zentralen Abteilungen der Unternehmungen oder in Hochschulen zu bestimmten abgegrenzten Forschungsaufträgen durchgeführt. Sie sind gekennzeichnet durch die Neuartigkeit der Tätigkeiten, die oft unpräzisen Zielvorgaben und den hohen Änderungsgrad der Projektparameter – diese Randbedingungen sind der Grund dafür, warum besonders bei dieser Art von Projekten unbedingt die Prinzipien und Methoden des Projektmanagements angewendet werden sollen.

Entwicklungsprojekte haben im Gegensatz zu den Forschungsprojekten immer klare Entwicklungsziele. Die Nichterreichung dieser Ziele ist insbesondere in der Produkt- und Systementwicklung mit einem großen Risiko verbunden. Per Definition verändern Entwicklungsprojekte den State-of-the-Art, deshalb ist bei ihnen die Zeitspanne bis zur Fertigstellung und der eventuellen Markteinführung oft ganz besonders kritisch. Ein weiterer kritischer Faktor ist die Qualitätsanforderung. Der Projektumfang kann sich während der Projektrealisierung ständig ändern. Der Projektmanager muss in der Lage sein, sich auf häufig wechselnde Anforderungen seitens des Kunden und des Projektumfelds einzustellen und diese im laufenden Projekt umzusetzen.

Investitionsprojekte basieren im Gegensatz zum Entwicklungsprojekt auf bekannter und beherrschter Technologie, auch sind nicht alle Teile neu zu entwickeln, stattdessen wird das Endprodukt aus bestehenden Produkten zusammengefügt. Investitionsprojekte werden auch oft *Projektierungsprojekte* genannt.

Ein *strategisches Projekt* ist z. B. die Diversifikation eines Unternehmens, zum Beispiel wenn es ein neues Produkt in einem neuen Marktbereich einführen will. Es ist deshalb strategisch, weil es ein übergreifendes, alle relevanten Bereiche des Unternehmens einschließendes Vorhaben ist, das von der strategischen Ebene des Unternehmens geführt wird.

Im Gegensatz dazu steht das *operative Projekt*. Das operative Projekt kann zum Beispiel zum Ziel haben, das bestehende Servicenetz eines Unternehmens erheblich zu erweitern, um die Marktanforderungen zu erfüllen. Ein solches Projekt wird auf der operativen Ebene des Unternehmens konzipiert und realisiert.

Rolle des Auftragsgebers

Bei *externen Projekten* vergibt ein eigenständiges Unternehmen oder eine Behörde einen Projektauftrag an andere eigenständige Unternehmen, die in der Regel auf die Durchführung solcher Projekte spezialisiert sind. So vergibt z. B. ein Industriebetrieb den Auftrag an ein Bauunternehmen, eine Lagerhalle zu bauen, oder eine Kommune beauftragt eine Straßenbaufirma, eine neue Straße zu erstellen. Die vereinbarte Auftragssumme ist im betriebswirtschaftlichen Sinne der Umsatz, mit dem der Auftragnehmer seine Projektkosten abdeckt und i. d. R. zusätzlich einen Gewinn erwirtschaftet.

Interne Projekte werden innerhalb eines Unternehmens in Auftrag gegeben. Diese Projekte werden initiiert, wenn betriebliche Erfordernisse (Wettbewerb, Kostenüberschreitung, Umsatzrückgang usw.) es verlangen oder ein internes Problem behoben werden soll (z. B. ein zu langsames IT-Netz).

Für interne Projekte wird eine Kosten-Nutzen-Analyse durchgeführt, und wenn diese positiv ausfällt, wird das entsprechende Geld (Budget) zur

Verfügung gestellt. Der Projektmanager erhält dann die nötigen Ressourcen (Sachmittel und Personen) zum Durchführen des Projekts.

Umfang des Projekts

Es gibt keine allgemein gültigen Kriterien zur Unterscheidung zwischen großen und kleinen Projekten. Diese Unterscheidung ist einerseits abhängig von der Branche und andererseits vom Ermessen der jeweiligen Projektbetreiber. Eine Klassifizierung der Projekte ist aber nach folgenden Kriterien möglich:

- Projektgröße
- Projektdauer
- Projekttyp
- Projektart

Ein wichtiges Einstufungskriterium ist die Größe eines Projektes. Kleine Projekte haben nur ein paar Mitarbeiter, sehr große Projekte dagegen können mehrere Hundert Mitarbeiter umfassen. So gibt es Unternehmen, die eine Klassifizierung nach Auftragswert des Projekts durchführen, z. B.

- Kleinprojekt: unter 1 Mio. Euro
- Mittelprojekt: 1 Mio. bis 10 Mio. Euro
- Großprojekt: über 10 Mio. Euro

In engem Zusammenhang mit der Größe steht die Dauer: Kurze Projekte benötigen nur wenige Monate, lange bis zu einigen Jahren. Kurzläufer sind z. B. Studien oder Konzepte, typische Langläufer sind z. B. Staudamm-, Kraftwerks- oder auch militärische Projekte. Derartige Klassifizierungen sind immer dann von Bedeutung, wenn es um die Frage der Entscheidungs- und Genehmigungswege geht: Großprojekte werden „ganz oben", zum Beispiel von der Geschäftsführung, genehmigt und brauchen einen Lenkungsausschuss, während Kleinprojekte im Rahmen des zugewiesenen Budgets von Abteilungsleitern vergeben werden können.

2.2 Projektmanagementbegriff

Der Begriff „Management" gehört zu den verbreitetsten Begriffen in der betriebswirtschaftlichen Theorie und Praxis. Er stammt sprachgeschichtlich aus dem lateinischen 'manum agere' und bedeutet in etwa „an der Hand führen". Im deutschsprachigen Raum wird der Begriff vielfach mit den Funktionen der Führungs- und Leitungsebene in Verbindung gebracht und synonym mit Führung verwendet.

Führung bedeutet die zielorientierte Gestaltung von Unternehmen. Die Leistungserstellung darf in einer immer dynamischer und komplexer werdenden Unternehmensumwelt nicht dem Zufall überlassen werden, sondern muss zielorientiert erfolgen. Die zielorientierte Gestaltung i.S. der Betriebswirtschaftslehre kann sich auf Personen (Personalführung) oder auf Unternehmen (Unternehmensführung) oder, wie in diesem Buch, auf Projekte beziehen.

Auch der Begriff Projektmanagement ist genormt:

Nach DIN 69901 umfasst Projektmanagement die *„Gesamtheit von Führungsaufgaben, -organisation, -techniken und -mitteln für die Abwicklung eines Projektes."*

Aber woraus besteht diese Gesamtheit?

Eine Möglichkeit, Projektmanagement in seiner Gesamtheit unabhängig von einzelnen Branchen zu erfassen, besteht in dem Ansatz des vom Project Management Institute (PMI) herausgegebenen PMBOK Guide. PMBOK ist die Abkürzung für Project Management Body of Knowledge, frei übersetzt: „Die Gesamtheit des Projektmanagementwissens."

Zu den *Führungsaufgaben* gehört die Führungsfunktion „Zielsetzung". Als Ziel dient ein definierter zu erreichender Zukunftszustand. Ein Ziel muss quantifiziert sein, das heißt überprüfbar und messbar. Unterschieden werden kann nach Objekt (Art), Maßstab (Skala), Umfang (Größe) und Zeit (Dauer/Periode/Termin). In einem Projekt müssen grundsätzlich zwei unterschiedliche Arten von Zielen berücksichtigt werden, zum einen das Leistungsziel (Produkt, Endtermin, Gesamtkosten) und zum anderen die vom Projektmanager abgeleiteten Projektziele.

Zur Führungsaufgabe gehört die Entwicklung der Projektorganisation. Hier wird die Gestaltung der zielorientierten Zusammenarbeit aller am Projekt Beteiligten mit dem Ergebnis einer Aufbauorganisation durchgeführt. Organisiert werden muss des Weiteren die Projektabwicklung, also die Ablauforganisation (der Projektprozess) in Form von Phasen, Arbeitspaketen, Meilensteinen usw.

Neben den fachlich-strukturellen und den administrativen Rahmenbedingungen müssen insbesondere die psycho-sozialen Aspekte ihre Berücksichtigung finden. Diese Erkenntnis hat sich in den letzten Jahren immer mehr durchgesetzt. Ein sehr hoher Stellenwert ist deshalb den *Führungstechniken* zuzuordnen, also den Anforderungen an die menschliche Qualifikation und die soziale Kompetenz als Projektmanager, dazu gehören unter anderem Menschenkenntnis, Kommunikation, Geduld, Beharrlichkeit, Kreativität und die eigentliche Führungsqualifikation – darunter die Fähigkeiten, andere anzuleiten, zu motivieren, zu delegieren und zu entscheiden.

Zur Unterstützung der Führungsaufgaben sind der Einsatz und die Beherrschung von *Führungsmitteln* („Werkzeuge", „Tools") in Form von Planungs- und Steuerungssystemen notwendig. Mit Hilfe dieser Führungsmittel ist eine zielorientierte Vorbereitung, Planung, Steuerung, Dokumentation und Überwachung von Projekten durch den Projektmanager möglich. Zu den Führungsmitteln gehören die Kommunikation mit definierten Kommunikationswegen, das Berichtswesen, Besprechungen und Abweichungsanalysen. Sie unterstützen die Überprüfung und Zieleinhaltung an bestimmten Messpunkten und helfen auf Basis der gesetzten Ziele und Pläne sowie der tatsächlich erreichten Ziele, die Führungsaufgabe „Entscheidung" bezüglich entsprechender Maßnahmen und Handlungsalternativen durchzuführen. Dabei können auch neue/veränderte Ziele definiert werden.

Das Projektmanagement entwickelt sich zunehmend zu einem eigenen Berufsbild. Das dazu erforderliche Profil ähnelt mehr dem des Managers als dem des Fachspezialisten. Projektmanagement ist als eigenständige Tätigkeit mit einem erforderlichen spezifischen Profil zu sehen. Dieses Profil muss darauf ausgerichtet sein, richtiges und gutes Managen der Projekte zu erreichen. Im Vordergrund steht dabei die Professionalität des richtigen Handelns und Verhaltens in bestimmten Situationen, um Effektivität (Wirksamkeit) und Resultate (Ergebnisse) zu erzielen.

Der Projektmanager löst nicht die fachlichen Probleme, sondern er sorgt dafür, dass die Probleme von Fachleuten gelöst werden. Der weitaus größte Teil der Tätigkeiten eines Projektmanagers besteht aus Kommunikation. Projektmanagement bedeutet darüber hinaus Führen im Sinne von Vorgeben der Richtung und Motivation der Projektteammitglieder. Es bedeutet auch die Lösung von Konflikten, Verhandeln und Einflussnahme auf die Organisation, in der oder für die das Projekt durchgeführt wird. All dies sind Managementfähigkeiten, die ein effektiver Projektmanager beherrschen muss.

2.3 Wer braucht Projekte?

Jedes Projekt wird für eine einzelne Person, eine Gruppe von Personen, für ein Unternehmen oder eine große Gemeinschaft (zum Beispiel ein Land) durchgeführt. Auch wenn es zwischen diesen Gruppierungen große Unterschiede gibt, so werde ich der Einfachheit halber für den Rest dieses Buches für alle Personen, Personengruppen und Unternehmungen, aber auch für den Auftraggeber, den Begriff „Kunde" verwenden. Theoretisch ist dies eine einfache, logische Definition. Allerdings hat jeder einzelne Kunde – und Projekte haben nicht selten viele Kunden – seine eigenen Vorstellungen und Ansprüche an das Ergebnis eines Projekts. Auf diesen Vorstellungen müssen Sie aufbauen, wenn Sie mit der Projektdurchführung beauftragt werden.

Ein Kunde ist nach meiner Definition jemand, der eines der drei folgenden Merkmale vorweist:

1. Er stellt legitime Anforderungen an das Projekt.

2. Er will den Nutzen des Projekts genießen, sobald es abgeschlossen ist und das geforderte Ergebnis vorliegt.

3. Er hat eine formale Rolle, indem er den Erfolg eines Projekts beurteilt, er kann das Ergebnis (Produkt, Dienstleistung) abnehmen oder auch nicht.

Die Beziehung zwischen einem Projektmanager und seinem Kunden sollte klar und eindeutig definiert sein, obwohl sie in der Praxis oft obskur ist, undurchschaubar, von sich widersprechenden Hierarchien geprägt. Deshalb muss der Projektmanager die folgenden kritischen Punkte des Kunden berücksichtigen:

- Der Kunde hat Anforderungen, die verstanden werden müssen, da sie die Grundlage für die Durchführung des Projekts bilden und für das, was geliefert werden muss.

- Es gibt oft mehr als einen Kunden. Die Kunden und Kundengruppen können unterschiedliche und potenziell im Gegensatz stehende Anforderungen und Erfolgserwartungen haben.

- Das Projekt braucht eine übliche Anzahl von allgemeinen Dokumenten, die vom Kunden oder während eines separaten Projektes erstellt wurden. Die Dokumente müssen unbedingt mit den Forderungen des Kunden übereinstimmen.

- Die Ansichten und die Anforderungen des Kunden können sich während des Projektlebenszyklus ändern.

Hier ist besonders die Fähigkeit des Projektmanagers und seines Teams gefragt, den Bedarf der vielfältigen Kundengruppen eines Projektes zu identifizieren und zu verstehen.

Für die meisten Projekte kann der Kunde in verschiedene Kategorien aufgeteilt werden. Alle haben ein bestimmtes Interesse an dem Projekt, das vom Projektmanager aufgenommen und verstanden werden muss. Die wichtigsten Kategorien sind:

- Sponsor (Förderer)
- Geldgeber (Finanzier)
- Nutznießer
- Endnutzer
- Endkunde

Im allgemeinen Sprachgebrauch wird in diesem Zusammenhang gerne der Begriff Stakeholder (siehe auch Kapitel 6.1.3) verwendet.

- Dieser Begriff umfasst alle am Projekt beteiligten oder interessierten Personen und Gruppen, zum Beispiel Anwohner, Banken, Lieferanten, Politiker, eigene Mitarbeiter, Berater, den Lenkungsausschuss und die oben schon genannten Kategorien.

Bevor Sie ein Projekt starten, ist es nützlich, alle Kategorien durchzugehen und die jeweiligen Stakeholder zu identifizieren und zu analysieren. Im Projektverlauf muss mit ihnen kommuniziert und ihr Einfluss auf das Projekt gemanagt werden.

Ideal ist, wenn auf Kundenseite eine einzelne Person als Ansprechpartner oder gar Entscheider für ein Projekt zuständig ist. Diese Person, oft der Sponsor selbst, ist sicher immens wichtig für den Erfolg eines Projekts, aber nur ein unerfahrener Projektmanager wird den Sponsor hinsichtlich der Präsentationen bevorzugen und die anderen Gruppierungen unberücksichtigt lassen.

Ein großes Risiko besteht darin, dass der Projektmanager nicht weiß oder versteht, wer Anforderungen an das Projekt hat. Deshalb sollte er folgende Dinge unbedingt berücksichtigen:

- Wenn Anforderungen unvollständig oder falsch sind, wird das Projekt nicht alles liefern, was wirklich benötigt wird.
- Wenn Kunden unzufrieden sind, werden sie ein Projekt mangelhaft unterstützen oder während des Projektablaufs sogar aktiven Widerstand leisten.
- Erfolg kann unterschiedlich interpretiert werden. Der Kunde wird in der Regel „Erfolg" aus seiner Sicht definieren, und nur wenn der Projektmanager die Fähigkeit hat, diese Sicht zu ergründen, kann das Projekt erfolgreich durchgeführt werden.

3 Erfolgsgeheimnis 1: Die Effektivität

Effektivität beschreibt die Art der Ergebnisse, die ein Projektmanager durch ein der jeweiligen Situation angemessenes Verhalten erzielt. Effektivität bezieht sich deshalb auf Situationen und Ergebnisse und lässt sich nicht aus der Intelligenz, dem Dominanzstreben oder dem Fleiß ableiten. Um in Projekten effektiv zu handeln und auch „das Richtige zu tun", sollten Sie als Projektmanager bestimmte Prinzipien zur Erlangung der Effektivität kennen und auch anwenden. Effektivität bedeutet, Grundregeln dauerhaft implementiert zu haben, um so angestrebte Ziele zu erreichen. Außergewöhnliche Leistungen können nur von Projektmanagern erbracht werden, die eine entsprechende Leistungsbalance zwischen den nachstehend beschriebenen Effektivitätsbereichen erreichen.

3.1 Bedeutung und Abgrenzung von Effektivität

Manager aller Kategorien und aller Branchen haben die unterschiedlichsten Aufgaben, aber letztlich geht es immer um ein Ziel: Effektivität. Der Begriff Effektivität wird unterschiedlich definiert, allgemein versteht man jedoch darunter das Verhältnis von erreichtem Ziel zum definierten Ziel. Die Wirksamkeit, also die Zielerreichung (erreicht oder nicht erreicht) ist somit das Kriterium für das grundsätzliche Vorhandensein von Effektivität.

Im Projektmanagement wird Wirksamkeit dann erzielt, wenn der Projektmanager sich auf die zu erbringenden Projektergebnisse (Produkt, Dienstleistung) konzentriert. Das Erreichen der Ergebnisse, auch definierter Zwischenergebnisse, soll Freude in ihm und den Mitarbeitern aufkommen lassen, motivieren und den Erfolg garantieren.

Die Effektivität des Projektmanagers ist also an seinen Projektergebnissen zu messen und nicht an seinem Einsatz – an dem, was er erreicht, und nicht daran, wie viel er tut. Hier liegt der große Unterschied zwischen Effektivität und Effizienz. Da diese beiden Begriffe schon mal durcheinander geworfen werden, hier nochmals eine kurze Definition:

- Effektivität ist ein Maß für die Zielerreichung (Wirksamkeit, Ergebnis, Resultat) und

- Effizienz ist ein Maß für die Wirtschaftlichkeit (Kosten-Nutzen-Relation).

Die Prinzipien der Effektivität kann man an vielen Stellen nachlesen, aber für Sie als Projektmanager geht es darum, diese Dinge auch in der Praxis umzusetzen. Dabei hilft es, zuerst zu analysieren, wie effektiv Sie zum jetzigen Zeitpunkt sind und welche Ziele Sie persönlich haben, um dann zu erkennen, ob bzw. dass Sie tatsächlich eine höhere Effektivität erreichen müssen und ob Sie das auch wollen.

Dabei sollten Sie an den folgenden Satz denken:

> *„Wer nicht an sich arbeitet, an dem arbeitet das Leben."*

Mit anderen Worten:

Wenn ich an mir arbeite, ist für mich das Leben Entwicklung und Wachstum. Wenn das Leben an mir arbeitet, ist es ein Kampf ums Überleben.

Doch die Vielfalt der Aufgaben und die Hektik des Projektalltags verhindern oft, dass Projektmanager gezielt Verbesserungsmöglichkeiten der eigenen Arbeit nachgehen, entsprechende Überlegungen anstellen und erforderliche Maßnahmen treffen können. Umso wichtiger ist es, den festen Willen zur Effektivitätssteigerung zu haben, um trotz der vielen Hindernisse die Ausdauer und den Mut zu produktiven Veränderungen aufrechtzuerhalten.

Die heute immer noch vorzufindenden Stellen- und Tätigkeitsbeschreibungen sind leider oft ein Effektivitätshemmschuh. Stellenbeschreibungen führen oft zu einer Betonung der Effizienz, also dem Verhältnis von Ergebnis – bzw. Output – zu Einsatz. Hier besteht ein doppeltes Problem. Bei niedrigem Input und geringem Output ist die Effizienz genau so hoch wie bei hohem Input und hohem Output. Außerdem bedeutet erreichte Effizienz nicht automatisch, dass der Output das ist, worauf es ankommt. Manche Projektmanager zeigen zwar gern vor, was sie alles geschafft haben. Damit wird aber oft auch die kritische Frage unterdrückt, ob nicht andere wichtige Ergebnisse vernachlässigt wurden.

Den effektiven Projektmanager erkennt man im Unterschied zum effizienten Projektmanager an den in Tabelle 3.1 aufgeführten Merkmalen.

Mit diesem Vergleich soll nicht ausgedrückt werden, dass Effizienz schlecht ist, sondern nur, dass Effektivität wichtiger ist. Eine gute Kombination beider Dinge wäre optimal. Vergleicht man beispielsweise zwei effektive Projektmanager, die beide die richtigen Dinge tun, und einer ist

Tabelle 3.1 Der Unterschied zwischen Effizienz und Effektivität

Effizienz		Effektivität
Dinge richtig tun	anstatt	die richtigen Dinge zu tun.
Gegebene Probleme lösen	anstatt	kreative Alternativen schaffen.
Mittel sparsam einsetzen	anstatt	die Mittelnutzung optimieren.
Pflichten erfüllen	anstatt	Ergebnisse erzielen.
Kosten reduzieren	anstatt	Gewinn erhöhen.
Personal abbauen	anstatt	Motivation und Fähigkeiten für bessere Ergebnisse mobilisieren.

effizienter als der andere, weil er die gleichen Ergebnisse mit geringerem Input erzielt, dann wird klar, dass auch Effizienz anzustreben ist.

3.2 Effektivitätsbereiche des Projektmanagers

Für jeden Effektivitätsbereich, für den der Projektmanager verantwortlich ist, lassen sich Effektivitätsmaßstäbe festlegen, selbst wenn dies zunächst nicht möglich erscheint oder wenn sie noch nie schriftlich festgelegt wurden. An diesen Maßstäben kann man die Leistung des Projektmanagers bezüglich der gestellten Aufgaben messen. Bei der Formulierung von Effektivitätsbereichen wird genau darauf zu achten sein, um welche wünschenswerten Ergebnisse es bei jedem einzelnen Projektmanager geht. Effektivitätsmaßstäbe sind nicht immer leicht aufzustellen. Anfangs sagen die Projektmanager oft „ich habe bisher alle meine Projekte immer gut zu Ende gebracht" oder „es hat eigentlich nie Konflikte mit dem Kunden gegeben". Diese beiden Aspekte können zu Effektivität führen oder sich daraus ergeben, sie müssen es aber nicht.

Projektmanager müssen also mit ihren Linienvorgesetzten sehr sorgfältig ergründen, wo ihre Hauptaufgaben liegen und mit welchen Maßstäben ihre Effektivität, das heißt die Ergebnisse guter Aufgabenbewältigung, festzustellen ist. Effektivitätsmaßstäbe führen logischerweise zu einem Management by Objectives (MbO, Führen durch Zielvereinbarung). Dies heißt nichts anderes, als ein Unternehmen mehr auf die Ergebnisse seiner Manager (also auch der Projektmanager) und deren Mitarbeiter, anstatt auf ihren Arbeitseinsatz oder unreflektierte Outputmengen auszurichten.

Ziel dieser Vorgehensweise ist es, die strategischen Ziele des Gesamtunternehmens und der Mitarbeiter umzusetzen, indem Ziele für jede Organisationseinheit und auch für die Mitarbeiter gemeinsam festgelegt werden. Diese Ziele sollen „SMART" sein (specific = spezifisch, measurable = messbar, achievable = erreichbar, relevant = relevant, timed = terminiert).

SMART ist eine hervorragende Hilfestellung bei der Zieldefinition und deren Ausformulierung. SMART gewährleistet eindeutige, fass- und machbare Ziele und hilft so auch bei der Projektabgrenzung:

Tabelle 3.2 SMARTe Ziele

Specific	Ziele müssen spezifisch genug formuliert sein. Was konkret soll wie verändert werden?
Measurable	Messbarkeit! Ausgangspunkt und Zielerreichung müssen klar und in Zahlen bestimmbar sein (klare Vorgaben).
Achievable/ Attainable	Auch „Als ob jetzt" genannt. Formulieren Sie die Ziele so, als ob diese schon heute erreicht wären.
Relevant/ Realistic	Realistisch/Machbar! In dem geplanten Projekt nicht oder mit sehr geringer Wahrscheinlichkeit erreichbare Ziele sind der Ziel- und Projektdefinition nicht dienlich.
Timed/ Timebound	Klares Zeitlimit! Bis wann soll der gewünschte Effekt erreicht sein?

Aus der Summe der Einzelziele sollen sich die Gesamtziele des Unternehmens ergeben. Die Manager sollen ihre tägliche operative Arbeit an diesen Zielen ausrichten und so im Sinne der Unternehmensstrategie arbeiten. Wenn die Vorgesetzten die Leistung ihrer Mitarbeiter beurteilen, prüfen sie, inwieweit die Mitarbeiter ihre vereinbarten Ziele erreicht haben. Maßgeblich entwickelt wurde das Konzept des MbO-Ansatzes in den 60er und 70er Jahren von dem österreichisch-amerikanischen Managementtheoretiker Peter F. Drucker. Er vertrat die Auffassung, dass Zielvereinbarungen sich dabei auf sorgfältig definierte Effektivitätsbereiche und klare Maßstäbe zur Festlegung der Zielerreichung beziehen müssen; sie beinhalten das zu erzielende Ergebnis und den dafür gültigen Termin.

Wenn Projektmanager ihre Effektivitätsbereiche und Effektivitätsmaßstäbe, ihre Ziele und Termine sorgfältig ausarbeiten und sie mit Vorgesetzten, Mitarbeitern oder anderen Arbeitspartnern beraten und vereinbaren, dann kann dies zu hervorragenden Ergebnissen führen.

Die von einem Projektmanager zu erbringenden Leistungsergebnisse lassen sich in drei Effektivitätsbereiche einteilen:

1. Spezifischer Effektivitätsbereich
2. Allgemeine Effektivitätsbereiche
3. Persönlicher Effektivitätsbereich

3.3 Der spezifische Effektivitätsbereich

Für einen Projektmanager werden üblicherweise das Projekt oder die Projekte, die er im Laufe eines bestimmten Zeitraums (z. B. Geschäftsjahr) leitet, als spezifischer Effektivitätsbereich definiert. Jedes Projekt hat eine bestimmte Menge von Anforderungen und Zielen, die man nutzen kann, um den Erfolg und die Effektivität zu messen. Diese Ziele können formell als kritische Erfolgsfaktoren angelegt werden oder sie werden zwischen dem Projektmanager und den Projektbeteiligten vereinbart.

Tatsächlich gehört es zu den wichtigsten Aufgaben eines Projektmanagers, sich Klarheit über die ausdrücklichen Erfolgsfaktoren zu verschaffen und, darüber hinaus, die impliziten oder versteckten Erfolgsfaktoren herauszufiltern. In einigen Projekten werden die zu erbringenden Ergebnisse einfach und eindeutig sein, in anderen Projekten können es jedoch sehr komplexe und in gegenseitige Abhängigkeit gebrachte Faktoren sein. In einigen Fällen können diese sogar unvereinbar sein und den Projektmanager zu einem Balanceakt führen, in dem er einen Faktor gegenüber einem oder mehreren anderen favorisiert oder bei dem er im Extremfall sogar entscheidet, den einen oder anderen Faktor zu ignorieren.

Der Projektmanager gleicht das zu erbringende Ergebnis mit einer vorab erstellten Liste von Vorbehalten, Annahmen und Gründen ab, die möglicherweise während des Projekts die Fähigkeit einschränken, ein erfolgreiches Ergebnis zu erreichen (z. B.: „Es ist genug Geld und Zeit für das Projekt vorhanden, solange sich nichts ändert (Thema Change Requests)." Oder: „Ich werde so lange weiter machen, bis ich diese Mittel bekomme." Oder: „Die Endergebnisse werden erreicht, solange bestimmte Risiken nicht auftreten oder die Annahmen keinen negativen Einfluss haben.").

Üblich ist es, dass am Ende eines Projektes die Projektbeteiligten und -betroffenen die erbrachte Leistung und das Ergebnis mit den Erfolgskriterien vergleichen und beschließen, ob ein erfolgreiches Ergebnis erreicht wurde. Bei einfachen und klaren Projekten ist das Messen des Erfolges relativ einfach, schwierig wird es bei komplexen oder sich ständig ändernden Projekten. Wie auch immer, die Erfolgsmessung startet mit zwei einfachen Aspekten:

- *Leistungserbringung*

  Es ist offensichtlich, dass besonders für die einfachen und nicht komplexen Projekte die Leistungen so zu erbringen ist, wie es beim Start des Projekts definiert wurde. Eine solche Leistungserbringung kann aus den unterschiedlichsten Ergebnissen bestehen, z. B. Dokumenten, IT-Systemen, anderer Technologie und Infrastruktur, Gebäuden oder auch einigen Arten von Geschäftsänderungen. Die Liste möglicher Leistungserbringungen ist unendlich. Ein Projekt und die entsprechende Projektstruktur können benutzt werden, um fast alle Arten von Leistungen zu erbringen.

- *Nutzen aus der Leistungserbringung*

  Irgendeine Person, ein Personenkreis oder eine Organisation, die ein Projekt initiieren, wollen einen bestimmten Nutzen aus der Leistungserbringung erzielen. Ein übliches Projektbeispiel wäre, ein neues IT-System zu liefern, das für den Geschäftsbetrieb einen Nutzen bringt, etwa in Form von geringeren Kosten oder höherer Qualität. Solch ein Nutzen kann dann durch eine Überprüfung gemessen werden, ob die gesetzten Ziele der geringeren Kosten und höhere Qualität erreicht worden sind.

Es ist ausgesprochen schwierig, den Nutzen aus der Leistungserbringung genau zu ermitteln. Folgende drei Aspekte zeigen die Problematik auf:

1. Ein Nutzen ist oft schwierig zu messen.
2. Man kann sich nicht sicher sein, dass der Nutzen und die Kosten eines Projekts konstant bleiben, da ein Projekt üblicherweise ständigen Änderungen unterliegt und sich somit auch der Nutzen verändern kann.
3. Ein Nutzen entsteht eigentlich erst, nachdem das Projekt abgeschlossen worden ist und die eigentlichen Nutzer bzw. Anwender mit den Projektergebnissen erfolgreich arbeiten.

Die Effektivität kann dann gemessen werden, wenn die geforderte Leistung erbracht wurde und der erreichte Nutzen sichtbar wird. Aber Effektivität ist nicht einfach eine Frage der Leistungserbringung, und es gibt – wie beim Erreichen von Geschäftsnutzen – einen bestimmten Vorbehalt: Die Leistung muss innerhalb der vorgegebenen Zeit geliefert werden, die am Anfang festgelegten Kosten werden vom Projekt eingehalten und der Umfang und die Qualität stimmen. Man kann nicht mehr von Effektivität sprechen, wenn die Leistungserbringung nicht erreicht wurde, wenn die Kosten zu hoch sind (oder allgemein die Menge von benutzten Mitteln, also der Kapitaleinsatz), es zu lang dauerte, die Qualität nicht gut genug ist oder die Endergebnisse irgendwie die Erwartungen nicht so erfüllen, wie es ursprünglich angenommen oder geplant war.

Eine kostenorientierte Betrachtung und Bewertung liefert Aufschluss darüber, ob mit einem Projekt ein messbarer Gewinn oder Nutzen erzielt wird. Nach der Institutionalisierung der Projektorganisation müssen die zu erwartenden nutzenorientierten Ergebnisse monetär bewertet und den Entwicklungskosten im Rahmen einer Kosten-Nutzen-Analyse gegenübergestellt werden. Eine nutzenorientierte Betrachtung fällt leicht, da etliche Erfolgsfaktoren für eine Projektorganisation sprechen. Mit dieser Organisationsform lassen sich viele der in letzten Jahren propagierten Konzepte wie „Lean Management, Time-based Management, Selbstorganisation, Prozessorientierung usw." ohne weiteres erfüllen. Zu erwartende Ergebnisse sind:

- Die Herstellungskosten werden gesenkt (Produktivität).
- Die Qualität wird gesteigert.
- Die Terminverzögerungen werden zurückgehen (Time to Market).
- Die Motivation der Mitarbeiter wird erhöht (Fluktuationsrate).
- Die Zufriedenheit des Auftraggebers (Kundennutzen) nimmt zu.

Sollten für die Wirtschaftlichkeitsbetrachtung messbare monetäre Kriterien fehlen, setzt man die Nutzwertanalyse ein. Sie wird insbesondere dann angewandt, wenn z. B. der Umgang mit Zielkonflikten nicht gelöst werden kann. Der Grundgedanke dieses differenzierten Verfahrens ist, dass die ganze oder teilweise Erfüllung eines Ziels mit einem Nutzwert verbunden ist. Dem Nutzwert steht dabei die zur Erreichung des Ziels angesetzte Menge an Einsatzmitteln (Ressourcen) gegenüber.

Sie sind nun am Ende des Projekts angelangt. Sie haben das ganze Geld nicht ausgegeben oder Sie waren auch früher fertig als geplant. Die Ergebnisse sind wunderbar und der Nutzen strömt jetzt herein. Ist das genug? Fast gut, aber nicht ganz. Es gibt weitere Faktoren, die noch betrachtet werden müssen.

3.4 Die allgemeinen Effektivitätsbereiche

In den letzen Jahren hat sich durchgesetzt, dass für alle Projektmanager neben dem projektspezifischen Effektivitätsbereich auch einige allgemeine Effektivitätsbereiche festgelegt werden. Ich möchte an dieser Stelle zwei ganz wichtige Bereiche herausgreifen, nämlich die Kunden- und die Mitarbeiterzufriedenheit.

Kundenzufriedenheit

Kundenzufriedenheit ist implizit das oberste Projektziel. Der (interne oder externe) Kunde muss mit der erbrachten Leistung zufrieden sein; um dieses zu erreichen kann es auch sinnvoll sein, das explizit genannte Projektziel zu modifizieren. Gleiches gilt für die Entwicklung eines neuen Produkts: Der Käufer muss mit der Leistung des Produkts zufrieden oder sogar von ihm begeistert sein.

Trotz dieser eminenten Bedeutung der Kundenzufriedenheit ist sie nicht einfach zu erfassen oder vorherzusagen. Bei einer Produktentwicklung versucht man, durch Erhebung und Analyse von Kundenanforderungen das Produkt so zu konzipieren, dass es den Kunden zufrieden stellen kann.

Sobald das Projekt beendet ist, kann man versuchen, die tatsächliche Kundenzufriedenheit durch eine Kundenzufriedenheitsanalyse zu erfassen. Dies geschieht durch Zufriedenheitsbefragungen – entweder mittels Fragebogen oder durch direkte, persönliche Befragung.

Typischerweise wird die Kundenzufriedenheit in einer fünfstelligen Skala (1 bis 5 oder -2 bis +2) erfasst. Alternativ können durch Fragen mit Ja/Nein-Antwort einzelne Funktionen oder Eigenschaften präzise auf ihre Notwendigkeit aus Kundensicht getestet werden. Indirekte Methoden der Kundenzufriedenheitsanalyse versuchen, die Kundenzufriedenheit aus anderen Datenquellen zu erfassen, wie z. B. Anzahl der Beschwerden, Reklamationen und Änderungen.

Grundsätzlich gilt ein Projekt als erfolgreich, wenn es seine Ziele (Ergebnis, Termintreue, Budgettreue) erreicht oder übertroffen hat. Neben diesen objektiv messbaren Kriterien hängt die Beurteilung des Projekterfolgs aber auch vom Standpunkt der jeweiligen Kundengruppen bzw. Projektbeteiligten ab. Beispielsweise kann auch die Zufriedenheit des Kunden – und die Bezahlung der Abschlussrechnung – als Kriterium für den Projekterfolg herangezogen werden. Das zunächst augenscheinlichste Kriterium, die Erreichung des vereinbarten Projektzieles, erweist sich leider häufig als nicht ausreichend oder als irreführend, da ein Projekt normalerweise in einem Vertragsverhältnis zwischen Auftraggeber (Kunde) und Auftragnehmer (Unternehmen) abgewickelt wird.

In der Regel verfolgt der Kunde mit dem Projekt weitere Ambitionen, z. B. die wirtschaftliche Verwertung des Projektergebnisses. Wenn nun zwar das vereinbarte Projektziel erreicht wird aber eine wirtschaftliche Verwertung nicht möglich ist, dann wird der Kunde zwar die Leistung des Auftragnehmers akzeptieren und honorieren, trotzdem war das Projekt für ihn ein Misserfolg. Wenn hingegen das Produkt während der Entwicklungszeit gegenüber der ursprünglichen Spezifikation verändert wurde, so dass eine wirtschaftliche Verwertung möglich ist, wurde zwar das Projektziel formell nicht erreicht, aber für den Kunden ist das Projekt erfolgreich verlaufen.

Ein Projekt hat in der Regel nicht „nur" einen Kunden als Auftraggeber, sondern es scharen sich viele andere Anspruchsgruppen, Stakeholder, um das Projekt. Hier kommt die Fähigkeit des Projektmanagers ins Spiel, erkennen zu können, wer die verschiedenen Stakeholder im Projekt sind und wie der Grad des Erfolges von diesen Personen abhängt. Einige Projektmanager glauben, dass es wirklich so einfach ist, dass man dem Kunden die ursprünglich verlangte Leistung erbringt und damit Kundenzufriedenheit erzeugt. Dabei wird die Frage übersehen, wie der Kunde aus dem Ergebnis für sein Geschäft einen Nutzen zieht und davon profitiert. Oft ist es so, dass zum Beispiel aus Nichtwissen um die Bedeutung dieses Aspekts oder aus mangelnder Sorgfalt keine darauf ausgerichteten ausdrücklichen Anforderungen an das Projekt spezifiziert wurden, oder er wurde nicht beachtet, da dieser Nutzen nicht greifbar und messbar ist. Es sollte also keiner sagen, es wäre leicht, erfolgreich zu sein!

Erfolg ist komplexer als entsprechend Auftrag richtige Projektergebnisse abzuliefern und auf den Nutzen zu warten, der irgendwann mal kommt. Nur das zu machen, um das man gebeten wurde, ist in vielen Fällen zu wenig. Wenn ein Projektmanager erfolgreich sein will, muss er nicht nur aus seiner Sicht erfolgreich sein, sondern auch aus dem Blickwinkel des Kunden. Glücklichsein, Zufriedenheit und Freude seitens des Kunden zu erreichen, stellt die Basis eines erfolgreichen Projektmanagers dar.

Mitarbeiterzufriedenheit

Für die Definition des Zustandes der Mitarbeiterzufriedenheit wird in der Wirtschaftswissenschaft gerne die „Bedürfnispyramide" von Maslow herangezogen. Die Bedürfnispyramide gruppiert innerhalb der Pyramide fünf Klassen von menschlichen Bedürfnissen. Diese fünf Klassen (Ebenen) stehen in einer definierten Hierarchie zueinander. Die unteren Ebenen werden von Maslow als Defizitmotive eingestuft, da diese bei Nichtvorhandensein oder Störungen aktiviert werden. Die oberste in der Hierarchie angesiedelte fünfte Ebene hat dagegen nichts mit Defiziten zu tun, sondern bedeutet Wachstum und Selbstverwirklichung, dort stehen also die Wachstumsmotive. Je weiter nach oben man auf der Pyramide kommt, desto weniger geht es um Defizite und desto mehr um Wachstum.

Nach Maslows Theorie stellt seine Pyramide eine Stufenleiter dar, die der Mensch ersteigen will. Die unterste Stufe bedeutet dabei, die Grundbedürfnisse (physiologische Bedürfnisse – Atmen, Nahrung, Trinken, Schlafen) zu befriedigen, sie stellt den stärksten Antrieb nach Befriedigung dar. Erst wenn die Bedürfnisse einer Stufe befriedigt sind, kann die jeweils nächste Stufe der Leiter erklommen werden.

Ist man jedoch auf der obersten Stufe – der 5. Ebene, der Ebene der Selbstverwirklichung, bei der es um Moralität, Kreativität usw. geht – angelangt, so lautet die Theorie, dass die Wachstumsmotive hier nie ganz befriedigt werden können. Stattdessen findet eine stetige individuelle und auch gesellschaftliche Entwicklung statt.

Die Theorie von Maslow stellt einen guten Ansatz dar, um die Bedürfnisse und die Motivation der Menschen einzuordnen. Jedoch darf man dieses Modell nicht auf jeden Menschen gleichartig und schablonenhaft anwenden, da jeder seine Bedürfnisse anders gewichtet.

Zufrieden ist sicher der Mitarbeiter, der sich selbst verwirklicht. Mit dieser von Herzberg vertretenen Theorie wurde nachgewiesen, dass sich Mitarbeiter als außerordentlich zufrieden äußerten, wenn sie Leistungserfolgserlebnisse hatten oder anerkannt wurden. Das gleiche galt, wenn eine Ausweitung der Verantwortung oder gar ein Aufstieg und eine persönliche Entfaltung erfolgte. Aber auch sinnvolle und interessante Arbeit wurden als ausschlaggebend für außerordentliche Zufriedenheit genannt. Diese Faktoren wurden von Herzberg „Motivatoren" genannt. Als „Hygienefaktoren" bezeichnete er dagegen die Bedingungen, die er als Auslöser für Unzufriedenheit ansah. Es kann sich dabei um die Geschäftsleitung, die Unternehmenspolitik, die Arbeitsbedingungen, die Vorgesetzten und Kollegen und um die Sicherheit des Arbeitsplatzes handeln. Geld beziehungsweise Entlohnung kann sowohl Motivator als auch Hygienefaktor sein.

Was ist nun die Rolle des Projektmanagers?

Die Rolle des Projektmanagers ist von wesentlicher Bedeutung für den Einsatz der Motivatoren. Der Projektmanager muss die persönlichen Ambitionen (Bedürfnisse, Ziele) der Projektmitarbeiter erkennen, verstehen und fördern, so weit er das als Projektmanager kann.

Die beste Möglichkeit zur Förderung der Effektivität der Projektmitarbeiter liegt darin, sie schon von Anfang an mit herausfordernden Aufgaben zu betrauen. Je größer die Herausforderung ist, desto effektiver dürfte der Projektmitarbeiter werden. Entscheidend sind natürlich auch eindeutige Effektivitätsbereiche sowie Maßstäbe und Ziele für die Projektmitarbeiter oder -teams.

Des weiteren sollten die Projektmitarbeiter methodisch an die Projektarbeit herangeführt werden und ihre Fähigkeiten sollten durch Aus- und Weiterbildung allgemein gefördert werden. Die dadurch erlangten Fähigkeiten kommen endgültig zur Entfaltung, wenn Sie auf der Beziehungsebene ein gutes Verhältnis aufbauen.

Das beginnt bei der Auswahl der Projektmitarbeiter und reicht über deren richtigen Einsatz und ihre Motivation bis hin zu regelmäßigen Projektbesprechungen (Einzel- oder Teambesprechungen). Mehr zu diesem Thema finden Sie im Kapitel 7 „Das Projektteam".

Innerhalb des Projekts kann der Projektmanager durch den Einsatz der Motivatoren in vielfältiger Weise positive Auswirkungen auf die Projektmitarbeiter erzielen. Außerhalb des Projekts kann er durch entsprechende Beurteilungen Einfluss auf die Linienverantwortlichen nehmen und damit die persönlichen Ziele der Projektmitarbeiter unterstützen. Im Kapitel 5 stelle ich Ihnen einige Möglichkeiten des Projektmanagers vor:

- die Integration von Menschen und Aufgaben

- Sinnvermittlung des Projekts und der Projektaufgabe

- das „Wir-Gefühl" entwickeln

Fazit

Durch die Förderung der Effektivität der Projektmitarbeiter erhöht der Projektmanager gleichzeitig seine eigene Effektivität. Die Effektivität der Projektmitarbeiter dürfte der beste Prüfstein für die Qualität eines Projektmanagers sein. Diese Effektivität zeigt sich zu allererst in der Fähigkeit, motivierte Projektmitarbeiter und -teams zu erreichen.

3.5 Der persönliche Effektivitätsbereich

Projektmitarbeiter und Gespräche zu führen scheinen für viele die wesentlichen Aufgaben im Projektmanagement zu sein, aber dabei sollte eine wichtige Sache, nämlich sich selbst führen zu können, nicht vergessen werden. Wahrscheinlich ist es einfacher, jemand anderen zu führen oder zu ändern, als sich selber. Dabei liegt doch der Schlüssel in der eigenen Person, um selbstbestimmend statt fremdgesteuert zu handeln und die eigenen Einflussmöglichkeiten wahrzunehmen. Dem Projektmanager muss bewusst sein, dass er jede Situation konstruktiv gestalten und beeinflussen kann. Wenn Sie als Projektmanager dieses verinnerlichen, dann sind Sie auf dem besten Weg, die Fähigkeit des Selbstmanagements zu erlernen und zu beherrschen.

Haben Sie also den Mut, Ihre Effektivität zu überprüfen und darüber nachzudenken, wie Sie höhere Effektivität erzielen können.

Als „persönliche Effektivität" wird das Ausmaß bezeichnet, in dem der Projektmanager seine eigenen persönlichen Ziele erreicht. Dies kann eine Folge der Effektivität des Projektmanagers sein, die letztlich immer im Sinne einer Effektivität für die Organisation bzw. das Unternehmen zu verstehen ist. Um selbst effektiv sein zu können, sollten Projektmanager lernen, genau zu deuten, was persönliche Effektivität ist und was die eigentliche, „gesamte" Effektivität und wo es möglicherweise Zielkonflikte gibt.

Häufig konzentrieren sich „Manager" darauf, Karriere zu machen, Handlungsvollmacht oder Titel zu erlangen, ihr Prestige zu steigern, sich mit ihren Argumenten durchzusetzen oder einfach ein größeres Büro zu bekommen. Ehrgeizige Mitarbeiter in einer Organisation ohne klar definierte Ergebniszuständigkeit haben in der Regel wahrscheinlich eher ihre persönlichen Ziele im Auge als die der Organisation. Wünschenswert ist hingegen eine klare Ergebnisdefinition und -verantwortlichkeit, damit die von ihnen erreichten Ergebnisse für das Unternehmen zu persönlicher Effektivität in Form von Gehalt, Beförderung und Benefits führen.

Bevor Sie darüber nachdenken, wie Sie höhere Effektivität erzielen können, müssen Sie sich völlig sicher sein, dass Sie das auch wirklich wollen. Dann erst sollten Sie überlegen, was Sie tun können, um effektiver zu werden und wie Sie die Realisierung Ihrer eigenen Pläne sicherstellen. Dafür sollten Sie die folgenden Fragen beantworten:

1. Was sind meine Ziele?
2. Wie effektiv bin ich heute?
3. Was kann ich tun, um effektiver zu werden?

1. Was sind meine Ziele?

Ziele sind die spezifischen, zeitpunktbezogenen und messbaren (kontrollierbaren) Ergebnisse, die Sie als Projektmanager erbringen sollen. Es sind die Soll-Vorgaben, an denen Ihre Effektivität gemessen wird. Ihre Ziele können Sie mit den folgenden Fragen definieren und präzisieren:

- Was sind meine Effektivitätsbereiche?
- Habe ich für diese Effektivitätsbereiche Entscheidungsbefugnis und Ergebnisverantwortung?
- Was sind meine Maßstäbe?

- Sind die Maßstäbe tatsächlich geeignet, Ergebnisse in den betreffenden Effektivitätsbereichen festzustellen? Gibt es andere oder zusätzliche Maßstäbe?

- Haben meine Vorgesetzten Zielvereinbarungen mit mir durchgesprochen?

- Sind die Ziele realistisch, d. h. nicht zu hoch, aber auch nicht zu niedrig angesetzt, und stellen sie dementsprechend eine echte Herausforderung für mich dar?

- Umfassen die Ziele tatsächlich die wichtigen Ergebnisse meiner Projektmanagementtätigkeit?

- Sind die Ziele so konkret, dass sie überprüft werden können?

Nachdem Sie sich Klarheit darüber verschafft haben, was von Ihnen erwartet wird, sollten Sie nun daran gehen, zu überlegen, wie effektiv Sie heute sind.

2. Wie effektiv bin ich heute?

Die nüchterne Betrachtung des eigenen Führungsverhaltens im Hinblick auf die auf die gestellten Ziele sollten Ihren Blick dafür schärfen, ob noch weitere, eventuell andersartige Anstrengungen notwendig sind, die Ziele zu erreichen, und welche Möglichkeiten es gibt, über die vereinbarten Ziele hinauszudenken, Initiativen zu ergreifen und Verbesserungen zu realisieren:

- Welche Ziele habe ich bereits erreicht?

- Welche der noch nicht erreichten Ziele sind verändert worden?

- Gibt es neue Ziele, die bisher noch nicht definiert waren? Wenn ja, welche?

- Wie weit bin ich noch von den nicht erreichten Zielen entfernt?

- Welche Gründe sind maßgeblich dafür, dass die Ziele noch nicht erreicht sind? Was kann ich tun, um die Zielerreichung sicherzustellen?

- Wo gibt es Verbesserungsbedarf? Was sollte angepackt werden?

Nach der Bestandsaufnahme der tatsächlichen Effektivität sollten Sie sich fragen, worin Sie Ihren möglichen Beitrag zur Steigerung der Effektivität sehen und wo Sie Chancen für produktive Veränderungen oder Neuerungen in Ihrem Verantwortungsbereich sehen.

Einige Projektmanager sehen ihre Tätigkeit sehr eng gefasst. Ihre Arbeit erledigen sie zwar gut, aber unendlich vieles bleibt auch ungetan. Der eine Projektmanager lässt sich seine Tätigkeit durch den Posteingangskorb und die Uhr diktieren. Der nächste sieht seinen Beitrag in der Aufrechterhaltung eines laufenden Projektes, wieder ein anderer in derselben Position sieht mehr die vielen Elemente für die Aus- und Weiterbildung von Mitarbeitern und schöpferischen Lösungsmöglichkeiten. Und noch ein anderer sieht seine Rolle vielleicht hauptsächlich als Bindeglied zum Umfeld des Projekts und begreift seinen Verantwortungsbereich daher als sehr viel weiter gefasst.

Überlegen Sie:

- Was sind meine spezifischen Stärken, die ich im Projekt nutzbringend einsetzen kann, und was könnte sich daraus für mein berufliches Aufgabenfeld ergeben?

- Welche aktuellen Möglichkeiten gibt es für mich in meiner Funktion, einen effektiveren Beitrag zur Effektivität des Projekts zu leisten?

- Welche Chancen für produktive Neuerungen gibt es in meinem Verantwortungsbereich?

- Was wird die Zukunft verlangen?

- Wie kann ich heute schon damit beginnen, die Beiträge meiner Funktion auf zukünftige Erfordernisse auszurichten?

Als effektiver Projektmanager sollten Sie sich verinnerlichen, dass Sie, wenn Sie Ihre Arbeit kontinuierlich gut meistern wollen, nie aufhören dürfen, zu lernen. Unabhängig davon, ob ein Unternehmen Pläne zur Förderung seiner Mitarbeiter hat oder nicht oder wie detailliert solche Pläne sind, sollten Sie Ihren eigenen Förderungs- und Entwicklungsplan aufstellen. Prüfen Sie dann, ob Ihre persönlichen Ziele in der zukünftigen Rolle oder in der jetzigen erreichbar sind und was Sie tun müssen, um diese Ziele zu erreichen.

Jeder kann seine Zukunft auf sich zukommen lassen, man kann sie aber – in der Regel – auch gestalten. Der Mensch kann sich als hilflos getriebenes, ruderloses Boot in einem Meer des Schicksals begreifen oder als jemand mit der Hand am Ruder, der einer frischen Brise die Stirn bietet. Wie ein effektiver Projektmanager sich selbst begreifen muss, wenn er die Zukunft gestalten soll, liegt auf der Hand. Ein paar Beispiele:

- *Führung hochqualifizierter Projektmitarbeiter*

  Der Anteil hochqualifizierter Projektmitarbeiter, also Experten für die unterschiedlichsten Bereiche und Aufgaben, wird in komplexen Projekten weiter zunehmen. Angesichts der Wandlung von der Industriegesellschaft zur Informationsgesellschaft und der beschleunigten Wissensvermehrung kann sich der Projektmanager immer weniger auf die Kenntnisse und Erfahrungen verlassen, die er einmal selbst erworben hat. Experten in Projekten verlangen Freiraum für eigene Entscheidungen und selbstständiges und kreatives Arbeiten.

- *Führung internationaler Projekte*

  Die Tendenz zur Internationalisierung der Unternehmen und Märkte wird sich zweifellos fortsetzen und Unternehmen werden mehr und mehr auf globaler Ebene operieren. Einerseits ist die Führung in vielen Ländern ähnlich, andererseits bestehen aber auch wichtige Unterschiede, wie kulturelle Eigenarten, landesübliche Geschäftsgepflogenheiten oder historisch gewachsene Rahmenbedingungen. Obwohl praktische Auslandserfahrungen die beste Lernmethode darstellen, lassen sich auch andere Dinge tun, wie sie etwa im Kapitel 5 beschrieben sind.

- *Gesellschaftspolitik*

  Das Unternehmen muss sich nicht nur im wirtschaftlichen und technischen Wettbewerb, sondern auch in der gesellschaftspolitischen Entwicklung behaupten. Der Führungsstil und das soziale Verständnis der Führungskräfte und somit auch des Projektmanagers bestimmen das Bild des Unternehmens in der Öffentlichkeit. Fragen der Sozial-, Bildungs-, Technologie- und Umweltpolitik beeinflussen mehr oder weniger direkt auch Projekte und erfordern klare Stellungnahmen.

Stellen Sie sich selber folgende Fragen:

- Bin ich mit meiner gegenwärtigen beruflichen und privaten Situation zufrieden? Welche Gründe sprechen für meine Zufriedenheit bzw. Unzufriedenheit?

- Welche beruflichen und privaten Ziele strebe ich in den nächsten zwei, fünf oder zehn Jahren an?

- Was müsste geändert werden, damit meine persönlichen Ziele in den nächsten zwei, fünf oder zehn Jahren besser erreichbar sind? Was kann ich selber dazu beitragen?

3. Was kann ich tun, um effektiver zu werden?

Wenn Sie sich jetzt entschlossen haben, effektiver zu werden, und wenn feststeht, welche Ziele Sie erreichen wollen, kommt die entscheidende Frage: „Was ist zu tun, um diese Ziele zu erreichen?" Vielleicht bedarf es eines besseren Zeitmanagements, vielleicht sind mehr Entscheidungen zu treffen, vielleicht müssen Sie sich mit einem anderen Bereich besser abstimmen oder Sie müssen die Einstellung Ihres Vorgesetzten zu Ihrer Aufgabe ändern.

Sie sollten sich auch fragen, welche Aufgaben Ihre Projektmitarbeiter übernehmen können. Damit manövrieren Sie sich nicht etwa aus Ihrer Verantwortung heraus, sondern tun etwas, was Sie als Projektmanager rechtmäßig zu tun haben: Routineaufgaben erledigen Sie beispielsweise nicht selbst, stattdessen können Sie sich um die Langfristplanung, die Verbindung zu den Stakeholdern und um eine effektivere Förderung Ihrer Projektmitarbeiter kümmern.

Was können Sie also tun, um effektiver zu werden? Auf zwei Gebieten können Sie Veränderungen planen:

- bei Ihrem eigenen Verhalten
- bei Ihrer Führungssituation

Ihr eigenes Verhalten

Führung richtet sich auf die Erledigung von Aufgaben und den Umgang mit anderen Menschen. Effektive Führung setzt voraus, dass Sie sich als Projektmanager der Anforderungen der Situation bewusst sind und die Angemessenheit des eigenen Verhaltens in Bezug auf die Situationsanforderungen beurteilen können. Selbsterkenntnis ist somit eine wichtige Voraussetzung für effektives Führungsverhalten. Allerdings ist es nicht immer leicht, die im eigenen Verhalten begründeten Voraussetzungen effektiver bzw. ineffektiver Führung objektiv zu erkennen. Im Umgang mit anderen Menschen werden immer die eigenen Grenzen getestet. Je besser Sie diese selber kennen, umso klarer werden diese auch von anderen respektiert. Persönliche Grenzziehung heißt aber nicht, sich im „stillen Kämmerlein" zu verstecken. Vielmehr bedeutet es:

- Respekt vor den eigenen Grenzen
- Vertrauen in die eigenen Entscheidungen und Standpunkte
- Mut zum Nein-Sagen
- Aushalten von persönlichen Ängsten

Die Basis einer authentischen sozialen Kompetenz ist der erfolgreiche Umgang mit sich selber. Nur wenn Sie Ihr Denken und Handeln reflektieren und sich permanent weiter entwickeln, motivieren Sie sich selber, sind aktiv und kreativ. Erfolgreiches Selbstmanagement zieht unweigerlich eine große Gelassenheit und Effektivität mit sich und erzeugt ein positives Lebensgefühl.

Zwar ist Selbstmanagement durch eine offene und aufrichtige Bestandsaufnahme des eigenen Führungsverhaltens in ruhiger Eigenüberlegung möglich, doch ein Gespräch mit einem vertrauten Partner oder auch die gezielte Bitte an die Projektbeteiligten um Rückmeldung über das eigene Führungsverhalten vermitteln meist umfassendere Einsichten. Oft bemerken die angesprochenen Personen Einzelheiten, auf die Sie selber nicht geachtet haben, die sich etwa als störend auswirken oder die als besonders effektiv wahrgenommen werden und auf die Sie in Zukunft bewusst achten können.

Eine gezielte Rückmeldung über das Führungsverhalten trägt dazu bei, dass Sie Ihre eigenen Stärken und Schwächen klarer erkennen, und kann der Ausgangspunkt für zukünftige Versuche sein, eigene Stärken in entsprechenden Situationen zu betonen und effektive Führungsstile vermehrt einzusetzen:

- Achten Sie auf verbale und nonverbale Äußerungen von Unverständnis, Unmut oder Unzufriedenheit über Ihr Verhalten. Sprechen Sie diese Äußerungen an und bitten Sie um Aufklärung.

- Bitten Sie die Projektbeteiligten um konkrete Hinweise, was Sie von sich aus tun können, um die Zusammenarbeit zu verbessern. Eine günstige Gelegenheit sind etwa Mitarbeitergespräche und -besprechungen.

- Bitten Sie einen vertrauten Mitarbeiter, dass er in gemeinsamen Besprechungen, Präsentationen usw. auf Ihr Verhalten achtet und Ihnen darüber eine Rückmeldung gibt.

- Hören Sie sich Hinweise zu Ihrem Verhalten aufmerksam an; erbitten Sie konkrete Beispiele und genaue Verhaltensbeschreibungen. Fragen Sie nach konkreten Verbesserungsmöglichkeiten, die Sie realisieren können.

Verschiedene effektive Führungsstile erproben

Aller Erfahrung nach werden Sie als Projektmanager mit den unterschiedlichsten Situationen konfrontiert, die den Einsatz verschiedener Führungsstile erfordern. Wahrscheinlich haben Sie – vielleicht unbewusst – gelernt, einen bestimmten Führungsstil bevorzugt einzusetzen und andere zu vernachlässigen, weil dieser Ihrer Persönlichkeit am meisten entspricht, es wenig Gelegenheit gab andere Stile einzusetzen oder weil bisherige Erfolge andere Führungsstile (scheinbar) nicht erforderlich machten. Allerdings darf niemand damit rechnen, dass sein Verhalten von gestern und heute auch morgen noch Erfolge garantiert.

In unterschiedlichen Situationen sind die jeweils angemessenen Führungsstile einzusetzen. Insofern kommt es zunächst darauf an, effektive Nebenstile, die bereits zum Verhaltensrepertoire gehören, zu verstärken, d. h. in den entsprechenden Situationen häufiger einzusetzen. Im weiteren – wenn Erfolgserlebnisse sowie Sicherheit und Selbstvertrauen bei häufigerem Einsatz effektiver Nebenstile zunehmen – können Sie auch versuchen, bisher vernachlässigte und ungewohnte effektive Führungsstile in den passenden Situationen zu erproben. Dies wird anfänglich mit Schwierigkeiten und Rückschlägen verbunden sein, doch im Laufe eines Lernprozesses können Erfahrungen gesammelt werden, die sich in der Zukunft nutzbringend anwenden lassen. Nachstehend ein paar Stellschrauben, die in Ihrem persönlichen Einflussbereich liegen:

- Überdenken Sie Ihr Führungsverhalten, Ihre effektiven und weniger effektiven Führungsstile. Beziehen Sie Hinweise ein, die Sie von Projektbeteiligten erhalten haben.

- Überlegen Sie, in welchen Situationen Sie in Zukunft effektiver sein könnten.

- Nehmen Sie sich vor, einen effektiven Führungsstil, den Sie bisher vernachlässigt haben, verstärkt in angemessenen Situationen einzusetzen.

- Nehmen Sie sich ganz bestimmte Situationen (z. B. eine Besprechung) bzw. ganz bestimmte Projektmitarbeiter vor, in denen bzw. mit denen Sie diesen effektiven Führungsstil häufiger praktizieren wollen. Beginnen Sie mit solchen Situationen bzw. Projektmitarbeitern, in bzw. mit denen Ihnen dies vermutlich leichter fällt.

- Überlegen Sie sich konkrete Verhaltensweisen, wie Sie diesen effektiven Führungsstil verwirklichen können (z. B. „Beraten" in einem Mitarbeitergespräch).

- Versuchen Sie das Gleiche (Entschluss, Vorstellung bestimmter Situationen bzw. Projektbeteiligte und konkretr Verhaltensweisen) für effektive Führungsstile, die Ihnen bisher eher ungewohnt waren.

Zusammenarbeit mit Projektbeteiligten verbessern

Projektmanager sind eingebunden in organisatorische Strukturen und Abläufe, Kommunikationsnetze externer und interner Art, erhalten Informationen und Anweisungen, geben Informationen und Anweisungen weiter, unterhalten informelle persönliche Kontakte, kurz: Die Erzielung von Effektivität ist ohne Projektbeteiligte undenkbar. Immer sind Projektmitarbeiter, Kunden, Sponsoren, externe Partner, Lieferanten beteiligt,

Entscheidungen vorzubereiten, zu treffen oder auszuführen. Insofern kommt einer effektiven Zusammenarbeit mit den Projektbeteiligten hohe Bedeutung zu. Deshalb sollten Sie Ihre Zusammenarbeit mit diesen Projektbeteiligten einer regelmäßigen Überprüfung unterziehen und geeignete Verbesserungsmaßnahmen treffen:

- Machen Sie für sich regelmäßig (z. B. alle 4 Wochen) eine Bestandsaufnahme Ihrer Zusammenarbeit mit den wichtigen Projektbeteiligten: Wie ist die gegenseitige Information und Abstimmung in der laufenden Arbeit? Wo gibt es Reibungspunkte? Welche Kontakte sollten Sie intensivieren? Mit wem sollten Sie sich mehr auseinandersetzen?

- Sprechen Sie mit den Projektbeteiligten regelmäßig über Möglichkeiten der Verbesserung der Zusammenarbeit. Nehmen Sie z. B. den Abschluss von Aufgaben, die Abnahme von Ergebnissen, die Qualität von Lieferungen und Beistellungen oder die Durchführung von Änderungen zum Anlass, über die weitere Zusammenarbeit zu sprechen.

- Planen Sie bei Mitarbeiterbesprechungen, Teamsitzungen und Besprechungen mit Kunden eine abschließende Feststellung und Bewertung der erreichten Ergebnisse ein, sprechen Sie über „Hemmungsfaktoren" und vereinbaren Sie für die nächsten Termine „Spielregeln", die Sie beachten wollen.

Die Zusammenarbeit mit dem Kunden

Die Idee einer Beeinflussung des Kunden mag zunächst ungewöhnlich erscheinen, doch hat das Verhalten des Kunden oft erheblichen Einfluss auf die Effektivität des Projektmanagers. Ein Weg zur Steigerung der Effektivität ist es, die eigenen Anforderungen an das Verhalten des Kunden zu präzisieren, um klare Vorstellungen und Regeln für die Zusammenarbeit zu erhalten. Das betrifft etwa die Festlegung von Arbeitsschritten und -ergebnissen, den Austausch von Informationen (Besprechungen, Berichte usw.) oder die Abnahme und Annahme von Ergebnissen. Wichtig ist es dabei, dem Kunden den eigenen Beitrag für eine effektive Zusammenarbeit deutlich zu machen, um Missverständnisse von vornherein auszuschließen. Klare Standpunkte und Offenheit kommen dem Interesse beider Seiten entgegen.

Auch eine gezielte Verbesserung der Beziehungen zum Kunden kann eine wichtige Voraussetzung für bessere und effektivere Zusammenarbeit sein. Sie wird zum Beispiel möglich, indem man ihm Kooperation und Hilfestellung anbietet, umfassende Informationen bietet und erkennen lässt, dass man seine Situation, Interessen und Bedürfnisse versteht und gewillt ist, sachkundig gemeinsame Problemlösungen zu entwickeln.

Nebenbei kann auch noch durch stärkere eigene Bemühungen, wie

- Kundenbedürfnisse differenzierter zu erkennen,
- verbesserte Problemlösungen anzubieten,
- sich in die Lage des Kunden zu versetzen und
- durch kreatives Mitdenken überzeugende Ergebnisse zu erzeugen,

das eigene Image und das der Organisation verbessert werden. Diese Aktivitäten führen zur Stabilisierung oder dem Ausbau bestehender Geschäftsbeziehungen und ermöglichen evtl. weitere Aufträge und neue Kunden.

Ihre Führungssituation

Auf dem Weg zu höherer Effektivität kommt der Beeinflussung und Veränderung der Führungssituation große Bedeutung zu, d. h. der aktiven Gestaltung der Anforderungen der Situationselemente Projekt-/Arbeitsstruktur, Arbeitsmethodik, Zeitmanagement, Organisation und Arbeitspartner (Mitarbeiter, Kollegen, Vorgesetzter). Einige dieser Elemente werden im Folgenden intensiver erläutert.

Projekt-/Arbeitsstruktur

Die Projekt-/Arbeitsstruktur betrifft die Art der Aufgaben und die Art, wie sie zu erledigen sind. Es geht also um Fragen der organisatorischen Gestaltung, z. B. des Projektprozesses, der Aufgabenverteilung und Befugnisse, der Ablaufrichtlinien, der technologischen Unterstützung der Arbeit (Anlagen, Geräte, IT, usw.), sowie der Anforderungen an Fähigkeiten der Mitarbeiter, persönliche Eignung und Ausbildung. So können etwa eine Neuverteilung von Aufgaben, mehr Delegation, aber auch der vermehrte Einsatz moderner Kommunikations- und Informationstechnologien sinnvoll sein. Überlegen Sie:

- Welche Neuverteilung von Aufgaben innerhalb des Projekts oder auch der Teams ist sinnvoll?
- Welche Aufgaben können Sie stärker auf die Projektmitarbeiter übertragen?
- Welche Aufgaben bedürfen einer besseren Abstimmung oder Neuverteilung zwischen Ihnen, den Teilprojektleitern, den Teamverantwortlichen usw.?

- Sind alle Möglichkeiten der technologischen Unterstützung der Arbeitsprozesse optimal genutzt? Welche neuen Anlagen und Geräte können effektiv eingesetzt werden?

Wer sich hauptsächlich mehr um die dringenden als um die wichtigen Dinge im Projekt kümmert, wäre besser zur Feuerwehr gegangen, deren Hauptaufgabe es ist, immer dorthin zu fahren, wo ein Brand ausgebrochen ist, und diesen zu löschen. Im Projektmanagement ist es wichtig, sich auf langfristige Aufgaben zu konzentrieren und zwar vorrangig auf das, was wichtig aber wenig dringlich ist. So können Sie Krisen vorbeugen und Ihre Arbeitskapazität langfristig fördern. Es geht also nicht nur darum, Zeit zu managen, sondern darum, sich selbst zu steuern. Von vornherein verhindern Sie somit, dass bestimmte Situationen sich überhaupt zu Krisen entwickeln können. Setzen Sie nicht Prioritäten für das, was auf dem Terminplan steht, sondern setzen Sie Termine für Ihre Prioritäten. Diese Einstellung bedeutet, dass Sie jede Aktivität daraufhin analysieren, ob sie langfristig zu einer höheren Effektivität führt und den Projekterfolg sicherstellt.

Arbeitsmethodik

Das Thema Arbeitsmethodik ist vielleicht langweilig, aber von größter Wichtigkeit für den Projektmanager:

- Stress und Hektik lassen sich oft auf Mängel in der Arbeitsweise zurückführen.

- Methodisch-systematisches Arbeiten stellt keinen Widerspruch zu Kreativität dar – im Gegenteil!

- Die Arbeitsmethodik sollte – ja muss sogar – individuell und persönlich sein.

- Arbeitsmethodik ist abhängig von den Rahmenbedingungen und den spezifischen Umständen. Man braucht die richtige Methode zur richtigen Zeit.

- Die gewählte Methodik sollte regelmäßig kritisch hinterfragt werden.

Die Beschreibung aller relevanten Methoden würde den Rahmen dieses Buches bei weitem sprengen. Dennoch möchte ich drei entscheidende Erfolgfaktoren vorstellen, mit denen Sie Ihre persönliche Effektivität steigern können:

- Der richtige Weg zum Ziel
- Effektiveres Zeitmanagement
- Effektivere Projektbesprechungen

Der richtige Weg zum Ziel

In der Projektpraxis ist immer wieder zu beobachten, dass Projektmanager und deren Projektteams eher aufgabenorientiert statt zielorientiert vorgehen. Dabei wird Effektivität mit Effizienz verwechselt, aber Basis des Denkens und Handelns in Projekten sollten immer die Ziele sein, die erreicht werden müssen. Stellen Sie, bevor Sie Aufgaben angehen, sich deshalb immer wieder folgende Fragen:

- Warum machen wir das eigentlich?
- Welcher Nutzen soll für den Kunden dabei herauskommen?
- Was soll konkret entwickelt bzw. geleistet werden?

Projekte erfolgreich durchzuführen, heißt zum einen klares Denken und Handeln und zum anderen arbeitsmethodisch professionelles Planen, Überwachen und Steuern. Erfolgreiche Projektmanager beginnen mit einer systematischen Analyse des Ausgangszustands. Dann arbeiten sie das konkrete Ziel des Projekts exakt heraus und beschreiben es. Erst wenn alle Projektbeteiligten dasselbe Bild von der Zieldimension des Projekts haben, kann eine realistische Strukturplanung (Teilprojekte, Phasen, Arbeitspakete, Aufgaben) durchgeführt werden. Vermeiden Sie übereifrigen Aktionismus und planloses Losrennen.

Wenn Sie als Projektmanager bei der Durchführung Ihres Projektes Ihr Handeln stets am Ziel und der Vorgehensplanung orientieren, jedes Zwischenergebnis an der Ausgangssituation und dem Ziel messen, Probleme in den Griff bekommen und rechtzeitig gegensteuern, dann haben Sie die Gewähr, dass Sie das Ziel erreichen und Sie Ihr Projekt erfolgreich abschließen.

Ein Ziel ist ein erstrebenswerter Zustand in der Zukunft. Ziele muss ich messen können, denn ich muss ja wissen, wann das Ziel erreicht ist.

Eine Aufgabe hingegen ist die Aktivität (oder eine Summe von Aktivitäten), die zu Erreichung des Ziels erforderlich ist.

Für den Weg zum Ziel habe ich immer einen Regelkreis favorisiert, der eine pragmatische Vorgehensweise ermöglicht und wie folgt aufgebaut ist:

1. Analyse
2. Zielplanung
3. Vorgehensplanung
4. Vorgehen

5. Ergebnisse

6. Überprüfen

Dieser Regelkreis ist auch für neue und unerfahrene Projektmanagern eine gute Methodik in der Projektarbeit. In den einzelnen Abschnitten unterstützen spezielle Checklisten, Analyse-, Übersichts- und Arbeitsblätter den Projektmanager, die Ideen und Ziele Schritt für Schritt zu realisieren.

Von Inhalt, Umfang und Wichtigkeit des Projekts hängt es ab, ob Sie die Zieldefinition alleine durchführen können oder ob Sie diese Arbeit von Anfang an gemeinsam mit Ihrem Kernteam durchführen.

Effektiveres Zeitmanagement

Zeit ist, wie die Wirtschaftswissenschaftler sagen würden, ein unelastisches Kapital. Sie lässt sich nicht ausdehnen. Viele meinen, dass sie später/demnächst/irgendwann mehr Zeit haben. Das stimmt in der Regel nicht. Zeitmanagement ist daher wohl eine Kunst, die ein Projektmanager mehr erlernen muss als alles andere. Ein vom zeitlichen Ablauf her effektiveres Projektmanagement lässt sich erreichen, wenn alle Projektbeteiligten ihr Zeitverhalten nach folgenden Kriterien überprüfen und optimieren:

- Selbstkritik: Wie viel ist machbar?
- Zeitzonen einrichten
- Störungsfreie Zeit einrichten
- Nein sagen können
- Delegationsverhalten prüfen
- Perfektionismus und Liebe zum Detail eindämmen

> Zeitmanagement beginnt mit einem erhöhten Bewusstsein für die Zeit, mit dem Wissen, wie viel Zeit zur Verfügung steht und wie man sie nutzt. Diese Möglichkeit der Selbstbestimmung impliziert einen sehr bewussten Umgang mit Entscheidungen. Handlungs- und Gestaltungsspielräume können so neu ausgelotet und entdeckt werden.

Vielen Projektmanagern hat eine Analyse ihrer eigenen Zeitnutzung sehr geholfen. Sie haben sich praktisch immer über die Ergebnisse und ihren Mangel an effektivem Zeitmanagement gewundert. Auch über die Aufgaben, die man so täglich verrichtet – meist sind es ja Routineaufgaben – sollten Projektmanager einmal grundsätzlich nachdenken. Der Italiener Pareto hat bereits vor über 100 Jahren festgestellt, dass wir 80% unseres

Erfolges in nur 20 % der uns zur Verfügung stehenden Zeit erreichen. Dieses Verhältnis gilt für viele Ihrer Aufgaben, z. B. bewirken 20 % aller Besprechungen 80 % der Beschlüsse.

Effektive Projektmanager müssen lernen, wie man sich zusammenhängende und über den Tag verteilte ungestörte Zeiträume schafft. Lange ungestörte Zeiträume braucht man besonders für Aufgaben, bei denen einige Denkarbeit zu leisten ist, wie das Abfassen eines Projektberichtes, das Erstellen eines Planes oder das Lesen eines Dokumentes oder Berichtes. Sie müssen auch lernen, „nein" zu sagen, aber nicht leichtfertig in der Form „ich habe keine Zeit", denn das stimmt ja eigentlich nicht, jeder von uns hat gleich viel Zeit: 365 Tage im Jahr, 24 Stunden am Tag, 60 Minuten in der Stunde. Richtiger wäre zu sagen: „Dafür habe ich keine Zeit!" Damit setzt man bereits Prioritäten und zwar in der Weise, dass man sich bewusst wird, wofür man Zeit hat und wofür nicht.

Die Kontinuität des täglichen Arbeitens am Projekt führt zu weniger Stress, eingehaltenen Terminen und letztlich auch zu einer persönlichen Zufriedenheit. Dafür ist es jedoch notwendig, sich für einen bestimmten Zeitraum aus dem Tagesgeschäft zurückzuziehen. Diese tägliche störungsfreie Zeit, die vorrangig für Projektaufgaben reserviert ist, muss bewusst eingerichtet und geplant sein. Empfehlenswert ist die Tageszeit, in die das persönliche Leistungshoch fällt. Wer seine Projektaufgaben grundsätzlich in Form von Überstunden am späten Abend erledigt, wird auf Dauer wenig Freude daran haben.

Eine bewährte Möglichkeit, um Planungs- und Steuerungsaufgaben, Aufräumen des Schreibtisches von verschiedenen Merkzetteln, Aktennotizen, Erledigung von Reiseabrechnungen, Führungsaufgaben, Besprechungen und nicht-projektbezogenen Routineaufgaben gerecht zu werden, ist die Einrichtung von speziellen Zeitzonen. Ziel dieser Zeitzonen ist es, sicherzustellen, dass allen Anforderungen ein bestimmtes Maß an Zeit eingeräumt wird. Wichtiger noch ist der Gedanke, dass die anstehenden Aufgaben bei der Zeitplanung berücksichtigt sind und somit nicht vernachlässigt werden. Überraschungen in Gestalt überzogener Termine werden so verringert, wenn nicht sogar ausgeschlossen.

Ein langer zusammenhängender Zeitraum lässt sich kurzfristig schaffen, wenn man früher ins Büro kommt und sich Arbeit mit nach Hause nimmt. Langfristig wird damit jedoch die Effektivität verringert, man braucht also andere Methoden. Beispielsweise kann man erklären, dass man an bestimmten Tagen oder zu bestimmten Zeiten nicht erreichbar ist. Dem werden durch die Art der Tätigkeit allerdings oft Grenzen gesetzt. Bei vielen Unterbrechungen während des Tages handelt es sich oft nur um Nichtigkeiten. Bei jeder einzelnen Unterbrechung sollte sich der

Projektmanager fragen, wie diese hätte vermieden werden können, und sollte dann das Endscheidungs- oder Informationssystem ändern, so dass solche Unterbrechungen entweder gar nicht mehr vorkommen oder wenigstens auf ein Mindestmaß beschränkt bleiben.

Oft verwenden Projektmanager viel Zeit auf Aufgaben, für die sie gar nicht zuständig sind oder die sie besser an Mitarbeiter delegieren würden. Projektmanager sollten auch ab und zu überprüfen, ob sie nicht zu viel Zeit auf ganz bestimmte Aufgaben verwenden und deshalb zu wenig Zeit für andere, wichtigere Aufgaben haben. Oft reiben sich auch Projektmanager an Dingen auf, die sie nicht ändern können. Dadurch verlieren sie den Blick für Dinge, die sie tatsächlich ändern können.

Ein wesentlicher aber typischer Fehler ist es, einen größeren Zeitbereich für eine einzelne Aufgabe zu reservieren, für die der Projektmanager dann einen zu großen Teil der ihm zur Verfügung stehenden Zeit verwendet (verschwendet). Dieser Fehler tritt gewöhnlich bei mangelhafter Organisation des Projekts auf, wenn die Aufgaben verschwommen sind oder der Terminplan zu eng ausgelegt ist. Manchmal liegt die Ursache darin, dass der Projektmanager etwas lediglich deshalb tut, weil er es gerne tut. Zeitbereiche sind durch eine Zeitanalyse festzustellen. Aufgabenbereiche, die über 50% der Zeit eines Projektmanagers in Anspruch nehmen, dürften zu undifferenziert angelegt sein. Hier empfiehlt sich eine Aufteilung und präzisere Abgrenzung, was der planvollen Arbeit und den darauf abgestimmten Zielen sehr zugute kommt.

Um sich einen persönlichen Überblick zu verschaffen, sollte man zunächst die Zeitbedarfe für die täglichen Aktivitäten schätzen und diese dann den tatsächlich aufgewendeten Zeiten gegenüberstellen. Dies eröffnet in vielen Fällen bereits ungeahnte Erkenntnisse über das persönliche Zeitmanagement. Macht man sich diesen zeitlichen Soll-Ist-Vergleich zur Gewohnheit, lässt sich aus diesen Erfahrungswerten ein ausgeprägteres Zeitgefühl für zukünftige Aufgaben ableiten.

Für den Projektmanager ist die kleinste Einheit der Zeitplanung der Tagesplan. Die Tagespläne ergeben gemeinsam die Messlatte, die zeigt, inwieweit die für die Woche und den Monat anvisierten Ziele erreicht werden. Eine realistische Tagesplanung muss sich jedoch vor allem daran orientieren, was tatsächlich machbar ist. Oberstes Prinzip der Tagesplanung ist die Schriftlichkeit. Nutzen Sie dafür die ALPEN-Methode:

1. **A**lle Aufgaben, Aktivitäten und Termine aufschreiben

2. **L**änge der Aktivitäten schätzen

3. **P**ufferzeit für Unvorhergesehenes einplanen (denken Sie daran, nur ca. 50% Ihrer Zeit zu verplanen)

4. Entscheidungen über Prioritäten, Kürzungen und Delegationsmöglichkeiten treffen (denken Sie daran, Wichtigkeit, „Ziel", geht vor Dringlichkeit, „Zeit")

5. Nachkontrolle – Unerledigtes übertragen. Planen Sie den nächsten Tag bereits am Vorabend.

Vermeiden Sie auf jeden Fall Zeitfallen. Zwei klassische Zeitfallen sind zum Beispiel Perfektionismus und Liebe zum Detail. Sie können leicht dazu führen, dass angesetzte Zeiträume unrealistisch werden. Ein fixer Zeitpunkt als Endtermin kann als Motivation wirken, um die gestellten Aufgaben nicht so akribisch zu planen, um mit den gestellten Aufgaben rechtzeitig fertig zu werden.

Beobachten Sie während der nächsten Arbeitswochen:

- Geplante Termine: Wie häufig haben Sie vorab geplante Termine (Besprechungen, Tagungen, Seminare, Besichtigungen usw.) und wie viel Zeit verwenden Sie dafür?

- Ungeplante Aufgaben: Wie häufig sind nicht vorhersehbare Anfragen, kurzfristig angesetzte Besuche, Besprechungen, Gespräche, Telefonate, die Nacharbeit erfordern, und wie viel Zeit verwenden Sie dafür?

- Reisen: Wie häufig sind (auch kürzere) Dienstreisen und wie viel Zeit verwenden Sie dafür?

- Schreibtischaufgaben: Wie viel Zeit bleibt Ihnen zum Durcharbeiten schriftlicher Informationen (Briefe, Rundschreiben, Fachliteratur, Projektdokumentation usw.), zum Abfassen von Stellungnahmen, Berichten, Vorträgen, zur Vorbereitung auf Besprechungen, Mitarbeitergespräche usw.?

- Führungsaufgaben: Wie viel Zeit verwenden Sie auf Teambesprechungen und Mitarbeitergespräche, in denen Sie sich gegenseitig informieren, Arbeitsziele und -ergebnisse besprechen, weitere Einsatzmöglichkeiten planen, gemeinsam Entscheidungen vorbereiten usw.? Wie viel Zeit verwenden Sie für persönliche Gespräche mit Mitarbeitern?

- Unnötige Aufgaben: Gibt es Aufgaben, für die eigentlich eine andere Führungskraft (Entscheider, Teilprojektleiter, Teamleiter) oder ein anderer Ihrer Mitarbeiter zuständig ist oder sein könnte, wofür Sie aber Zeit aufwenden?

- Ungleichgewichtige Aufgaben: Gibt es einzelne Aufgaben, für die Sie deutlich mehr Zeit als für andere aufwenden, so dass manches oder gar vieles längere Zeit liegen bleibt?

- Wo könnten Sie Zeit gewinnen bzw. wie könnten Sie Ihre Zeit besser einteilen?
- Sind die Prioritäten richtig gesetzt? Aufgaben nach „Wichtigkeit" und „Dringlichkeit" in eine Reihenfolge bringen und gemäß dieser Reihenfolge abarbeiten. Dringlichkeit ist keinesfalls mit Wichtigkeit gleichzusetzen.

> Zeitmanagement ist die Kunst, die vorhandene Zeit für die richtigen Dinge zu nutzen.

Effektivere Projektbesprechungen

Projektbesprechungen sind eines der wesentlichen Führungsinstrumente des Projektmanagers. Zum einen dienen sie der Information und Kommunikation, zum anderen entwickeln sie auch ein Gefühl der Gemeinsamkeit und Zugehörigkeit bei den Projektbeteiligten. Projektbesprechungen unterstützten das Zusammenwachsen des Projektteams und das Entstehen eines gemeinsamen Teamverständnisses. Die Identifikation des einzelnen Teammitgliedes mit dem Projektteam ist entscheidend für seinen persönlichen Einsatz und damit für den Erfolg des Projekts.

Trotzdem: Projektbesprechungen müssen nach wirtschaftlichen Gesichtspunkten geplant und durchgeführt werden. Wenn Sie als Projektmanager regelmäßige einstündige Projektbesprechungen ansetzen, an denen acht Teammitglieder teilnehmen, so ist damit rein rechnerisch ein Arbeitstag an operativer Arbeitsleistung „verloren".

> Ziel einer Projektbesprechung muss es sein, dass der Nutzen größer ist als der Aufwand. Daher ist eine systematische Planung der Informations- und Kommunikationsformen und somit auch der Projektbesprechungen zwingend erforderlich.

Es gibt in der Regel keine allgemein gültige Empfehlung, wann, wie oft und mit welchem Teilnehmerkreis Projektbesprechungen angesetzt werden sollten. Eine Projektbesprechung ist dann durchzuführen, wenn sie in Summe Vorteile gegenüber anderen Informations- und Kommunikationsmöglichkeiten, wie z. B. Telefon, E-Mail, Rundschreiben, Aushang, schriftlicher Projektbericht usw. bietet. Natürlich werden Sie es nie allen recht machen, gestresste und in Terminnot geratene Projektmitarbeiter möchten am liebsten überhaupt nicht durch Projektbesprechungen gestört werden. Andere halten Projektbesprechungen für überflüssig, „weil einige sich mit ihren Beiträgen nur ins Rampenlicht stellen wollen und das Ganze nichts bringt."

Deshalb nochmals die goldene Regel: Eine Projektbesprechung darf nur stattfinden, wenn sie einen konkreten Zweck verfolgt und dafür Ziele definiert sind. Diese müssen im Verlauf der Besprechung konsequent verfolgt werden. Besprechungen, die keinerlei zielorientierte Ergebnisse in Form von Beschlüssen, Konsequenzen, Veränderungen usw. erbringen, sind überflüssig.

Wodurch zeichnen sich effektive Projektbesprechungen aus?
Jeder Projektbeteiligte hat eine bestimmte Einstellung zur Leistung und zur Zusammenarbeit. Es ist Ihre Aufgabe als Projektmanager, die daraus resultierenden Anforderungen durch effektive Projektbesprechungen zu bewältigen. Nachstehend einige Empfehlungen:

- *Klare Ziele setzen*
  Die Arbeitsteilung lässt viele Projektmitarbeiter nicht mehr ohne weiteres die Zusammenhänge ihrer Arbeit überblicken. Das erschwert das Verständnis für die eigene Aufgabe; die persönliche Beziehung zur Arbeit kann leicht verloren gehen. Es genügt daher nicht, den Projektmitarbeitern nur die zur Ausführung der Arbeit unbedingt notwendigen Anweisungen zu geben. Wenn der Projektmanager Mitarbeit und Mitdenken seiner Projektmitarbeiter fördern will, müssen die übergeordneten Ziele des Projekts im Zusammenhang mit den Team- und Einzelaufgaben zur Zielerreichung sichtbar gemacht werden. Gemeinsame Erarbeitung und Festlegung der Ziele in Projektbesprechungen dienen der Identifikation der Projektmitarbeiter mit deren Zielen und Aufgaben. Nur klare Zielvorstellungen geben den Mitarbeitern die Chance zur Selbstkontrolle ihrer Arbeit.

- *Gegenseitig informieren*
  Die Integration der Aufgaben im Projekt verlangt wechselseitige Information. Sie steigert die Leistungsbereitschaft und Leistungsfähigkeit des einzelnen und hilft, Doppelarbeit zu vermeiden. Notwendig sind nicht nur Informationen, die unmittelbar mit der täglichen Projektarbeit in Beziehung stehen. Wichtig sind auch Mitteilungen über wesentliche organisatorische und geschäftspolitische Fragen. Auf diese Weise gewinnen die Projektbeteiligten ein besseres Verständnis über die Ziele, Teilziele und Aufgaben des Projekts und des Kunden.

- *Zusammenarbeit aktivieren*
  Der Spezialist als genialer Einzelgänger wird sicherlich ab und zu für bestimmte Aufgaben im Projekt noch gebraucht. Zusammenarbeit bestimmt jedoch mehr denn je den Erfolg des Einzelnen und des Projekts. Der Projektmanager schafft die Voraussetzungen dazu: Er legt

zunächst die Aufgaben, Zuständigkeiten und Verantwortungen fest. Bei der Projektbesprechung der Aufgaben und Arbeitsergebnisse – auch in einem erweiterten Projektmitarbeiterkreis – soll er aufzeigen, dass es auf die gemeinsame Leistung, und nicht nur auf die des Einzelnen, ankommt. Kooperationsfreundliches Verhalten verdient ausdrückliche Anerkennung und zeigt sich gerade in Projektbesprechungen.

- *Arbeitsergebnisse besprechen*

  Der Projektmanager, der nicht bloß die Arbeitsergebnisse feststellt, sondern sie mit seinen Projektmitarbeitern bespricht, gibt Leistungsanreize. Auch gute Leistungen und erzielte Erfolge verdienen eine Besprechung. Dadurch wächst das Selbstwertgefühl des Mitarbeiters oder des Projektteams, weitere Erfolge werden folgen. In einer offenen und vertrauensvollen Projektbesprechung sind aber auch Korrekturen oder Kritik an nicht befriedigender Leistung angebracht. Die Kritik sollte jedoch nicht persönlicher Art sein, sondern in konstruktiver Art und Weise vorgetragen werden. Der Projektmitarbeiter muss allerdings dabei auch seine Auffassung darlegen können.

- *An Entscheidungen beteiligen*

  Projekte haben, wie schon mehrfach erwähnt, mit der Teamarbeit eine andere Organisationsform als ein Unternehmen. Das beginnt bei der Festlegung des Projektziels und der Planung gemeinsamer Aufgaben. Für den Projektmanager ist dies eine gute Gelegenheit, Wissen und Fähigkeiten der Mitarbeiter zu aktivieren, sie zu Vorschlägen anzuregen und sich auch mit Vorstellungen auseinanderzusetzen, die von seinen eigenen abweichen. Die Projektmitarbeiter werden häufig mehr Wissen und berufliche Erfahrung auf ihrem Spezialgebiet besitzen als der Projektmanager. Wer an der Entscheidungsvorbereitung beteiligt ist, wird sich auch mit der Entscheidung identifizieren.

- *Verantwortung übertragen*

  Durch das gemeinsame Erarbeiten von Zielen und Aufgaben und das Besprechen abgeschlossener Arbeiten kann der Projektmitarbeiter erfolgreicher angeleitet werden. Dies sollte so weit gehen, dass der Projektmanager auch die Verantwortung für die übernommene Aufgabe und die Zielerreichung überträgt; besser wäre es noch, wenn der Projektmitarbeiter diese von sich aus übernimmt. Projektmitarbeiter mit Verantwortung engagieren sich stärker, gewinnen rascher Erfahrungen und erzielen bessere Leistungen. Nachwuchskräfte bereiten sich durch die Übernahme von Verantwortung auf Führungsaufgaben vor.

4 Erfolgsgeheimnis 2: Eigenschaften und Verhalten

Als Projektmanager brauchen Sie ein Profil. Sie können zum Beispiel kooperativ sein, glaubwürdig, konflikt- und stressfähig, entscheidungsfreudig, gradlinig oder beharrlich. Es gibt eine Menge möglicher Eigenschaften.

Einige davon sind Ihnen in die Wiege gelegt worden, andere haben sich während Ihrer Kindheit und Jugendzeit herausgebildet und die noch fehlenden können Sie sich aneignen oder antrainieren. Sie müssen vorher nur Ihre Defizite erkennen. Einige Menschen scheitern leider schon daran, weil sie eine Selbsteinschätzung scheuen und sich somit nicht weiterentwickeln können. Dabei können so einfache Fragen wie

- Bin ich ein introvertierter oder extrovertierter Typ?
- Was sind meine Stärken und was meine Schwächen?
- Welche Interessen und Ziele habe ich?

den Weg der Entwicklung aufzeigen, man muss nur ehrlich zu sich selber sein. Glauben Sie, dass Sie das nicht können, so können Sie sich von einem Psychologen oder Personaltrainer testen lassen; das ist im Zeitalter des Coachings etwas ganz Normales. Der Wille, sich selber einschätzen zu wollen, ist schon der erste Schritt in die richtige Richtung.

Als junger Absolvent einer Hochschule sind Sie stolz auf das erreichte Diplom und strotzen wahrscheinlich vor Selbstbewusstsein. Dürfen Sie auch, weil Sie ja ganz schön viel gelernt haben. Der praktische Berufsweg ist jedoch ein ganz neuer Pfad. Trotz der fachlichen Kompetenz beginnen viele Menschen ihre berufliche Laufbahn als Anfänger und sie werden teilweise auch so behandelt. Hören Sie deshalb gut zu und lernen Sie, tagein, tagaus – auch wenn Sie kein Berufsanfänger sind.

Bringen Sie Ihre fachliche Kompetenz ein, wann immer es möglich ist, und setzen Sie die Theorie mit Ihrer vorhandenen sozialen Kompetenz um. Team-Meetings, Problemlösungsfindungen, Konzepterstellungen usw. sind hervorragende Darstellungsmöglichkeiten. Tanken Sie soviel Selbstvertrauen, dass Sie auch persönlich schon mal Dinge präsentieren.

Erwarten Sie jedoch nicht nur Zuspruch, Sie müssen so gefestigt sein, dass Sie auch – konstruktive – Kritik vertragen können.

Kein Mensch ist fehlerfrei, auch nicht im Berufsleben. Jeder scheitert mal mit einer Idee oder einem Vorhaben. Entscheidend ist die Frage, ob einen das aus der Bahn wirft, ob man zusammenbricht oder ob man soviel Selbstbewusstsein und Kraft hat, wieder aufzustehen. In einigen Organisationen gibt es einen Paten oder Mentor, der einem behilflich ist. Dafür muss man jedoch offen sein und diese Beziehung auch wollen und eine Vertrauensbasis schaffen.

Seien Sie nicht nur ehrlich zu sich selber, sondern auch zu anderen Personen, wie dem Vorgesetzten, den Kollegen und auch dem Kunden. Gestehen Sie Fehler oder Versäumnisse ein, und wenn Sie Fragen nicht beantworten können, unternehmen Sie keine Täuschungsmanöver. Früher oder später kommt alles heraus. Haben Sie die Courage zu sagen: „Das kann ich Ihnen jetzt nicht beantworten, aber ich kümmere mich darum und informiere Sie so schnell wie möglich." Das zeigt Stärke und Menschlichkeit, und ich glaube, dass jeder dafür Verständnis hat.

Im Laufe der Zeit entwickeln sich die erlangten fachlichen und sozialen Fähigkeiten zu einem ganz persönlichen Profil und zu einem eigenen Stil.

Leider werden die Themen dieses Kapitels selten in einem Projektmanagementkurs behandelt. Dabei sind sie als Fundament für die Projektmanagement-Karriere von mindestens so großer Bedeutung wie das Lernen der verschiedenen Disziplinen und Prozesse, die zudem noch durch Werkzeuge des Projektmanagements abgedeckt werden. Die zur „sozialen Kompetenz" gehörenden Themen werden zu wenig berücksichtigt, weil man einfach davon ausgeht, dass jeder sie kennt bzw. beherrscht oder weil man wirklich zu wenig über deren grundsätzliche Bedeutung nachdenkt.

Lassen Sie mich hier ein Szenario vorstellen: Der Geschäftsführer braucht einen Projektmanager, der für das Unternehmen ein Projekt durchführen soll. Er hat eine Anzahl von Optionen und geht mit dem Personalchef und mehreren Abteilungsleitern einen Auswahlprozess durch. Da dies zum Aufgabenbereich dieser Manager gehört, kann man sicher sein, dass sie mit dem Verfahren vertraut sind und alle Anforderungen und Fähigkeiten der einzelnen Personen durchgehen. Es kristallisiert sich eine Person heraus, die einen guten IQ hat. Diese Person scheint geeignet zu sein, sie weiß, wie man kommunizieren muss und sie beherrscht alle Dinge, die ein guter Projektmanager kennen sollte. Was will der Geschäftsführer sonst noch? Neben der Erfüllung der Basisanforderungen für diese Rolle versuchen die Personen noch mehr Dinge über diese Person herauszufinden:

- Hat sie ein unternehmerisches Denken für das, was sie machen soll und ist sie in das Vorhaben einbezogen?
- Hat sie eine gute Portion Selbstvertrauen und Selbstbewusstsein?
- Hat sie ein gutes Urteilsvermögen?
- Hat sie kreative Fähigkeiten?

Über die erforderlichen Kommunikationsfähigkeiten hinaus sind dies die Dinge, die einen ausgezeichneten Projektmanager von einem durchschnittlichen unterscheiden.

4.1 Unternehmerisches Denken und Handeln

Unternehmerisches Denken und Handeln lässt sich nicht allein durch das Antrainieren einer bestimmten Haltung erlernen. Unternehmerisch denken und handeln kann nur, wer eine ausreichende emotionale Bindung an sein Unternehmen besitzt. Projektmanagern, denen diese Bindung fehlt, liegt im Allgemeinen wenig an der Qualität ihrer Arbeit. Sie arbeiten eher teilnahmslos, daher häufig auch ineffizient, und scheuen sich davor, Verantwortung zu übernehmen. Um ein erfolgreicher Projektmanager zu werden, müssen Sie unternehmerisch denken und handeln und die vollständige Verantwortung für das Projekt und sein Ergebnis übernehmen können.

Das unternehmerische Denken treibt Personen an, ihre ganze Kraft in die an sie übertragenen Aufgaben zu stecken. Dieses Denken entspringt dem Gefühl, dass man für die Durchführung einer bestimmten Aufgabe wichtig ist. Wenn man so denkt, dann handelt man auch so, als ob man voll für etwas verantwortlich wäre, auch wenn man es in Wirklichkeit nicht ist. Unternehmerisches Denken vermittelt Menschen verstärkt den Sinn der Arbeit und veranlasst sie, sie aktiv auszuführen, statt sie in innerer Emigration nur zum Zeck des Geldverdienens zu erledigen.

Als Projektmanager ist Ihnen klar, dass Sie nicht alles innerhalb des Projekts kontrollieren können, aber Sie fühlen sich trotzdem für alles rechenschaftspflichtig. Wir könnten hier eine lange Diskussion über den Unterschied zwischen Rechenschaftspflicht und Verantwortung führen, aber in Bezug auf das unternehmerische Denken „verwischen" sich diese beiden Begriffe. Als Projektmanager muss Ihnen bewusst sein, dass Sie die volle Verantwortung haben, außerdem müssen Sie fühlen, dass Sie voll rechenschaftspflichtig sind. Weichen Sie diesen Dingen nicht aus, packen Sie es an, auch wenn Ihr Projekt ein Schlamassel ist. Die wahren Werte eines Projektmanagers erkennt man daran, dass er in die „Hände spuckt" und sich der Dinge annimmt, die schiefgegangen sind. Wenn Sie so handeln, werden Ihnen die Linienmanager danken, Sie haben Erfolg, Sie werden belohnt und man wird immer wieder gerne mit Ihnen arbeiten.

Ein Projekt kann auch von einem Projektmanager durchgeführt werden, der kein wirkliches unternehmerisches Denken für das Projekt, für seinen Inhalt und für die Ergebnisse hat. Ich war an vielen Projekten beteiligt, die ihr Ziel erreichten, obwohl sie von Personen gemanagt wurden, die kein unternehmerisches Denken besaßen. Aber wenn Dinge schiefgehen, wenn es knifflig wird oder wenn etwas irgendwie schwierig ist, das unternehmerische Denken treibt den Erfolg. Wenn ein Termin für den nächsten Tag eingehalten werden muss und es schon Nacht wird, kann nur die Leidenschaft die Arbeit vorantreiben. Wenn ein Projektmanager ohne diese Leidenschaft ein Projekt erfolgreich managt, kann man davon ausgehen, dass das Projekt nicht so schwierig oder komplex gewesen ist.

Wie kann ich feststellen, ob ein Projektmanager dieses unternehmerische Denken hat?

Eigentlich kann man diese Frage erst beantworten, wenn es im Projekt schwierig geworden ist. Das Projekt verzögert sich, vielleicht aus berechtigten Gründen, vielleicht sind auch Probleme durch Änderungen entstanden. Da kommt in einem Projektmanager manchmal der Frust hoch: „Ich habe das ganze Projekt doch gut gemanagt und dann dieses Ergebnis. Ich habe meinen Job gemacht, mehr kann ich nicht tun." Oder er sagt zu sich: „Ok, es ist passiert, was kann ich jetzt tun, um es wieder auf Erfolgskurs zu bringen und es auf diesem Kurs zu halten?" Mit der erstgenannten Reaktion hat er sich disqualifiziert, mit letzterer zeigt er, dass er unternehmerisch denkt und die erforderliche Leidenschaft für das Projekt entwickelt.

Was machen Personalchefs, wenn sie einen Projektmanager rekrutieren sollen, wie gehen sie vor?

Grundsätzlich werden sie ihm Fragen stellen und ihn testen, wie er sich verhält, wenn kritische Situationen auftreten. Sie werden ihn bitten, zu beschreiben, wie er sich dann fühlt und was er macht, z. B. wenn ein Termin nicht eingehalten werden kann. Die Personalchefs wollen sich ein Bild davon machen, wie der Projektmanager handeln würde. Arbeitet er beharrlich an der Lösung dieses Problems und bereitet es ihm Freude, die Situation wieder in den Griff zu kriegen, oder äußert er sich über seinen Frust, weil er versagt hat, oder schiebt er die Schuld sogar auf andere?

Wie können Sie wissen, ob Sie dieses unternehmerische Denken haben?
Die Antwort darauf ist die gleiche wie auf die alte Frage: „Wie kann ich wissen, ob ich verliebt bin?" Die Weisen antworten ganz einfach: „Dann seien Sie doch mal verliebt!" Sie wissen es, wenn Sie von einer Sache überzeugt sind. Wenn Sie unsicher sind, fragen Sie sich: „Wie wirst du dich fühlen, wenn das Projekt seine Endziele nicht erreicht, beispielsweise durch externe Gründe, die ich nicht unter meiner Kontrolle habe?" Werden Sie einfach mit Ihren Schultern zucken und denken „gut, es war nicht meine Schuld", dann haben Sie kein unternehmerisches Denken; wenn Sie aber enttäuscht und unzufrieden sind und sich vornehmen, aus den Fehlern zu lernen und es besser zu machen, dann kann man sagen, dass Sie es wahrscheinlich haben.

- Große Projektmanager entwickeln eine Leidenschaft, immer wieder Projektziele zu erreichen. Sie betrachten Projektmanagement nicht als Algorithmus, der die richtige Antwort liefert.

- Große Projektmanager werden immer zusätzliche Wege gehen, um Lösungen zu finden und Zufriedenheit zu erzeugen, wenn Dinge schiefgehen. Sie akzeptieren auch keine Einwände ihres Teams, wenn bestimmte Dinge etwas länger brauchen oder mehr Aufwand kosten, sondern sehen dies als eine Herausforderung.

- Große Projektmanager lassen Probleme nicht eskalieren und drücken sich nicht vor der Verantwortung, sie zu lösen. Und wenn die Projektmanager die Eskalation dem Lenkungsausschuss vorgebracht haben, wissen sie trotzdem immer noch, dass sie diejenigen sind, die das Projekt durchbringen müssen, und sehen die Beseitigung der Eskalation einfach als eine weitere Aufgabe an, die sie zu bewältigen haben. Der Gedanke, die Verantwortung an andere weiter zu reichen, kommt ihnen nicht.

- Große Projektmanager benutzen nicht nur ihr unternehmerisches Denken, um sich selber anzutreiben. Sie übertragen diese Leidenschaft auf das Team, das sie führen, und auch auf die Kunden, für die sie das Projekt durchführen.

Leidenschaft ist nicht sinn- und zweckfrei. Leidenschaft muss erlebt und durch ihre Einbindung in ein Projekt gezeigt werden. Als Projektmanager sind Sie kein Gutsherr, der ab und zu vorbeikommt, um zu überprüfen, ob seine Knechte und Mägde auch gut arbeiten. Sie müssen ein integriertes, aktives Mitglied des Teams sein, das im Zentrum des Projekts sitzt. Stellen Sie sich einmal die Frage: „Wie siehst du dich mit deinen eigenen Augen, wenn du dein Projekt leitest?" Sehen Ihre Antworten wie folgt oder so ähnlich aus:

1. Du siehst dich als kenntnisreicher Beobachter des Projekts, versuchst in den Projektlebenszyklus Form und Struktur einzubringen.
2. Du hast nur die teilweise Kontrolle, gekennzeichnet durch schwache Versuche, bestimmte Dinge zu verändern.
3. Deine Hauptwaffen sind deine Fähigkeiten, zu verfolgen, was abläuft, und bei Eskalationen den Lenkungsausschuss zu involvieren.
4. Du siehst dich mehr als ein Macher als ein passionierter Kartenleger. Deine Rolle ist es, zu überwachen, zu berichten, die Ziele und die Richtungen vorzugeben und die Personen und Aufgaben wie in einem riesigen Schachspiel zu setzen.
5. Du siehst dich als eine Kernkomponente des Projekts, verantwortlich für die Durchführung und die Lieferung. Du willst mit den anderen darum kämpfen, dass es erfolgreich wird, und fühlst dich grundsätzlich in die alltäglichen Arbeiten des Projekts einbezogen.

Wenn Ihr Bild den ersten beiden Bildern auch nur ansatzweise ähnelt, dann machen Sie den falschen Job. Ihr Bild sollte nahe an der letzten Aufzählung sein.

Wenn Sie ein effektiver Projektmanager werden wollen, müssen Sie die vollständige Verantwortung für das Projekt verinnerlichen, und zwar über den gesamten Projektlebenszyklus hinaus.

4.2 Eine gesunde Portion Selbstvertrauen und Selbstbewusstsein

Wenn Sie eines Tages von Ihrem Chef gefragt werden, ob Sie den eben gewonnenen Auftrag als Projektmanager durchführen können und Sie antworten spontan und deutlich „Ja, selbstverständlich!", dann haben Sie in diesem Moment Selbstvertrauen und Selbstbewusstsein gezeigt. Dass dies nicht zu Unrecht war, müssen Sie dann allerdings in den darauffolgenden Tagen, Wochen und Monaten beweisen.

Machen Sie sich jedoch klar, welchen Preis Sie zahlen, wenn Sie „Ja" sagen! Überschätzen Sie sich vielleicht? Es kann also nicht schaden, genauer zu überlegen, ob Sie nicht vielleicht doch einmal etwas ablehnen. Sie können Ihr Selbstbewusstsein auch unter Beweis stellen, wenn Sie „Nein" sagen; dann nämlich, wenn Sie der Überzeugung sind, dass dieses Projekt nichts für Sie ist, bzw. wenn Sie meinen, es aus bestimmten Gründen nicht erfolgreich durchführen zu können. Je klarer Sie Ihren eigenen

Standpunkt vertreten, eine innere Linie entwickeln, nicht nur „ja" sagen, sondern ebenso Ihre Rechte einfordern, desto ernster werden Sie genommen. Mehr zum „Nein"-Sagen beschreibe ich im Kapitel 8.8.

Unter den Begriffen mit der Anfangssilbe Selbst... (Selbstvertrauen, Selbstbewusstsein, Selbstachtung, Selbstwert, Selbstwertgefühl) versteht die Psychologie den Eindruck oder die Bewertung, die man von sich selbst hat. Diese Persönlichkeitsmerkmale haben alle ihre Wurzeln letzen Endes darin, dass man sich selbst annimmt und zu sich steht, und zwar mit allen Stärken und Schwächen, die einen als Person ausmachen.

Die Psychologie erklärt auch, dass diese Persönlichkeitsmerkmale sowie eine gewisse Durchsetzungskraft, Souveränität und sicheres Auftreten nicht von selbst entstehen. Die eigene Vorgeschichte (Kindheit, Jugend), das Umfeld, negative und positive Erlebnisse, Erfolge und Misserfolge sind die wichtigsten Einflussfaktoren für die Entwicklung eines hohen Selbstwerts. Selbstbewusst zu sein, heißt auch, zu wissen, was gut für einen selbst ist und was nicht. Wenn Sie ausreichend Selbstvertrauen haben, wissen Sie ziemlich genau, wann Sie z. B. ein Projekt oder eine andere Aufgabe überfordert oder welche Arbeiten, die man an sie heranträgt, nicht gut für Sie sind.

4.2.1 Stärken entwickeln

Lernen Sie sich selbst besser kennen

Ein wichtiger Schritt auf dem Weg zu den o.g. Persönlichkeitsmerkmalen, ist der, sich selbst besser kennen zu lernen. Oft ist das Bild, das uns eingeredet wurde und das wir von uns selbst haben, stark verzerrt. Wir sehen uns z. B. inkompetenter, dümmer oder unfähiger als wir es sind. Jeder Mensch hat viele liebenswerte Seiten an sich und Fähigkeiten, Eigenschaften und Verhaltensweisen, die ihn wertvoll und einzigartig machen. Versuchen Sie, sich selbst aus einer liebevollen Distanz zu beobachten und sich einmal so kennen zu lernen, wie Sie einen anderen Menschen kennen lernen würden – offen und neugierig.

Wenn Sie zu sehr an sich zweifeln, werden Sie keinen Erfolg haben. Das heißt nicht, dass Sie Ihre Kompetenzen, Ihren Auftritt oder Ihre Präsentation nicht auch kritisch hinterfragen sollten. Aber nicht dauernd und nicht zu perfektionistisch. Ab einem bestimmten Punkt müssen Sie zu sich und zu Ihren Fähigkeiten stehen. Selbstwertgefühl bedeutet, eine gesunde und gute Einstellung zum eigenen „Ich" zu haben. Es bedeutet, sich selbst als wertvoll zu betrachten und deswegen gut mit sich umzugehen. Ein positives Selbstwertgefühl entsteht nicht aus der Tatsache, dass man ein erfolgreicher Projektmanager ist. Es ist genau anders herum. Erst ein gutes Selbstwertgefühl ermöglicht es, in jedem Bereich erfolgreich zu werden. Wer selbst das Gefühl hat, dass er es wert ist, erfolgreich zu sein, der wird auch Erfolg haben. Das eigene Selbstwertgefühl ist somit ein grundlegender Erfolgsfaktor.

Erinnern Sie sich an das Pareto-Prinzip: „Mit 20% der Energie und der Zeit erreichen Sie ein 80%iges Ergebnis." Die restliche Zeit würden Sie brauchen, um ein hundertprozentiges Ergebnis zu erreichen. Doch achtzigprozentige Lösungen reichen für die meisten Bereiche des Lebens aus. Sagen Sie sich: „Ich kann das!" Und lassen Sie es darauf ankommen.

Lernen Sie, sich anzunehmen

Selbstbewusstsein braucht als Basis die Selbstakzeptanz. Nur wer sich selbst annehmen kann und zu sich selbst steht, hat Selbstbewusstsein und wirkt selbstsicher nach außen. Sich selbst anzunehmen, scheint für viele Menschen aber unendlich schwer zu sein. Wir kritisieren uns, hadern mit unseren Fähigkeiten, unseren Kompetenzen, unseren Leistungen und oft auch sogar mit unserer Intelligenz. Wir lassen oft kein gutes Haar an uns selber und eine innere Stimme nörgelt ständig an uns herum. Meistens sind wir mit uns selbst strenger als wir es mit jedem anderen Menschen wären.

Das Selbstwertgefühl können Sie im Alltag üben, praktizieren und stärken. Stoppen Sie sich selbst, wenn Sie sich gerade wieder etwas vorwerfen wollen. Je öfter Sie sich solcher innerer Kritik bewusst werden, desto leichter wird es Ihnen fallen, diese negativen Gedanken durch positives Denken zu ersetzen, etwa in der Art: „Da habe ich leider einen Fehler gemacht, ich werde ihn sofort ausmerzen und auf keinen Fall wieder machen." In vielen Konfliktsituationen wird das Selbstwertgefühl angegriffen, man fühlt sich diffamiert, falsch verstanden, minderwertig, entwertet oder „unter Wert" behandelt. Die Folgen eines geringen Selbstwertgefühls sind oft, dass wir wiederum andere Personen entwerten oder uns übertrieben darstellen. Die Pflege des eigenen Selbstwertgefühls hilft nicht nur, selbstbewusster zu werden, indem man Menschen offen und kooperativ begegnet, sondern auch heikle Situationen besser zu meistern. Ein gutes Selbstwertgefühl wirkt sich auch auf die Bereitschaft aus, eigene Fehler einzustehen sowie Fehler als Lernchance und Orientierung zu sehen.

Konzentrieren Sie sich auf Ihre positiven Eigenschaften, nicht auf Ihre Schwächen. Wenn Sie Ihren Blick immer nur auf das richten, was Sie nicht können, bekommen Sie ein falsches Bild von sich selber. Denken Sie immer auch an all das, was Sie gut können. Sie sind in Ihrer Art einzigartig und es ist gut, dass es Sie gibt. Wenn es etwas gibt, das Sie nicht können, aber gerne beherrschen möchten, nützt es nichts, deswegen mit sich zu hadern. Fällen Sie lieber die Entscheidung, es zu erlernen.

Lassen Sie nicht zu, dass man Sie respektlos behandelt. Wenn Sie anderen Menschen erlauben, Sie respektlos zu behandeln, ist das ein herabwertendes Signal an Ihr Selbstbewusstsein. Sie sind es wert, gut behandelt zu werden, und können das ruhig und sachlich einfordern. Es wird Ihnen gut tun, wenn Sie für sich selbst einstehen. Suchen Sie die Sicherheit in sich selbst, nicht außen.

4.2.2 Beherrschung und Überwindung von Angst

Fehlendes Selbstvertrauen, Unsicherheit und Angst beruhen zumeist auf negativen Lernerlebnissen, Misserfolgen und „schlechten Gefühlen", die an einzelnen Situationen der Vorgeschichte hängen. Speicher und Aufbewahrungsort ist das Gedächtnis, aus dem je nach Situation entsprechende Muster wachgerufen werden und ihre Wirkung haben. Neben diesen emotionalen Grundmustern tragen verunsichernde und selbstabwertende Wahrnehmungs-, Verstehens- und Denkmuster weiter zur eigenen Verunsicherung bei. Körperliche Unsicherheitsautomatismen arbeiten mit den emotionalen Mustern Hand in Hand, d. h. sie erhöhen das unsichere Gefühl auf der körperlichen Ebene. Grübeln und verunsichernde innere Dialoge führen zu einer weiteren Verschlimmerung dieser Angstzustände.

„Angst" ist ein wichtiges Thema, deshalb möchte ich im Folgenden ausführlicher darauf eingehen. Ich meine explizit die Angst, die die Kreativität des Projektmanagers behindert, das Selbstbewusstsein untergräbt und zu Misserfolgen im Projekt führt.

Auch das Thema Angst selbst ist angstbesetzt; Gespräche über Ängste gelten als unmännlich, signalisieren Inkompetenz und werden häufig als Tabuthema blockiert. Was den Umgang mit Ängsten kompliziert macht, ist, dass Angst in Wirtschaft und Verwaltung zu wenig thematisiert wird, denn: Manager und Helden haben keine Angst. Und wenn doch, dürfen sie es sich nicht anmerken lassen. Je älter und höher in der Hierarchie ein Manager ist, desto unwahrscheinlicher ist, dass er Ängste offen eingestehen wird. Wobei sich Männer hier im Allgemeinen noch schwerer tun als Frauen.

Dabei gehört die Angst zu den Urinstinkten des Menschen und kann als zentrales Regulativ für viele Situationen angesehen werden. Die Urangst ist die Angst um das Überleben, um die Sicherheit. Sie warnt uns vor Gefahren und hilft reale Bedrohungen, einen Konflikt oder eine Krise mit Kraft, Energie und Ausdauer zu bewältigen. Angst führt zu zahlreichen emotionalen, rationalen, neurotischen und psychotischen Reaktionen und steuert somit das aktive oder passive Verhalten in vielen Situationen. Wenn Angst das Verhalten und Handeln zu stark beeinflusst, dann werden Lösungsmuster wie Panik, Flucht, Angriff oder Passivität – bis hin zur Lethargie – entwickelt.

„Ich habe oft Angst gehabt. Aber ich habe nicht klein beigegeben. Ich tat einfach so, als hätte ich keine Angst, und bald verschwand die Angst." Theodore Roosevelt

Zur Überwindung der Angst bieten sich grundsätzlich zwei Reaktionsrichtungen an,

- Passivität und
- Aktivität.

Gesteuert werden die Verhaltensweisen durch körperliche, gefühlsmäßige oder verstandesmäßige Empfindungen. Passivität entsteht, wenn die Angst alles blockiert. Wenn Sie als Projektmanager Angst vor der Übernahme einer Projektverantwortung haben, dann haben Sie persönlich ein großes Problem. Nichts kann schlimmer sein als Angst oder Unwohlsein („Magenbeschwerden") vor einer neuen Aufgabe, zum Beispiel der, ein neues Projekt zu managen. Derart Betroffene sehen immer „schwarz", egal wie die Situation aussieht. Aufgrund verschiedener, schlecht verarbeiteter Erfahrungen empfinden sie alles als bedrohlich. Eine zusätzliche Veränderung, vielleicht durch eine neue Aufgabe, führt zu einer Angst vor dem eigenen Versagen. Viele Psychologen diagnostizieren bei Managern eine tiefsitzende Angst vor dem Versagen.

Die Angst zu versagen lähmt die Kreativität und die Risikobereitschaft und untergräbt das Selbstbewusstsein. Die Angst, eine gestellte Aufgabe, wie die Übernahme eines Projektes, nicht zu schaffen, dem Druck und den Zwängen hilflos ausgeliefert zu sein, führt zur Unfähigkeit, klar zu denken und kreativ zu handeln. Dadurch wird die Einstellung zu diesem Projekt, auf die anstehenden Aufgaben, auf die neue Situation, auf die neuen Mitarbeiter im Projektteam behindert; die Planung, die Problemlösungen und Entscheidungen werden hinausgezögert und gar nicht getroffen. Diese Passivität kann dazu führen, die Handlungen und Verantwortungen anderen zu überlassen. Im Grunde genommen haben Sie ab diesem Zeitpunkt als Projektmanager trotz aller anderen Kompetenzen und Fähigkeiten versagt.

Versagen in solchen Situationen liegt meist nicht an einer Überforderung, sondern an den durch Egozentrik selbst produzierten (Erwartungs-)Ängsten. Dem gegenüber wirkt Bewährungsstress sogar positiv auf Konzentration und Kreativität, wenn die Gedanken auf das jeweilige Ziel gerichtet sind statt auf die eigene Person. Bei der Übernahme eines Projektes oder einer neuen Aufgabe ist ein Spannungszustand mit dem gewissen Lampenfieber fast immer vorhanden. Dies ist wichtig und fördert die Konzentration auf die Bewältigung der neuen Situation.

Aus dieser Sicht ergibt sich für Sie als Projektmanager wiederum die Herausforderung, die Angst zu beherrschen. Mit verschiedensten Möglichkeiten können Sie versuchen, Ihre Angst zu bewältigen und konstruktiv mit ihr umzugehen. Verfallen Sie aber auf keinen Fall in Aktionismus, er wird die Angstzustände nicht verringern. Blinder Aktionismus kann sogar zu Perfektionismus führen – fast immer sind dies nutzlose, aber hastig betriebene Aktivitäten. Der Perfektionist fürchtet, immer die falschen Aktivitäten durchzuführen und die falschen Entscheidungen zu treffen. Letztendlich weiß er vor lauter Aktionismus und Perfektionismus nicht mehr: Wann ist genug ausgearbeitet, diskutiert, geprüft, kontrolliert, entschieden, festgelegt oder überarbeitet?

Es geht also um die richtige Balance aus Aktivität und Passivität.

Was können Sie gegen Ihre Angstgefühle tun?

Sie können einen Veränderungsprozess initiieren – ohne Verwässerung Ihrer eigenen Ziele – und so gestalten, dass Ängste zwar nicht um jeden Preis vermieden, aber frühzeitig wahrgenommen, sensibel „gemanagt" und nicht unnötig angeheizt und am Kochen gehalten werden. Sie sollten über zwei Möglichkeiten nachdenken:

- Einflussnahme durch mentale Selbstorganisation
- Coaching, Training und Therapie

1. Einflussnahme durch mentale Selbstorganisation

- Überprüfen Sie Ihre Einstellungen und Haltungen gegenüber Unsicherheit, Fehlern und Misstrauen und die damit verbundenen Ängste.
- Vergeuden Sie keine Zeit damit, nach Angstsituationen zu suchen, vielleicht sind gar keine da.
- Betrachten Sie Angst als normal und als emotionales Gefahrensignal, das zum Leben gehört, und nehmen Sie sich Ihren Ängsten an.
- Aktivieren Sie Ihre Gegenkräfte zur Angst, um wieder ins Gleichgewicht zurückzukehren. Seelische Gegenkräfte zur Angst sind: Mut, Selbstvertrauen, Selbstsicherheit, Erkenntnis, Werthaltung, Hoffnung, Demut, Glaube und Liebe.

- Setzen Sie sich durch selbstgesteuerte Lernprozesse rational mit der Angstsituation auseinander.

  Dazu empfehle ich folgende Arbeitsschritte:
  1. Analyse der Situation
  2. Identifikation von Angstauslösern
  3. Verstehen der Angstauslöser (Gefahren- und Fehlhaltungen)
  4. Mitteilung der Angstauslöser an Vertrauenspersonen
  5. Einfordern von Verständnis und Unterstützung
  6. Gefährdung richtig einschätzen
  7. Angemessene Maßnahmen suchen und durchführen
  8. Arbeiten Sie an Ihrem Selbstvertrauen und bauen es wieder auf.

- Nutzen Sie emotionale Methoden zur Desensibilisierung, z. B.: eigene Ängste auslachen
- Nutzen Sie Methoden, Unsicherheit und Wandel vorwegzunehmen und aktiv auf die Zukunft Einfluss zu nehmen, z. B. Szenariotechnik, Delphi-Methode, Komplexitätsreduktion, Simulation von Konflikt- und Krisenbeherrschung.

2. Coaching, Training und Therapie

Fehler und das dadurch bedingte Fehlverhalten und die sie begleitenden Ängste sind in Projekten sehr komplex und immer gegenwärtig. Allein schon durch das sehr umfangreiche Umfeld, die Neuartigkeit der zu erbringenden Leistung, unbekannte Menschen (Mitarbeiter, Kunden) usw. Dazu einige Thesen:

1. Fehler werden immer dann gemacht, wenn Menschen etwas durchdenken, erarbeiten und umsetzen. Fehler werden dauernd, vor allen Dingen in Projekten, gemacht. Sie sollten sich immer bewusst sein, dass es unmöglich ist, alle Fehler zu vermeiden, auch alle an sich vermeidbaren Fehler. Es ist menschlich unvermeidbar, immer wieder Fehler zu machen.

2. Ihr Ziel und Ihre Aufgabe muss es sein, Fehler nach Möglichkeit zu vermeiden. Um sie zu vermeiden, müssen Sie sich auch im Klaren sein, wie schwer es ist, sie zu vermeiden und dass es niemandem völlig gelingt.

3. Sie müssen deshalb Ihre Einstellung zu Fehlern und der Angst davor ändern. Wenn Sie aus Ihren Fehlern lernen wollen, so müssen Sie auch lernen, sie anzunehmen, und sogar dankbar anzunehmen, wenn andere Sie auf Ihre Fehler aufmerksam machen. Fehler zu vertuschen

oder vor lauter Angst davor in Passivität zu fallen, ist die größte Gefahr für Sie als Projektmanager.

4. Sie sollten daher dauernd nach Ihren Fehlern Ausschau halten. Wenn Sie sie finden, müssen Sie sich diese gut einprägen und sie nach allen Seiten analysieren, um ihnen auf den Grund zu gehen. Ein Fehler sollte kein zweites Mal passieren.

5. Selbstkritische Haltung und Aufrichtigkeit werden damit für Sie zur Pflicht. Ihre Selbstkritik ist die beste Kritik und sollte in eine konstruktive Kreativität münden. Lernen Sie aber auch, dass die Kritik durch andere eine Notwendigkeit ist, sie ist fast genau so gut wie die Selbstkritik.

6. Sie müssen sich darüber im Klaren sein, dass Sie andere Menschen zur Entdeckung und Korrektur Ihrer Fehler brauchen; insbesondere auch Menschen, die mit anderen Ideen in einem anderen Umfeld aufgewachsen sind. Wenn dies im Sinne eines Vertrauensverhältnisses abläuft, brauchen Sie keine Angst vor Fehlern oder Versagen zu haben. Eigentlich führt dann alles zu Toleranz und Akzeptanz.

Ich bitte Sie, diese Thesen als Vorschläge zu betrachten. Sie sollen zeigen, dass man Angst vor Fehlern oder Versagen selber in den Griff bekommen kann. Dass Selbstvertrauen und Selbstsicherheit zu einem starken Ego führen und Sie in die Lage versetzen, Fehler und Ängste auch zugeben zu können. Sie schaffen damit die Basis, diese zu beherrschen oder sogar abzulegen.

Um künftig mit Projekten erfolgreich umzugehen zu können, ist es des Weiteren sinnvoll, professionelle Unterstützung einzusetzen. Über die Vertrauens- und Erfahrungsbasis zum internen oder externen Coach kann ein schnelleres, produktives Hineinwachsen in neue Situationen geboten werden. Als richtige Gesprächsstrategie empfehle ich: Wenn Sie bereit sind, über Ihre Ängste zu reden, dann nichts wie ran an das Problem. Nicht ausweichen, sondern geradewegs auf die Punkte zusteuern, an denen Ihre größte Angst sitzt. Es kommt darauf an, vorhandene Ängste wahr- und ernst zu nehmen und gemeinsam mit der oder den betroffenen Vertrauensperson(en) eine Lösung zu suchen.

Selbst wenn sich noch keine Lösung finden sollte, werden Sie das Gespräch als positiv in Erinnerung behalten, weil sich jemand ernsthaft mit Ihren Sorgen und Nöten beschäftigt hat – im Gegensatz zu all dem beschwichtigenden Geschwätz, das man in solchen Situationen sonst zu hören bekommt.

Trainingsseminare können Ihnen die letzten fehlenden Fähigkeiten vermitteln und Sie können bestimmte Projektsituationen einüben. Das gleiche gilt natürlich für alle Verhaltenstrainings, in denen es um die Selbstbehauptung im Projekt und der Umwelt geht. Erfolgreich sind diese Trainings jedoch nur dann, wenn Sie sich für ein lebenslanges Lernen öffnen und aus dem Training heraus beschließen, ihr eigener Trainer zu werden. Übernehmen Sie danach gestärkt und selbstbewusst Projekte, zuerst kleine, nicht so komplexe. Organisieren Sie jedes Projekt, jede Aufgabe möglichst so, dass die Möglichkeit zu schnellen und kleinen Erfolgen besteht. Das macht Mut. Wagen Sie sich dann mit dem entsprechenden Selbstvertrauen an größere Dinge heran.

„Ich habe schon früher als Vorstand bei SAP die Erfahrung gemacht, dass man die Mitarbeiter am besten motivieren kann, wenn sie in einem angstfreien Umfeld arbeiten. Man muss Fehler tolerieren, nur so ist man kreativ und innovativ." Dietmar Hopp

Durch ein schlechtes Betriebsklima, eine falsch ausgerichtete Unternehmens- bzw. Projektkultur sowie andere Ausnahmesituationen in Ihrer Organisation können die Toleranzgrenzen für Intensität und Dauer von Angstgefühlen überschritten werden. In diesen Fällen kann es zu Symptombildungen, Panikreaktionen, Kurzschlusshandlungen und Neurosen kommen. Dann ist therapeutische Hilfe angebracht.

Selbstsicheres Auftreten und Selbstvertrauen kann man nur lernen, wenn man das tut, wovor man Angst hat. Das bedeutet, dass man sich trotz seiner Angst Situationen aussetzen muss, die man aufgrund der Angst lieber meiden möchte. So wie man das Autofahren nur lernt, wenn man sich mit seiner Unsicherheit hinters Steuer setzt und fährt, so lernt man nur dann, selbstsicher aufzutreten, wenn man sich trotz seiner Unsicherheit und seiner Ängste in Situationen begibt, die man lieber meiden würde.

4.3 Gutes Urteilsvermögen

Jedes Projekt ist anders, und der Projektmanager muss in der Lage sein, sich immer wieder anzupassen. Obwohl die bekannten Werkzeuge des Projektmanagements und ein definierter Prozess sehr hilfreich sind, braucht der Projektmanager zur Anpassung noch mehr: eine realistische Einschätzung der Gegebenheiten und ein gutes Urteilsvermögen.

Projektmanager nutzen eine breite Palette von Prozessen und Werkzeugen; sie können auch Checklisten und weitere unterstützende Systeme für ihre Projektarbeit einsetzen. Allerdings gibt es keinen festen Formalismus, den man nutzen kann. Jedes Projekt muss entsprechend der Ziel- und Aufgabendefinition extra geplant und durchgeführt werden. Dabei hilft dem Projektmanager sein Urteilsvermögen – eine Eigenschaft, auf die auch im weiteren Teil des Buchs immer wieder eingegangen wird.

Urteilsvermögen ist eher eine Kunst als eine Wissenschaft. Man erwirbt es zum Beispiel infolge praktischer „negativer" Erfahrungen. Aus Erfahrung lernt man mehr als in Seminaren. Doch eines ist klar: Entweder Sie haben ein gutes Urteilsvermögen, oder Sie entwickeln es, oder Sie tun nichts und Sie werden es nie erwerben.

Aber ich kann Ihnen etwas Hilfe anbieten. Ich kann Ihnen einige Themen vorstellen, in denen Ihr Urteil gefragt ist. Die folgende Liste zeigt Ihnen exemplarisch einige Schlüsselgebiete auf, in denen Sie als Projektmanager regelmäßig Beurteilungen durchführen müssen. Auf die Fragen gibt es keine absoluten Antworten, sondern Sie sind gefordert, jeweils eine Entscheidung zu treffen, die darauf basiert, eine ausgewogene Lösung für unterschiedliche Belange zu finden.

Diese Balance macht den wirklich erfolgreichen Projektmanager aus. Ich habe bestimmte Beispiele von Alltagsentscheidungen ausgewählt und möchte damit ein Gefühl für die Spanne des benötigten Urteilsvermögens geben.

Fünfzehn Fragen möchte ich Ihnen vorstellen:

1. Was ist der Umfang des Projekts?
2. Was muss alles geplant werden?
3. Welche Elemente des Projektmanagementprozesses gelten und welche sind zu ignorieren?
4. Wann muss etwas eskaliert werden?
5. Wann sollte man ins Detail gehen und wann überfliegen?
6. Wann sollte man es selber tun und wann es delegieren?
7. Wem kann man im Projektteam vertrauen?
8. Was ist eine annehmbare Risikoebene?
9. Was ist ein akzeptables Niveau paralleler Aktivitäten?
10. Was ist eine akzeptable Anzahl von Änderungen?
11. Wann sollten Sie den Änderungsmanagementprozess durchführen?
12. Wann ist es sinnvoll eine Aktivität durchzuführen, die auf einer Annahme basiert?

13. Wie viele Ebenen der Projektorganisation braucht man?
14. Wann muss man den Schwerpunkt auf die Stakeholder legen?
15. Wann ist das Projekt vollständig?

Urteil 1: Was ist der Umfang des Projekts?

Ein Projektmanager muss den Umfang seines Projektes verstehen und er muss ihn kommunizieren können. Die Definition des Projektumfangs entscheidet über Erfolg und Misserfolg des Projekts. Wer da „schlampig" herangeht, läuft den Versäumnissen während des Projektzyklus ständig hinterher. Der Projektmanager muss den Projektumfang mit seinen Kunden diskutieren und ihnen dazu die richtigen Fragen stellen, um sich ein grundlegendes Bild über den Projektumfang machen zu können. Allerdings sieht die Realität am Ende oft doch noch etwas anders aus, und die letzte Definition des Umfangs, vorbehaltlich etwaiger Änderungswünsche des Kunden, ist dann noch lange nicht die endgültige Definition.

Ein durchsetzungsfähiger Projektmanager kann einen Kunden üblicherweise in der Definition des Umfangs beeinflussen und bei der Definition mehr oder weniger unterstützen. Ein unerfahrener Projektmanager wird dem Kunden und seinen – vielleicht unrealistischen Anliegen – deutlich stärker ausgeliefert sein. Projektmanager verstehen üblicherweise Spezifikationen und Wünsche im Zusammenhang mit der Definition des Umfangs besser als ihre Kunden und können versuchen, diese zu beeinflussen. Aber, Achtung:

- Eine oberflächliche Definition des Projektumfangs und der Liefereinheiten lässt dem Projektmanager relativ viel Spielraum, um eine „erfolgreiche" Durchführung und Lieferung abzusichern; gleichzeitig kann aber mit dieser Vorgehensweise auch ein Projektmisserfolg riskiert werden – wenn nicht alles eingeschlossen ist, was eigentlich benötigt wird. Auf dem Papier ist dann das benötigte Ergebnis – „der Plan" – erreicht, aber aus kundenspezifischer Sicht haben der Projektmanager und sein Unternehmen versagt. Egal, wie gut er alles dokumentiert hat, der Kunde wird unzufrieden sein, wenn das Endergebnis seine Erwartungen nicht erfüllt.

- Das Gegenteil – eine überzogene Definition des Umfangs – führt zu der Situation, dass ein Projekt niemals zu Ende geht. Der Projektmanager muss dem Kunden dabei behilflich sein, den Umfang für das Projekt so zu definieren, dass es mit den zur Verfügung stehenden Mitteln und innerhalb der zur Verfügung stehenden Zeit erreichbar ist und sein Ergebnis dem wirklichen Bedarf entspricht. Aktionen, die aus einer überzogenen Definition des Umfangs resultieren, verursachen normalerweise schleichenden Funktionszuwachs oder die schleichende Änderung des Projektziels. Der Kunde kann unter dem Vorwand des Projekts die Erfüllung einer Menge von unrealistischen Dingen verlangen.

Schleichender Funktionszuwachs ist übrigens ein Indiz dafür, dass der Umfang nicht klar formuliert wurde; Umfangsergänzungen geschehen dann oft ohne Änderungskontrolle. Der Kunde kann relativ einfach unrealistische Anforderungen zum Umfang eines Projekts hinzufügen, wenn er spürt, dass ein Projektmanager, ohne nachzudenken, fast alle Arten von Ergänzungen annimmt. Schleichender Funktionszuwachs kann dann sogar zu einem Punkt führen, an dem das Projekt zu groß wird, um es noch regulär abschließen zu können.

Als Projektmanager müssen Sie sich den folgenden Fragen stellen und sich das richtige Urteil dazu bilden:

- Ist der Umfang ausreichend definiert, um den bestmöglichen Wert für den Kunden zu erzeugen?

- Ist nur der Umfang definiert worden, der mit den verfügbaren Mitteln, den Fähigkeiten und innerhalb des Zeitlimits erreichbar ist?

- Ist der Umfang aussagekräftig definiert worden und ist er konsistent mit den Zielen des Projekts?

Urteil 2: Was muss alles geplant werden?

Sobald der Umfang eines Projekts definiert ist, muss der Projektmanager als nächstes den Projektplan aufbauen.

Projektplanung ist an und für sich konzeptionell keine schwierige Aufgabe, aber ihr Umfang ist mächtig. Der Projektplan bildet die Grundlage für die Ermittlung der erforderlichen Ressourcen, des Aufwands, die Zeitdauer und, basierend darauf, die Kosten. Auch andere Themen – offene Fragen, Annahmen, Probleme und Risiken – muss der Projektmanager während der Projektplanung berücksichtigen.

Man braucht ein gutes Urteilsvermögen, um den Detaillierungsgrad festzulegen, den der Plan haben soll, und zu spezifizieren, wie viele Aktivitäten innerhalb und außerhalb des Projektumfangs liegen. Externe Abhängigkeiten müssen mit in den Plan einfließen. Ein üblicher Fehler bei unerfahrenen Projektmanagern ist es, dass sie einen zu umfangreichen und komplizierten Plan erstellen, jede Aktivität wird auf eine sehr feine Granularitätsebene heruntergebrochen. Das andere Extrem ist, dass Projektmanager innerhalb von ein paar Minuten auf hoher Ebene eine Zusammenfassung erstellen.

Bevor man die richtige Vorgehensweise beschließt, ist es nützlich, sich zu vergewissern, dass man versteht, wofür der Plan eigentlich ist und wie er in der Praxis genutzt werden soll. Eine Möglichkeit dazu wird durch die folgenden vier Faktoren beschrieben:

1. Der Plan sollte zu erkennen geben, wie lange das Projekt läuft und welche Mittel für die verschiedenen Phasen des Projekts benötigt werden. Bei der Erstellung müssen Sie aufgrund einer „Was-ist-wenn-Analyse" die Möglichkeit haben, Plandaten zu verändern. Beispielsweise müssen die Auswirkungen im Plan erkennbar sein, wenn Sie für ein paar Wochen eine weitere Person in das Team aufnehmen oder wenn Sie für eine bestimmte Zeit einige Personen entfernen.

2. Der Plan sollte so gestaltet sein, dass die einzelnen Aktivitäten den verschiedenen Teammitgliedern zugewiesen werden können. Des weiteren sollte er sicherstellen, dass alle Aktivitäten, die zu einem bestimmten Ergebnis führen, systematisch in chronologischer Folge aufgeführt sind.

3. Der Plan soll helfen, den Projektfortschritt zu verfolgen. Die Beurteilung des Projektfortschritts kann in mehreren Dimensionen erfolgen: Im Fortschritt des Arbeitsinhaltes, des Aufwands, der Kosten und der Dauer.

4. Der Plan sollte als Kommunikationswerkzeug dienen, um den Projektbeteiligten und -betroffenen zu vermitteln, was sie wissen wollen; er muss also alles enthalten, was der Projektmanager braucht, um es den anderen zu erklären.

Als nächstes muss man wissen, wie der Plan in der Praxis zu verwenden ist. Er ist ein Werkzeug und nicht Selbstzweck, er muss nur gut genug sein, um die vier oben umrissenen Zwecke zu erfüllen, sonst nichts. Er ist ein lebendes Dokument im gesamten Projektlebenszyklus und unterliegt ständigen Veränderungen. Egal wie gut Sie planen, bei einem Projekt mit einem gewissen Grad an Komplexität werden sich immer wieder Dinge ändern, Funktionen werden hinzugefügt oder fallen weg, Aufgaben werden hinzugefügt, Ressourcen erhöhen oder vermindern sich und in Abhängigkeit davon werden sich Projektaufwand und Projektdauer verändern. Der Plan wird Ihnen dabei helfen, dies alles zu managen. Machen Sie die Planung nicht zu komplex, denn die Aufgabe der Aktualisierung wird sonst fast unmöglich und nicht mehr kontrollierbar sein.

Mit einer zu groben Struktur in der Planung werden Sie die oben definierten Ergebnisse nicht erreichen können, z. B.: Wenn ein größeres Programm in einzelne Aufgaben definiert wird, die jeweils ein Monat lang sind, können Sie die dafür benötigten Mittel nicht ausarbeiten. Mit einer zu feinen Struktur in der Planung wird der Plan zum Selbstzweck und Sie als Projektmanager werden zu viel Zeit mit der Aktualisierung verbringen. Dabei besteht dann auch die Gefahr, dass man sich in Details verzettelt und man den Wald vor lauter Bäumen nicht sieht.

Wenn Ihr Plan die vier oben beschriebenen Zwecke erfüllt, ist er genügend detailliert. Wenn Sie mehr Details einarbeiten, bedeutet das mehr Arbeit für Sie selber. Das erste Ziel ist, die Arbeit aufzuzeigen, die innerhalb des Umfangs Ihres Projekts anfällt, externe Abhängigkeiten werden zwar auch aufgeführt, aber nur auf einer sehr hohen Strukturebene. Versuchen Sie nicht, alle externen Abhängigkeiten ausführlich in Ihrem Plan zu definieren.

Urteil 3: Welche Elemente des Projektmanagementprozesses gelten und welche sind zu ignorieren?

Wenn Sie versuchen, für jede Projektmanagementdisziplin in jeder Situation Prozesse anzuwenden, werden Sie sich in Ihrem ganzen Projektmanagerleben nur noch mit Prozessen befassen und Sie werden kaum noch produktiv sein. Es gibt einige Prozesse (wie die Planung oder das Controlling), die wahrscheinlich in jedem Projekt nötig sind, aber es gibt andere, die ausgeschlossen werden können.

Ich sehe regelmäßig, dass Projektmanager allerlei Dokumente nach einem bestimmten Prozess produzieren, die aber nicht relevant für das Projekt sind. Trotzdem werden diese Dokumente eingesetzt, weil sie in dem Unternehmen (u. a. definiert durch Projektmanagementrichtlinien oder Vorgehensmodelle) vorgeschrieben sind.

Im Grunde brauchen Sie nur einen minimalen obligatorischen Satz üblicher prozessualer Aktivitäten für das Projektmanagement, die abhängig von der Beurteilung durch den Projektmanager implementiert werden sollten. Ein Beispiel: Wenn das Risikoniveau niedrig ist und die Auswirkungen etwaiger Risiken relativ klein sind, sollten Sie sich nicht mit Krisenplänen herumärgern müssen.

Der Projektmanagementprozess soll Ihnen helfen und Sie nicht behindern. Benutzen Sie ihn vorsichtig, wenn er helfen kann, aber verzichten Sie auf ihn, wenn er nicht zu Ihrer Vorgehensweise passt oder in keiner Weise nützlich ist. Der Einsatz guter Prozesse bedingt entsprechende Betriebskosten, aber diese Betriebskosten werden durch größere Effizienz, Effektivität oder geringeres Risiko zurückgezahlt.

Wo dies nicht erreicht wird, kann viel unnütze Arbeit entstehen. Deshalb sollte der persönliche Managementansatz des Projektmanagers im Vordergrund stehen und nicht der Prozess. Wenn Sie ein jüngerer oder wenig erfahrener Projektmanager sind, dann verwenden Sie den vorgegebenen Prozess, aber suchen Sie sich nur die passenden bzw. nützlichen Elemente des Prozesses heraus. Manche Unternehmen nutzen dafür Vorgehensmodelle, die Sie entsprechend zurechtschneidern (Prinzip des Tailoring) können.

Urteil 4: Wann muss etwas eskaliert werden?

Das hier benötigte Urteilsvermögen soll nicht nur plötzlichen Überraschungen vorbeugen, es soll auch ein unnötiger Einsatz des Lenkungsausschusses vermieden werden, der ja schließlich auch keinen Mehrwert erzeugt. Einfach ausgedrückt: Wenn man viele Dinge eskalieren lässt, dann erzeugt man wenig Wert. Als Projektmanager sollen Sie Probleme lösen, Konflikte und Risiken bewältigen und nicht einfach als Sprachrohr zum Lenkungsausschuss fungieren. Wenn Sie etwas verbockt haben, ist es primär Ihr Job, den Schaden zu beseitigen. Andererseits müssen Sie den Lenkungsausschuss und den Kunden angemessen vor Problemen und Risiken warnen, die Sie selber nicht beheben können. Wenn Sie zu spät eskalieren, wächst sich das Risiko zur Krise aus. Eine der Schlüsselfähigkeiten des Projektmanagers ist es, die richtige Entscheidung zur Frage zu treffen: Wann ist es wichtig zu eskalieren und wann ist es unangemessen?

Es ist wichtig, dass Sie sich daran erinnern, dass Sie auch bei einer Eskalation weiterhin für die Lösung der zu Grunde liegenden Probleme verantwortlich sind, der Lenkungsausschuss kann lediglich die eine oder andere Aufgabe zur Lösung der Probleme übernehmen.

Urteil 5: Wann sollte man ins Detail gehen und wann überfliegen?

Dies ist eine kritische Entscheidung. Überfliegt man etwas, dann ist es wahrscheinlich, dass man wichtige Details vergisst, geht man zu tief, kann man sich leicht verrennen, die Arbeit des Projektmanager wird überladen.

Das ganze Geheimnis ist dabei, die Teammitglieder zu identifizieren, die über gewisse Fähigkeiten verfügen und ihre Aufgaben gewissenhaft durchführen, sowie diejenigen, die das nicht können. Sie können eher mit denen ins Detail gehen, die auf dem jeweiligen Gebiet die meisten

Kenntnisse haben. Mit den anderen müssen Sie eher an der Oberfläche bleiben, mit der Folge, dass Sie dort vielleicht öfter kontrollieren und eingreifen müssen.

Dabei hilft Ihnen ein robuster Fortschrittskontrollmechanismus, der Ihnen aufzeigt, auf was Sie Ihre Aufmerksamkeit fokussieren müssen. Vergewissern Sie sich, dass Ihr Fortschrittskontrollmechanismus funktioniert.

Urteil 6: Wann sollte man es selber tun und wann es delegieren?

Diese Frage ist eine allgemeine Managementherausforderung, mit der alle neuen Projektmanager (und auch viele alte) ihre Probleme haben. Delegieren muss man lernen! Es gehört eine Menge Mut dazu, bestimmten Teammitgliedern Schlüsselaufgaben zu übertragen und ihnen zu vertrauen, dass sie es genau so gut oder besser machen als man es selber machen würde. Am ehesten funktioniert auch das natürlich mit erfahrenen und sachkundigen Teammitgliedern.

Für junge Projektmanager ist es schwierig, Aufgaben, für deren Ergebnis sie selbst verantwortlich sind, an andere weiterzugeben. Aber als Projektmanager müssen Sie delegieren können; und wenn Sie es nicht können, sind Sie kein echter Projektmanager. Das Delegieren ist dann besonders leicht, wenn die zu delegierende Aufgabe nicht in Ihre Fachkompetenz fällt. Ohne Zweifel müssen Sie sich aber auf Ihre Fachleute verlassen können. Mehr über Ihre Grenzen als Projektmanager und den Einsatz von Experten beschreibe ich im Kapitel 9.

Allerdings sollten Sie auch die Delegation regelmäßig durchführen, wenn Sie meinen, dass Sie die Aufgabe selber mit Erfolg durchführen könnten. Wenn Sie das Projekt richtig managen, werden Sie kaum Zeit haben, so etwas selber durchzuführen. Aber erinnern Sie sich, beim Militär gibt es eine Regel, die wie folgt lautet: „Delegiere keine Aufgabe in Dein Team, die Du nicht selber durchführen würdest."

Urteil 7: Wem kann man im Projektteam vertrauen?

Der Projektmanager muss weitblickend sein, um das Projekt zu steuern, Blockaden zu entfernen oder zu umschiffen. Der Kontrollmechanismus, der ihm für diese Situationen zur Verfügung steht, ist die Fortschrittsprüfung (Soll-Ist-Vergleich bzw. Plan-Ist-Vergleich) gegenüber seinem Plan. Wo Fragen oder Probleme auftreten, braucht der Projektmanager detaillierte Informationen. In großen Projekten kann der Projektmanager gar nicht alle Gebiete detailliert überblicken und steuern. Er braucht aber die

Sicherheit, jederzeit die Durchführung und die Lösung von Problemen verfolgen zu können. Dafür sollte er herauszufinden, welchen Mitgliedern im Projektteam er vertrauen kann. Diese Teammitglieder sollten den festgelegten Projektplan gut verfolgen können und Sie sofort informieren, wenn es irgendwo brennt und Sie Hilfe brauchen. Wenn dieses Prinzip funktioniert, dann können Sie mehr Zeit für diejenigen Teammitglieder aufbringen, die mehr angewiesen und gesteuert werden müssen.

Es gibt hier zwei Ausprägungen, die Ihnen als Projektmanager bewusst sein müssen: Vertrauen persönlicher Art heißt, dass Sie dem betroffenen Teammitglied glauben, wenn es sagt, dass es etwas selbstständig durchführen will. Vertrauen fachlicher Art hingegen basiert darauf, dass Sie wissen, dass jemand das Wissen und die Fähigkeiten hat, um die geforderten Aufgaben zu erfüllen.

Urteil 8: Was ist eine annehmbare Risikoebene?

Es gibt zwei gesonderte Risiken in einem Projekt, derer Sie sich bewusst sein müssen: Ein Risiko für das Projekt selber (d. h. welches Risiko kann das Projekt zum Scheitern bringen und wie wahrscheinlich ist dies?) und ein persönliches Risiko (d. h. welches Risiko kann mich persönlich treffen, z. B. in Bezug auf Karriere, Ruf oder sogar Absetzung/Versetzung/Entlassung, und wie wahrscheinlich ist dies?). Ich möchte hier nicht weiter über persönliche Risiken reden, weil jede Person ihre Risiken anders definiert und die Risikohöhe von der individuellen Einstellung abhängt. Aber es ist etwas, das Ihnen bewusst sein sollte und ein gutes Selbstbewusstsein erfordert. Wie Sie Risiken managen können, erfahren Sie in Kapitel 8.6.

Das Ausmaß von annehmbaren Projektrisiken variiert von Projekt zu Projekt und von Organisation zu Organisation. Angenommen, Sie haben einen robusten Risikomanagementprozess und Sie verstehen die Auswirkungen der Risiken. Sie nehmen sich vor, die Risiken zu identifizieren und zu analysieren. Wenn Sie dann abschätzen, ob die Auswirkungen der Risiken annehmbar sind, dann sollten Sie folgende Fragen durchgehen:

- Haben Sie alle Risiken vollständig verstanden oder sehen Sie nur die Spitze eines Eisbergs?

- Sind die Risiken unabhängig voneinander oder stehen sie in Beziehung zueinander und kumulieren?

- Haben Sie einen Risikomanagementprozess, mit dem Sie die Risiken bewältigen, reduzieren, mildern können, und haben Sie einen Notfallplan, wenn sie dennoch auftreten? Und: Ist dieser Plan durchführbar und gibt es Ressourcen, um ihn zu implementieren?

- Wie risikoscheu oder risikofreudig ist die Organisation, in der Sie arbeiten?
- Wie kritisch ist die Nichterfüllung des Projektauftrages, wenn ein Risiko das Projekt scheitern lässt? Hat es eine bedeutende Auswirkung auf die Beziehung zu Ihrem Kunden oder werden Sie es (leicht) überstehen?
- Wie gut ist Ihr Projektteam? Ein starkes Team ist üblicherweise besser in der Lage, mit Risiken umzugehen und sie auch zu bewältigen.

Urteil 9: Was ist ein akzeptables Niveau paralleler Aktivitäten?

Für viele Menschen ist es die ideale Art und Weise, eine Arbeit nach der anderen zu machen, weil ihre Arbeitsweise sequenziell ausgerichtet ist. Tatsächlich können manche Aktivitäten wirklich nur sequenziell durchgeführt werden. Ein einfaches Beispiel dafür ist die Testphase: Man kann einen Neuwagen nicht physisch testen, wenn er noch nicht fertig montiert ist, genau so wenig die Funktionalität eines Softwareprogramms. Wenn Sie allerdings alle Aktivitäten in einem Projekt nacheinander ablaufen lassen, wird das Projekt unmöglich lang dauern, viele Projektbetroffene werden dies nicht akzeptieren. Deshalb versucht man in den meisten Projekten ein bestimmtes Niveau paralleler Aktivitäten einzuplanen. In der Tat könnte man sogar behaupten, dass das die Kunst des Projektmanagers ist und ein Indiz dafür, warum ein Projektmanager gebraucht wird.

Das Thema wird aber üblicherweise zu einem Problem, wenn das Verlangen besteht, einzelne Aktivitäten zu beschleunigen, oder das Bedürfnis, eine Verzögerung aufzuholen. Es lässt sich nicht immer verhindern, dass Aufgaben, die ursprünglich als aufeinander folgende Tätigkeiten geplant waren, jetzt parallel ablaufen müssen. Dies birgt Risiken in sich, und Sie werden sich sicherlich instinktiv unwohl fühlen, wenn zu viele Aufgaben in dieser Weise zusammengebracht werden.

Um etwas Sicherheit zu bekommen, sollten Sie sich folgende Fragen stellen:

- Reichen die zugewiesenen Ressourcen für die neue Situation aus, um die Arbeit parallel durchzuführen? Dann kann eine Beschleunigung erreicht werden, aber die Ressourcen werden schneller verbraucht.
- Gibt es Aufgaben, die jetzt auf logischer Basis parallel geplant sind, aber nur sequenziell ablaufen können? Sie möchten gerne, dass einige Aufgaben parallel ablaufen, Sie werden aber feststellen, dass sie nur sequenziell ablauffähig sind.

- Was sind die Auswirkungen auf Test und Ausbildung? Ich nenne diese beiden Dinge, weil sie normalerweise die letzten Aufgaben in einem Projekt sind. Deswegen müssen Test und Ausbildung entsprechend berücksichtigt werden. Ein akzeptabler Abschluss des Projekts erfordert vor der Auslieferung der Ergebnisse entsprechende Test- und Ausbildungspläne. Veränderungen in der Entwicklungsphase haben einen großen Einfluss auf diese Planungen. Selbst wenn man einzelne Komponenten noch im Zeitrahmen testen kann, so bergen die Integration und der Integrationstest ein großes Risiko in sich, denn der Integrationstest, der Benutzerabnahmetest und die Erklärung der Betriebsbereitschaft können nicht parallel durchgeführt werden.

- Sind Sie sich als der Projektmanager darüber im Klaren, ob Sie dies alles managen können, und wie sieht es mit Ihrem Team aus? Ein Projekt mit einem halben Dutzend paralleler Aufgaben ist viel leichter zu managen als eins mit zwanzig. Zwanzig Aufgaben parallel zu managen bedeutet eine Zunahme des Management-Overheads und auch der dafür benötigten Fähigkeiten. Effektive Ablaufplanung für Aufgaben mit parallelen Ablaufwegen schafft Spielraum für Fehler und ist kritisch für die pünktliche Lieferung. In vielen Projekten kommt es zu einem geringen Prozentsatz an Verschiebungen, dies kann wieder aufgeholt werden, wenn die Möglichkeit besteht, mehrere Aktivitäten parallel auszuführen. Parallele Arbeiten erfordern geschickt operierende und erfahrene Teams, gute Abstimmungen und laufende Kommunikation.

Ein letzter Punkt über zu viele parallele Aktivitäten: Nicht nur während der Planung ist darauf zu achten, dass nicht zu viele Aktivitäten parallel ablaufen sollten. Auch wenn zu viele Probleme und Risiken entstehen, die eine Lösung erfordern, und Sie die Dinge nicht mehr managen können, müssen Sie zu dem Punkt kommen, wo Sie sagen: „So geht es nicht weiter." Das kann auch bedeuten, das Projekt erstmal zu stoppen. Obwohl das kein guter Entschluss ist, müssen aber auch pragmatische Projektmanager akzeptieren, dass irgendwann mal nicht alle Probleme gleichzeitig abgearbeitet werden können und potenzielle zusätzliche Zeit im Projektplan eingeplant werden muss, um einige Probleme nach und nach zu lösen.

Urteil 10: Was ist eine akzeptable Anzahl von Änderungen?

Das Traumprojekt eines jeden Projektmanagers ist ein Projekt, in dem sich nichts ändert. Wenn sich nichts ändert, ist es einfach, das Projekt zuverlässig durchzuführen und zu steuern. In der Tat, einige Projektmanager benutzen den Änderungskontrollprozess als Mechanismus, um Änderungen zu verhindern anstatt sie zu kontrollieren; aber dennoch werden Änderungen auftreten, dass ist nun mal die Realität.

In einigen Situationen kann das sogar von Nutzen für die Organisation des Projektmanagers sein. Viele Unternehmen, die Kunden projektbasierte Produkte und Dienste verkaufen, machen nach der Auslieferung mehr Geld mit Änderungen als mit der Erstauslieferung. Viele Projekte sind sogar bewusst so kalkuliert.

Ständige Änderungen behindern die Durchführung eines Projektes, das kann so weit gehen, dass es fast unmöglich ist, es regulär abzuschließen. Wenn die Anzahl der Änderungen zu groß wird, müssen Sie mit dem Lenkungsausschuss reden, damit dieser regulierend eingreift. Dies kann z. B. so aussehen, dass man das Projekt verlangsamt, bis die Anforderungen besser definiert und verstanden werden, oder indem erst einmal die bisherigen Anforderungen erfüllt werden; die nachträglich eingereichten Änderungen werden dann gesammelt und in einem nachfolgenden Projekt realisiert.

Sie müssen die Entscheidung treffen, an welchem Punkt die Zahl der Änderungen zu groß und zu aufwendig wird, um das Projekt noch erfolgreich zu Ende zu führen. Die Bewertung, ob die Zahl der Änderungen zu groß ist, ist genau so projektrelevant wie zu große Risiken. Es gibt aber keine Regel für die Menge möglicher Änderungen, unterschiedliche Projekte verkraften unterschiedliche Mengen von Änderungen.

Um bei Ihren Entscheidungen auf der sicheren Seite zu sein, sollten Sie folgende Schlüsselaufgaben durchführen:

- Stellen Sie sicher, dass für das Projekt ein robuster Änderungskontrollprozess vorhanden ist und auch eingesetzt wird. Manche Personen konzentrieren sich auf die Form, wie eine Änderung einzutragen und zu verwalten ist; das ist zwar wichtig, aber ein korrekt ablaufender Änderungskontrollprozess verlangt noch mehr. Entscheidend ist, dass es einen eindeutigen Prozess für zu akzeptierende Änderungen geben muss, der klar zum Ausdruck bringt, wer letztendlich die Durchführung der Änderungen genehmigt. Es ist auch wichtig, sich zu vergewissern, dass das Projektteam Änderungen nicht durchführt, ohne den Änderungskontrollprozess zu benutzen. Werkzeug dafür ist das Konfigurationsmanagement, mit dem man kontrollierte Änderungen durchführen kann, z. B. ein Ausleihmechanismus nur für berechtigte Personen, der Nachweis, dass das Produkt geändert und getestet wurde und die Wiederaufnahme in die Konfigurationsdatenbank als neue bzw. erweiterte Version.

- Entwickeln Sie eine Fähigkeit, die Auswirkung von Änderungen emotionslos zu erklären. Begeben Sie sich nicht auf der Ebene von abwertenden Äußerungen, weil Ihnen die Änderungen nicht gefallen. Dies würde sich in Ihrer Kommunikation mit dem Kunden niederschlagen. Es ist das Projekt Ihres Kunden, und wenn er die Änderungen haben will, so kann er sie fordern, aber Sie müssen auf die Auswirkungen aufmerksam machen und der Kunde muss diese auch verstehen. Wenn der Kunde die Auswirkung einer Änderung auf Zeitbedarf oder Kosten nicht versteht, wird er auf diesen Änderungen und auf deren Durchführung bestehen. Der Kunde unterstellt in der Regel, dass Änderungen für ihn keine negativen Auswirkungen haben, nehmen Sie sich deshalb Zeit und erklären Sie alles.

- Entscheiden Sie, wie wichtig die Änderung ist. Ist sie „nice-to-have" oder ist sie wirklich lebenswichtig? Im Interesse der Sache ist es wirklich nützlich, diese Frage zu stellen. Es ist interessant zu erleben, wie viele sogenannte dringende Änderungen es gibt. Wenn diese untersucht werden und der Kunde deren tatsächliche Auswirkungen versteht, dann sind sie vielleicht durchaus nicht mehr so dringend, besonders dann, wenn er die erhöhten Kosten kennt oder die Verzögerungen des Projekts erfährt.

- Entscheiden Sie, wie die Auswirkungen der Änderungen auf das Projekt sind. Wie wirken sie sich auf den Zeit-/Kosten-/Qualitäts-Kompromiss des Kunden aus? Wenn ein Kunde die Priorität auf den Lieferzeitpunkt setzt, dann müssen Änderungen grundsätzlich in Grenzen gehalten werden. Wenn aber der Funktionsumfang und das Endergebnis von höchster Bedeutung sind, kann die Anzahl der Änderungen, die berücksichtigt werden müssen, größer sein.

- Schätzen Sie ab, wie das Projektteam mit den Änderungen umgehen wird. Zu viele Änderungen können schließlich für ein Projektteam demotivierend sein, besonders dann, wenn nur Mehrarbeit als Ergebnis herauskommt.

- Achten Sie auf ein gut funktionierendes Claim Management: Zusatzansprüche des Kunden müssen sich in erhöhten Einnahmen widerspiegeln.

Urteil 11: Wann sollten Sie den Änderungsmanagementprozess durchführen?

Als Projektmanager müssen Sie sicherstellen, dass der Änderungsmanagementprozess so abläuft, dass die Projektziele erreicht werden:

- Sie müssen den Prozess von auftretenden Änderungen für das Projekt managen können, um das mit den Änderungen verbundene Risiko zu bewältigen, und

- Sie müssen veranlassen, dass die Änderungen voll und ganz bewertet und die möglichen Auswirkungen der Änderungen verstanden werden, bevor Sie die Entscheidung für die Realisierung der Änderungen treffen.

Der Änderungsmanagementprozess sollte immer dann aktiviert werden, wenn er benötigt wird. Viele Projektmanager beklagen sich über zu viel Bürokratie bei der Projektdurchführung, aber Änderungsprozesse werden auch mit dem besten Willen für Effizienz immer einen hohen Verwaltungsaufwand mit sich bringen. Wie Sie Änderungen managen können, beschreibe ich im Kapitel 8.5.

Zwei Faktoren sollten Sie immer berücksichtigen, wenn Sie sich mit Änderungen befassen müssen:

- Die Auswirkungen von Änderungen auf einem Projekt hängen nicht nur von der gewünschten oder geforderten Änderung ab. Es kann tatsächlich möglich sein, grundsätzliche Änderungen schon zu einem frühen Projektzeitpunkt durchzuführen, ohne dass sie sich wesentlich auf Kosten oder Durchführungsplanung auswirken. Auf der anderen Seite kann eine kleine Änderung am Ende eines Projektes enormen Aufwand erzeugen. Ein einfaches Beispiel: Wenn Sie ein Projekt leiten, um ein Auto mit einem 2-Liter-Motor zu konstruieren, so kann eine Änderung, auch den Einbau eines 3-Liter-Motors zu ermöglichen, relativ einfach sein. Wenn diese Änderung aber erst am Ende des Projekts gefordert wird, kann es sein, dass sie nicht mehr umsetzbar ist, da die Plattform eben nur für den kleinen Motor ausgelegt ist. Wird diese Änderung trotzdem gefordert, so wird sich das Projekt durch diverse zusätzliche Änderungen verzögern.

- Viele Projektbeteiligte oder -betroffene wünschen oder fordern Änderungen. Sie müssen sich grundsätzlich darüber im Klaren sein und auch unterscheiden können, dass einige dieser Gruppen (z. B. der Sponsor) mehr legitime Rechte haben als andere Stakeholder, und diese erwarten können, dass ihre Änderungen vorrangig realisiert werden.

Wenn eine Änderung nicht die Zeit, Kosten, Ressourcen oder den Projektplan beeinflusst, ist es für den Projektmanager sinnvoll, sie ohne volle Bewertung und Abschätzung zu akzeptieren. Trotzdem sollte die Annahme einer gelegentlichen und außerordentlichen Änderung kein normales Verhaltensmuster werden.

Diese Vorgehensweise ist sehr pragmatisch. Wenn Sie allerdings Zweifel haben, setzen Sie den Änderungsmanagementprozess für alle Änderungen ein. Ich würde z. B. niemals dem Projektteam genehmigen, bei anstehenden Änderungen den Änderungsmanagementprozess zu übergehen, damit unkontrollierte Änderungen nicht zur Norm werden.

Urteil 12: Wann ist es sinnvoll, eine Aktivität durchzuführen, die auf einer Annahme basiert?

Es ist Usus in unserer Welt, dass Menschen immer irgendetwas annehmen oder vermuten, und so ist eben auch ein Projekt nicht davor gewappnet, dass es Annahmen beinhaltet. Manchmal mündet eine Annahme in einer ausdrücklichen Aktion, bei anderen Gelegenheiten ist sie implizit in Aktivitäten und Prozesse eingeschlossen. In Projekten kommt es im Wesentlichen zu Annahmen, wenn die Projektbeteiligten nicht genügend Informationen haben. Ein Beispiel: In einem Projekt soll ein Informationssystem entwickelt werden. Leider ist die genaue Anzahl der Benutzer nicht bekannt, sie ist aber erforderlich, unter anderem, um die Hardware entsprechend zu planen und auszurüsten. Es wird also zum Beispiel angenommen, dass die gleiche Anzahl von Benutzern das System nutzt wie bisher. Auf dieser Basis wird dann die Hardwareplanung gemacht. Wenn die Aufgaben aber wachsen und immer mehr Nutzer angeschlossen werden, dann reicht die Kapazität nicht mehr aus. Das System muss evtl. völlig neu entwickelt werden. Ein anderes Beispiel betrifft die Vermarktung eines neuen Produkts, von dem keiner weiß, wie viele Exemplare davon verkauft werden können. Man wird eine Verkaufsrate annehmen, die auf der bisherigen Erfahrung für andere Produkte basiert, und auf dieser Annahme wird das Herstellungsvolumen geplant.

Die möglichen Auswirkungen von Annahmen machen es einem Projektmanager schwer, sein Projekt konkret zu planen. Fundierte Annahmen sind aus Zeitgründen fast nie möglich, weil alles schnell gehen muss. Der Zeitdruck macht es fast unmöglich, genauere Recherchen und Analysen durchzuführen und tatsächlichen Bedarf nachzuweisen. Man sollte sich bewusst sein, dass Annahmen in den meisten Fällen falsch sind und sie deshalb eine schädliche Auswirkung auf das Projekt haben.

Annahmen zu machen ist jedoch zulässig: Werden keine Annahmen gemacht, führt dies üblicherweise zu einer sehr langsamen Entwicklung. Im Übrigen gibt es auch viele Dinge, die man ohne viel Risiko für ein Projekt annehmen kann bzw. sollte. Wenn Sie nämlich versuchen, wirklich alles gewissenhaft zu machen, wird der Projektfortschritt gering sein. Vermeiden sollten Sie auf jeden Fall zu viele Annahmen, mit sehr viel Risiko versehene kritische Annahmen, und Annahmen bezüglich Schlüsselbestandteilen des Projekts.

Der Projektmanager sollte sein Urteilsvermögen einsetzen, die richtigen Antworten auf die folgenden drei Fragen zu finden:

1. Welche Auswirkungen werden auftreten, wenn Sie keine Annahmen treffen? (Verschieben sich Abläufe, erhöhen sich die Kosten, usw.?)
2. Wie hoch ist das Risiko, wenn Sie eine Annahme treffen? (Wie wahrscheinlich ist es, dass sie falsch ist und wie wirkt sie sich aus?)
3. Wie leicht oder schwierig ist es, eine Annahme zu bestätigen, die Sie treffen wollen?

Auf Basis dieser Antworten müssen sie entscheiden, wann Sie Annahmen treffen müssen und diese dann explizit festlegen.

In manchen Projekten ist sogar ein Annahmemanagement zu installieren, weil das Annahmeaufkommen hoch ist. In Kapitel 8 stelle ich das Wesentliche eines Annahmemanagementprozess vor, den ich als eine Kernprojektmanagementfähigkeit betrachte.

Urteil 13: Wie viele Ebenen der Projektorganisation braucht man?

In manchen Projekten gibt es zu viele Ebenen von Arbeitsabläufen, Gremien, Projekt- und Teilprojektmanager, quasi einen Management-Overhead. Dabei wäre es wichtiger, sich mehr auf das Projektziel zu konzentrieren als auf das Managen der eigenen Organisation. Nach einer bestimmten Zeit ist die Projektplanung beendet; das Wichtigste ist dann, dass alle Liefereinheiten, Meilensteine usw. feststehen und nicht eine großartige Organisationsstruktur.

Nur die allergrößten Projekte brauchen verschiedene Managementebenen. Viele Ebenen sehen bereits bei der Betrachtung des Organigramms ineffizient aus, und man könnte auch glauben, dass alle oberen Ebenen etwas zu sagen haben wollen, aber keiner arbeitet wirklich. Diese Betrachtungsweise können auch die anderen Projektbeteiligten und -betroffene (Kunden, Sponsor, Stakeholder usw.) haben.

Eine einfache Art und Weise, die hierarchische Struktur zu bewerten, ist die Betrachtung, wie viele Personen Managementaufgaben haben und wie viele im Gegensatz dazu operative Aufgaben. Wenn die Zahl der Manager nicht niedriger als 25 % ist, vielleicht so um die 10 % aller Projektbeteiligten, dann haben Sie zu viele Manager und wahrscheinlich auch zu viele Ebenen. Versuchen Sie eine Ausgewogenheit zwischen Managern und Mitarbeitern zu erreichen.

Urteil 14: Wann muss man den Schwerpunkt auf die Stakeholder legen?

Ein Stakeholder ist jemand, der Einfluss auf das Projekt hat oder der vom Projekt beeinflusst wird. Die Zahl derartiger Personen oder Gruppen kann sehr groß sein.

Wenn Sie Stakeholder außerhalb des eindeutigen Kunden und des Projektteams ignorieren, übergehen Sie eine Gruppe von Menschen, die die Projektarbeit stören und eine negative Auswirkung auf den Erfolg des Projekts haben könnten. Es ist nützlich, die Stakeholdergruppen zu analysieren, um die Personen oder Gruppen mit potenziell großem Einfluss zu identifizieren. Diese Analyse kann im Rahmen der Risikomanagementaktivitäten durchgeführt werden, weil es Ziel ist, das Risiko äußerer Einflüsse auf das Projekt zu reduzieren oder zu beseitigen.

Folgende Stakeholdergruppen sind zu berücksichtigen:

- Personen, die einen großen Einfluss auf die Zuteilung von Ressourcen haben (Banken, Einkäufer...)

- Personen, die die Projektabnahme oder die Abnahme der Liefereinheiten beeinflussen können (Auftraggeber, Meinungsbildner...)

- Personen, die irgendwie ein bedeutendes Risiko für das Projekt verursachen können (Behörden, Lieferanten, kritische Anwender...)

In Kapitel 6.1.3 stelle ich Ihnen die Stakeholder etwas näher vor.

Urteil 15: Wann ist ein Projekt vollständig?

Theoretisch ist alles klar: Ein Projekt ist vollständig, wenn es die festgesetzten Anforderungen erfüllt hat und die Projektziele erreicht wurden. Für einige Projekte steht dies schwarz auf weiß in bestimmten Dokumenten, für viele andere ist die Situation weniger eindeutig. In der Realität gilt, dass ein Projekt vollständig ist, wenn sowohl der Projektmanager als auch der Kunde derselben Meinung sind: Alle Anforderungen sind erfüllt, alle Funktionen sind vorhanden. Ein Abnahmetest stellt schließlich alles unter Beweis.

Es gibt allerdings viele Situationen, in welchen das Erreichen dieses gemeinsamen Verständnisses schwierig ist. Unklarheiten betreffen normalerweise Situationen wie Übergabezeitraum und Inbetriebnahme. Beispiel: Ein neues Computerprogramm beinhaltet normalerweise einige Fehler. Endet das Projekt, wenn die formale Entwicklung vollständig ist, oder erst, wenn alle Fehler gefunden und korrigiert worden sind? (Manche Programme sind erst nach Jahren fehlerfrei – fragen Sie Microsoft!).

Es kann auch ein Projektteam erforderlich sein, das die neuen Anwender (Nutzer) durch Anleitung und Ausbildung unterstützt – zum Beispiel bei einer komplexen Maschine oder einem neuen Werk – und somit entsprechendes Vertrauen aufbaut. Wenn sich die Anwender an diese Unterstützung gewöhnt haben, werden sie diese Bequemlichkeit nur ungern wieder abgeben wollen, es sei denn, Sie müssen extra dafür zahlen. Nach welcher Zeit sind die Anwender fähig, das System alleine zu betreiben? Ein anderes Beispiel ist ein Neubau. Er kann Fehler und Mängel haben. Normalerweise wird eine Mängelliste erstellt und man einigt sich darauf, diese zu beseitigen, bevor man die Gebäudeerstellung als vollständig akzeptiert. Aber ab wann kann etwas legitim als ein Mangel erkannt werden und wann ist es eine Änderung der Anforderungen?

Die Vollständigkeit des Projekts kann noch in letzter Minute in Frage gestellt werden, wenn der Kunde plötzlich bemerkt, dass er die Liefereinheiten aus bestimmten Gründen nicht benutzen kann oder dass eine oder mehrere Funktionen fehlen. Ich bin in einigen Projekten bei Übergabesitzungen gewesen und wir wollten eigentlich nur noch die Formalitäten abwickeln, als jemand aus dem Anwenderkreis des Kunden sagte: „Das Produkt können wir nicht benutzen, da die Funktion XY fehlt." Oder: „Ohne diese Funktion werden wir keinen Nutzen erreichen." Es kann eine Lücke in Anforderungen und Umfang gegeben haben oder man hat es schlichtweg übersehen. Der Projektmanager dachte, er hätte alles vollständig entwickeln lassen und geliefert. Für ihn gab es jetzt ein Problem, das er untersuchen und ggf. beheben musste.

Sie können Ihren Kunden nicht mit schlecht funktionierenden oder nicht standardmäßigen Produkten oder mit Produkten hängen lassen, die für ihn nicht benutzbar sind. Selbst wenn Sie glauben, dass der Kunde an diesem Missstand mitschuldig ist, vermeiden Sie auf undiplomatische Art und Weise die Behauptung: Es ist vollständig, und wenn etwas im Umfang nicht definiert war, so ist das nicht mein Problem.

Selbstverständlich ist es für Sie als Projektmanager problematisch, wenn Sie Ihr Projektteam nicht oder nur zum Teil auflösen können. Weil die Weiterführung der Projektorganisation in den meisten Fällen Geld kostet, muss geklärt werden, wer das bezahlen soll. Wenn es keine für Sie zufriedenstellende Lösung gibt, sollten Sie einen Kompromiss zwischen Ihnen und dem Kunden schaffen.

Für die Beendigung der Unterstützung sollten Sie folgendes berücksichtigen:

- Installieren Sie frühzeitig einen robusten Anforderungserfassungsprozess. Dieser reduziert das Risiko, dass der Kunde sich am Ende des Projekts von seinen Anforderungen abwendet und weitere Dinge fordert, die er möglicherweise vergessen hat.

- Einigen Sie sich auf einen Zeitpunkt als auch auf klare Kriterien, wann die Unterstützung endet, wenn das Produkt übergeben worden sind.

- Planen Sie, dass Sie während des Unterstützungszeitraums kontinuierlich Personal entziehen.

- Bauen Sie auf eine gute Erwartungshaltung bzgl. Qualität und Wirkung der Produkte.

Auf Basis dieser Punkte können Sie die Kosten berechnen, fügen Sie aber für einige Eventualitäten etwas hinzu. Beispiel: In einem Projekt soll die Markteinführung (Inbetriebnahme) eines neuen Produkts durchgeführt werden. Das Projektteam kann für die neuen Prozesse den Ablauf bis zum Endbenutzer abdecken, und wenn es Probleme beim Produkt gibt, diese evtl. sofort beheben. Solch eine Unterstützung kann man im Rahmen einer Vereinbarung definieren, z. B. für einen Monat nach Inbetriebnahme und/oder bis zwei Wochen lang keine schwerwiegenden Probleme aufgetreten sind. Solche Kriterien bilden eine Grundlage, um Erwartungen zu managen und in beiderseitigem Verständnis einen Rahmen zu schaffen. Meistens wird die Unterstützung nach der Inbetriebnahme aufwendiger sein als angenommen und das Projekt muss länger betreut werden als geplant. Für komplexe Liefereinheiten werden durchaus Unterstützungsmaßnahmen bis zu einigen Monaten notwendig.

Die Kriterien zum Rückzug aus dem Projekt sollten nicht willkürlich gesetzt werden. Die Entscheidung, welche Arten von Problemen eine Inbetriebnahme stoppen können oder mit welchen man leben kann, benötigen den konstruktiven Dialog mit dem Kunden. Sie müssen abwägen, ob Sie ein Projekt schließen, um eine effektivere und effizientere Nutzung Ihrer eigenen Zeit anzustreben, oder ob Sie Ihrem Kunden eine andauernde Hilfe anbieten.

Im Allgemeinen ist es nützlich, das Projektteam während der Unterstützungsphase bestehen zu lassen und es allmählich zu verkleinern, bis nur noch eine Rumpfbesatzung für die letzte Phase der Unterstützung vorhanden ist. Ideal wäre ein Abkommen mit den Linienmanagern, dass Sie Schlüsselteammitglieder, die Sie freigegeben haben, wieder anfordern und einsetzen können, wenn es notwendig ist.

Die andere Grundlage für eine erfolgreiche Vollständigkeit ist die Verwaltung der Kundenerwartungen bzgl. der Qualität von Liefereinheiten und des wahrscheinlichen Nutzens in seiner Organisation. Wenn die Termine und das Budget des Projekts Sie gezwungen haben, Kompromisse zu machen, müssen Sie dies Ihrem Kunden zum rechten Zeitpunkt mitteilen. Ein Kunde wird Verständnis dafür haben, wenn ein Produkt nicht zu hundert Prozent perfekt ist, dafür aber einen Nutzen für seine Organisation bringt.

Ein alternatives Szenario ist, dass der Kunde in letzter Minute erkennt, dass die Liefereinheiten nicht vollständig oder unbrauchbar sind, auch wenn der Projektmanager der Meinung ist, den vollen Umfang geliefert zu haben. Eine gute Grundlage für die Lösung dieses Problems ist idealerweise eine starke Beziehung zu Ihrem Kunden. Wann auch immer eine Diskussion beginnt, ob eine Liefereinheit vollständig ist oder nicht, immer besteht die Gefahr einer Konfrontation zwischen dem Projektmanager und dem Kunden. Wenn der Zeitpunkt der Konfrontation erreicht ist, kann sich das Ganze zu einer Katastrophe auftürmen.

Wenn eine Lücke zwischen den Liefereinheiten und den Kundenanforderungen wahrgenommen wurde, sollten Sie schnellstens die Kommunikation zwischen Ihnen und dem Kunden aufnehmen, Sie sollten zuhören und auch argumentieren können. Streit führt zu keinem Ergebnis. Versuchen Sie, die Diskussion offen zu halten und zeigen Sie Ihre Entschlossenheit und Standfestigkeit nicht mit Drohungen, sonst wird das Problem nur noch juristisch zu lösen sein.

Wenn der Kunde wirklich etwas vergessen hat, dann bietet es sich an, dass Sie mit einfühlsamer Sprache darauf hinweisen, dass dies wirklich sein Versäumnis ist. Dabei sollten Sie nicht versuchen, sich einfach reinzuwaschen. Sie möchten schließlich auch nicht, dass der Kunde sagt, dass die Liefereinheiten nicht in Ordnung sind und dies Ihre Schuld ist, wenn die Ursachen noch nicht geklärt sind. Einigen Sie sich auf eine Erweiterung des Projekts und machen Sie Ihre Arbeit. Wenn es ein externes Projekt ist, sollte dies auch bezahlt werden.

Schlecht ist es, wenn einige Projektanforderungen vom Kunden vergessen wurden und Sie als Fachmann für das Projekt engagiert wurden. Der Kunde hat das legitime Recht, von Ihnen zu erwarten, dass Sie ihn auf die lückenhaften Projektanforderungen hinweisen.

Ich kann mich an einige Sitzungen mit Beratern erinnern, die behaupteten, sie hätten etwas nicht gemacht, weil sie nicht gefragt wurden. Ich meine, dass Experten und Berater, die den Kunden und die Projektarbeit unterstützen wollen, auch Antworten auf nicht gestellte Fragen haben sollten und etwaige Lücken entsprechend aufzeigen müssen. Dies ist eine berechtigte Forderung des Kunden, wenn sich jemand als Fachmann für das Projekt angeboten hat. Seien Sie bereit, einen Kompromiss für die Verantwortung (und die Kosten) herbeizuführen. Holen Sie sich dafür vorab die Rückendeckung Ihrer Organisation.

Und noch etwas, setzen Sie die Komplettierung des Projekts nicht unter Druck durch, nur weil Sie das Plandatum einhalten wollen. Ideal wäre es natürlich, wenn der Projektabschluss mit dem Plandatum zusammenfallen würde, aber leider ist das nicht immer der Fall. Fristgemäß abzuschließen muss sowohl das Interesse des Kunden als auch das Interesse des Projektmanagers sein. Manchmal kann es auch ein ausdrücklicher oder auch unbewusster „Komplott" zwischen dem Projektmanager und den Stakeholdern sein, das Projekt um jeden Preis termingerecht abzuschließen.

Sie sollten der Versuchung widerstehen, Ihre persönlichen Belange oder die des Projektteams vor Ihrem Kunden zu äußern, wenn es darum geht, pünktlich zu liefern. Es ist oft das kleinere Übel, eine verspätete Lieferung in Kauf zu nehmen, als unter erhöhtem Druck, mit erhöhtem Risiko einen Termin zu halten.

Fehlende Termine und eine unsolide Projektplanung sind symptomatisch für ein mangelhaftes Projektmanagement. Aber Sie sollten daran arbeiten, dass Sie immer wieder als ein Projektmanager wahrgenommen werden, der pünktlich liefert und der dafür sorgt, dass auch die Qualität stimmt.

Machen Sie nicht den Fehler, die Bedeutung der Termineinhaltung zu unterschätzen. Insbesondere gibt es kritische Endtermine, die nicht verschoben werden können. Ich selber habe einige davon erlebt, z. B. den Umzug des Flughafen München (hier war es der Zoll) von Riem nach Erding, das Jahr2000-Projekt bei Audi, diverse Projekte für die Euro-Umstellung oder den Umzug einer Großbank von Freitagabend bis Montagmorgen in eine neues Gebäude.

Die Termineinhaltung ist wichtig, stellt aber nur einen von vielen wichtigen Faktoren dar. Andere sind:

- Kosteneinhaltung
- Umfang
- Qualität
- Geschäftsnutzen.

Wenn Sie den Termin nicht einhalten können, haben Sie nicht den vollen Erfolg erzielt, außer, wenn die Kosten niedriger sind und die Termineinhaltung eine untergeordnete Rolle spielt. Wenn irgendetwas nach der Implementierung nicht in Ordnung ist, müssen Sie eine ausgewogene Entscheidung treffen, was für Ihren Kunden am besten ist. Diese kann sich auch auf die Erreichung des Endtermins auswirken. Wenn auch Ihr persönlicher Ruf, dass Sie immer die Termine einhalten, einen Kratzer bekommt, so ist dies sicherlich einfacher hinzunehmen als ein unzufriedener Kunde.

Fazit

Die Liste von Themen, wo Urteilsvermögen benötigt wird, könnte fast unbeschränkt weitergeführt werden, da der Projektmanager tagein und tagaus Beurteilungen durchführen muss. Einige der o.g. Beurteilungen werden Sie sicherlich auch in Ihren Projekten durchführen müssen.

Als Projektmanager müssen Sie immer wieder für bestimmte Situationen Beurteilungen durchführen und dann versuchen, die richtige Balance für Ihre Entscheidungen zu finden. Wenn Sie allerdings im Laufe der Zeit bemerken, dass Sie dieses Urteilsvermögen nicht entwickeln können, dann sollten Sie sich fragen, ob die Entscheidung, Projektmanager zu sein, die richtige war. Machen Sie sich aber nichts vor: Nur wenige Personen urteilen fast immer richtig; akzeptieren Sie also gelegentliche Fehler als eine Lerngelegenheit. Wenn Sie im Laufe der Zeit Ihr Urteilsvermögen weiter entwickeln, dann machen Sie weiter so, selbst wenn einmal Dinge schiefgehen, schließlich lernen Sie aus diesen Fehlern.

Der übliche Projektmanagementprozess fordert von einem Projektmanager, dass er sein Projekt ständig an bestimmten Meilensteinen oder bestimmten Abschnitten überwacht und prüft. Stellen Sie dabei fest, dass etwas nicht in Ordnung ist oder falsch gelaufen ist, so fragen Sie sich selber: „Wenn ich anders geurteilt hätte, wäre diese Situation dann auch aufgetreten?" Wenn die Antwort „ja" ist, verinnerlichen Sie dies und ziehen Sie für das nächste Mal Ihre Lehren daraus.

Wenn Dinge schiefgegangen sind, finde ich, sollte man über Nietzsches berühmte Phrase nachdenken:

„Was mich nicht tötet, macht mich nur noch stärker!"

Ich glaube, es hilft.

4.4 Kreative Energie

Kreativität ist eine zentrale Sinn- und Motivationsquelle des menschlichen Lebens. Sie stellt die Fähigkeit dar, neue Dinge zu erschaffen, die in irgendeiner Weise Sinn machen und Nutzen bringen. Menschen kommen durch Kreativität dem Ideal des erfüllten Lebens näher und steigern ihre Lebensqualität. Kreativität drückt sich sehr unterschiedlich aus. Die eine Person glänzt durch originelle Einfälle, persönlich kreative Menschen nutzen ihre kreative Energie für eine ausfüllendere Gestaltung ihres Lebens oder Berufes, andere wiederum leisten mit ihrem kreativen Potenzial einen bedeutenden Beitrag zu Wirtschaft oder Kultur usw.

Wofür braucht man Kreativität?

Viele von uns verbinden Kreativität automatisch mit den Künsten. Doch Kreativität beschränkt sich nicht nur auf Malerei, Musik und Schauspielerei, sondern ist überall da notwendig, wo es darum geht, neue Lösungen und neue Ideen zu entwickeln. Dazu gehören auch alle Bereiche der Wirtschaft, wie Forschung, Entwicklung, Marketing, Design, Produktentwicklung und Projektmanagement, aber auch das Lösen von konkreten Problemstellungen, ob privat oder im Beruf.

Um wettbewerbsfähig zu bleiben, müssen Organisationen fortwährend innovative Produkte und Dienste entwickeln, die den Kunden etwas Neues bieten. Eine wesentliche Quelle der Innovation stellt für die Organisationen die Kreativität ihrer Mitarbeiter dar: Sie erwerben neue Kenntnisse, entwickeln Techniken und Geschäftsprozesse weiter und verbessern auf diese Weise ständig die angebotenen Produkte und Dienstleistungen. Darüber hinaus werden so auch kreative Vorleistungen erbracht, die es der Organisation ermöglichen, flexibel auf Kundenanforderungen und neue Geschäftschancen zu reagieren oder diese frühzeitig zu erkennen.

Kann jeder kreativ sein?

Es gibt Menschen die halten sich für „nichtkreativ", doch alle Menschen haben das Potenzial, kreativ zu sein. Viele glauben, dass Kreativität eine Begabung ist, eine Technik oder Fähigkeit und etwas, was nur wenige Menschen besitzen. Grundsätzlich sind aber in jedem Menschen die Ansätze zur Kreativität vorhanden, sie müssen nur entdeckt und zu bestimmten Fähigkeiten ausgebaut und gefördert werden. Unterschiedlich sind dabei der Grad der Ausprägung des kreativen Potenzials und der Bereich, der einer Person besonders liegt (z. B. hat nicht jeder Mensch eine besondere musische Begabung, dafür aber vielleicht eine praktische Begabung). Manche Menschen sind aufgrund persönlicher Eigenschaften kreativer als andere. Doch wie Studien immer wieder belegen, wird Kreativität jenseits dieser individuellen Unterschiede in erheblichem Umfang von weiteren Faktoren beeinflusst.

Dazu gehört zum einen die Leistungsmotivation, die ohne äußere Anreize in den Menschen schlummert und ihn dazu bewegt, immer gute Arbeit zu erbringen. Die Leistungsmotivierten besitzen vorbildhafte Persönlichkeitsmerkmale. Sie sind aus sich heraus beharrlich, engagiert, lernbereit, zielorientiert, zuversichtlich, fleißig, diszipliniert und, was ganz wichtig ist, sie haben Spaß am Arbeiten, keine Angst vor schwierigen Aufgaben und sind stolz auf ihre erbrachten Leistungen und Ergebnisse.

Dazu gehört aber auch die Umgebung, in der die Menschen arbeiten, sowie die Art, wie Vorgesetzte und Kollegen mit ihnen umgehen. Die Beschäftigung von Menschen mit reichlich kreativen Gaben wird sich also gerade dann in hoher schöpferischer Leistung für die Organisation auszahlen, wenn das Arbeitsumfeld intakt ist und die kreativen Potenziale anerkannt werden.

Wie kann der kreative Prozess gestaltet werden?

Traditionell wird der kreative Prozess als Abfolge von fünf Phasen gesehen:

- *Vorbereitungsphase*

   Bewusste oder unbewusste Auseinandersetzung mit problematischen Fragen, weil sie Interesse und Neugier geweckt haben.

- *Inkubations- oder Reifungsphase*

   Ideen geraten unterhalb der Schwelle der bewussten Wahrnehmung in heftige Bewegung. Ungewöhnliche Verknüpfungen sind in dieser Phase besonders häufig. Während der bewussten Bearbeitung eines Problems verarbeitet man Informationen auf lineare, logische Weise, während in der Phase, in der die Gedanken „im Kopf herumschwirren", neue und unerwartete Kombinationen entstehen können.

- *Die Einsichtsphase bzw. das „Aha-Erlebnis"*

   Die Teile des Puzzles ergeben plötzlich ein Ganzes. Eine Struktur wird erkannt.

- *Bewertungsphase*

   Handelt es sich um eine wertvolle und lohnende Einsicht? In dieser Phase sind Zweifel und Unsicherheit oft am größten. Hier gewinnen dann auch die verinnerlichten Kriterien der Domäne und die Meinung der Experten an Bedeutung. Es stellt sich die Frage, ob die Idee wirklich neu ist.

- *Ausarbeitungsphase*

   Sie erfordert die meiste Zeit und größte Anstrengung. (Edison: Kreativität besteht zu 1 % aus Inspiration und 99 % aus Transpiration).

Nimmt man dieses klassische analytische Gerüst zu wörtlich, liefert es ein stark verzerrtes Bild des kreativen Prozesses. Selbstverständlich gilt auch die Abfolge nicht strikt: Beispielsweise wird auch der Ausarbeitungsprozess durch neue Erkenntnisse unterbrochen. Der kreative Prozess ist nicht linear, sondern durchläuft viele Wiederholungen. So kann z. B. die Inkubationsphase von ein paar Stunden bis hin zu Jahren dauern. Die kreative Einsicht umfasst eine tiefe Einsicht oder viele kleinere.

Was ist eine kreative Persönlichkeit?

Ein Hauptmerkmal der kreativen Persönlichkeit (und was sie von anderen Menschen unterscheidet) ist die Komplexität. Die kreative Persönlichkeit zeichnet sich dadurch aus, dass sie gegensätzliche Tendenzen vereint bzw. integriert. Kreative Menschen vereinen widersprüchliche Extreme in sich – sie bilden keine individuelle „Einheit", sondern eine individuelle „Vielheit". Auch in weniger kreativen Menschen sind diese Eigenschaften angelegt, meistens wird jedoch nur ein Pol des Gegensatzpaares gefördert (so lernen wir beispielsweise die aggressive, wettbewerbsorientierte Seite zu trainieren und lassen dabei unsere Fähigkeit zur Kooperation verkümmern).

Eine komplexe Persönlichkeit ist in der Lage, die volle Bandbreite von Eigenschaften zum Ausdruck zu bringen, die als Möglichkeiten im menschlichen Repertoire vorhanden sind, aber in der Regel verkümmern, weil wir den einen oder anderen Pol für „gut" bzw. „schlecht" halten." Kreative Menschen erleben beide Extreme mit derselben Intensität, ohne dass sie in einen inneren Konflikt geraten.

Ein weiteres entscheidendes Merkmal der kreativen Persönlichkeit ist, dass sie ihre Aufmerksamkeit so steuern kann, dass sie, wenn es notwendig ist (z. B. wenn neue Ideen gesucht werden), offen und empfänglich ist und, wenn es darauf ankommt (z. B. bei der Umsetzung der neuen Idee), fokussiert und zielgerichtet handelt.

4.4.1 Die Kreativität des Projektmanagers

Es bestehen unterschiedliche Auffassungen darüber, in welchem Umfang ein Projektmanager Kreativität aufweisen muss. Gewiss ist Kreativität für einen Projektmanager nicht schädlich; doch setzt sich immer stärker die Auffassung durch, dass sie bei ihm persönlich nicht unbedingt an erster Stelle stehen muss. Außerdem ist es gleichgültig, ob es sich um originäre Kreativität handelt oder um eine abgeleitete Form aufgrund umfangreicher Erfahrungen oder angelesener Kenntnisse. Es muss dem Projektmanager allerdings gelingen, durch zweckmäßiges Führungsverhalten im Projektteam ein Höchstmaß an Kreativität zu erzeugen.

Projektmanager sind für die Lieferung von Projektergebnissen verantwortlich – Dokumente, Prozesse, Computersysteme, Gebäude, neue Produkte usw. Diese Dinge werden auf Grund einer Anforderungsspezifikation definiert und üblicherweise in einem definierten Projektprozess entsprechend entwickelt. Normalerweise wird die Lösung nicht vom Projektmanager selbst definiert, dafür gibt es Experten, z. B. Ingenieure, Analysten, Designer, Programmierer usw., die der Projektmanager innerhalb eines Teams leitet. Die Teammitglieder machen ihre Arbeit normalerweise für einen Kunden, der das Endergebnis benötigt. In dieser Situation ist also die Kreativität des Teams gefragt, vom Projektmanager wird lediglich gefordert, dass er die Fähigkeit hat, den Prozess stabil und effektiv zu managen.

Es ist tatsächlich so, dass es in einem Projekt viele Themen gibt, bei denen es angebracht ist, dass ein Projektmanager nicht kreativ handelt. Eine kreative Haltung zu den Anforderungen des Kunden ist im Allgemeinen nicht akzeptabel. Projektmanager, die durch Kreativität Projektanforderungen verändern, um die Arbeit zu erleichtern oder zu reduzieren, riskieren mit hundertprozentiger Sicherheit, den Bedarf des Kunden nicht zu erfüllen.

Gehen Sie niemals kreativ mit Ihren Kundenanforderungen um, aber suchen Sie immer kreative Wege, die Anforderungen zu erfüllen.

Wo ist nun Raum für die Kreativität des Projektmanagers?

Der Raum für Kreativität kommt sehr schnell, wenn es darum geht, Probleme zu lösen und Blockaden in einem Projekt zu entfernen. Solche Dinge ereignen sich immer wieder, sie kommen zufällig und ungeplant. Sie müssen schnellstens bewältigt und gelöst werden, damit erfolgreich weitergearbeitet werden kann. Hier hilft nun die Kreativität. Dazu einige Beispiele:

- *Kunden-Herausforderung*

    Der Projektmanager leitet ein Projekt, um die Kundenanforderungen zu erfüllen und die Dinge zu liefern, die der Kunde braucht. Aber er muss die Anforderungen des Kunden infrage stellen, wenn er sieht, dass sie so nicht umsetzbar sind oder Probleme erzeugen werden.

    Wenn Sie etwas derartiges erkennen, sollten Sie den Kunden so früh wie möglich unterstützen und ihn darauf aufmerksam machen, dass bestimmte Anforderungen signifikante Risiken beinhalten oder Mehrkosten oder Zeitverschiebungen verursachen können. Bieten Sie dem Kunden Ihre Unterstützung an, damit dieser versteht, dass es besser wäre, diese Anforderungen zu entfernen, um ein schneller umsetzbares oder einfacher durchzuführendes Projekt zu bekommen.

    Alternativ können Sie auch erkennen, dass zusätzlichen Anforderungen (die vom Kunden kommen können, deren Möglichkeiten sich aber auch im Rahmen des Projekts auftun können) vom Projekt her leicht entsprochen werden kann, und deren Wertschöpfung mit dem Kunden diskutieren. Die Haltung, die Sie dabei annehmen, ist die eines professionellen Beraters. Der Kunde muss letzen Endes selbst entscheiden, aber manchmal kann ein kreativer Rat dabei sehr hilfreich sein. Wenn die Hilfe nicht gewollt ist, dann hören Sie damit auf, seien Sie aber dabei sensibel. Sie werden auch merken, dass kompetenter Rat Vertrauen aufbaut und eine produktive Beziehung unterstützt.

- *Generelle Planung und Vorgehensweise*

  Mit Ihrem Projektplan definieren Sie den gesamten Umfang der durchzuführenden Arbeiten und die Vorgehensweise, wie Sie die Projektergebnisse erreichen wollen. Es gibt viele Möglichkeiten, einen Projektstrukturplan (PSP) für ein Projekt zu definieren und, darauf aufbauend, die Sequenzierung der Arbeit zu planen. Dieser PSP wird besonders nützlich, wenn die Ressourcen oder die zur Verfügung stehende Zeit knapp sind. Wenn Sie Ihre Planung abgeschlossen haben, fragen Sie sich bitte prüfend: „Gibt es vielleicht einen noch besseren Weg, die Arbeit zu organisieren?" Denken Sie immer daran, dass Sie Ihren Plan verändern und optimieren können, solange er die Anforderungen und den Umfang des Projekts erfüllt.

- *Projekt-Organisation und Struktur*

  Wie wollen Sie Ihr Projektteam aufbauen? Auch hier gibt es wieder viele Möglichkeiten, jedes Teammitglied hat andere Stärken und Schwächen. Wenn Sie die Wechselbeziehung im Team und die Problematik der Teamkoordination/-führung kennen, versuchen Sie aufbauend auf diesen Kenntnissen das Team zu organisieren, prüfen Sie jedoch auch Alternativen, um eine optimale Projektorganisation zu erreichen.

- *Problemlösung*

  Die Art und Weise, ein Problem oder einen Konflikt in einem Projekt zu bewältigen, benötigt sehr viel Kreativität. Es überrascht, wie oft anscheinend hartnäckige Probleme mit kreativem Verständnis gelöst werden können.

- *Risikobewältigung*

  Wie oft haben Sie als Projektmanager ein Risiko als „vollendete Tatsache" gesehen? Sie haben gespürt, dass es nichts gab, was Sie hätten anders tun können, als es zu akzeptieren. Leider ist das der einfachste Weg und es hätte immer noch andere Möglichkeiten gegeben, das Risiko zu bewältigen, wahrscheinlich wäre deutlich mehr Kreativität nötig gewesen.

- *Notfallplanung*

Die Entwicklung guter Notfallpläne und alternativer Möglichkeiten reduziert die potenziellen Risiken und verhindert eine übermäßige Kostenerhöhung für ein Projekt. Dies erfordert kreatives Denken und die Fähigkeit, neue Ideen und Möglichkeiten zu entwickeln.

Generelle Herausforderung und Erkenntnisse

Haben Sie Experten in Ihrem Projekt? Dann sollten Sie diese ständig herausfordern, auch wenn Sie selbst kein Spezialist sind. Sie sollten nicht alle Ergebnisse der Experten annehmen, ohne weiter darüber nachzudenken. Betrachten Sie das jeweilige Thema aus Ihrem Blickwinkel und stellen Sie kritische Fragen. Der stereotype Spezialist ist auf seinem Gebiet oft notorisch konservativ und eingefahren auf eine bestimmte Denkweise. Neue und ungewöhnliche Vorschläge fordern den Experten heraus und können sehr oft zu besseren Lösungen führen. Als Projektmanager sind Sie nicht für die Arbeit des Experten verantwortlich, aber es ist Teil Ihrer Aufgabe, zu fordern und sicherzustellen, dass die Lösung, die er vorschlägt, für den Zweck geeignet ist.

Sie müssen als Projektmanager das Bestreben haben, Experte zum Erkennen der Kreativität Anderer zu werden und das kreative Denken im Projektteam zu fördern. Das Projektteam muss den Sinn der Arbeit verstehen und Spaß an dieser Arbeit haben. Dafür müssen Sie die einzelnen Teammitglieder motivieren und anleiten; so wird das kreative Denken im Team herausgefordert.

Der Projektmanager und das Projektteam

Eine offensichtliche und leicht verfügbare Quelle von Kreativität sind Sie selber und die anderen Projektteammitglieder. Jeder Mensch entwickelt in bestimmten Situationen kreatives Potenzial. Dies geschieht etwa, wenn man abends vor dem Einschlafen (oder in der Nacht) über knifflige Dinge nachdenkt oder wenn man sich für einen Tag vom Projekt fern hält, um etwas Atempause für kreatives Denken zu bekommen; denn nichts ist für die Kreativität schädlicher als Arbeitsüberlastung. Außerdem sollte eine Projektkultur gefördert werden, die es den Teammitgliedern ermöglicht, neben der ihnen aufgetragenen Aufgabe auch über diese und jene Lösung nachzudenken. Solange der Projektfortschritt nicht beeinträchtigt wird, sollten reguläre Diskussionen eingeplant werden. Gut aussehende Ideen sollten grundsätzlich gelobt werden. Fördern Sie ungewöhnliche Vorschläge, auch wenn sie nicht realisiert werden können. Einer der Schlüssel für Kreativität ist eine Umgebung, die zur Verfügung stehen muss, in der die Personen angeregt werden, in Diskussionen zu immer neuen Ideen zu kommen.

Ein bedeutender Faktor für die Zusammenarbeit des Projektmanagers mit seinem Projektteam ist das Phänomen des Gruppendenkens. Mit dieser kreativen Methode können Sie versuchen, in der gleichen Weise zu denken. Seltsamerweise ist Gruppendenken aber ein besonderes Risiko für ein spezialisiertes Hochleistungsteam, in dem die Experten von sich so überzeugt sind, dass sie keine anderen Lösungen zulassen als jene, die sie gegenwärtig sehen (außer sie können sich gegenseitig selber überzeugen, was zu einer Verminderung des Risikos führen kann).

Wirkliche Kreativität schließt auch eine Bereitschaft voraus, ein gewisses Risiko einzugehen. Selbstverständlich muss dies erkannt und gemanagt werden, aber kreative Risiken sind annehmbar, wenn das Ergebnis akzeptabel ist.

Andere Personen

Auch Personen außerhalb der Projektumgebung können eine Quelle von kreativem Verständnis sein, wenn die Lösungen nicht innerhalb des Projektteams gefunden werden können. Sie sollten daher stets offene Ohren für die Ideen anderer Personen haben. In bestimmten Projektsituationen kann externe Beratung helfen. Idealerweise sollten Sie dafür jemanden wählen, dem Sie vertrauen. Formulieren Sie deutlich und präzise das Problem, ohne zu viele kontextuelle Informationen zu geben (dies kann das Denken einengen).

Lassen Sie sich von diesem unabhängigen Berater helfen und verstehen Sie seine Meinung. Oft können „unbefleckte" Personen wirklich kreatives Verständnis hinzufügen. Wenn Sie so einen finden, hören Sie ihm gut zu, diskutieren Sie mit ihm (ohne die Kundenvertraulichkeit zu brechen) und nutzen Sie seine Vorstellungen. Ich weiß, dass viele Projektmanager Probleme gerne mit ihren Ehepartnern durchsprechen, und obwohl sie oft nur „naive" Antworten erhalten, sind diese überraschenderweise doch hilfreich.

Methoden

Es gibt einige bewährte Methoden, die das kreative Denken unterstützen. Diese können so einfach sein wie das wohlbekannte „Brainstorming" oder sie können auch komplexer und aufwendiger sein. Wenn Sie regelmäßig nach kreativen Lösungen suchen müssen, sollten Sie sich darüber genauer informieren. Eine gute Einführung gibt das Buch „Tools für Projektmanagement, Workshops und Consulting" von Nikolai Andler, das im gleichen Verlag erschienen ist.

5 Erfolgsgeheimnis 3: Führungsstile

Im Führungsstil spiegelt sich Ihre Einstellung gegenüber Mitarbeitern und Projekten wider. Wenn Sie als Projektmanager Ihren Mitarbeitern nichts zutrauen oder Sie es nicht schaffen, diesen zu vertrauen, können Sie sich noch so bemühen: Ihr Einsatz für die Mitarbeiter wird von diesen nicht wahrgenommen werden.

Um ernsthaft Erfolg versprechend zu sein, muss Ihre Einstellung von Offenheit, Interesse und Wertschätzung gegenüber den Menschen und deren Ideen geprägt sein. Ein weiterer wichtiger Punkt liegt in dem Bewusstsein, dass Projekte nur gemeinsam gemeistert werden können.

Hier gilt der Grundsatz, den Einzelnen so einzubinden, dass er aus sich heraus seine speziellen Fähigkeiten gerne in den Dienst des Projekts stellt. Denn wer spürt, dass es auf ihn ankommt, dass seine Ideen anerkannt werden, dass er wertgeschätzt wird und dass er im Projekt Freiraum und Herausforderung findet, der wird sich deutlich mehr engagieren als jemand, bei dem das nicht der Fall ist.

Es gibt keinen idealen Führungsstil für den Projektmanager. Erfolgreiche Projektmanager haben eine Vielfalt von Merkmalen und müssen sich verschiedenen Situationen jederzeit anpassen können. Dafür gilt es, verschiedene Führungsstile zu entwickeln und in den entscheidenden Momenten den richtigen davon anzuwenden.

In diesem Kapitel stelle ich Ihnen ein paar Führungsstile vor. Da gibt es einige, von deren Anwendung ich jedem Projektmanager in normalen Situationen nur abraten kann, und einige, die jeder Projektmanager bei sich fördern sollte. Wenn Sie glauben, dass die erste Gruppe von Führungsstilen den persönlichen Erfolg einschränkt, so lernen Sie, diese entsprechend zu vermeiden. Sie werden selbstverständlich auch nicht alle positiven Eigenschaften der zweiten Gruppe besitzen, aber Sie können sie bis zu einem bestimmten Umfang erlernen. Sie werden auch nicht glaubwürdig sein, wenn Sie sich auf wirklich jede Situation mit dem richtigen Stil einstellen können, schließlich sind Sie kein Chamäleon.

5.1 Zu vermeidende Stile

Es gibt viele Stile im Projektmanagement, aber es gibt keinen Typ von zwischenmenschlicher Fähigkeit und zwischenmenschlichem Stil, der den Erfolg grundsätzlich sichert. Ich habe nachdenkliche und introvertierte Projektmanager gesehen, extrovertierte und zwanghafte, ununterbrochene Kommunikatoren, einige, die die Technologie verstehen und logische Analysen benutzen, um das Team anzuleiten, sowie wiederum andere, die ein Team bilden und sofort einen Konsens bezüglich der Projektarbeit erreichen. Es gibt unendlich viele Ansätze und Möglichkeiten. Es gibt keinen einzigen richtigen Führungsstil, aber es gibt definitiv einige Interaktionsmethoden, die man vermeiden sollte. Sechs entsprechende Merkmale werde ich im Folgenden vorstellen. Zwar sind es im Prinzip Klischeevorstellungen, aber auch Klischees basieren auf realen Beispielen, und Sie haben ähnliche Beispiele vielleicht schon erlebt.

Die gewählte Bezeichnung des jeweiligen Führungsstils zeigt schon deutlich, ob der entsprechende Stil gut oder schlecht ist und bietet eine Gedächtnisstütze für das jeweils gemeinte Verhalten.

Klischee 1: Der Diktator

Sie werden sicher schon irgendwo (Sport, Schule, Verwandtschaft…) mit dieser Art von Führung Bekanntschaft gemacht haben, zumindest kennen Sie sie aber aus der Geschichte. Diese – typisch maskuline – Führungskraft bezeichne ich als Diktator, Despot oder auch als Unterdrücker.

Das diktatorische Führungsverhalten ergibt sich aus einer unangebrachten Aufgabenorientierung und der Vernachlässigung bzw. Unterdrückung jeglicher Beziehungsorientierung. Im Allgemeinen stehen solche Führungskräfte unter Angst, und wenn Dinge schiefgehen, beginnen sie zu schreien. Ihr allgemeiner Stil ist so ausgelegt, dass jeder weiß, dass sie die „Chefs" sind. Sie reden viel über Respekt vor den Anderen, wollen aber keinen Respekt, sondern Macht. Diese machtorientierte Führungskraft hat ein ausgeprägtes Geltungsbedürfnis und einen Hang zur Dominanz, sie versucht Dinge entsprechend ihrer nicht beeinflussbaren Überzeugung zu steuern und durchzusetzen und im Rahmen ihres Machtbereichs konsequent Einfluss auszuüben.

Der Diktator wird meistens als jemand wahrgenommen, der die unmittelbar vor ihm liegende Aufgabe und die entsprechenden Wünsche seiner Vorgesetzten über alle anderen Überlegungen und Menschlichkeiten stellt. Er ist ineffektiv, weil ihm die Bedürfnisse und Interessen der Mitarbeiter („Untergebenen") gleichgültig sind und weil er nur wenig Vertrauen zu ihnen hat.

Bei Mitarbeitern, die ihm nachgeben, kommt sein „Talent" zur vollen Entfaltung, und er ist in der Regel besessen von Titeln und Positionen (sprich Macht) in organisatorischen Hierarchien. Dabei neigt er zu der Überzeugung, dass der Mensch von Natur aus der Arbeit abgeneigt ist und sie meidet, wenn er es kann, so dass die meisten Menschen gezwungen, kontrolliert, angewiesen und mit Strafe bedroht werden müssen. Er glaubt, dass der Durchschnittsmensch geführt werden will, Verantwortung meidet, kaum Ehrgeiz besitzt und sich vor allen Dingen Sicherheit wünscht. Er tyrannisiert durch einen Mangel an Verständnis für die Menschen. Die Auswirkungen sind: Schlechte Arbeitsmoral, dadurch verzögerte Projekte und insgesamt schlechtere, unkreative Ergebnisse.

Benutzen Sie diesen Stil niemals, außer in Krisen. Es ist nicht so, dass man durch diesen Führungsstil keine Ergebnisse bekommt. In bestimmten Situationen kann es doch nützlich sein, einzelne Teammitglieder robust zu führen, manchmal ist es sogar lebenswichtig. Es besteht jedoch ein großer Unterschied zwischen der gelegentlichen, anspruchsvollen Anforderung – dem Druck machen – an Teammitglieder und ständigem Drangsalieren.

Wer die Eigenschaften des Diktators bei sich erkennt und den Willen zur Macht entwickelt, ist auf jeden Fall in der Linie besser aufgehoben. Studien über die Karrierechancen von Führungskräften in der Wirtschaft zeigen leider auch, dass, bei allen Gefahren und Risiken, machtstrebende Führungskräfte größere Erfolge erzielen. Das heißt jedoch nicht, dass man mit Leistungsmotivation ohne Machtanspruch nicht trotzdem eine entsprechende Karriere machen kann.

Die Hauptrisiken des diktatorischen Führungsstils in der Projektarbeit sind:

- Es wird kein Vertrauen aufgebaut (das beruht auf Wechselseitigkeit). Wenn die Partner merken, dass ihnen nicht vertraut wird, so bauen sie auch den anderen gegenüber kein Vertrauen auf. Projektteams, die kein Vertrauen haben, werden in den seltensten Fällen erfolgreiche Projektteams. Die produktivsten Teams sind diejenigen, die in einer harmonischen Atmosphäre arbeiten können und nicht ständigem Druck, Repressalien und Ängsten ausgesetzt sind.

- Es entstehen von Anfang an Probleme in dem Projekt. Wenn die Teammitglieder merken, dass sie in einer unzumutbaren Weise unter Druck gesetzt werden, neigen sie dazu, die Zeiten und den Aufwand ihrer Aufgaben stets möglichst hoch zu schätzen, damit sie sicher sind, dass sie innerhalb des Projektplans fertig werden können. Dem Druck und den Kontrollen ihres diktatorischen Projektmanagers versuchen sie auszuweichen, so gut es geht, was diesen wiederum in seiner Meinung über die Schwäche der Teammitglieder bestätigt.

- Die Teammitglieder haben Angst, weil sie Repressalien befürchten müssen, wenn sie die Wahrheit sagen wollen. Sie werden schlechte Nachrichten vertuschen, sie weichen dem Projektmanager aus und führen ihre Arbeit rein defensiv durch.

- Sie können ihre Arbeit nicht unbeschwert und mit Leidenschaft durchführen. Wer öfter gemaßregelt wird, liefert keine guten Ergebnisse. Sie arbeiten so, dass sie möglichst nicht drangsaliert werden und keine persönlichen Probleme bekommen, egal ob es für das Projekt gut ist oder schlecht.

- Letztendlich werden viele mittelmäßige Teammitglieder resignieren und Dienst nach Vorschrift betreiben, sie werden zu Kneifern. Gute Teammitglieder dagegen lassen sich das auf Dauer nicht bieten und verlassen das Projekt. Sie werden künftig diesen Projektmanager meiden und niemals mehr mit ihm in Projekten zusammenarbeiten wollen. Erfolgreiche Projekte und konsistente Leistung hängen jedoch von diesen Projektmitarbeitern ab.

Wenn es Ihnen bewusst wird, dass Sie in Gefahr geraten könnten, diktatorisch zu handeln, dann versuchen Sie beim nächsten Mal,

- nicht cholerisch zu werden und auf den Tisch zu schlagen, wenn eine schlechte Nachricht Sie erreicht,

- die Anwesenden nicht anzuschreien, wenn Sie gereizt sind,

- niemanden zu demütigen,

- sich zu beruhigen, tief durchzuatmen und die Dinge in einer ausgeglichenen Art und Weise zu regeln,

- in einer respektvollen Art und Weise mit dem Team umzugehen, sowie

- nicht ohne die Anderen zu handeln, sondern sie um Rat zu bitten und eine Lösung mit diesen abzustimmen.

Klischee 2: Der Macho

Bei „Macho" denkt man normalerweise zuerst an den Frauenheld. Aber diese Art Macho meine ich nicht, obwohl, wenn ein Projektmanager dieser Art ein Projekt übernimmt, wird er sicher für viel Unruhe unter den weiblichen Projektteammitgliedern sorgen. Nein, ich meine den Machotyp im Geschäftsleben, der immer alles weiß und niemals zugesteht, dass er etwas nicht weiß. Ein Macho, der niemals an etwas schuld ist, der niemals Fehler macht. Schuld ist immer einer, der ihm Böses will, ein Kollege, Vorgesetzter oder Kunde. Schuld sind auch die Umstände, die unerwartet eintraten. Er fürchtet nichts mehr, als der Lächerlichkeit ausgesetzt zu werden.

Ein Macho ist immer aktiv. Er sucht stets, seine Grenzen auszutesten. Er sieht sich in einer Alles-oder-Nichts-Kultur der Individualisten als ein Held mit großen Ideen. Im Hinblick auf die Umwelt gilt für ihn das Motto: Zeigt mir einen Berg und ich werde ihn erklimmen. Dies ist an und für sich noch nicht Negatives, es kann aber durch ein übersteigertes Männlichkeitsgefühl und Männlichkeitswahn schnell zu einer großen Gefahr in einem Projekt werden. Machos sind harte Männer, deren Denkweise und Handeln aus hohen Risiken und schnellen Reaktionen besteht, gepaart mit einer gewissen Überheblichkeit, teilweise Selbstüberschätzung und einem „Sich-über-andere-erhaben-Fühlen".

Geschätzt wird dieses Macho-Gehabe als ein jugendliches, aus dem Rahmen fallendes Erscheinungsbild, von manchen jungen, „karrieregeilen" Berufseinsteigern. Was sie vorhaben und unternehmen, ist Kampf, sie stehen ständig unter Strom. Sie müssen sich und anderen immer wieder beweisen, dass sie etwas können und etwas gelten. Für sie bestimmt der Erfolg das Ansehen und die Macht, und dafür sind sie auch bereit, über „Leichen zu gehen", Regeln werden selten eingehalten. Mit dem Aberglauben des Roulettespielers wird um den Erfolg gezittert. Stellt er sich ein, dann wird euphorisch gefeiert und man sieht sich als „Champion". Bleibt er aus, so wird die Niederlage meist sehr offen sichtbar. Heute gibt es die steile Karriere nach oben, morgen den tiefen Fall.

Ein Macho als Projektmanager bedeutet die Unterdrückung der lebensnotwendigen Vertrautheit, Kreativität und Umsetzungskraft aller Teammitarbeiter und ein Risiko für die Überlebensfähigkeit des Projektes. Ihm gehen Eigennutz oder Selbstbefriedigung vor dem gemeinsamen Nutzen. Damit wird kooperative Zusammenarbeit verhindert, ein „Wir-Gefühl" kann nicht entstehen.

Rechthaben ist lebensfeindlich. Rechtfertigung und Schuldzuweisungen sind Spiele für schwache und unterentwickelte Persönlichkeiten; sie sind ein Anzeichen für fehlende persönliche Reife und Festigkeit.

Klischee 3: Der Sachverwalter

Ein weiterer, nicht ungewöhnlicher Stil des Projektmanagers ist der Sachverwalter, der wie besessen über seinen Plänen hockt und immer wieder weitere Details einbaut, anstatt den allgemeinen Fortschritt des Projekts zu steuern. Man kann ihn auch Bürokrat oder Detailverliebter nennen, da es ihm in erster Linie auf die ordentliche, den Regeln entsprechende Abwicklung seines Projektmanagementprozesses ankommt. Diese Indikatoren für den Führungsstil eines Sachverwalters lassen darauf schließen, dass er über eine niedrige Beziehungsorientierung verfügt und mehr den regelorientierten, bürokratischen Stil zur Aufrechterhaltung der Effektivität in einem Projekt favorisiert.

Damit will ich natürlich nicht die Projektmanager kritisieren, die mehr auf Detailebene planen als auf einer höheren Ebene. Es ist bestimmt nicht falsch, wenn man sich für Details interessiert. Sich nur auf einer zu hohen Ebene zu bewegen, kann sogar ein gefährliches Risiko sein. Allerdings ist der Projektmanager dazu da, das umfassende Projekt zu managen, und er muss sich dessen bewusst sein, dass er üblicherweise kaum Zeit hat, sich um Details zu kümmern. Die Risiken der Arbeit des Sachverwalters sind allerdings gering oder überschaubar, da das Umfeld nur sehr bedingt von seinem Handeln abhängt. Deshalb rückt auch der Arbeitsprozess in den Mittelpunkt seiner Aufmerksamkeit. Je perfekter und fehlerfreier er ist, umso zufriedener wird er. Um seinen persönlichen Arbeitseinsatz zu dokumentieren, legt er Wert auf Aktennotizen, Berichte und E-Mails. Der Projektmanager dieser Ausprägung ist zwar effektiv in der Abwicklung von Aufgaben, aber er produziert wenig eigene Ideen, treibt die Arbeitsleistung nicht voran und kümmert sich kaum um die Förderung seiner Mitarbeiter.

Man findet den Sachverwalter typischerweise eher in kaufmännischen Bereichen oder vielleicht auch (noch) in Aufgaben des öffentlichen Diensts: Dort gibt es Probleme mit einer bekannten, sich nur wenig ändernden Grundstruktur, für deren Bearbeitung es eine Reihe von organisatorischen und/oder berufsspezifischen Regeln gibt und die entsprechenden Sachverstand und Erfahrung erfordern. Bei solchen Aufgaben ist nur selten eine neue Strukturierung und Verteilung der Arbeit notwendig, so dass man mit einer niedrigen Aufgabenorientierung auskommt.

Nach meiner Meinung gibt es drei ausgeprägte Formen des Sachverwalters:

- Es gibt jene, die den Projektmanagementprozess mehr verfolgen als das Gesamtziel des Projekts selbst. Sie konzentrieren sich darauf, dass sie jede mögliche Projektmanagementaktivität durchgeführt haben, und haken in ihrer Liste jede Anweisung und Aktivität ab. Sie sind nur zufrieden, wenn sie sicher sind, dass sie alle ihre Prozessaufgaben durchgeführt haben. Sie neigen dazu, das Schiefgehen eines Projekts als unvermeidlich zu sehen und nicht als ein Ergebnis zu großer Detailverliebtheit.

- Der Projektmanagementprozess ist immer dann richtig angewendet, wenn man die richtige Balance zwischen zu wenig (kann in Chaos ausarten) und zu viel (kann nutzlos sein) Prozessfokussierung findet. Ein guter Prozess ist wertvoll, aber er hilft nicht in jeder Situation. Der Projektmanager muss die Fähigkeit besitzen, ihn rigoros zu nutzen, wenn es angebracht ist, aber auch rasch abschätzen können, wann es notwendig ist, außerhalb üblicher Prozessgrenzen zu handeln. Bürokratische Prozesse fördern nicht selten eine Denkweise der Art: „Ich will das nicht machen, es ist nicht Teil meines Jobs, aber es ist so vorgegeben."

Es gibt jene, die sich kontinuierlich auf ihren Projektplan konzentrieren, die ihn bei jeder Gelegenheit aktualisieren und versuchen, ihn möglichst fehlerlos zu halten. Aus der täglichen Arbeit resultiert eine riesige Sammlung von Statusdaten, Aufgaben werden neu geordnet und der kritische Weg wird überdacht. Ich habe Projektmanager kennen gelernt, die jeden Tag im wahrsten Sinne des Wortes mehrere Stunden über ihrem Plan saßen und ihn aktualisierten. Sie hatten die eigentliche Aufgabe des Plans nicht verstanden, er ist ausschließlich ein Werkzeug. Planung ist wesentlich, Pläne sind aussagekräftig, aber sie sind ein Mittel und kein Selbstzweck.

- Und schließlich gibt es jene, die besessen sind von einem Projektinhalt auf niedrigster Detailebene. Diese Leute findet man oft im Kreis technischer Experten. Aufgrund ihrer Kenntnisse versuchen sie, bei jedem Thema ihre Meinung einzubringen, und verstricken sich dann in Details. Sie geraten leicht in Stress, wenn sie etwas nicht verstehen und nicht mitreden können. Im schlechtesten Fall „überlädt" sich der Projektmanager, da er sich die meiste Zeit mit Details beschäftigt und dadurch leicht die gesamte Lage des Projekts aus den Augen verliert.

Es gibt zwei einfache Gründe, warum sich Personen derart verhalten:

- Sie interessieren sich mehr für Details des Prozesses und der Aktivitäten als für die Projektergebnisse. Wenn Sie diese Eigenschaft bei sich feststellen und Sie dennoch in Projekten arbeiten wollen, sind Sie wahrscheinlich weniger als Projektmanager geeignet, aber vielleicht der Richtige für die Arbeit in einem Projektbüro. Projektbüros bieten Aufgaben für „Detailverliebte", bei denen sie sich mit detaillierten Plänen beschäftigen und auf den Projektmanagementprozess konzentrieren können.

- Sie sind nicht entsprechend ausgebildet und haben somit nicht gelernt, ihr Wissen und ihre Fähigkeiten anders einzusetzen. Sie wissen vielleicht noch nicht, was für einen Projektmanager wirklich wichtig ist. Wer nicht weiß, was zu tun ist, versucht sich oft an „Alibifunktionen", und in diesem Fall rechtfertigt die Beschäftigung mit Details den

Arbeitsplatz. Wenn Sie das Gefühl haben, dass diese Kategorie auf Sie zutreffen könnte, dann scheuen Sie sich nicht, einen erfahrenen Projektmanager oder -coach um Hilfe zu bitten – denn hier ist Änderung durchaus möglich.

Der Erfolg eines Projektmanagers wird nur an den Projektergebnissen gemessen. Sobald die Abnahme bzw. Übergabe erfolgt ist, können Sie die schönen Projektpläne, die Vollständigkeit der Projektdokumentation und Ihr detailliertes Verständnis für jeden Aspekt Ihrer Arbeit vergessen.

Klischee 4: Der Perfektionist

Perfektionismus ist im Prinzip positiv, aber er hat auch seine Schattenseiten. Viele Menschen, die im Rampenlicht der Öffentlichkeit stehen, Musiker, Schauspieler, Entertainer, Sportler usw. sind Perfektionisten und werden auch als solche gesehen. Wenn aber trotz Perfektionismus die erwarteten Leistungen einmal ausbleiben, fallen solche Personen nicht selten in ein tiefes Loch, sie finden keine Anerkennung mehr und haben ständig Angst zu versagen. Diese Angst gibt es auch im normalen Berufsleben, sie verursacht nicht selten massive psychische Probleme.

Der Perfektionist fürchtet immer, zu versagen und die falschen Entscheidungen zu treffen; das kann sich in Passivität ausdrücken. Er glaubt, dass es für jedes Problem eine spezifische und klare Lösung gibt, eine eindeutige Antwort oder vielleicht eine noch bessere Erklärung als bisher. Der Perfektionist sucht in seiner Angst nach Sicherheiten, Regeln und Ordnung und unterstützt deren Durchsetzung und Vollkommenheit mit seiner ganzen Energie. Doch treiben ihn nicht die Ordnung oder die Sicherheit, sondern die Sorge und die Angst vor fehlerhaftem Verhalten, Unvollkommenheit und Unordnung. Der Perfektionist, der alles bis zum Ende mit allen denkbaren Möglichkeiten und Vorsichtsmaßnahmen plant und regelt, wird schwerlich ein Projekt managen können und die gesteckten Ziele erreichen.

Stellen Sie an sich selbst auch den Anspruch, möglichst perfekt zu sein? Möchten Sie immer der perfekte Projektmanager sein und sind Sie selbst Ihr gnadenlosester Kritiker? Reichen Ihnen Ihre jetzige Leistungen und Erfolge nicht aus, wollen Sie noch besser werden, wollen Sie etwa der Beste sein? Dann befinden Sie sich in guter Gesellschaft, denn das geht sehr vielen Menschen in unserer leistungsbezogenen Gesellschaft so. Sie beginnen damit, Ihre Leistung mit Ihren persönlichen Werten gleichzusetzen. Sie setzen sich ständig unter Druck, perfekte Leistung zu erbringen, und wenn Sie es schaffen, vollkommen und fehlerfrei zu sein, dann erhoffen Sie sich die Anerkennung und Zuneigung anderer Menschen – Sie hoffen endlich glücklich zu sein.

Was für eine falsche Einschätzung, welch ein Irrtum.

Denn solch ein Perfektionsanspruch ist nicht nur ein sicheres Mittel, es sich schwer zu machen, sondern auch eine Garantie dafür, dauerhaft unglücklich zu sein. Wer nur die Vollkommenheit anstrebt, erreicht am Ende meistens nichts. Das Perfekte zu erreichen, ist eine Illusion, und der Aufwand steht oft in keinem angemessen Verhältnis zur Leistung und zum Ergebnis. Sie geraten auf diese Weise in einen Wettkampf – nicht mit den Konkurrenten – nein, mit sich selber.

Einige Perfektionisten haben einfach ein Problem damit, ihren Projektmitarbeitern zu vertrauen und Verantwortung und Freiräume an sie abzutreten. Wer an sich selbst extrem hohe Ansprüche stellt, fordert dies auch von anderen, traut diesen aber in vielen Fällen zu wenig zu. Der Perfektionist erledigt alles selbst, anstatt sich auf jemanden verlassen zu müssen. Oft sind dies nutzlose, übereilte Aktivitäten. Manchmal steht er sich selber im Weg, der Kreislauf der Unzufriedenheit und der Misserfolge schließt sich. Instinktiv spürt er, dass das Ziel, perfekt zu sein, nicht zu erreichen ist. Das Ergebnis: Perfektionisten sind oft unzufrieden, daraus resultieren schlechte Laune und Missmutigkeit; das hat wiederum Auswirkungen auf das Projektteam und letztlich auf die Projektergebnisse.

Für den Perfektionisten wäre es hilfreich, zu lernen, dass er nicht immer der Beste oder der Erste sein kann. Ein kleiner Planungsfehler, eine falsche Aufwandsabschätzung, ein kleiner Terminverzug im Projektverlauf dürfen nicht zur Mutlosigkeit führen. Es wäre vom großen Vorteil, einen gesunden Ehrgeiz zu entwickeln, der

- zu guten Leistungen anspornt,
- dafür sorgt, dass Sie sich auf das konzentrieren, auf das es ankommt, und die Dinge richtig priorisieren, und
- Sie motiviert, sich ständig zu verbessern.

Gesunder Ehrgeiz unterstützt Sie als Projektmanager, wenn es darum geht, die Kundenanforderungen zu erfüllen und einen Kundenutzen und Kundenzufriedenheit zu erzeugen, den Mitarbeitern im Projektteam den Sinn ihrer Aufgaben zu vermitteln, Freiräume zu schaffen und Verantwortung zu übertragen. Doch zwischen gesundem Ergeiz und dem Anspruch, ein Perfektionist zu sein, liegen Welten.

Prüfen Sie sich: Wo ordnen Sie sich ein? Sollten Sie zum Perfektionisten tendieren, dann nutzen Sie die Gelegenheit, mit erfahrenen Projektmanagern oder einem Coach über Ihre Persönlichkeitsmerkmale zu sprechen. Vielleicht finden Sie eine Möglichkeit, Ihre Talente optimal einzusetzen, Ihre hochgesteckten Ansprüche mit den vorhandenen Stärken realistisch in Einklang zu bringen und eine gesunde Balance zu erreichen.

Sie werden auch erkennen, dass es wahrscheinlich nichts schadet, sich von dem Vorhaben, ein Perfektionist zu sein, zu verabschieden und sich auf andere wesentliche Ziele zu konzentrieren, um Anerkennung und Erfolg zu erreichen.

Klischee 5: Der Kneifer

Der Kneifer will gerade nur so viel leisten, dass er von niemandem behelligt wird. Er engagiert sich nicht, wobei er oft unzureichende Informationen als Grund anführt. Er arbeitet eintreffende Vorgänge nur langsam ab, lässt sie erst einmal liegen oder leitet sie an Ausschüsse oder Gremien weiter, damit sie dort begraben werden. Er möchte sich so wenig wie möglich engagieren. Dazu entwickelt er eine Vielfalt von Techniken. Da er sowieso nicht all zu viel tut und die Flucht aus der Verantwortung für ihn entlastend ist, hat er die Zeit und die Neigung, Wege zur Behinderung von scheinbar bedrohlichen Aufgaben zu suchen und zu finden.

Es gibt einige Projektmanager, die scheinen immer gut davonzukommen, und wenn Dinge schiefgehen, war immer jemand anders schuld. Projektmanager dieser Art könnte man auch als „Teflonbeschichtete" oder „Aalglatte" bezeichnen. Sie lassen niemals etwas an sich selbst festmachen und man begegnet ihnen insbesondere in größeren Unternehmen. Dort nutzt ihnen ihr politisches Gespür und hilft ihnen, flexibel zu bleiben. Auf irgendeine Art sind sie nie inkorrekt, niemals am falschen Platz zur falschen Zeit, und sie haben immer einen triftigen Grund für Fehler oder Misserfolge.

Der Kneifer ist gewitzt im Vermeiden der Verantwortung. Er weiß die Verfahrensregeln als Instrument zur Verlangsamung von Vorgängen zu nutzen, manche stoppt er sogar ganz. Er richtet sich nach den Buchstaben der Regeln, nicht nach ihrem Geist. Oft weist er auf Regeln hin, um damit zu beweisen, dass er keine Entscheidung treffen kann. Andere behindert er in ihrer Arbeit, indem er ständig auf Richtlinien oder bisher geübte Praxis verweist, nach der man es so nicht machen könne. Er weiß, wie man das System benutzen muss, um einem anderen den „Schwarzen Peter" zuzuschieben, und wie man es vermeidet, selbst den Kopf hinhalten zu müssen. Seinen eigenen Handlungsspielraum begrenzt er so, dass er fast nicht mehr vorhanden ist.

Dieser Führungsstil kann nicht akzeptiert werden und ist nur kurzfristig erfolgreich. Jedem Projektmanager muss bewusst sein, dass er einen Beruf gewählt hat, in dem er Verantwortung übernehmen muss. Wer Verantwortung übernommen hat, muss dazu stehen und darf keine Schuldzuweisungen gegenüber anderen vornehmen. Kleine Probleme lösen sich manchmal durch Aufschieberei von selbst, aber mitunter wachsen sie dadurch erst zu einem folgenschweren Problem. Sich vor der Verantwortung zu drücken ist nicht im Sinne eines Projekts und genauso wenig im Sinne unternehmerischen Denkens.

Der Stil des Kneifers ist noch kritischer als die anderen bisher beschriebenen Stile, da viele Manager ihre erfolgreiche Karriere darauf aufgebaut und sogar höchste Ebenen in Managementhierarchien erreicht haben.

Man sollte meinen, dass es unter Projektmanagern eigentlich gar keine oder nur ganz vereinzelte Kneifer geben kann. Projektmanagement und Kneifer: Das scheint ein eklatanter Widerspruch zu sein. Aber es ist gar nicht so selten, dass Projektmanager den Anforderungen ihrer Aufgabe nicht mehr gewachsen sind und den Durchblick verlieren, sei es, weil sie bei den raschen Veränderungen in ihrer Aufgabenumwelt den Anschluss verlieren oder weil sie nach dem Peter-Prinzip bis zur Stufe der Inkompetenz befördert wurden. Wo die bisherige Erfahrung nicht mehr zur Einsicht in die neuen Anforderungen ausreicht und neue Erkenntnisse kaum noch erworben werden, da liegt Kneifen allzu nahe: Sich an das „Bewährte" und die Regeln halten, keine (für den Betreffenden unüberschaubaren) Risiken eingehen und sich weiteren Veränderungen entgegenstemmen, weil die Gefahr besteht, dass man sonst noch weniger die Übersicht behält.

Die Hauptfrage ist, ob man bei der Arbeit mit dem Projektteam ebenso als Kneifer agiert. Die Teammitglieder nehmen es denen übel, die so arbeiten und sich aus jeder Situation irgendwie hinausschlängeln, deshalb wird das Projektteam sich nicht so einfach mit der Vorgehensweise solcher Projektmanager abfinden. Wenn ein Linienvorgesetzter seine Mitarbeiter unterstützt und schmerzhafte Anschuldigungen abfängt oder puffert, erzeugt dies Wohlwollen und Vertrauen, tut er das nicht, dann erzeugt er ein schlechtes Gefühl. Das gleiche gilt für den Projektmanager.

Wenn Ihnen bewusst wird, dass Sie eine Veranlagung zu diesem Führungsstil haben oder in Gefahr stehen, aufgrund von Überlastung in diesen Stil abzugleiten, dann versuchen Sie, schnellstmöglich davon weg zu kommen.

Klischee 6: Der Gefälligkeitsapostel

Es hört und fühlt sich gut für die Teammitglieder an, wenn sie einen Projektmanager haben, der einen beziehungsorientierten Führungsstil ausübt. Er ist ein angenehmer, freundlicher, herzlicher Mensch, der für die ungetrübte Beziehung zu seinen Mitarbeitern im Projektteam steht. Ich habe für diesen Führungsstil den Begriff Gefälligkeitsapostel gefunden, weil er nicht nur von seinen Teammitgliedern als „guter Mensch" gesehen werden will, sondern auch von sich selbst diese „gute" Meinung hat. Tatsächlich hindert dieser Führungsstil ihn daran, selbst leichte Meinungsverschiedenheiten zu riskieren, sei es in Bezug auf die Projektdurchführung, die Produktivität oder die Ergebnisse.

Der Gefälligkeitsapostel versucht sein Projekt wie einen Verein zu führen, weil er gute Kameradschaft wichtiger empfindet als Leistung. Er will eine herzliche, angenehme, soziale Atmosphäre schaffen, in der jeder ein für ihn persönlich angemessenes Arbeitstempo aufrechterhalten kann. Er will keine Konflikte und auch keine Turbulenzen verursachen, aus Angst, dass sich jemand aufregt und ihn dafür verantwortlich macht. Deshalb verbringt er einen großen Teil seiner Zeit damit, den Teammitgliedern das Leben zu erleichtern. Wenn sie zusätzliche Hilfe benötigen, genehmigt er sie; wenn sie ihr Budget überziehen oder den Termin nicht halten, akzeptiert er alle Entschuldigungen.

Seine Einstellung zu Konflikten führt zu dürftigem Management und schlechten Ergebnissen. Er glaubt, dass Konflikte in einem Projekt fehl am Platze sind, dass aus einer sachlichen Auseinandersetzung kaum gute Ideen entstehen können und dass reife Menschen niemals streiten. Sobald sich ein Konflikt ergibt, schlichtet er ihn und sorgt sich sehr um die betroffenen Gefühle. Er ist so eifrig damit beschäftigt, die Wogen zu glätten, dass er die zugrunde liegenden Probleme und Ursachen gar nicht bemerkt. „Heiße Eisen" fasst er erst an, wenn sie bereits „abgekühlt" sind.

Der Gefälligkeitsapostel setzt den beziehungsorientierten Führungsstil in einer unangebrachten Situation und Form ein und ist deshalb wenig effektiv. Sein Grundproblem ist – wie bei allen ineffektiven Führungsstilen – unzureichendes Wissen, fehlende Einsicht und die Unfähigkeit, aus Erfahrung wirklich zu lernen. Oft wird er auch zum Gefälligkeitsapostel, weil er die aufgabenorientierten Probleme nicht mehr voll erfasst, inhaltliche Notwendigkeiten nicht erkennt und die Folgen unterschiedlicher Maßnahmen nicht richtig auseinander halten kann.

Die Entwicklung zum Gefälligkeitsapostel kann zu einem Teufelskreis werden, aus dem der Betreffende nicht mehr herauskommt. Wenn er sich zu stark mit den Projektbeteiligten und deren „persönlichen Problemen". identifiziert, gibt er de facto seine Rolle als Führungspersönlichkeit auf. Je mehr er inhaltliche Auseinandersetzungen vermeidet oder seine Meinung um des lieben Friedens willen ändert, umso mehr verliert er die Orientierung und die Fähigkeit zu einer eigenständigen Meinung. So wird er immer abhängiger von anderen und teilweise zu deren „Spielball", weil er Prinzipien, Aufgaben und Ziele hintan stellt. Die Teammitglieder merken schnell, dass er keine eigene Meinung hat, und setzen unter Umständen Entscheidungen durch, mit denen der Projektmanager anderweitig bestehenden Verpflichtungen des Projekts nicht mehr gerecht werden kann.

5.2 Management und Führung (Leadership)

Es gibt eine riesige Menge von Büchern und Ratgebern, die sich mit Management und Führung (Leadership) beschäftigen. Ich will hier auch nicht auf diesen Zug aufspringen, aber auch Projektmanagement funktioniert natürlich nur, wenn der Projektmanager gute Managementeigenschaften und Führungsqualitäten hat. Grundsätzlich kann man sagen:

Management bezieht sich im Allgemeinen auf die Erledigung von Aufgaben und das Erreichen von Zielen und gehört deshalb auch in die Kategorie „aufgabenorientiert". Führung hingegen ist vorwiegend beziehungsorientiert.

Der Projektmanager muss die Projektaufgabe verstehen, die Ziele festlegen, die Arbeit abschätzen, den Bedarf ermitteln, die benötigten Teammitglieder anfordern, seine Planung durchführen und die Arbeit verteilen. Die fortlaufende Managementaufgabe ist dann, die Arbeiten zu koordinieren, den Fortschritt zu überwachen, entstandene Probleme zu beseitigen und Berichte zu erstellen. Obwohl viele Dinge projektmanagementspezifisch sind, ist die Basisaufgabe die gleiche wie bei jedem anderen Manager: Priorisieren und Verteilen der Arbeit auf die einzelnen Teammitglieder.

Für mich schafft Führung den „kulturellen" Rahmen, in dem die Menschen erfolgreich und zufrieden arbeiten können. Dazu einige Beispiele:

- Wie ist die Projektkultur im Unternehmen definiert und wie wird sie gelebt?
- Wie wurde das Projektteam aufgebaut, auf freiwilliger Basis oder wurden auch Personen gezwungen?
- Wie wird die Kultur empfunden und wie ist der Wohlfühlfaktor im Projektteam?
- Wurde der Umgang untereinander (Spielregeln) einvernehmlich festgelegt?

- Wie hat der Projektmanager das Projekt und die Ziele präsentiert und kommuniziert?

- Wie viel Freiraum, Vertrauen und Verantwortung wird den Projektmitgliedern für die Erledigung ihrer Aufgaben zugebilligt?

- Wie wird das Projektteam unterstützt und wie werden die persönlichen Ziele einzelner Teammitglieder berücksichtigt?

- Wie gestaltet der Projektmanager Motivation, Belobigungen und Incentivemaßnahmen, Weiterbildung usw.?

- Wie geht der Projektmanager mit Konflikten im Team oder mit einzelnen Teammitgliedern um?

Der Bedarf an Führung in Projekten ist offensichtlich, besonders dort, wo viele Menschen und große Projektteams benötigt werden. Die leitende Managementrolle im Projekt übernimmt allein der Projektmanager, während die Führungsverantwortung von mehr Personen wahrgenommen wird, z. B. den Linienvorgesetzten und der Personalleitung. Selbstverständlich bleibt die projektorientierte Führungsverantwortung beim Projektmanager, niemand anders kann dafür sorgen. Aber es ist zu entscheiden, welche Führungselemente zusätzlich benötigt werden und wer hier effektiv unterstützen kann.

Die Führungsrolle des Projektmanagers variiert von Situation zu Situation und hängt stark von den Bedürfnissen des Projektteams ab. Liegen diese im Kompetenzbereich des Projektmanagers, so sollte er versuchen, seine Führerschaftsrolle zu erfüllen, ansonsten muss er andere Personen innerhalb oder außerhalb des Projekts in das Führungssystem einbeziehen. Ein praktischer und inspirativer Lenkungsausschuss kann für die notwendige Unterstützung sorgen. Vermieden werden sollten auf jeden Fall für das Projektteam nicht sichtbare Hinterzimmer-Führungsrollen. Wichtig ist deswegen, mit den anderen Projektbeteiligten festzulegen, wer im Rahmen der Führungsaufgaben für was zuständig und verantwortlich ist, um die Anforderungen zu erfüllen.

Eine wichtige Aufgabe des Projektmanagers ist es, persönliche Anliegen der Projektteammitglieder zu unterstützen und voranzutreiben, auch wenn er kein rechtmäßiger Linienvorgesetzter der Teammitglieder ist.

Projektmanager, die ihre Managementrolle verstehen und ausüben, können in jeder Situation entscheiden, welche Art von Führung sie gerade einsetzen möchten; sie werden an diesen Aufgaben wachsen. Erfolgreich zu sein erfordert, dass man gut managt und gut führt.

5.3 Zu fördernde Führungsstile

Projektmanager, die effektiver werden wollen, werden an den Antworten zu folgenden Fragen interessiert sein:

- Gibt es einen Führungsstil, der effektiver ist als alle anderen?
- In welcher Situation ist welcher Stil besonders effektiv?
- Gibt es einen perfekten Stil oder liegt der Schlüssel in der Stilflexibilität?

Nachdem wir uns weiter vorne mit den zu vermeidenden, negativen Führungsstilen auseinandergesetzt haben, soll es nun um die positiven Führungsstile gehen, für die es sich lohnt, seine ganze Aufmerksamkeit und Kraft einzusetzen, um wirklich effektiv zu werden.

Von vielen Experten wurde zunächst angenommen, dass ein „partizipativer" oder „demokratischer" Stil das Ideal wäre – also ein Stil, der dem Integrationsstil entspricht. Tatsächlich hat die Praxis gezeigt, dass durch Mitsprachemöglichkeiten (z. B. Kontinuierliche Verbesserung, KVP) die Produktion erhöht wurde, der Krankenstand geringer wurde, größeres Kostenbewusstsein entstand, die Fluktuation abnahm, mehr kreative Lösungen in Problemsituationen auftraten und die Genauigkeit von Leistungsbeurteilungen zunahm. All dies spricht zunächst für Partizipation und Demokratie.

Es gab jedoch auch Erfahrungen, in denen mehr Mitsprache nicht zu einer Verbesserung der Effektivität führte. Dabei zeigte sich, dass vor allem die Erwartungen der Mitarbeiter die Effektivität eines partizipativen Stils beeinflussen. Sind die Mitarbeiter eher autoritätsgläubig und abhängig, dann reagieren sie auf eine erhöhte Mitsprache nicht positiv, manchmal werden sie dadurch sogar regelrecht verunsichert.

Führungsstile können nicht allein aufgrund des beobachteten Verhaltens verstanden werden, sie müssen immer auch in Bezug auf die von der Situation gestellten Anforderungen betrachtet werden. Wenn das jeweilige Verhalten der Mitarbeiter den Situationsanforderungen nicht entspricht, ist der eingesetzte Stil wohl weniger effektiv. Ist ihr Verhalten situationsangemessen, so nutzt man mit hoher Wahrscheinlichkeit einen effektiven Führungsstil. Die Einschätzung des Führungsstiles umfasst somit sowohl eine – häufig unbewusste getroffene – Einschätzung der Situationsanforderungen als auch eine meist bewusste Einschätzung des Verhaltens.

Man kann den Sinn eigenen Verhaltens nur richtig verstehen, wenn man die Situation einbezieht. Meistens beurteilen wir nicht das Verhalten alleine, sondern auch seine Auswirkungen, die eben je nach Situation verschieden ausfallen. Ein Projektmanager, der sich anpasst, kann als „pragmatisch", aber auch als „opportunistisch" empfunden werden. Wenn er in einer Auseinandersetzung nicht gleich Partei ergreift, kann er als „unentschlossen" gelten, aber auch als „unparteiisch". Verhalten und Situation sollten immer zusammen beurteilt werden. Je nachdem, ob wir ein Verhalten als der Situation angemessen sehen oder nicht, versehen wir es instinktiv mit einer „positiven" Bezeichnung für höhere Effektivität oder einer „negativeren" Bezeichnung für niedrige Effektivität.

Projektmanagement – und hier betrachten wir insbesondere die Führung von Teams und Teammitgliedern – ist zu kompliziert, als dass man es in das starre Korsett einer einzigen Stilrichtung zwängen könnte. Projektmanager sollten sich also auf einen flexiblen, der jeweiligen Situation angemessenen Einsatz verschiedener Führungsstile ausrichten. Viele Projektmanager nutzen deshalb mehr als einen Stil, exzellente Projektmanager nutzen sogar vier oder fünf verschiedene Stile.

Variiert werden kann z. B. entsprechend der wahrgenommenen Fähigkeitsdifferenzen zwischen dem Projektmanager und seinen Teammitarbeitern: Je geringer der Projektmanager die Fähigkeiten seiner Projektmitarbeiter im Vergleich zu den eigenen Fähigkeiten einschätzt, umso weniger delegiert er Entscheidungen oder umso weniger eröffnet er Partizipationsmöglichkeiten.

Variiert werden kann auch nach der Kontrollspanne: Je größer die Projektteams sind, umso weniger Zeit hat er für Konsultation und Partizipation jedes Einzelnen, deshalb entscheidet der Projektmanager mehr selbst, oder er delegiert Probleme ganz an die Mitarbeiter.

5.3.1 Allgemeines zum Führungsstil

Unterschiedliche Führungsstile passen zu unterschiedlichen Personen, Organisationen, Industrien, Projektteams und unterschiedlichen Arten von Projekten. Aber ein Projektmanager muss versuchen, sich treu zu bleiben und zu vermeiden, einen Führungsstil anzunehmen, der überhaupt nicht zu ihm passt. Passt sein Stil nicht zu ihm, wird dies schnell durchschaut und es kann zu unangenehmen Problemen führen.

Allerdings will ich damit nicht sagen, dass Sie als Projektmanager nicht im Laufe der Zeit lernen sollten, unterschiedliche Führungsstile für unterschiedliche Situationen anzuwenden, aber Sie sollten nicht versuchen, neue Führungsstile zu lernen. Der Führungsstil, den Sie einsetzen und benutzen, ist grundsätzlich Ihre eigene persönliche Wahl, und Ihnen muss bewusst sein, dass diese Wahl große Auswirkungen auf Ihre Leistung hat.

Im vorherigen Kapitel des Buches sprach ich darüber, welche Eigenschaften und Verhalten Sie als Projektmanager haben sollten. Wir alle werden von Markenprodukten angezogen, eine Marke ist etwas, was den Menschen ein Gefühl von Vertrauen gibt. Wir wählen Markenprodukte aus, weil man gute Erfahrung damit gemacht hat und die Marke ein gewisses Qualitätsniveau zusichert. Eine Marke wird durch Werbung bekannt, und ein guter Vertriebsmanager wird die Marke gut vertreten. Wenn jedoch die Realität nicht mit der Publicity übereinstimmt, wird die Marke nicht überleben.

Wenn Sie sich entschlossen haben, eine gewisse Automarke zu kaufen, weil Sie bestimmte Erwartungen damit verknüpfen, werden Sie enttäuscht sein, wenn diese nicht erfüllt werden. Sie werden sich dann sicherlich bei der nächsten Kaufentscheidung für eine andere Marke entscheiden. Eine Marke kann beides sein, anziehend und abweisend. Sie kauften bisher immer eine bestimmte Lebensmittel- oder Getränkemarke und die gute oder schlechte Erfahrung damit verleitete Sie, diese Marken wieder zu kaufen oder es für immer sein zu lassen.

Dieses Prinzip gilt auch für Menschen. Im Laufe der Zeit prägen wir unser eigenes Markenzeichen (das „Profil"), manchmal auch unbeabsichtigt. Auch durch die Wahl des richtigen Stils können Sie diese Marke optimieren und beliebt machen. Wenn Sie ein erfolgreicher Projektmanager sein wollen, der gefragt ist, um die interessantesten Projekte zu managen, müssen Sie wissen, wie bekannt Ihr persönliches Ansehen und Ihre Führungsqualitäten sind und wie Sie sie weiter ausbauen und aufrechterhalten.

Wählen Sie den Führungsstil, der Ihre persönliche Markenidentität – Ihre „Brand Identity" – am besten fördert. Bauen Sie die guten Persönlichkeitsmerkmale weiter aus, das wird Ihnen helfen, erfolgreich zu sein.

5.3.2 Den Integrationsstil beherrschen

In diesem Abschnitt möchte ich Ihnen meinen persönlichen Favoriten eines wirklich effektiven und erfolgversprechenden Führungsstils vorstellen, den Integrationsstil. Der Integrationsstil zeichnet sich sowohl durch eine hohe Aufgabenorientierung, als auch durch eine hohe Beziehungsorientierung aus. Die beiden Orientierungen werden dabei nicht additiv gemischt, so wie etwa Wasser und Saft eine Schorle ergeben. Wie bei einem Cocktail oder einer chemischen Verbindung geht es vielmehr um die Integration beider Orientierungen, als Resultat ergibt sich dann ein Stil mit ganz neuen Eigenschaften. Wenn Sie als Projektmanager den Aufgaben- und den Beziehungsstil nebeneinander einsetzen, sieht das anders aus als wenn Sie den Integrationsstil praktizieren. Typische Indikatoren des integrativen Führungsstils beim Projektmanager sind:

- Fällt Entscheidungen in Zusammenarbeit mit anderen
- Setzt Mitsprache situationsangemessen ein
- Integriert soziales System und Aufgabenstruktur
- Weckt Engagement für Ziele
- Fördert wechselseitigen Gedankenaustausch
- Ist lernfähig – kreativ – kritikfähig
- Ist kooperativ und regt zur Kooperation an
- Bewältigt komplexe Führungsaufgaben
- Hat Einfluss durch Kompetenz, Einfühlungsvermögen, Ideale

Der Integrator praktiziert eine situationsangemessene und inhaltlich überzeugende Verknüpfung von hoher Aufgabenorientierung und hoher Beziehungsorientierung. Der typische Integrationsstil-Projektmanager möchte die Dinge so strukturieren, dass soviel Kooperation wie möglich zur Verwirklichung von Projektzielen geschaffen wird. Er bevorzugt eine partizipative Arbeitsweise, bei der er die Teammitglieder zu neuen Ideen anregt, von diesen lernt und sich und die Teammitglieder zu hohen Zielen motiviert. Als Persönlichkeit zeichnet er sich durch breite Interessen aus, er ist weltgewandt und allem Neuen oder Unbekannten gegenüber aufgeschlossen, er hat vielseitige Fähigkeiten und kann komplexe Zusammenhänge gedanklich herstellen und anderen vermitteln.

Die Arbeitsweise beim Integrationsstil

Der integrationsorientierte Projektmanager praktiziert Mitsprache und Beteiligung in den verschiedensten Formen. Er fordert den wechselseitigen Gedankenaustausch und pflegt die Kommunikation nach allen Seiten. Dabei versucht er, sowohl diejenigen mit einzubeziehen, von denen er weiß, dass sie entsprechende Anliegen haben oder irgendwie betroffen sein könnten, als auch diejenigen, bei denen er für das zur Debatte stehende Problem Kenntnisse und Fähigkeiten vermutet. Insofern integriert er nicht nur Personen zu gemeinsamen Problemlösungsaktivitäten, sondern versucht auch inhaltlich-sachliche Erfordernisse mit den persönlichen Bedürfnissen und Interessen zu vereinbaren.

Er möchte soweit wie möglich persönliche Ziele mit Projektzielen auf einen Nenner bringen und das soziale System mit den Arbeitsanforderungen integrieren. Dazu gibt er sich große Mühe, sein jeweiliges Gegenüber zu verstehen und seine eigenen Überlegungen verständlich zu machen.

Organisatorische Veränderungen, die immer besonders viel Zündstoff enthalten und etablierte Interessen berühren, laufen beim Integrationsstil zwar langsamer, aber auch mit weniger Erschütterungen und Reibungsverlusten ab.

Der Integrationsstil ist nicht macht-, sondern konsensorientiert. Um Konsens zu erreichen, finden intensive Einflussprozesse statt, wobei Ideen und Persönlichkeit den Ausschlag geben, während die beim Aufgabenstil angewandten Machtmittel materieller Belohnung oder Bestrafung stark in den Hintergrund treten. Auf diese Weise wird eine Fülle von Leistungsbeiträgen stimuliert, die sich ergänzen und verdichten, die die Einsicht in Notwendiges, Mögliches und Wünschenswertes fördern und so den größtmöglichen Konsens herbeiführen. In der Zusammenarbeit mit anderen, in Teamsitzungen moderiert er den Prozess, leitet daraus ideale Maßstäbe ab und motiviert die anderen zur Mitarbeit, zu Leistungsbeiträgen und zum „Knacken" von Problemen. Entsprechend beurteilt er andere vorwiegend danach, inwieweit sie kooperativ, lernfähig und ideenreich sind.

Typische Reaktionen beim Integrationsstil

Meinungsverschiedenheiten sind für den integrativen Projektmanager kein Anlass zu großer Beunruhigung. Natürlich kennt er die Sprengkraft von Auseinandersetzungen und Konflikten, die Gefahr der Lähmung in Entscheidungsprozessen, die Beeinträchtigung durch ein verschlechtertes Klima und das schmerzliche Nachwirken von alten Wunden bei Kontrahenten. Er weiß aber auch, dass Meinungsverschiedenheiten unumgänglich sind, weil es kein sicheres Wissen gibt und weil jeder bestenfalls partielle Erkenntnisse hat, die zudem unbewusst meist von den eigenen Interessen geprägt sind. Deshalb ist es geradezu notwendig, diese partiellen Erkenntnisse im Meinungsbildungsprozess zu integrieren, die Irrtümer so weit wie möglich auszufiltern und so zu einer treffenderen Gesamterkenntnis zu kommen.

Schließlich weiß er auch, dass Meinungsverschiedenheiten bei aller inhaltlichen Entschiedenheit in persönlich versöhnlichen Formen ausgetragen werden können, die am Ende das Gemeinschaftsgefühl sogar eher noch stärken. Dazu ist es freilich notwendig, dass Konflikte nicht verdrängt, verschleppt oder auf andere Felder umgeleitet werden, sondern dass eine offene Konfrontation der Ansichten und Standpunkte stattfindet, ohne persönliche Angriffe auf den jeweils anderen und ohne den Einsatz von Tricks und Machtmitteln.

Beim Integrationsstil werden Meinungsverschiedenheiten durch offenen Informationsaustausch und gemeinsames Lernen bewältigt. Konflikte werden soweit wie möglich in integrative Problemlösungsbemühungen überführt, um bessere Lösungen ohne persönliche Verletzungen zu erreichen. Ähnlich ist die Reaktion auf Fehler. Da es kein sicheres Wissen gibt, gilt „Irren ist menschlich", und Fehler sind dazu da, um aus ihnen zu lernen.

Der integrative Projektmanager hilft daher seinen Mitarbeitern, Kollegen und sogar Vorgesetzten bei der Suche nach Verbesserungen und der Beseitigung von Fehlerquellen. Positive Mittel der Einflussnahme sind vor allem Ideale, wobei damit nicht irgendwelche schön klingenden Allgemeinplätze zu verstehen sind, sondern sehr konkrete Vorstellungen über Wege und Ziele für die Zukunft des Unternehmens und der eigenen Abteilung, die freilich neuartiger und kühner sind und eben die Begeisterung eher entfachen als bloße Fortschreibungen der Vergangenheit.

Aus solchen Idealen lassen sich Anforderungen ableiten, die legitim, einsichtig und motivierend sind. Bestrafungen werden dagegen beim Integrationsstil sehr selten praktiziert, und wenn schon, dann am ehesten in Form des Ausschlusses von der Zusammenarbeit bei unkooperativem oder dogmatischem Verhalten. Dies trifft im Übrigen eher auf Vorgesetzte und Kollegen zu als auf Mitarbeiter, denn für letztere fühlt sich der integrative Vorgesetzte besonders verantwortlich und er versucht immer wieder, ihre Aufgaben und Beziehungsfähigkeiten so zu fördern, dass doch noch eine fruchtbare Zusammenarbeit möglich wird.

Bei starkem Stress wird die Zeit freilich oft knapp für einen ausgeprägten Integrationsstil, der ja ausgiebige gemeinsame Entscheidungsprozesse beinhaltet. Manche Führungskraft kann dann nicht so leicht auf einen Aufgabenstil umschalten und Entscheidungen alleine treffen; sie schiebt sie eher vor sich her, wenn noch keine gemeinsame Abklärung erreicht wurde.

Bei seiner ausgeprägten Aufgaben- und Beziehungsorientierung macht dem integrationsorientierten Projektmanager sowohl die inhaltliche Problembewältigung als auch der menschliche Kontakt Spaß. Deshalb fürchtet er am ehesten, nicht dabei zu sein, ausgeschlossen zu werden von bestimmten Problemlösungsbemühungen, die sein Projekt berühren. Es geht ihm nahe, wenn andere unkooperativ sind, was besonders in sehr hierarchisch aufgebauten und geführten Unternehmen oft der Fall ist.

5.4 Zu fördernde Stilmerkmale

Wenn Sie nun über Ihren persönlichen Führungsstil nachdenken, sollten Sie zunächst über die Stilmerkmale nachdenken, die die größte Wirkung auf die Vorstellungskraft anderer Personen haben. Ich stelle Ihnen im Folgenden die nach meiner Meinung wichtigsten Merkmale vor; sie sind eine Mischung aus Persönlichkeitsmerkmalen und Fähigkeiten:

1. Stilflexibilität
2. Sich unterschiedlichen Situationen anpassen können
3. Dynamischer Stil und positives Denken
4. Belastung beherrschen können
5. Respekt vor Menschen haben
6. Vertrauen und Glaubwürdigkeit erzeugen
7. Sinn für Humor
8. Feinfühligkeit im eigenen Umfeld
9. Einfühlungsvermögen (Empathie) für den Kunden
10. Politisches Gespür
11. Konfliktfähigkeit
12. Teamführung in Krisensituationen beherrschen
13. Die Integration von Menschen und Aufgaben erreichen
14. Sinnvermittlung des Projekts und der Projektaufgabe durchführen
15. Das „Wir-Gefühl" entwickeln
16. Vernetzen können
17. Präsentieren können

Die folgenden Abschnitte beschreiben weniger die ganzen Stile, sondern mehr die Stilmerkmale. Wenn Sie diese Stilmerkmale nicht besitzen, versuchen Sie, sie zu entwickeln.

Merkmal 1: Stilflexibilität

Wenn von den vielen Führungsstilen jeder Einzelne in einer bestimmten Situation zu einem besseren Ergebnis führen kann als andere, dann ist die Stilflexibilität sicherlich eine Fähigkeit, die sich jeder Projektmanager aneignen sollte. Stilflexibilität heißt, verschiedene Stile in verschiedenen Situationen passend anzuwenden. Stilflexibilität darf aber nicht mit Stildrift verwechselt werden, dem unangemessenen Wechsel des eigenen Stils, etwa um den Frieden zu bewahren oder um den Druck auf sich selbst zu verringern. Beide, Stilflexibilität und Stildrift, sind durch den

Einsatz mehrerer oder aller Stilmerkmale gekennzeichnet, d. h. die betreffenden Projektmanager haben eine große Stilbandbreite.

Es gibt aber auch Projektmanager, die nur einen oder zwei Stilmerkmale beherrschen, also eine geringe Stilbandbreite haben. Auch bei geringer Stilbandbreite kann der Einsatz mehr oder weniger effektiv sein. Stiltreue ist eine positive Verhaltensweise, in der ein angebrachter Stil einfach beibehalten wird, notfalls auch in einer Stresssituation. Stilstarrheit hingegen bedeutet die Beibehaltung eines in der vorliegenden Situation unangebrachten Stiles.

Die Unterscheidung zwischen effektivem und ineffektivem Einsatz großer wie auch geringer Stilbandbreite ist oft schwierig. Klar ist, dass im Projektmanagement grundsätzlich eine große Stilbandbreite und damit Stilflexibilität gefordert ist.

Merkmal 2: Sich unterschiedlichen Situationen anpassen können

Natürlich gibt es keinen optimalen Stil für alle Projektmanager, denn der jeweilige Stil kann nicht für alle Situationen gelten. Um ein extremes Beispiel zu geben: Scherzen, Lachen und Witze erzählen wird auf einer Hochzeit erwartet, ist aber auf jeden Fall bei einem Begräbnis fehl am Platze. Die meisten von uns passen automatisch ihr Verhalten an die jeweilige Situation an, und wir müssen nicht einmal über das angemessene Verhalten nachdenken, siehe das Beispiel von Hochzeit und Begräbnis.

Projekte und Projektsituationen unterscheiden sich nicht so offensichtlich. Tagtäglich werden Sie vor viele unterschiedliche Situationen gestellt sein, und gerade weil sich die Situationen in gewisser Weise manchmal oder auch öfters gegenseitig beeinflussen, sollten Sie Ihren Stil nicht in jeder Situation behalten. Passen Sie Ihr Verhalten entsprechend an. Allerdings sollten Sie Ihr Verhalten nicht automatisch anpassen, denken Sie bewusst über den Stil nach, den Sie annehmen wollen.

Fühlen Sie sich zum Beispiel in die Defensive gedrängt, dann ist es nicht gut, selbst einen defensiven Stil in der Interaktion mit anderen anzunehmen. Denken Sie darüber nach, was in jeder Situation am produktivsten ist. Misserfolge bei der Anpassung lassen Sie steif und phantasielos aussehen, und die Teammitglieder um Sie herum werden falsche Annahmen entwickeln über das, was Sie fühlen und denken.

Wenn Effektivität also vom Einsatz eines situationsangemessenen Verhaltens abhängig ist, braucht ein effektiver Projektmanager noch weitere Fähigkeiten. Er muss eine Situation erfassen können (Situationsgespür haben) und er muss die Fähigkeit zur Änderung dieser Situation besitzen, falls das notwendig wird (Fähigkeit zum Situationsmanagement).

Dabei reicht für einen angemessen Führungsstil eine oberflächliche Identifizierung der Situationen nicht aus. Zu einer adäquaten Erfassung der Situation gehören auch fachliche Kenntnisse der wichtigen Elemente des Entscheidungs- oder Handlungsproblems. Ebenfalls wichtig ist die Einsicht in die Einflussmöglichkeiten anderer Projektbeteiligter und -betroffener, sowie in ihre Interessen und Erwartungen. Schließlich gehört auch Erfahrung mit der grundsätzlichen Realisierbarkeit eventueller Lösungsansätze dazu, um eine Situation richtig zu verstehen und beurteilen zu können. Erkenntnis, Einsicht und Erfahrung sind also Vorbedingungen für ein tiefer gehendes Situationsgespür und damit notwendig für den angemessen Einsatz eines effektiven Führungsstils.

Entscheidend dabei ist, welche Fähigkeiten der Projektmanager in bestimmten Situationen aufweisen sollte. Die Beherrschung dieser Fähigkeiten basiert auf Erfahrung. Die notwendigen Verhaltensweisen sind prinzipiell erlernbar, für einige leichter, für manche etwas schwieriger. Erfahrung ist dabei nicht automatisch abhängig vom Lebensalter. Einige junge Projektmanager besitzen sie in hohem Ausmaß, bei manchen älteren Projektmanagern kann sie durchaus gering ausgeprägt sein.

Die Situation

Natürlich ist es für einen Projektmanager wichtig, sich mit der „Situation" zu befassen. Bis jetzt wurde dieser Begriff ohne große Erklärungen verwendet. Was bedeutet er eigentlich? Wie kann man eine Situation in Einheiten zerlegen, so dass man diese gegebenenfalls gezielt verändern kann?

Man löst die Situation in sieben alles umfassende Aspekte auf:

- Arbeitsstruktur
- Vorgesetzte
- Kollegen
- Mitarbeiter
- Externe Partner
- Organisation
- Umfeld

Als letztes Situationselement ist hier das Umfeld aufgeführt, in dem sich ein Unternehmen und dessen externe Partner bewegen. Dazu gehören

Staat und Wirtschaftsverfassung, Wissenschaft und Technik, Natur und Gesellschaft im Wandel der Zeit. Das sich wandelnde Umfeld stellt zwar keine direkten Anforderungen oder Erwartungen an den Projektmanager, aber es beeinflusst alle Situationselemente. Um Änderungen in der Arbeitsstruktur und in Erwartungen von Mitarbeitern, Kollegen, Vorgesetzten und externen Partnern sowie der Organisation richtig zu verstehen, muss man eben auch das Umfeld und dessen Einflüsse beachten.

Merkmal 3: Dynamischer Stil und positives Denken

Ein Projektauftraggeber erwartet zwei herausragende Merkmale von seinem Projektmanager:

> *Ein positives Denken zum Projekt und seiner Arbeit*
> *und einen dynamischen Stil bei der Durchführung seiner Arbeiten.*

Dies darf sich nicht nur in seinem Kopf abspielen – gute Projektmanager führen durch ihre Vorbildfunktion und eine positive Haltung und erledigen die anfallende Arbeit durch einen dynamischen Stil.

- Die Fähigkeit, in dynamischer Art und Weise zu agieren, weckt auch Energie bei den anderen Teammitgliedern. Nichtdynamische Teams haben weniger Spaß an ihrer Arbeit und deren Projektteammitglieder sind weniger motiviert. Ein dynamischer Projektmanager kann hier helfen.

- Ein positiver Projektmanager vermittelt dem Projektteam Vertrauen, und Vertrauen hilft den einzelnen Teammitgliedern, Alltagsprobleme leichter zu bewältigen. Dies bedeutet jedoch nicht, aufkommende Probleme zu unterschätzen oder zu ignorieren, sondern sie zu sehen, sie souverän anzugehen und zu bewältigen. Positiv eingestellte Menschen lösen ein aufkommendes Problem schneller und konstruktiver als frustrierte und negativ eingestellte Menschen.

Ich bin oft in einer Situation gewesen, zwischen qualifizierten, exzentrischen Fachleuten und jungen und dynamischen Personen zu wählen, die voller Energie waren. Selbstverständlich brauchen Sie in einem gut funktionierenden Projektteam immer eine gute Mischung solcher Personen, und es gibt immer wieder Zeiten, da braucht man unbedingt einen Fachmann, doch sind diese in der Praxis in der Minderheit. Ideal ist natürlich ein Fachmann mit positiver Einstellung zum Projekt und seiner Aufgabe.

Merkmal 4: Belastung beherrschen können

Viele Projekte werden in einem schwierigen Umfeld durchgeführt. Die Arbeit kann sehr anstrengend und schwierig sein und die verfügbare Zeit, das Budget und andere Ressourcen sind sehr oft eingeschränkt. Der Projektmanager geht persönlich die Verpflichtung ein, das Projekt so zu managen, dass die Anforderungen und die Ziele erreicht werden. Gemeinsam mit den Anforderungen des Projektalltags ergibt sich dadurch eine große Belastung für den Projektmanager.

Ein typischer Belastungsfaktor für einen Projektmanager ist die Anzahl von Änderungsanträgen. Der Projektmanager sollte im Grunde genommen die Einstellung haben, dass sich alles ändern kann: Anforderungen, Aufwand, Termine, Mittel, Budgets. Alles ist flexibel und man erwartet vom Projektmanager die Fähigkeit, mit wechselnden Situationen zurechtzukommen und das Projekt zur Zufriedenheit aller zu managen.

Je nach Persönlichkeitstyp resultiert daraus ein anderes Stressniveau. Planen Sie vorausschauend, aber bereiten Sie sich darauf vor, entsprechend zu reagieren, wenn es nötig ist. Die meisten Projektmanager mögen instinktiv keine häufigen Änderungen und haben ein permanentes Stressgefühl.

Es gibt viele Methoden, Belastung zu beherrschen – sich in Ruhe zurücklegen, ein hartes Training durchführen, ein Getränk zu sich nehmen oder die Dinge mit Beteiligten durchsprechen. Sie müssen für sich eine Methode (oder mehrere Methoden) finden, den Stress zu bewältigen. Wenn Sie dies nicht können, müssen Sie sich überlegen, ob Projektmanager vielleicht doch der falsche Beruf für Sie ist.

Zur eigenen Stressbewältigung gehört auch, zu vermeiden, Ihren Stress dem Projektteam offen zu zeigen. Die Projektteammitglieder werden wenig Vertrauen zu Ihnen haben, wenn Sie immer nur Stress zeigen, denn es ist nun mal so, dass die Teammitglieder Sie ansprechen, wenn Probleme entstehen. Manchmal brauchen sie Hilfe, bei anderen Gelegenheiten suchen sie einfach nur jemanden zum Reden, also einen Vertrauten. Ein gestresster Projektmanager strahlt jedoch kein Vertrauen aus.

Sie müssen aber nicht zwangsläufig in Stress geraten, wenn von Zeit zu Zeit Dinge danebengehen. Sie sollten beherzigen, dass normalerweise die Welt nicht untergeht, wenn Ihr Projekt zu spät ist oder das Budget überschritten wird. Dies ist jedoch kein Grund, dass Sie Ihre Verpflichtung, das Projekt zu einem befriedigendem Ergebnis zu führen, gelassen hinnehmen. Effizientes Projektmanagement heißt auch, schwierige Situationen zu beherrschen und zu bewältigen, und das ist etwas, was alle Projektbeteiligten zu schätzen wissen. Tatsächlich stehen Sie weniger im Rampenlicht, wenn alles gut läuft, und in Wirklichkeit erinnern sich die meisten Menschen an jene besonders, die Projekte während schwieriger Situationen bzw. aus schwierigen Situationen heraus geführt haben.

Merkmal 5: Respekt vor Menschen haben

Projektmanagement ist ein Job, bei dem Sie jeden Tag mit allen möglichen Menschen zusammenkommen und kommunizieren müssen. Besonders mit dem Kunden und den Teammitgliedern. Die Menschen im Team müssen Sie aus zweierlei Gründen respektieren:

- Wenn Sie die Teammitglieder respektieren, können Sie erwarten, dass auch Ihnen der entsprechende Respekt entgegengebracht wird.
- Dadurch werden die Teammitglieder motiviert, haben mehr Spaß an ihrer Arbeit und spüren, dass sie respektiert und geschätzt werden.

Schließlich sind Sie vom Projektteam abhängig. Mit Respekt steigern Sie die Aussicht darauf, dass es gute Arbeit abliefert und Ihre Erfolgsaussichten im Projekt steigen.

Wenn Sie Ihr Projektteam nicht respektieren, weil Sie der Meinung sind, dass es in der vorliegenden Zusammensetzung nicht fähig ist, die Arbeit erfolgreich durchzuführen, dann versuchen Sie das Team zu verändern. Diese schwierige Aufgabe muss sehr geschickt durchgeführt werden, aber vor dem Hintergrund, dass Sie für das Projekt verantwortlich sind, bleibt Ihnen oft nichts anderes übrig. Sprechen Sie mit den Linienvorgesetzen und Personalverantwortlichen und suchen Sie gemeinsam eine respektvolle Lösung.

Respekt vor Menschen zu haben, ist eher ein Zeichen von Stärke als von Schwäche. Wenn Sie jemanden respektieren und er Sie, und wenn er weiß, dass Sie ihn respektieren, dann

- können Sie ihm gute und schlechte Nachrichten überbringen,
- Sie können ihn loben, aber auch konstruktive Kritik anbringen, oder
- Sie können ihn bitten, dringende Arbeiten zu erledigen, die er eventuell nicht so gerne macht.

Merkmal 6: Vertrauen und Glaubwürdigkeit erzeugen

Vertrauen und Glaubwürdigkeit zwischen den Projektbeteiligten spielen in Projekten und speziell in Krisensituationen eine besondere Rolle. Vertrauen ist die wichtigste Voraussetzung für eine offene Kommunikation untereinander und erfolgreiche Projektdurchführung. Umso erstaunlicher ist es, wie leichtfertig einige Projektmanager in der Kommunikation mit diesem kostbaren Gut umgehen und das in sie gesetzte Vertrauen und die Glaubwürdigkeit durch leichtfertige Aussagen aufs Spiel setzen. Erschreckend ist auch, wenn sie das in sie gesetzte Vertrauen für einen kurzfristigen Vorteil oder einen kurzfristigen Zeitgewinn missbrauchen.

Beziehungen und Vernetzungen zwischen den Projektbeteiligten verändern sich ständig während des Projektlebenszyklus. Wegen seiner positiven und stabilisierenden Wirkung müssen Sie als Projektmanager in diesen Beziehungen besonders auf das Element Vertrauen achten:

- Vertrauen ist die Basis für eine positive Beziehung zwischen allen Projektbeteiligten.
- Vertrauen ermöglicht es, die Teammitglieder und den Kunden von Ideen zu überzeugen und damit gemeinsam deren Umsetzung in Gang zu setzen.
- Vertrauen schafft einen positiven und verstärkenden Regelkreis der Beziehungen, während Misstrauen genau das Gegenteil bewirkt.
- Vertrauen fördert die Motivation, Misstrauen verhindert Motivation.

Vertrauen und Glaubwürdigkeit sind keine objektiven Kriterien, sondern ergeben sich als Ausdruck (intuitiver) Beurteilungen anderer Menschen. Vertrauen kann sich ausdrücken als allgemeines, etwas diffuses Gefühl oder Empfinden, keine Angst haben zu müssen. Vertrauen und Glaubwürdigkeit bilden die Basis für die Überzeugungs- und Umsetzungskraft eines Projektmanagers und sind in Problem- und Konfliktsituationen besonders wichtig. Sie können jedoch in solchen Situationen nur dann eine große Rolle spielen, wenn bereits im normalen Projektlauf ein entsprechendes Vertrauensverhältnis aufgebaut wurde. Ist es dem Projektmanager gelungen, eine entsprechende Vertrauensbasis aufzubauen, dann hat er etwas ungemein Wichtiges erreicht: Er hat eine robuste, belastbare Führungssituation geschaffen. Ein auf Vertrauen aufgebautes Projektmanagement ist robust genug, um Managementfehler, Unzufriedenheit, Konflikte und Krisen zu bewältigen.

Man sollte sich nichts vormachen: Die Teammitglieder und auch der Kunde erkennen sehr schnell, wie der Projektmanager denkt. Arbeitet er mit falschen Aussagen, Verheimlichungen usw., dann hat der Projektmanager offensichtlich hauptsächlich seinen persönlichen Vorteil im Blick. Er arbeitet an Gewinner-Verlierer-Lösungen und baut auf Dauer Vertrauen und Glaubwürdigkeit ab. Er gerät in einen Teufelskreis und es fällt ihm immer schwerer, Ideen um- und durchzusetzen, Motivation zu erzeugen und Konflikte sowie Probleme zu lösen. Und gerade diese Konflikt- und Problemlösungskraft wird in risikobehafteten Projekten und in einem komplexen Projektumfeld, in dem latente Beziehungen eine zunehmende Bedeutung haben, immer wichtiger.

Wie erreichen Sie als Projektmanager Vertrauen?

Projekte brauchen eine „Vertrauenskultur". Ähnlich wie die Unternehmens- oder die Projektkultur, wo es bestimmte Werte und Verhaltensregeln gibt, wird die Vertrauenskultur von den Managern, im Falle eines Projektes vom Projektmanager, in starkem Maße beeinflusst. Wer auf die Vertrauenskultur prägenden Einfluss nehmen will, muss sich bewusst sein, dass seine Integrität und sein persönliches Vorbild in besonderem Maße unter Beobachtung aller Beteiligten stehen. Wer Werte postuliert, muss wissen, dass er an diesen Werten nicht nur mit seinen Worten, sondern vor allen Dingen mit seinen Handlungen kritisch gemessen wird. Nur wer glaubwürdig und integer ist, kann auf die Werte anderer Einfluss nehmen.

Suchen Sie daher in der Regel Lösungen zum Vorteil aller Beteiligten. Arbeiten Sie an Gewinner-Gewinner-Lösungen oder mindestens an Nichtverlierer-Nichtverlierer-Lösungen. So bauen Sie langfristig Vertrauen und Glaubwürdigkeit auf. Bedenken Sie, dass Projektmitarbeiter fast immer eine feine, sensible Antenne für starke und schwache Reaktionen bzw. Verhaltensweisen haben. Starke und schwache Reaktionen Ihrerseits sprechen sich herum. Sie haben einen nicht unerheblichen Einfluss auf Ihr Image als Projektmanager und verstärken bzw. schwächen Ihre Überzeugungs- und Umsetzungskraft.

Wodurch ist eine starke bzw. schwache Reaktion gekennzeichnet? Die Tabelle gibt ein paar Hinweise.

Schwache Reaktion	Starke Reaktion
Ich schiebe anderen Menschen, einer Situation, einer Organisation usw. die Verantwortung zu („ich bin nicht schuld").	Ich übernehme die Verantwortung für mein Handeln, auch in schwierigen Situationen.
Ich bin ungerecht gegenüber anderen Menschen.	Ich erweise meinen Projektmitarbeitern Achtung.
Ich breche ein gegebenes Wort/Versprechen, wenn ich dadurch einen Vorteil erlange.	Ich bin an der Meinung meiner Gesprächspartner wirklich interessiert.
Ich baue eine unberechtigte Erwartungshaltung auf.	Ich stehe zu meinem Wort (man kann sich auf mich verlassen).
Ich handle zu meinem eigenen Vorteil auf Kosten anderer Menschen.	Ich entschuldige mich.
Ich misstraue anderen Menschen grundsätzlich.	Ich treffe gerechte und faire Entscheidungen.
	Ich nehme mir Zeit für ein Gespräch.
	Ich stelle auch meine eigene Meinung in Frage und kann mich der demokratischen Meinung anschließen.
	Ich zeige Fach- und Sozialkompetenz.
	Ich suche nach Lösungen zum Vorteil aller Beteiligten und vertrete diese Lösungen auch nach außen hin.

Vertrauen ist also ein Grundelement eines erfolgreichen Projekts. Dennoch muss ich aber darauf hinweisen, dass es auch eine Vertrauensgrenze gibt. Dies wird oft mit dem Begriff des „blinden Vertrauens" umschrieben. Achten Sie darauf, dass Sie nicht in die Falle des blinden Vertrauens tappen. Erstellen Sie mit Ihren Projektteammitgliedern entsprechende Spielregeln und stellen Sie sicher,

- dass Sie jederzeit erfahren, ab wann Ihr Vertrauen missbraucht wird;
- dass Ihre Projektteammitglieder wissen, dass Sie das erfahren werden;
- dass jeder Vertrauensmissbrauch gravierende und unausweichliche Folgen hat.

Ich gebe zu, dass das Vorhaben, Vertrauen und Glaubwürdigkeit zu erzeugen, nicht immer ganz einfach ist und auch nicht immer funktioniert, besonders in heiklen Situationen wie Konflikten und Krisen oder wenn Sie neu in ein laufendes Projekt kommen. Auch können sich in Ihrem Projektteam immer wieder Intriganten herauskristallisieren; wenn Sie solche erkennen, trennen Sie sich von diesen Personen.

Versuchen Sie mit Geradlinigkeit und Offenheit Vertrauen und Glaubwürdigkeit in Ihrem Projekt zu erreichen. Vermeiden Sie Rechthaberei und Schuldzuweisungen, gestehen Sie eigene Fehler oder falsche Entscheidungen ein. Wenn eine Vertrauensbasis vorhanden ist, dürfte dies kein Problem sein.

Merkmal 7: Sinn für Humor

Die Fähigkeit, Humor zu erzeugen und zu genießen, ist eine äußerst positive Eigenschaft eines Projektmanagers. Projektmanagement kann stressig sein, und die Fähigkeit, dabei zu lächeln, wird Ihnen helfen, Ihre Belastung zu bewältigen. Sie müssen nicht immer witzig sein. Ein guter Ersatz ist, einfach zu lächeln. Menschen lieben Menschen, die lächeln können, die freundlich sind und mit guter Laune „einen guten Morgen" wünschen.

Verkennen Sie nicht den Wert, den so eine Freundlichkeit erzeugt. Ein richtig platziertes Lächeln kann die Dynamik eines Gesprächs verändern und kann ein Individuum von einer negativen zu positiver Stimmung heben.

Sie können auch mit humorvollen Geschichten oder Vergleichen arbeiten, nutzen Sie das moderne Storytelling, um mit Humor Zusammenhänge mit Beispielen zu erläutern.

Merkmal 8: Feinfühligkeit im eigenen Umfeld

Ich habe schon mehrmals daraufhin gewiesen, dass sich Teams und deren Teammitglieder im Hinblick darauf enorm unterscheiden, wie sie sich selber benehmen und was sie erwarten, wie andere sich zu benehmen haben. Ein Stil der Zusammenarbeit kann in einem Umfeld perfekt und in einem anderen Umfeld vollkommen ungeeignet sein. Als Projektmanager müssen Sie lernen, Feinfühligkeit im eigenen Umfeld zu erlangen.

Dabei gibt es vier Faktoren, die Sie immer berücksichtigen sollten:

1. Das Land, in dem Sie arbeiten.
2. Die Kultur der Organisation, in der das Projekt durchgeführt wird.
3. Die Art der Arbeitsstruktur, in der Sie arbeiten.
4. Die Partner, mit denen Sie zusammenarbeiten.

Das Land

Interkulturelle Zusammenarbeit wird in den nächsten Jahren eine der größten Herausforderungen für das Projektmanagement werden. Wer im internationalen Business erfolgreich agieren will, muss nicht nur fachliche Expertise mitbringen. Genauso wichtig ist der gewandte Umgang mit den unterschiedlichen Mentalitäten. Wer eine Karriere als Projektmanager machen will, muss damit rechnen, international eingesetzt zu werden. Bei großen Unternehmen sowieso. Konkret heißt das, Sie müssen nicht nur fremde Sprachen beherrschen (z. B. Englisch, Spanisch, Französisch), sondern müssen auch die unterschiedlichen Kulturen, hier in erster Linie die Arbeits- und Beziehungskultur, kennen lernen. Zu Problemen kommt es meistens bei den „weichen Erfolgsfaktoren" – Arbeitsstil, Teamarbeit, Führung, Pünktlichkeit, Arbeitseinteilung, Konfliktbewältigung – und überhaupt im Umgang miteinander.

Leider ist es noch schwierig, sich auf derartige Aufgaben langfristig genug vorzubereiten. Unternehmen können ihre Projektmanager kaum entsprechend ausbilden und bieten ihnen oft noch nicht einmal eine Warmlaufzeit in ihrem Einsatzland. Wie so oft, werden sie ins kalte Wasser geworfen und müssen nach ihrer Ankunft sofort das Projekt starten.

Zwei Beispiele kultureller Unterschiede möchte ich Ihnen kurz vorstellen: Die USA und China.

Die Unterschiede zwischen amerikanischen und deutschen Gepflogenheiten werden gerne unterschätzt. Die falsche Einschätzung des Unterschieds rührt wohl von der Annahme, dass es ein „westlich orientiertes Land" mit vielen Einwanderern aus Europa ist. Nach außen wirken die

US-Kollegen leger (z. B. durch die ungezwungene Verwendung des Vornamens), doch in Wirklichkeit wird sehr auf Hierarchien geachtet. Beim vermeintlich vertrauten Partner USA ist hohe Anpassungsfähigkeit gefragt. Für Projektmanager sehr gewöhnungsbedürftig ist das Umschalten von ausführlichen deutschen Langfrist-Planungen auf schnelle Erfolgsmaßnahmen. Profitmaximierung steht knallhart im Vordergrund. Pläne werden blitzschnell revidiert, wenn sie dem Ziel im Moment nicht dienlich sind. Das erfordert mehr als das bei uns gewohnte Maß an Flexibilität. Wenn Sie diese Dinge beherrschen, können Sie sich ein gewisses „Overstatement" leisten; denn wer in seinem Job bescheiden auftritt, gilt wenig.

Die in unserem Land diskutierten „vorteilhaften" Führungseigenschaften gibt es eigentlich nicht. Der Vorgesetzte („Boss") hat das Sagen und trifft Entscheidungen, die er mit niemandem diskutieren will. Ganz im Gegenteil, Personen, die ohne Widerspruch seiner Meinung sind, werden geschätzt und gefördert. Ideenträger, Querdenker und Neinsager sind nicht gerne gesehen. Kontroversen bzw. Konflikte möchte man gerne vermeiden. Als Kommunikationsform wird die indirekte Art und Weise bevorzugt, wobei Informationen nur in kleinen, aktuellen Scheibchen fließen. Wenn Sie das deutsche Bedürfnis haben, knapp und authentisch zu kommunizieren, wird dies als unhöflich empfunden. Ausreichend Lob wird erwartet, Kritik sollte nicht erfolgen oder ganz sanft formuliert werden. Begriffe wie „great" und „wonderful" werden benutzt und selbstverständlich auch gerne gehört.

Über die Freundlichkeit und Gastlichkeit der Chinesen gibt es keine Diskussion. Es wird eine persönliche Beziehung aufgebaut, um den Partner besser kennen zu lernen. Westliche Partner, die Interesse am Land und der Kultur zeigen, kommen gut an. Deshalb sind Visiten der Kulturstätten und gemeinsames Essen (ggf. mit Stäbchen) kein Geplänkel, sondern dienen der Beobachtung des potenziellen Partners.

Aber es gibt auch Stimmen, die sagen, dass sich hinter dem lächelnden Gesicht ein knallharter Geschäftssinn verbirgt. Wenn Sie als Projektmanager in China arbeiten, ist es wichtig zu wissen, dass eine regelmäßige und klare Kommunikation wichtig ist. Chinesische Kunden wollen immer über alles informiert sein. Wenn ein Kunde oft bei Ihnen und Ihrem Projekt hereinschaut, heißt das nicht, dass er misstrauisch ist, sondern dass er sich für das Geschehen interessiert.

Was können Sie aber selber tun?

- Sprechen Sie in Ihrer Organisation mit auslandserfahrenen Kollegen, lassen Sie sich aufklären und beherzigen Sie deren Hinweise und Tipps.
- Entwickeln Sie eine interkulturelle Sensibilität und vermeiden Sie dadurch Risiken.

- Seien Sie auch bereit, Ihre eigenen Vorsätze und Vorgehensweisen zu hinterfragen.
- Bauen Sie Berührungsängste ab und lassen Sie sich überzeugen, dass die andere Arbeitskultur genauso zum Ziel führt.

Die Organisation

Als nächstens müssen Sie die Kultur der Organisation beachten, in der Sie arbeiten. Sie zeigt sich in der Art und Weise, „wie wir das hier bei uns machen", etwa in der Aufbauorganisation (Organisationsstruktur) und der Ablauforganisation (den Prozessen). Diese Unternehmenskultur ist das Ergebnis einer oft langen Unternehmensgeschichte. Unternehmenskultur setzt sich zusammen aus der Gesamtheit der gewachsenen Wertvorstellung, aus Normen und Überzeugungen innerhalb eines Unternehmens.

Diese grundlegenden Werte- und Normvorstellungen spiegeln sich in den Kommunikations- und Verhaltensweisen der einzelnen Mitarbeiter wider. Werte legen fest, was als „gut" und „nicht gut" gilt. Normen legen fest, was „erlaubt" bzw. „nicht erlaubt" ist, was „belohnt" und was „bestraft" wird. Das schafft Klarheit für alle Mitglieder der Organisation. Normen und Werte schaffen einen Rahmen, an dem sich Individuen und Gruppen bei ihren Handlungen orientieren können. Sie haben starken Einfluss auf Verhalten, Handlungen und Äußerlichkeiten. Ein ganz simples Beispiel sind die Kleidungsnormen: In den Finanzdienstbereichen oder Versicherungen ist ein Anzug üblich, dagegen wird in jungen, kreativen Softwareentwicklungs-Unternehmen fast jeder Jeans und T-Shirt tragen.

Die Arbeitsstruktur

Technologie, Arbeitsorganisation und Arbeitsinhalt sind die wesentlichen Bestandteile der Arbeitsstruktur. Verschiedene Arbeitsstrukturen erfordern unterschiedliche Feinfühligkeit. Besonders deutlich wird dies beim Einsatz neuer Technologien, bei der Änderung von organisatorischen Abläufen oder bei neuen Aufgabenstellungen. Eine Umstrukturierung der Arbeit ohne Überlegung zu möglichen Auswirkungen auf den erforderlichen Führungsstil – ohne Change Management – führt nicht selten zum Scheitern der Maßnahmen.

Entwicklungsabteilungen haben eine sehr eigene Gesinnung und Sprache und unterscheiden sich stark von den Vertriebsabteilungen. Ingenieure müssen sich auf Details konzentrieren und über Einzelheiten nachdenken; Vertriebsleute sind manchmal schwierig auf bestimmte Anforderungen festzunageln und verwenden oft Begriffe wie Ideen, Konzepte und

Lösungen. Kaufleute oder Controller sehen eher die finanzielle Seite des Unternehmens. So hat jede Funktion in einem Unternehmen seine besondere Art und Weise bei der Betrachtung von Fakten oder Aufgaben. Als Projektmanager müssen Sie auf diese Eigenarten eingehen, je nachdem, womit und mit wem zu tun haben.

Die Partner

Mitarbeiter, Kollegen und Vorgesetzte als Elemente Ihrer Organisation haben spezielle Erwartungen an das Verhalten bzw. den Stil eines Projektmanagers. Dasselbe gilt auch für die externen Partner, zu denen Kunden, Zulieferer, Berater, Coachs, Journalisten oder Experten aus anderen Unternehmen gehören können, mit denen man im Interesse der eigenen Arbeit zusammenkommt. Auch sie sind wichtig für die Effektivität des Projektmanagers und jeder von ihnen hat seine eigenen, persönlichkeits- und funktionsgetriebenen Erwartungen an das Verhalten von Projektmanagern.

Fazit

Wenn Sie kein Einfühlungsvermögen beweisen, werden Sie wahrscheinlich früher oder später spüren, dass Sie von anderen keine Unterstützung erwarten können. Die Leute meiden dann, mit Ihnen zusammenzuarbeiten, und Sie werden kaum Vertrauen für Ihre Arbeit aufbauen können.

Sobald Sie sich aber an eine bestimmte organisatorische Kultur gewöhnt und angepasst haben, werden Sie diesen Werten und Normen folgen. Das ist gut so, aber wenn das Projekt vorüber ist, übertragen Sie dieses Verhalten nicht auf andere Organisationen, wenn es nicht geeignet ist, sondern passen Sie sich wieder entsprechend an.

Merkmal 9: Einfühlungsvermögen (Empathie) für den Kunden

Empathie ist die Fähigkeit, emotionale Befindlichkeiten anderer Menschen zu verstehen und angemessen darauf zu reagieren. Versuchen Sie, den Kunden bewusst zuzuhören und sich selbst ein Stück weit zurück zu nehmen. Öffnen Sie sich selbst und geben Sie anderen Auskunft über Ihre eigene emotionale Situation („Ich bin etwas enttäuscht, weil..."). Damit erzeugen Sie auch bei anderen die Bereitschaft, deren emotionale Situation offen zu legen und Ihnen damit die Möglichkeit zu geben, Probleme früh zu erkennen.

Ein Projektmanager muss sich nicht ständig in der Nähe des Kunden aufhalten. Ständige Verbundenheit mit dem Kunden könnte den Eindruck erwecken, dass er genau so wie der Kunde denkt, dadurch leidet die Kreativität und der Blickwinkel wird eingeengt.

Gleichzeitig muss der Projektmanager die relevanten Gedanken des Kunden von dessen Standpunkt aus nachvollziehen können. Auch im Projektmanagement ist „der Kunde König". Und wenn der Kunde als König behandelt werden soll, ist dafür die Fähigkeit gefordert, dass man die Dinge aus der Sicht des Kunden sehen und mit ihm in einer Art und Weise kommunizieren kann, die ihm behilflich ist.

Es gibt Aktivitäten im Projektmanagement, zu denen es besonders wichtig ist, die Dinge aus der Sicht des Kunden zu sehen:

- Wenn Sie die Anforderungen sammeln, müssen Sie sich in seine Lage versetzen, um zu verstehen, was er will.

- Wenn Entscheidungen oder Änderungen in einem Projekt durchgeführt werden, müssen Sie erkennen, was der Kunde fachlich oder funktionell (anders) wünscht. Er sieht sein Anliegen meistens als trivial an, Sie müssen jedoch bei einem größeren Aufwand mit ihm darüber diskutieren und es dann einvernehmlich vereinbaren.

- Wenn Sie die Kommunikation planen, stellen Sie sicher, welche Art der Kommunikation der Kunde wünscht, was wichtig für ihn ist und dass Sie ihm die Dinge in seiner Sprache erklären.

Und stellen Sie sich in relevanten Situationen die folgenden Fragen:

- Warum handelt er auf diese Weise?
- Was benötigt er?
- Welche Hilfe kann ich ihm persönlich sein?
- Wie kann ich mich ihm am besten nähern und für diese Hilfe sorgen?
- Wo ist der Kunde besonders empfindlich und wie kann ich etwaige Befindlichkeiten vermeiden oder wie kann ich mich diesen vorsichtig nähern?
- Wenn ich ihm nicht helfen kann, kann ich ihm dann jemanden empfehlen, der ihm helfen könnte?

Wenn Sie als Projektmanager daran arbeiten, ihren Kunden zu verstehen und konstruktive Antworten auf dessen Probleme geben, werden Sie von Ihrem Kunden geschätzt. Das heißt aber nicht, dass Sie immer das tun sollen, was der Kunde will. Wenn Sie glauben, dass er Unrecht hat und dass Sie es so nicht machen können, dann müssen Sie es ihm sagen – und zwar in einer freundlichen und überzeugenden Art und Weise. Dazu zwei Ratschläge:

1. Gute Projektmanager zwingen sich, dem Kunden zuzuhören. Die Betonung liegt auf „zwingen", denn keinem fällt es leicht. Der gute Projektmanager weiß aber, dass es enorm wichtig ist, relevante Informationen vom Kunden zu bekommen, und bringt deshalb den Willen und die Selbstdisziplin auf, geduldig zuzuhören. Die wirklich guten Projektmanager erwecken nicht nur den Anschein, als interessiere sie das, was der Kunden sagt, sondern es ist wirklich so.

2. Gute Projektmanager arbeiten unermüdlich daran, sich verständlich zu machen. Sie sind sich bewusst, dass das, was ihnen klar ist, ihre Sicht der Dinge ist und ihre eigene Vorstellungswelt: In den meisten Fällen ist die technische Lösung dem Kunden überhaupt nicht klar. Daher wiederholen Sie die ihnen wichtig erscheinenden Dinge immer wieder aufs Neue. Um sich verständlich zu machen, vereinfachen Sie die Erklärungen und verwenden Sie die Sprache des Kunden oder eine bildhafte Analogie. Am besten greifen Sie zu einem bewährten Mittel der Kommunikation: Sie machen die Dinge vor oder suchen sich jemanden, der dies kann. Jeder Projektmanager hat die Erfahrung gemacht, dass er manche Themen letztlich nur durch Beispiele, Vorführungen usw. verständlich machen kann.

Merkmal 10: Politisches Gespür

Als Projektmanager müssen Sie wissen, dass politische Initiativen der vielen Projektbeteiligten und -betroffenen typische Einflussfaktoren auf ein Projekt sind. Vermeiden Sie, sich an solchen Dingen zu beteiligen, aber entwickeln Sie ein Gespür dafür, wenn hinter den Kulissen Fäden gesponnen werden. Verlangen Sie Informationen und bitten Sie um Aufklärung, und wenn Sie Hilfe brauchen, wenden Sie sich ggf. an den Lenkungsausschuss.

Üblicherweise kommt die Politik ins Spiel, wenn Personen oder Gruppen ihre Interessen gefährdet sehen oder wenn sie irgendwoher negative Auswirkungen auf das Projektergebnis sehen. Eine gründlich vorgenommene Stakeholdereinschätzung bildet oft eine gute Grundlage, um die politische Landschaft zu verstehen.

Nicht jeder mag in einem politisch beeinflussten Umfeld arbeiten. Wenn Sie dem Druck des politischen Manövrierens und der Wahrnehmung der Interessen durch andere nicht standhalten können, dann kann ich Ihnen nur raten, solche Projekte zu vermeiden. Derart kritische Projekte sind z. B. Geschäftsprozessänderungen, Restrukturierung, Neuorganisation oder Post-Merger-Integration. In einigen Organisationen gibt es eine besonders stark ausgeprägte politische Kultur (etwa staatliche Organisationen oder akademische Institutionen). In diesen Bereichen wird es für Projektmanager manchmal schwierig, die Interessen der Beteiligten unter einen Hut zu bringen.

Merkmal 11: Konfliktfähigkeit

Solange sich ein Projekt in ruhigen Gewässern befindet, sind Projektmanagerfehler infolge mangelnder sozialer Kompetenz zwar schädlich für den Projektfortschritt, können aber in der Regel durch Sachkompetenz ausgeglichen werden. Das darf jedoch nicht dazu verleiten, die Ausbildung von sozialer Kompetenz und Autorität zu vernachlässigen. Bei Sturm und rauer See gibt es nämlich kein Pardon mehr; hier sind alle verfügbaren Führungsqualitäten gleichzeitig und im höchsten Maße gefragt. Insofern ist Krisen-Management nur eine besonders auf die Menschen und deren Ziele konzentrierte Form des „normalen" Projektmanagements.

Die Erfahrung zeigt, dass bei ernsthaften Projektkrisen in der Regel soziale und psychologische Faktoren von ausschlaggebender Bedeutung für die Bewältigung sind. Krisen lassen sich erfolgreich bewältigen, wenn die persönliche Stabilität und psychologische Kompetenz des Projektmanagers stark ausgeprägt sind. Sachlich begründete Aspekte werden deshalb im Folgenden nur am Rande betrachtet. Gerade in der Konzentration auf die beteiligten Menschen und im Vertrauen auf ihre Kreativität liegt der Erfolg des „Krisen-Managements". In der Tabelle sind die ausschlaggebenden Persönlichkeitsmerkmale eines Projektmanagers für die Bewältigung von Krisensituationen aufgeführt.

Persönlichkeitsmerkmale eines risikobewussten und krisenresistenten Projektmanagers	
Risikobewusstsein	• Gesunde Skepsis • Situationsgespür • Übersichtsvermögen • Konzeptionelles Denken • Sinn für Verantwortung
Persönlichkeit	• Selbstsicherheit • Kontrollierte Emotionalität • Persönliche Ausstrahlung • Diplomatisches Geschick • Durchsetzungsvermögen • Teamfähigkeit

Allgemeine Krisenresistenz
- Frustationstoleranz
- Allgemeine Belastbarkeit
- Ausgeglichenheit
- Vitalität
- Gesteuerte Triebhaftigkeit
- Gesunde Dynamik

Ein Projektmanager in einer Krisensituation sollte gelernt haben, mit schwierigen Situationen umzugehen und ein Risikobewusstsein zu entwickeln. Die allgemeine Krisenresistenz, d. h. die persönliche Einstellung zur Krise, ist für ihn von zentraler Bedeutung. Wahrnehmungen, Gefühle und Verhaltensweisen wirken sich unmittelbar auf die Konfliktbewältigung aus. Wie sie gelingt oder misslingt, beeinflusst wiederum die persönliche Einstellung.

Das Risikobewusstsein beeinflusst

- die Wahrnehmung: *„Erkenne ich rechtzeitig, wo sich ein Konflikt abzeichnet, oder verleugne, verdränge ich die Signale?"*

  Das Situationsgespür sollte dem Projektmanager ermöglichen, „schwache Signale" wahrzunehmen, die als Indikatoren für potenzielle Krisen erkennbar sind. Diese muss er analysieren und die richtige Entscheidung treffen. Gesunde Skepsis und Sinn für Verantwortung lassen dann eine für die Situation richtige Entscheidung zu.

- die Gefühlslage: *„Reagiere ich auf Konflikte ängstlich und hilflos, oder stelle ich mich ihnen mutig und entschlossen?"*

  Eine wichtige Voraussetzung für erfolgreiche Konfliktbewältigung ist ganz allgemein die Fähigkeit, Belastungen standzuhalten. Eine höhere Belastbarkeit erweitert den Handlungsspielraum und ermöglicht es, kleinere Konflikte ohne allzu großen Aufwand zu absorbieren, größere aber konzentriert und energisch anzugehen. Hinzu kommt, dass Probleme nicht als Belastung empfunden werden. Als Herausforderung und Chance werden sie mit starkem Willen und Mut angegangen.

  Die erforderliche Ausgeglichenheit, Vitalität, gesteuerte Triebhaftigkeit und gesunde Dynamik bringen nur persönlichkeitsstarke Projektmanager mit, die ihr Handeln für sinnvoll und stimmig halten.

- das Verhalten: *„Gehe ich einen Konflikt aktiv, offen und kooperativ an, oder weiche ich ihm aus, wehre ihn ab, reagiere aggressiv?"*

  In der Krisensituation muss der Projektmanager besonders stark durch seine persönliche Autorität wirken. Er muss Vorbild sein bei den Eigenschaften wie Selbstsicherheit, kontrollierte Emotionalität und Teamfähigkeit. Er muss weiterhin motiviert sein, dies kann er durch seine persönliche Ausstrahlung, seine Zuversicht und sein Durchsetzungsvermögen darstellen. Er sollte diplomatisches Geschick zeigen, wenn es darum geht, Aufgaben zu delegieren, diese dann auch zu kontrollieren, um danach Leistungen anzuerkennen oder auch bei unzureichender Leistung zu kritisieren (konstruktive Kritik!).

Krisenfähige Persönlichkeitsmerkmale des Projektmanagers

Es gibt bestimmte Persönlichkeitsmerkmale, die eine gute Bewältigung von Konflikten und Krisen begünstigen. Sie sind in nachstehender Tabelle aufgeführt (Quelle: Berkel).

Krisenfähige Persönlichkeit	
Merkmal	**Zeigt sich als Fähigkeit und Bereitschaft**
Flexibilität und Identität	• sich auf unterschiedliche Menschen und Situationen einzustellen und anzupassen • die eigenen Ziele in wechselnden Situationen nicht aus den Augen zu verlieren
Selbstwert und Bereitschaft zu dienen	• um die eigenen Stärken zu wissen und sich auf sie zu besinnen • einer Idee zu dienen und anderen von Nutzen zu sein
Belastbarkeit und Zielorientierung	• momentan unklare oder widersprüchliche Situation auszuhalten • Entscheidungen zu treffen und konsequent umzusetzen
Selbstbestimmung und Einsicht	• sich eine unabhängige Meinung zu bilden, sie im Team oder gegen Autoritäten zu vertreten • zu lernen, d. h. eigene Annahmen in Frage zu stellen und kompromissbereit zu sein
Zuversicht und Realitätssinn	• Vertrauen in sich, andere und die Zukunft zu entwickeln • mit Enttäuschungen und Misserfolgen zu rechnen und zu leben
Wertorientierung und Toleranz	• sich auf objektive Werte zu verpflichten • unterschiedliche Werte zu vertreten und mehrere Lebensziele zu verfolgen

Merkmal 12: Teamführung in Krisensituationen beherrschen

Einige Projektmanager behalten in allen Situationen ihre Ruhe, sie bleiben eiskalt, was auch immer in ihrem Projekt passiert. Viele von uns streben danach, aber diese Art von Projektmanagern ist äußerst dünn gesät und sie wirken oft unmenschlich. Gelegentlicher Zweifel und Gefühle von Mangel an Kontrolle sind schließlich ganz normal, nicht zu verwechseln mit der Neigung, in Panik zu geraten. Es gibt einige Projektmanager, die sofort in Panik geraten, wenn sie unter Druck stehen oder wenn etwas schiefgegangen ist.

Ich kannte einen Projektmanager, der immer dann in Panik geriet, wenn etwas nicht nach seinen Vorstellungen ablief. Er versuchte sich zu beruhigen, indem er sich immer wieder einredete: „Nur keine Panik, nur keine Panik!" Dabei lief er planlos im Büro auf und ab und geriet in Panik. Dieses Beispiel zeigt: Wenn jemand in Panik gerät, neigt er dazu, mehr Zeit für deren Bewältigung zu verwenden als sich zu beruhigen und sich konstruktiv mit der Situation zu beschäftigen.

Wenn Sie derartige Anzeichen verspüren, vermeiden Sie, in Panik zu geraten. Panik ist niemals konstruktiv. Wenn Sie die Ursache der Sie packenden Angst erkennen, nehmen Sie sich zusammen, vertrauen Sie sich evtl. jemandem an und versuchen Sie gemeinsam, der aufkommenden Panik zu widerstehen und produktiv zu bleiben.

Ganz schlimm sieht es aus, wenn jemand überhaupt nicht mehr konstruktiv und kreativ denken kann (K.O.-Effekt). Geraten dann auch noch andere in Panik, ergibt sich ein Dominoeffekt. Und wenn der Projektmanager selbst in Panik gerät, ist dies eine klare Botschaft für das Team: „Es muss wirklich schlecht aussehen." Sind solche Panikerscheinungen bei Ihnen kein Einzelfall, werden die Teammitglieder nicht mehr an Sie glauben und kein Vertrauen mehr haben.

Wenn die Dinge schwierig werden, ist es Zeit für eine gute Führung. Gute Projektmanager können besorgt sein und sogar Zweifel haben, aber sie zeigen dies nicht ihrem Team. Dies verlangt hohe soziale Kompetenz, neben allem notwendigen Fach- und Faktenwissen.

Auch in Krisensituationen dürfen Anweisungen nicht in Befehlsform gegeben werden, sondern sie müssen das Ergebnis einer fachbezogenen Diskussion der Beteiligten sein. Aus diesem Grund sollte der Führungsstil eines Projektmanagers im Wesentlichen durch die folgenden Prinzipien (nach H.-D. Litke) geprägt sein – das gilt im Krisenfall erst recht:

- Der Mensch steht im Mittelpunkt.
- Führung durch Überzeugung und Argumentation.

- Prinzip der „offenen Tür", ein Mitarbeiter muss jederzeit über jedes Thema ein Gespräch mit dem Projektmanager führen können.
- Probleme der Mitarbeiter haben Priorität.
- Informationen erfolgen direkt (keine „Dienstwege").
- Ergebniskontrolle statt Verfahrenskontrolle.
- Förderung von Initiative und Eigenverantwortung.
- Würdigung und Honorierung von außergewöhnlichen Leistungen.
- Klare Abgrenzung von Aufgaben, Befugnissen und Verantwortung im Projektteam.
- Keine Rückdelegation.

Merkmal 13: Die Integration von Menschen und Aufgaben erreichen

Die Integration von Menschen und Aufgaben in einem Projekt setzt neben der Sinnvermittlung auch die oft zitierte „soziale Kompetenz" des Projektmanagers voraus. Nicht mit objektiven Kriterien nachprüfbar, gehört sie zu den wichtigsten Kriterien für die Übernahme einer Führungsposition – denn Führung bedeutet nichts anderes als andere Menschen mit den richtigen Worten und Mitteln anzuleiten.

Sie müssen als Projektmanager die Fähigkeit haben, die Projektmitarbeiter auf die gemeinsame Erledigung der Projektaufgaben einzustimmen, so dass dadurch gemeinsame Ziele erreicht werden. Ihre Integrationskraft setzt eine Ausgewogenheit zwischen Aufgabenorientierung und Mitarbeiterorientierung voraus. Die Ausgewogenheit ist dadurch gekennzeichnet, dass Sie Vorgehensweisen und Lösungen suchen, die sowohl dem Projektmitarbeiter als auch dem Projekt Vorteile bringen. Dabei sind in hohem Maße Identifikation mit den Projektzielen und wirkliches Interesse an den Bedürfnissen der Projektmitarbeiter, Kreativität und Überzeugungskraft gefordert.

Genauso wird von jedem Teammitglied ein Mindestmaß an sozialer Kompetenz gefordert, denn ohne Teamwork wird das Projekt nicht erfolgreich sein. Die Teamfähigkeit der Projektmitarbeiter ist ein wesentlicher Erfolgsfaktor für das Projekt. Nur wenn die Sozialkompetenz aller so groß ist, dass von ihnen die gemeinsame Leistung des Teams höher angesehen wird als der eigene Erfolg, kann das Projekt optimale Ergebnisse hervorbringen. Die Toleranz gegenüber anderen Projektmitarbeitern, das Interesse an deren Arbeit, sowie Kritik- und Konfliktfähigkeiten verhindern schon im weitesten Sinne die Entstehung von Krisen.

Merkmal 14: Sinnvermittlung des Projekts und der Projektaufgabe durchführen

Sinnvermittlung in Projekten bedeutet zuerst, dass Sie als Projektmanager dem einzelnen Projektmitarbeiter durch geeignete Kommunikation vermitteln, dass die Tätigkeit, die er ausfüllt, wichtig für das Projekt ist und einen nicht unerheblichen Beitrag zum Projekterfolg mit sich bringt. Die überzeugende Vermittlung setzt in Ihnen zwei Grundhaltungen voraus:

- Achtung und Respekt vor dem Mitarbeiter sowie

- Bewusstsein, dass jede Rolle wichtig für das Projekt ist und einen Beitrag für den Projekterfolg leistet. Wenn die Rolle nicht wichtig wäre, hätten Sie sie erst gar nicht eingerichtet.

Der sinnorientierte Motivationsansatz fordert von Ihnen, dass Sie die Schwerpunkte Ihrer Führungs- und Motivationsaufgabe bei der konstruktiven Interpretation der auszuführenden Arbeitsinhalte und dem Hinwirken auf eine positive Gestaltung der Arbeitssituation sehen. Im Mittelpunkt dieser Aufgabe stehen die Information und Kommunikation über die Auswirkung der Arbeit selbst und ihre Zusammenhänge innerhalb des Entwicklungsprozesses sowie alle Ansätze, die Aufgaben kreativer, perfekter oder interessanter zu bewältigen.

Sinnvermittlung in der hier vorgestellten Form setzt entsprechende Sensibilität Ihrerseits voraus, z. B. sich in andere Menschen und deren Bedürfnisstruktur hineinversetzen können. Dies ist die Voraussetzung, ihnen die Sinnhaftigkeit ihres Tuns zu vermitteln. Ihre Freude an der Aufgabe und das Wollen entstehen dann in der Regel automatisch.

Grundlage der Anerkennung und Würdigung der Anstrengungen und Erfolge der Mitarbeiter durch Sie als Projektmanager sind das über ein reines Beurteilungsgespräch durch den Linienvorgesetzten hinausgehende Einsatzplanungsgespräch und die Teammeetings. Diese Führungsinstrumente sind die Basis für den Projekteinsatz und die Zukunftsplanung des Projektmitarbeiters, mit dem Ziel einer geklärten Arbeitsgrundlage (Rollen-/Aufgabendefinition im Projekt und Zielvereinbarung).

In seiner prozessorientierten Komponente bedeutet Sinnvermittlung im Projekt, dem Mitarbeiter durch die Herausforderung in dem jeweiligen Projekt die Chance der persönlichen Weiterentwicklung zu geben. Dabei sollten Sie als Projektmanager folgendes berücksichtigen:

- Der Projektmitarbeiter muss die Arbeitsaufgabe und den Arbeitsprozess aktiv mitgestalten können.

- Für den Projektmitarbeiter sind Freiräume zur Selbstentfaltung zu schaffen.

- Der Projektmitarbeiter muss Verantwortung übernehmen können und sie auch übernehmen wollen.

Diese prozessorientierten Komponenten ermöglichen die Persönlichkeitsentwicklung und das persönliche Wachstum von Mitarbeitern im Projekt und durch das Projekt. Sie können diesen Prozess fördern, indem Sie

- den Mitarbeitern die notwendigen persönlichen Herausforderungen entsprechend den individuellen Entwicklungsständen bieten,
- die Hilfestellung des Coachings anbieten,
- offenes Feedback geben,
- das Selbstbewusstsein der Projektmitarbeiter fördern und
- alle Möglichkeiten der Personalentwicklung wahrnehmen, zum Beispiel Vertiefung im aktuellen Aufgabengebiet, Aus- und Weiterbildung, Job Enrichment, Job Enlargement, Job Rotation oder Teamwechsel.

Diese Art der Sinnvermittlung bleibt nicht auf der Stufe der verbalen Darstellung stehen, sondern vermittelt handlungsorientiert die Ernsthaftigkeit Ihres persönlichen Einsatzes für das Projekt und für die Projektmitarbeiter. Damit verstärkt sich das Vertrauen zwischen Ihnen und den Projektmitarbeitern, Ihre Glaubwürdigkeit wird untermauert, die Motivation der Projektmitarbeiter steigt.

Merkmal 15: Das „Wir-Gefühl" entwickeln

Überall da, wo Menschen zusammenkommen, „menschelt" es. Nicht alle Menschen arbeiten gut zusammen. Immer wieder kann es zu persönlichen Auseinandersetzungen und Rivalitäten zwischen den Projektmitarbeitern untereinander, mit dem Projektmanager oder sogar Mitarbeitern des Kunden kommen. An diesen menschlichen Konflikten können bestens geplante Projekte scheitern.

Welchen Beitrag können Sie nun bei so vielen Individualisten im Projekt leisten, um ein Gemeinschaftsgefühl, das „Wir-Gefühl", zu entwickeln?

Sie müssen vor allen Dingen das entsprechende Umfeld schaffen. Das „Wir-Gefühl" kann nur im Bewusstsein und in der Einstellung jedes Einzelnen entstehen. Den Teammitgliedern muss es möglich sein, sich zu öffnen, Verantwortung zu übernehmen und Selbstvertrauen zu entwickeln. Dieses entsteht aus der Erkenntnis der Selbstverantwortlichkeit für das eigene Handeln oder aus der Erfahrung heraus, dass letztendlich und langfristig der eigene Nutzen nur über die Maximierung des gemeinsamen Nutzens erreicht werden kann. Folgende Faktoren sind dafür ausschlaggebend:

- Die Erfahrung, dass persönliches Wachstum vor allem in der Begegnung mit anderen Menschen stattfinden kann.

- Die Absicht, dass gemeinsame Lösungen erarbeitet werden sollen und nicht die Meinung eines Einzelnen durchgesetzt werden soll.

- Die Erkenntnis, dass Menschen sich ihrer Fähigkeiten und Potenziale bewusster werden, wenn sie in einer vertrauensvollen Atmosphäre agieren können.

- Die Bereitschaft, durch offene Kommunikation über Ansichten, Ideen und Meinungen ein partnerschaftliches Zusammenarbeiten zu fördern.

Diesen Erkenntnis- und Erfahrungsprozess jedes einzelnen Projektmitarbeiters können Sie immer unterstützen, und zwar durch

- Förderung des Teamgedankens,

- eigenes Vorleben,

- Begeisterung für Gemeinschaftsaufgaben und

- Anerkennung bei positiven Leistungen für das Team.

So gefördert und unterstützt kann sich ein „Wir-Gefühl" – die intensive Ausprägung einer hohen Identifikation der Mitarbeiter für das Projekt und die Projektarbeit – entwickeln und verstärken.

Merkmal 16: Vernetzen können

Der Projektmanager und die Mitglieder in seinem Projektteam brauchen während der Projektlaufzeit immer mal wieder Hilfe von außerhalb und sie brauchen ein Umfeld, das diese Hilfe ermöglicht und unterstützt. Eine große Hilfe in diesen Situationen sind persönliche Netzwerke. Ein Netzwerk stellt einen Rahmen von persönlichen Beziehungen dar, die Sie einbeziehen können, wenn Sie Hilfe oder einen Rat brauchen.

Bauen Sie sich ein Netzwerk auf, um Personen und Ressourcen zu finden, die Sie benötigen. Über die inoffizielle Kommunikation, die im täglichen Projektleben benötigt wird, bekommen Sie Informationen, aber Sie geben auch welche weiter. Solch ein Netzwerk ist wichtig, um fortlaufende Geschäftsgespräche zu führen, denn nur so wissen Sie was abläuft, wer helfen kann, und Sie finden schnell Personen, die gut in das Projektteam passen. Es ist mehr als gute Verhandlungsfähigkeit nötig, um Personen zu überzeugen, Teammitglied in Ihrem Projekt zu werden und Sie zu unterstützen. Ein gutes Netzwerk sorgt für Information und unterstützt Aktionen.

Entscheiden Sie, wer in Ihrem Netzwerk wirklich wichtig ist und wer nicht. Zu den wichtigen Personen sollten Sie tragfähige Beziehungen aufbauen, möglichst häufig den persönlichen oder telefonischen Kontakt suchen und über die Geschäftsbeziehung hinaus auch private Gespräche führen. Beweisen Sie dabei, dass Sie wirklich zuhören: So wissen es die meisten Menschen zu schätzen, wenn man sie nach einiger Zeit anspricht, ob die im letzten Gespräch angeschnittenen gesundheitlichen Probleme überwunden wurden oder wie der letzte Urlaub war.

Einige Leute sind geborene Netzwerker. Sie kennen immer irgendjemanden, der irgendetwas weiß, und sie hören auch den ganzen Büroklatsch und erfahren alle Nachrichten immer zuerst. Sie sind immer am Ball. Aber diese Vernetzungsfähigkeiten sind nicht nur bei den geselligen, extrovertierten Personen möglich.

Ein persönliches Netzwerk kann man auch bewusst aufbauen, um Personen zu finden und kennen zu lernen, die man dann bei bestimmten Problemen und Situationen ansprechen kann. Dabei ist es wichtig, dass man vollkommen offen über das berichtet, was man macht und wo man Hilfe benötigt. Die meisten Personen verstehen den Bedarf für persönliche Netzwerke und antworten auch, wenn sie es von der Sache her können und wenn man ihnen ein wenig Zeit einräumt.

Ironischerweise findet man die besten Netzwerker bei den Kaffeetrinkern und Rauchern und nach der Arbeitszeit bei den Biertrinkern an der Theke. Es gibt eigentlich wenige Gründe, eifersüchtig auf diese Gruppen zu sein, aber ihr inoffizielles Netzwerk ist fast einmalig. Projektmanager sollten darüber nachdenken, neben der regulären offiziellen Kommunikation auch ein inoffizielles Netzwerk zu unterstützen.

Merkmal 17: Präsentieren können

Nicht alle Projektmanager haben eine angeborene Fähigkeit, sich zu präsentieren. Ich möchte darauf hinweisen, dass es auch nicht unbedingt kritisch ist, wenn man sich diese Aufgabe mit anderen teilen kann. Ich kenne einige introvertierte Projektmanager, die trotzdem sehr erfolgreich sind.

Allerdings wird es manchmal nötig sein, dass Sie eine überzeugende Rede oder einen Vortrag halten müssen. Dies ist besonders bei großen Projekten und bei problematischen Situationen notwendig, wenn beim Kunden oder Lenkungsausschuss über den Status des Projekts berichtet werden muss oder wenn das Projektteam aktuelle Informationen vom Projektmanager haben möchte. Eventuell wird dem Projektmanager auch die Gelegenheit gegeben, das Projekt gemeinsam mit anderen Projektbeteiligten zu präsentieren.

Hier ist es wichtig, dass Sie sich immer weiter entwickeln. Holen Sie sich Feedback ein, ob Ihre Präsentation in Ordnung war, fragen Sie, was falsch gelaufen ist und was Sie versuchen müssen abzustellen oder zu verbessern. Und trauen Sie sich, zu präsentieren. Üben Sie! Nehmen Sie Gelegenheiten wahr, eine Präsentation zu halten, auch wenn Sie vielleicht Bauchweh haben. Ziehen Sie es durch und versuchen Sie, dabei locker und entspannt zu bleiben.

6 Erfolgsgeheimnis 4: Kommunikation

Immer stärker werden Projektmanager heute daran gemessen, wie gut sie mit anderen kommunikativ umgehen können. Schon der Komponist Anton Bruckner stellte fest:

> *„Wer hohe Türme bauen will, muss lange am Fundament arbeiten."*

Auf die Durchführung von Projekten übertragen, bedeutet das: Wenn das Fundament, also die Kommunikation, nicht stimmt, steht das ganze Projekt auf wackeligen Beinen.

Die Durchführung von Projekten wird in hohem Maß durch die intensive Kommunikation zwischen den im Projekt eingebundenen Menschen getragen. Kommunikation im Projekt bedeutet den Austausch von Informationen mit dem Zweck, die Projektarbeit in Bezug auf die gegebenen Ziele optimal zu gestalten. Nicht nur während des Planungsprozesses, sondern auch in der Projektdurchführung ist ein stetes Kommunizieren zwischen Ihnen als Projektmanager und dem Kunden, den einzelnen Projektteams, den Projektgremien und den künftigen Anwendern von entscheidender Bedeutung für den Projekterfolg. Betrachten Sie also die Kommunikation als einen der wichtigsten Erfolgsfaktoren in der Projektarbeit.

Der Begriff Kommunikation kommt von dem lateinischen Wort *communis* (gemeinsam, gemeinschaftlich), aus dem sich wiederum das Substantiv *communicatio* (Mitteilung) und das Verb *communicare* (mitteilen) ableiten lassen. Kurz gesagt, bedeutet Kommunikation:

- gemeinsam etwas tun,
- miteinander reden,
- aufeinander zugehen.

Anders ausgedrückt, ist Kommunikation also:

> *„Die Kunst, sich auszudrücken, verstanden zu werden und zu überzeugen"*

Wenn die Kommunikation gezielt als Erfolgsfaktor genutzt wird, können Spitzenleistungen in Qualität, Produktivität und Effektivität erreicht werden. Sind alle Voraussetzungen für einen qualitativ hochwertigen Fluss von Informationen und Kommunikation im Projekt und seinem Umfeld gegeben, wird das Risiko von Reibungen, Missverständnissen, Versäumnissen und Fehlentscheidungen aufgrund von fehlender, falscher oder nicht aktueller Information minimiert.

Gut funktionierende, formale Kommunikation stellt sicher, dass die richtigen Personen zur richtigen Zeit korrekt und vollständig informiert werden. Und auch die anderen Erfolgsfaktoren werden durch geeignete Kommunikationsmaßnahmen direkt oder indirekt beeinflusst.

In diesem Kapitel geht es um die Kommunikation zwischen den Menschen, die auch als soziale oder zwischenmenschliche Kommunikation bezeichnet wird; sie ist von entscheidender Bedeutung für die Gestaltung und den Ablauf eines Projektes. Als Projektmanager müssen Sie sich bewusst sein, dass Sie einen großen Teil Ihrer Arbeitszeit mit anderen kommunizieren müssen. Es wird immer wieder täglich eine Vielzahl von Kommunikationssituationen geben, geplante und außerplanmäßige.

Als Faustregel gilt, dass es täglich bis zu 50 Interaktionen mit Kunden, Teammitgliedern, Linienvorgesetzten und -kollegen, Experten, Beratern und externen Lieferanten kommen kann.

Gute und sinnvolle Kommunikation ist die Voraussetzung dafür, dass sich alle Projektbeteiligten und -betroffenen miteinander verständigen können. Das fängt beim Smalltalk auf dem Büroflur oder Kaffeeautomaten an, geht über besondere Teammeetings, Diskussionen und Projektbesprechungen bis hin zu den Präsentationen. Nur durch die regelmäßige Kommunikation im Projekt können das unterschiedliche Wissen abgeglichen, die Aufgaben erfüllt und die Ziele erreicht werden.

Ihre kommunikativen Fähigkeiten entscheiden weitgehend über Ihre beruflichen und privaten Erfolge. Im Beruf sind Fachkönnen und Fachwissen nicht alles. Es kommt auch darauf an, dass man mit Menschen umgehen kann. Die Fähigkeit zu kommunizieren ist eine der entscheidenden Schlüsselqualifikationen.

Meine Erfahrung ist, dass die Kommunikationsfähigkeit der Projektmanager den Hauptunterschied zwischen den effektiven Projektmanagern und den weniger effektiven darstellt.

Diese Kommunikationsfähigkeiten werden dennoch selten genauer betrachtet oder werden im Zusammenhang mit Projektmanagement auch wenig beschrieben und gelehrt.

Dieses Kapitel hilft Ihnen, darüber nachzudenken, mit wem Sie kommunizieren sollten, was Sie hören müssen und wie Sie antworten sollten. Es werden einige bisher noch offene Fragen beantwortet, aber es tauchen auch Fragen auf, die Sie selber im Nachhinein für sich beantworten müssen, und es werden sich dabei unterschiedliche Antworten für unterschiedliche Situationen ergeben.

Denken Sie über Ihre Kommunikation nach, planen Sie sie und führen Sie sie mit Sorgfalt aus, antizipieren und beobachten Sie die Wirkung.

Ihre Kommunikation muss auf einem Verständnis für Ihren Kunden basieren, das über die Anforderungsspezifikation hinaus geht und über das Verteilen periodischer Projektberichte. Die Kommunikation mit dem Projektteam muss funktionieren, nicht nur über Projektplan, Arbeitspaketeverteilung und reglementierte Projektbesprechungen. Für den Kunden und das Team gilt: Offene Kommunikation von Anfang an!

Im Folgenden betrachte ich die Kommunikation unter drei Aspekten: Zuerst geht es darum, dass Sie über die Kommunikation die Personenkreise verstehen lernen, mit denen Sie im Projekt zu tun haben. Danach betrachte ich die Dinge, die Sie von Ihrem Kunden hören müssen, und schließlich beschreibe ich die wichtigsten Kommunikationsfähigkeiten, die Sie als Projektmanager besitzen sollten.

6.1 Die Kommunikationspartner

Identifizieren und schätzen Sie, welchen Informationsbedarf die jeweiligen Gruppen von Kommunikationspartnern haben. Erkennen Sie, wer Ihr Kunde ist, und planen Sie Ihre Interaktion mit ihm.

Manche Projektmanager, die häufig von anderen angesprochen werden, betrachten diese Kommunikation als kostenträchtigen Zeitaufwand und nicht als Ihre Kernaufgabe, die es in Wirklichkeit ist. Eine häufig wahrgenommene Beschwerde lautet: „Ich muss so viel mit den Leuten reden, dass ich kaum Zeit habe, mein Tagesgeschäft zu bewältigen". Dies ist falsch, da es eine zentrale Aufgabe eines Projektmanagers ist, mit den Personen zu reden.

In den meisten Situationen kommunizieren wir entweder mit jedem, von dem wir intuitiv spüren, dass wir mit ihm kommunizieren müssen, oder wir reagieren auf einen bestimmten Reiz, zu sprechen. Wir fragen uns nicht ständig: „Ist es jetzt wichtig, mit dieser oder jener Person zu sprechen?" Dabei ist es normal, dass der Projektmanager Kommunikation intuitiv einsetzt und dass er stets mit der Kommunikation anfängt, wenn eine neue Arbeit begonnen werden soll.

Vielleicht stellt sich jetzt für Sie die Frage: „Ist es nicht eigentlich klar, mit wem ich reden muss?" Vielleicht ja, aber eine intuitive, eher reagierende als agierende Vorgehensweise ist möglicherweise im besten Fall unvollständig und im schlimmsten Fall fehlerhaft. Grundsätzlich erforderliche Kommunikationsmöglichkeiten werden versäumt, wenn Sie auf äußere Anstöße warten. Häufig verlassen sich Projektmanager zu sehr auf äußere Reize. Stattdessen sollten sie Kommunikation planen und selbst agieren.

Effektive Projektmanager kommunizieren bereits instinktiv recht gut, aber sie planen zusätzlich alles durch und vergewissern sich, dass alle Themen abgedeckt sind, wenn es zur Kommunikation kommt. In einem großen Projekt ist das Durchdenken und Planen der Kommunikation eine wertvolle Tätigkeit und keine Verschwendung der Projektmanagerzeit.

Die Gefahr, dass Sie den relevanten Personenkreis nicht ausreichend identifizieren, ist ein großes Risiko für das Projekt. Wenn Sie dann eben nicht mit den Projektbeteiligten bzw. -betroffenen kommunizieren, wird das Risiko noch größer:

- Der Kunde könnte bestimmte Leistungen als Selbstverständlichkeit ansehen.
- Sie könnten den Kunden nicht verstehen.
- Man sagt Ihnen vielleicht etwas nicht, was Sie aber unbedingt wissen müssen.
- Der Kunde könnte seine Anforderungen bzw. Erwartungen nicht oder nicht präzise artikulieren.
- Sie könnten einige projektentscheidende Aufgaben in Ihren Plänen auslassen.
- Ihr Kunde könnte etwas ändern wollen, sagt es Ihnen aber nicht und es bleibt somit unbekannt.
- Einige Personenkreise, mit denen Sie nicht gesprochen haben, könnten sich aktiv Ihrer Arbeit entgegenstellen.

Das sind nur Beispiele, tatsächlich ist die Liste unendlich. Der Grund für die meisten Projektmisserfolge sind Missverständnisse, etwa über das, was gewollt wird (und dann geschieht etwas anderes), oder unvollständige Erklärungen für das, was jemand will, oder das, was geschehen soll.

Nehmen Sie die Risiken ernst und fragen Sie:

„Wie kann ich dafür sorgen, dass diese Risiken nicht eintreten?"

Beziehen Sie alle in die Problemlösung mit ein, nur dann gewinnen Sie Verbündete, die an Ihrer Seite kämpfen und nicht als Gegner oder Uninteressierte agieren.

Schaffen Sie eine klare Kommunikation. Informationen, die nach außen gelangen, müssen verständlich, eindeutig und für alle Beteiligten gleich sein – nicht so wie im bekannten Spiel „Flüsterpost".

Unklare Kommunikation nach außen schafft Verwirrung und Missverständnisse!

Das fängt bereits bei der Nutzung von verschiedenen Begriffen an, obwohl alle meinen, von ein und derselben Sache zu sprechen. Die Verwendung einer einheitlichen Terminologie vermeidet Missverständnisse und Verwirrung innerhalb des Teams und nach außen.

Für alle Projektmanager gibt es einen Kreis von Personen, mit denen Sie auf einer definierten Grundlage sowohl inoffiziell als auch offiziell reden müssen. Diese Personenkreise können in drei Kategorien aufgeteilt werden:

1. Personen, die direkt am Projekt beteiligt sind:

    Natürlich das Projektteam, es können aber auch Lieferanten und andere dritte Parteien sein, die verantwortlich für Lieferungen und lieferungsbezogene Aktivitäten sind.

2. Kunden des Projekts:

    Eine Person, ein Personenkreis oder eine Organisation, für die ein Projekt durchgeführt wird, das diesen einen Nutzen erbringen soll.

3. Die Stakeholder:

    Ein großer Kreis von Personen, Gruppen oder Organisationen, deren Einfluss sich negativ oder positiv auf das Ergebnis des Projekts auswirken kann.

Nun soll es darum gehen, wer diese Personen sind, wie wichtig jede dieser drei Gruppen ist, und was Sie als Projektmanager bei der Kommunikation mit dieser Gruppe berücksichtigen müssen.

6.1.1 Personen, die direkt am Projekt beteiligt sind

Die tägliche Kommunikation des Projektmanagers findet mit dem Projektteam statt. Halten Sie es dabei wie Jack Welch:

> *„Was ich den Mitarbeitern nicht verständlich machen kann,*
> *kann ich nicht realisieren."*

In der Kommunikation mit dem Projektteam geht es schlichtweg darum, den wirtschaftlichen Erfolg des Projekts sicherzustellen. Die Projektmitarbeiter wollen wissen, wohin die Reise geht. Nehmen Sie sie an die Hand, führen Sie sie über die oft holprigen Wege – mit Hilfe einer langfristig angelegten, konsequent offenen, verlässlichen und konsistenten Kommunikation.

Wer zufriedene Kunden haben will, braucht zufriedene Mitarbeiter. Als Projektmanager müssen Sie sich intensiv mit Ihren Projektmitarbeitern befassen. Sie sollten jeden Tag – und das meine ich ausdrücklich: jeden! – deutlich machen, wo das Projekt und das Team stehen und wo man gemeinsam hin will. Sie müssen die Projektmitarbeiter in die Lage versetzen, ihre Aufgaben zu bewältigen. Schaffen Sie für die Projektmitarbeiter gute Arbeitsbedingungen in Form von brauchbarer Infrastruktur und Arbeitsbedingungen.

Je mehr der Einzelne über den Projektzweck und -auftrag weiß, je regelmäßiger er vom Projektmanager à jour gehalten wird, desto besser kann er die Bedeutung seines eigenen Beitrags einschätzen, desto motivierter ist er bei der Arbeit und desto produktiver setzt er sich für die Projektziele ein. Wenn Sie die Stimmung Ihrer Projektmitarbeiter nicht kennen oder falsch einschätzen, ist das ein Alarmsignal. Interne Kommunikation kann nur erfolgreich sein, wenn sie als integraler Bestandteil, als Baustein der gesamten Projektkommunikation verstanden wird. Immer mit der Maßgabe: Zuerst die Projektmitarbeiter.

Wenn es um die durchzuführenden Arbeiten geht, ist es selbstverständlich, dass Sie mit den Projektmitarbeitern kommunizieren müssen, um zu erklären, was getan werden muss, und um deren Arbeit zu steuern. Dabei sollten Sie als Projektmanager folgendes umsetzen:

- Machen Sie Ihre Projektmitarbeiter zu Projekt-Mitwissern und zu Projekt-Mitstreitern.
- Erklären Sie die kontinuierliche Aktualisierung des Projektplans und der Aufgaben, die sich während des Projektlebenszyklus ergeben bzw. verändern.
- Erstellen Sie Anweisungen und Arbeitspakete, die den einzelnen Teammitgliedern sagen, welche Arbeiten durchzuführen sind.
- Motivieren Sie das Team, damit es die Arbeit in einer effizienten und effektiven Weise durchführt.
- Erfassen Sie den Arbeitsfortschritt jedes einzelnen Teammitglieds und setzen Sie das Ergebnis in einen verständlichen Plan um.

- Unterstützen Sie das Team, um den Fortschritt in Gang zu halten.
- Verstehen Sie die Fragen und Risiken, die aus dem Team zu Ihnen getragen werden.
- Erarbeiten Sie mit dem Team Lösungen, um offene Fragen und Risiken zu beseitigen.
- Verstehen Sie die Team- und Persönlichkeitsdynamik, so dass eine Intervention geplant und realisiert werden kann.
- Hören Sie dem Team gut zu, da es oft eine Quelle kritischer Informationen, guter Ideen und Vorschläge ist.

So werden Sie schnell verstehen, welche Informationen relevant für das Projektteam sind und welche Methode die beste ist, um mit dem Team zu kommunizieren.

Wer Angehöriger des Projektteams ist, ist wahrscheinlich klar, denken Sie aber darüber nach, wer noch alles in Ihren regulären Kommunikationsprozess eingebunden werden muss. Haben Sie Lieferanten, die zentral in das Projekt eingebunden sind und einen ähnlichen Informationsbedarf haben wie die Mitarbeiter? Haben Sie Berater oder Experten, die sich nur für kurze Zeit im Projekt befinden? Solche Personen müssen genauso gesteuert werden wie die regulären Teammitglieder.

Wenn jeder im Projekt weiß, was er zu tun hat und was er für seine Arbeit braucht, dann kann er seine Arbeit auch richtig durchführen und die Kommunikation wird sich auf ein notwendiges Maß einspielen.

6.1.2 Kunden des Projekts

Im täglichen Geschäft hört man immer wieder die Phrase „Der Kunde ist König". Leider wird das so oft gesagt, dass es sich wie ein Klischee anhört. Aber: Alle Projekte haben einen Kunden, und doch denkt der Projektmanager oft zu wenig über die Kunden-Lieferanten-Beziehung nach. Sie müssen das Gespräch mit dem Kunden suchen und seinen Informationsbedarf klären. Um hier ein planvolles Vorgehen zu erreichen, gehen Sie zukünftig wie folgt vor:

- Identifizieren Sie die Zielgruppe.
- Ermitteln Sie deren Informationsbedarf und erstellen Sie ein Konzept dafür.
- Klären Sie ab, wer über das Projekt informiert werden muss.

- Wann soll über was berichtet werden?
- Was muss nicht berichtet werden?

Zusätzlich haben Sie für Ihre Kommunikationsplanung zu klären:

„Welche Einstellung hat der Kunde zu seinem Kommunikationsbedarf, wenn Sie das Projekt durchführen?"

Üblicherweise gibt es hier eine Lücke zwischen der Auffassung des Kunden und der Realität in Projekten.

Ein Grund für diese Lücke ist, dass es oft als selbstverständlich betrachtet wird, dass der Kunde seine Anforderungen definiert und dokumentiert hat und er dafür eine Lösung erwartet. Der andere Grund ist, dass das Konzept des Kunden sehr komplex sein kann und dass es während des Projektablaufs immer wieder zu Änderungsforderungen bzw. -wünschen kommt.

Wenn Sie sich kontinuierlich und bewusst auf die Anforderungen Ihres Kunden konzentrieren und seine Erwartungen erfüllen, ernten Sie Kundenzufriedenheit und Ihr Projekt wird zum Erfolg. Dies geht nicht alleine dadurch, dass Sie sich mit Ihrem Team im „stillen Kämmerlein" zurückziehen und fleißig entwickeln, um die Anforderungen zu erfüllen. Es ist auch eine offene, vertrauensvolle Beziehung zu pflegen, in der Sie Einfühlungsvermögen für den Kunden und Verständnis für seinen Bedarf entwickeln.

Um seine Anforderungen, Erwartungen oder auch Wünsche zu kennen und auf sie eingehen zu können, müssen Sie Ihren Kunden direkt oder indirekt dazu befragen und ihn als Geschäfts- und Kommunikationspartner ernst nehmen. Das bedeutet, einen partnerschaftlichen Kommunikationsstil zum Kunden aufzubauen. Der Kunde ist in diesem Verhältnis weder „König", noch „Bettler". Schaffen Sie insgesamt eine Atmosphäre der

- Partnerschaft
- und Kooperativität,
- des freundschaftlichen Umgangs,
- von Vertrauen
- und Glaubwürdigkeit.

Ab einer gewissen Intensität des Vertrauens können Sie besonders eng mit dem Kunden zusammenarbeiten. Dann wird es einfacher, Lösungsvorschläge zu erarbeiten und mit ihm über die Realisierung von Änderungsanforderungen und nachträgliche Vertragsänderungen (z. B. das Thema Bezahlung) zu verhandeln.

Die charakteristischen Kategorien der Kunden

Der Sponsor (Förderer)

Die meisten Projektmanager kennen den Sponsor als die Person, der sie die periodischen Projektberichte schicken. Er kann auch der Nutznießer des Projekts sein und ist letztlich oft anderen gegenüber rechenschaftspflichtig für das Ergebnis. Er sollte auch die Person sein, die die Arbeit antreibt und dem Projektmanager als erfahrener, oft älterer Ansprechpartner zur Seite steht.

Er wird den Projektmanager führen und will von diesem behandelt werden, als ob er der wichtigste Kunde wäre. Involvieren Sie deshalb den Sponsor in das Projektgeschehen. Erwecken Sie nicht den Eindruck, das Projekt läuft von allein. (Was glauben Sie, passiert, wenn Sie Ihr Projekt im stillen Kämmerlein abwickeln? – Es wird vergessen!). Binden Sie den Sponsor in das Projektgeschehen ein und machen Sie Ihn bekannt (als Förderer, Unterstützer, Repräsentant des Projekts). Die Beziehung zum Sponsor sollte auf Basis eines Dialogs aufgebaut und so gestaltet sein, dass Sie den Sponsor bei bestimmten Situationen um Hilfe bitten können und dieser Sie entsprechend unterstützt und führt. Geben Sie ihm die Gelegenheit, sich und das Projekt bei bestimmten Anlässen, z. B. beim Kickoff-Meeting, bei Meilensteinen usw. zu präsentieren.

Ein Beispiel könnte ein Projekt sein, bei dem eine neue Fertigungsstraße für ein Unternehmen gebaut werden soll. In diesem Fall könnte der (interne oder externe) Sponsor der „Produktionsleiter" sein. Er ist seinem Unternehmen gegenüber rechenschaftspflichtig und muss sicherstellen, dass es genug Produktionskapazität gibt. Er wird also die neue Fertigungsstraße bauen lassen. Dafür erstellt er den umfassenden Projektauftrag und wird bei Entscheidungen und Beschlüssen helfen, die der Projektmanager nicht alleine treffen kann.

Der Geldgeber

Er bezahlt das Projekt. Er ist in Wirklichkeit oft der Förderer des Projekts; manchmal können dies auch mehrere Personen sein, die mehr oder weniger Interesse am Projektergebnis haben. Wenn Geld in ein Projekt oder ein neues Produkt investiert wird, so hoffen alle, dass dies irgendwann Früchte trägt, Cashflow erzeugt, Rendite abwirft oder Gewinn bringend verkauft werden kann. Die Geldgeber haben sich dann im Vorfeld gut überlegt, wo und wie sie ihr Geld investieren. Für ein größeres Programm wird dann beispielsweise ein Finanzverwalter (Finanzdirektor) eingesetzt. Dieser Finanzdirektor muss bei der Stange gehalten werden, weil er vielleicht den Fluss der Geldmittel jederzeit einstellen könnte, da er selbst nur ein eingeschränktes Interesse an dem Projekt hat. In dem Projektbeispiel „Fertigungsstraße" wird der Finanzdirektor daran interessiert sein, wie viel sie kostet und wann sie fertig gestellt ist, aber er wird normalerweise nicht an den täglichen Details des Projektfortschritts interessiert sein.

Der Nutznießer

Der Nutznießer ist eine Person oder eine Personengruppe, die einen Nutzen aus dem Projekt ziehen wollen. Das kann der Sponsor sein, aber auch andere Personengruppen. Der Nutznießer interessiert sich in den meisten Fällen erst am Ende für das Projekt bzw. die Projektergebnisse. Wenn der Nutznießer nicht zufrieden ist, z. B. weil das Projektergebnis nicht die Anforderungen erfüllt (z. B. Leistung, Qualität), ist das Projekt mit seinen Endergebnissen nicht erfolgreich gewesen. Im Beispiel des Unternehmens, das eine neue Fertigungsstraße bauen lässt, um die Kapazität zu erhöhen, ist der Nutznießer der Eigentümer des Unternehmens, der höhere Profite als Ergebnis erwartet. Wenn die neue Fertigungsstraße die erwarteten Profite nicht bringt, wird er unzufrieden sein und er wird entsprechende Maßnahmen (Sanktionen) beschließen.

Der Endbenutzer (Endanwender)

Er wird letztendlich die Ergebnisse (Produkte, Dienstleistung) aus dem Projekt benutzen. Für viele Projekte ist dies das Personal des Kunden. Diese Personen sind nicht mit den Nutznießern zu verwechseln, da sie persönlich nicht finanziell von den Ergebnissen profitieren. Aber wenn sie mit den Ergebnissen nicht zufrieden sind und die Ergebnisse für ihre Arbeit nicht richtig nutzen können, so ist das Projekt auch aus ihrem Blickwinkel nicht erfolgreich gewesen. Im Beispiel sind die Endbenutzer die Personen, die in der Fertigungsanlage arbeiten. Sie müssen als Kunden betrachtet werden, da ihr Urteil wichtig ist, ob die Fertigungsstraße, die eine höhere Produktionskapazität bringen soll, für sie brauch- bzw. nutzbar ist.

Informieren Sie so früh wie möglich die späteren Endbenutzer und klären Sie sie über mögliche Auswirkungen des Projekts auf:

- Werden Sie für die Endbenutzer sichtbar. Führen Sie eine Informationsveranstaltung durch, in der Sie mit Ihrem Team für Fragen zur Verfügung stehen. Dies ist auch eine gute Möglichkeit, das Team vorzustellen. Dadurch haben die Endbenutzer nicht das Gefühl, das Team entwickle im Elfenbeinturm ein System, das ihnen dann von der Geschäftsleitung vor die Nase gesetzt wird.

- Beschreiben Sie die Auswirkungen in einem positiven Licht, aber seien Sie ehrlich. („Natürlich wird das eine Umstellung für Sie, und die

Arbeitsschritte gehen anfangs nicht so leicht von der Hand. Aber bedenken Sie, auch das System, mit dem Sie jetzt arbeiten, war einmal neu, und wie viele lästige Arbeitsschritte hat es Ihnen inzwischen eingespart.")

- Nehmen Sie die Ängste der Endnutzer ernst und bieten Sie Ihnen Perspektiven, wie z. B.: „Selbstverständlich wollen wir Ihre Wünsche für das System berücksichtigen. Deshalb haben wir auch den Betriebsrat in unser Projektteam integriert. Außerdem werden wir Ihnen zur Veranschaulichung so früh wie möglich einen Prototyp präsentieren. Für Vorschläge und Anregungen stehen wir Ihnen gerne zur Verfügung."

Der Endkunde

Wer ist der Endkunde, also der letzte Kunde in der Kette? Zum Beispiel kann in einem Projekt ein neues Produkt entwickelt werden, das dann in eine Supermarktkette geliefert wird. Aus der Perspektive des Projekts ist während des Projektlebenszyklus die Supermarktkette der Endkunde. Durch den Weiterverkauf macht der Supermarkt dann aber den Verbraucher zum Endkunden.

Sind diese Leute für das Projekt wichtig? Während des Projektlebenszyklus sind sie es nicht. Aber sie sind dennoch für den nachhaltigen Erfolg des Projekts wichtig: Wenn der Endkunde (Verbraucher) das neue Produkt des Supermarkts nicht akzeptiert und es nicht kauft, war das Projekt im Grunde genommen ein Misserfolg. Die Meinungen des Endkunden und ihres Bedarfs müssen verstanden werden, entweder direkt oder indirekt, z. B. durch Experten aus der Vertriebs-/Marketingabteilung.

Sie müssen als Projektmanager mit allen Mitgliedern der Kundengemeinschaft reden und ihnen zuhören können. Dabei müssen Sie sich Zeit nehmen, um zu erkennen, was der Kunde wirklich will. Führen Sie deshalb folgende Schritte durch:

- Erkennen Sie, wer der Kunde ist – wenn Sie die o.g. Beispiele ansehen und überlegen „Wer ist es jetzt wirklich?", werden Sie erkennen, das dies nicht so einfach ist, wie es vielleicht auf den ersten Blick aussieht. Gehen Sie die Kundenliste für jedes Projekt durch, in das Sie einbezogen werden, und vergewissern Sie sich, ob Sie wirklich wissen, wie kritisch die verschiedenen Kundengruppen für den Erfolg Ihres Projekts sind.

- Identifizieren Sie in einem angemessen Verhältnis die Kritischen und Wichtigen. Nicht alle Kunden sind gleich wichtig und kritisch wie andere: Ihre Zeit ist beschränkt und Sie werden nicht mit jedem im vollen Umfang kommunizieren können. Benutzen Sie dies jedoch nicht als Entschuldigung für ein eingeschränktes Kundenbeziehungsmanagement. Meine Erfahrung ist, dass Sie die meiste Zeit für die Wichtigen aufbringen sollten.

- Entscheiden Sie, welche Informationen relevant für die Kunden sind. Jede Kundengruppe hat einen unterschiedlichen Informationsbedarf. Begrenzen Sie den Informationsbedarf und konzentrieren Sie sich auf das Wesentliche (Kerngedanken). Ein Geldgeber z. B. wird sicherlich daran interessiert sein, wie viel von den zur Verfügung stehenden Mitteln schon verbraucht sind und wie weit der Projektfortschritt im Verhältnis dazu ist. Der Endkunde wird sich mehr Sorgen um das Endergebnis machen und ob er einen Nutzen davon hat.

- Entscheiden Sie, wann die beste Zeit für die Kommunikation ist und welche Medien Sie benutzen wollen. Einige Kundengruppen brauchen regelmäßige, oft sogar tägliche Kommunikation. Andere sind zufrieden mit seltenen, aber wichtigen Informationen. Ich habe sehr erfolgreiche Projekte erlebt, bei denen nur vierteljährlich kurze Informationen (Briefings) für gewisse Kundengruppen gegeben wurden. Einige wünschen sich sehr ausführlich beschriebene Projektberichte, andere einfache E-Mails.

- Legen Sie fest, was Sie dafür vom Kunden erwarten. Kommunikation oder Information ist kein einseitiger Prozess, sondern beruht auf Wechselseitigkeit. Leisten Sie dem Empfänger Verständnishilfe, indem Sie Ihre Gedanken strukturieren und gewichten. Laden Sie nicht zu viele Informationen auf Ihren Kunden ab, ohne darüber nachzudenken, was Sie damit erreichen wollen und was Sie als Feedback erwarten. Oft sind es Dinge, die dem Projekt oder Ihnen helfen, etwa wenn zusätzliche Anforderungen im Raum stehen, für deren Umsetzung Sie das Einverständnis und die Unterstützung des Kunden brauchen.

- Legen Sie die unterschiedlichen Rollen der Beteiligten fest und machen Sie diesen die Rollen auch plausibel. Vergewissern Sie sich, dass alle die Rollenverteilung verstanden haben und schreiben Sie sie mit Verantwortungs- und Aufgabenzuordnung im Projektplan fest. Verteilen Sie dann den Projektplan entsprechend Ihrem Kommunikationsplan.

6.1.3 Die Stakeholder

Der Projektmanager, der ein Projekt übernimmt und entsprechende Ergebnisse erbringen soll, muss wissen, für wen er das tut. Wer sind die Personen, Gruppen und Institutionen, die an der Entwicklung eines Produktes oder einer Lösung interessiert sind?

Ich sehe als Prototypen der Stakeholder immer die Interessensvertreter bestimmter Gruppierungen, wobei sich die Bedeutung dieser Stakeholder-Gruppen je nach Projekt sehr unterscheidet. Auf der einen Seite haben wir kleine Projekte oder Projekte mit Ergebnissen, die nur für einen bestimmten Bereich bestimmt sind, da sind Stakeholder kaum relevant. Auf der anderen Seite gibt es große Projekte mit großen Geschäftsänderungs-Programmen oder Dinge, die eine bedeutende Auswirkung auf eine Vielzahl von Personen haben, z. B. ein Straßenbauprojekt. Um dafür die wesentlichen Personen zu identifizieren, verwenden Sie eine formale Stakeholder-Analyse, die auch für Projektmanager ein nützliches Werkzeug ist.

Das Grundprinzip ist dabei, die Haltung der identifizierten und analysierten Stakeholder zu einem Projekt zu erkennen und den Grad ihrer Macht, das Projekt positiv oder negativ zu beeinflussen. Sie erhalten einen Eindruck über die Personen, mit denen Sie arbeiten müssen, und die, die Sie quasi ignorieren können. Erfolgreiche Projekte brauchen Sponsoren und Fürsprecher, deshalb müssen Sie sicherstellen, dass diejenigen, die sich dem Projekt entgegenstellen, ins Boot geholt werden und dass ihre Einstellung positiv beeinflusst wird.

Trotz der in Gang gekommenen Professionalität im Projektmanagement haben viele Projektmanager bisher bestenfalls ein eingeschränktes theoretisches Wissen und schlimmstenfalls überhaupt kein Wissen über die Stakeholder-Analyse. Ein ausgeprägtes Stakeholder-Management wird aber nicht bei allen Projekten benötigt und bei einigen kann es sogar ignoriert werden. Allerdings ist die Einschätzung der Stakeholder und das Planen von positiven, auf sie Einfluss nehmenden Aktionen bei manchen Projekten eine wesentliche Aufgabe. Projekte dieser Art sind z. B. Organisationsveränderungen, die sich auf eine große Anzahl von Personen auswirken, oder Projekte, bei denen ein großer Widerstand zu erwarten ist.

Die Stakeholder-Analyse ist im Grunde so einfach, dass es einen wundert, warum sie oft nicht oder nicht richtig durchgeführt wird. Wesentlich ist dabei, die Stakeholder in Kategorien einzuteilen, entsprechend ihrer Wirkung auf das Projekt und dem, wie sie das Projekt aus ihrer Position sehen. Sind die Stakeholder relevant, dann ist die Kommunikation mit ihnen eine der Hauptaufgaben im Projekt.

Ich teile die Stakeholder gerne in vier Kategorien ein:

1. Hohe Wirkung, hohe Unterstützung

    Nutzen Sie diese Personen, um Ressourcen und Management-Unterstützung für das Projekt zu bekommen. Sie sind die Ideengeber und Treiber des Projekts und/oder Nutzer der Projektergebnisse. Der Sponsor sollte dieser Gruppe angehören, wenn das Projekt nicht problematisch werden soll.

2. Hohe Wirkung, geringe Unterstützung

   Hier sind es mächtige Personen, die sich dem Projekt entgegenstellen. Sie sind es, die Sie positiv beeinflussen und aktiv managen müssen. Denken Sie darüber nach, wie Sie deren Unterstützung erlangen oder, falls dies nicht möglich ist, wie Sie deren negative Aktivitäten mildern können.

3. Geringe Wirkung, hohe Unterstützung

   Das sind Personen, die das Projekt und Ihre Arbeit unterstützen, aber tatsächlich wenig Einfluss auf das Ergebnis haben. Benutzen Sie sie, um Ihnen dabei zu helfen, dass die Arbeit gemacht werden kann.

4. Geringe Wirkung, geringe Unterstützung

   Diese Personen stellen sich dem Projekt und der Arbeit entgegen, haben aber nur geringen Einfluss auf die Durchführung. Diese Personen sollten Sie beobachten, evtl. managen, damit ihr Einfluss nicht größer wird, ansonsten können Sie sie ignorieren.

Für die Analyse und die folgenden Aufgaben schlage ich folgende Vorgehensweise vor:

- Versuchen Sie zu erkennen, wer die Stakeholder sind. Wer von diesen kann beeinflussen oder wird vom Projekt beeinflusst?
- Schätzen Sie deren Relevanz für das Projekt ein. Sind sie nur marginal relevant oder ist ihre Unterstützung kritisch für das Projekt?
- Stellen Sie sich auf diejenigen ein, die eine bedeutende Auswirkung für den Erfolg des Projekts haben. Könnten sie Sie oder Ihr Projekt stoppen? Müssen Sie ihre Zufriedenheit besonders beachten?
- Versuchen Sie, die Machtpromotoren für das Projekt zu gewinnen. Holen sie alle wichtigen Stakeholder mit ins Boot. Machen Sie evtl. Gegner zu Ihren Verbündeten bzw. Partnern.
- Stellen Sie sich auf diejenigen ein, die eine bedeutende Auswirkung auf das Ergebnis des Projekts haben. Beispielsweise kann ein Projekt, durch das eine neue Autobahn gebaut wird, eine bedeutende Auswirkung auf eine Vielzahl von Personen haben, die die Autobahn benutzen. Für einige ergeben sich positive Auswirkungen durch schnellere Fahrzeiten, für andere wird es negative Auswirkungen geben, weil sie sich dann vom Lärm belästigt fühlen. Der Einfluss dieser Personen wird sich nicht unmittelbar auf den Erfolg des Projekts auswirken und so können Sie sie gefühlsmäßig ignorieren. Ihr Sponsor kann Sie dennoch auffordern, dass man ihre Meinungen berücksichtigt und die Wirkung auf sie nicht bagatellisiert. Ein wichtiger Erfolgsfaktor für Projekte ist es daher, die Betroffenen zu informieren und zu überzeugen.

6.2 Zuhören und verstehen

Um zu wissen, was der Kunde will, muss man ihm zuhören. Dabei gilt es, nicht nur seine Forderungen, sondern vor allem auch die Erwartungen zu verstehen. Leider haben viele Organisationen immer noch einen versteckten erzieherischen Auftrag, indem sie glauben zu wissen, was eigentlich gut für den Kunden ist. Gerade Vertrieb und Marketing haben aber die Aufgabe, eng mit dem Kunden zusammenzuarbeiten, d. h. ihm zuzuhören und ihn zu verstehen. Diese Aufgabe wird dann in Projekten durch den Projektmanager ergänzt bzw. fortgeführt. Leider hat nicht jeder die Fähigkeit, aufmerksam zuzuhören, und manche wollen es auch nicht, da sie ganz andere Interessen verfolgen.

Dem Kunden zuzuhören ist ein Akt des Respekts, in dem Sie ihm als Projektmanager die erforderliche Aufmerksamkeit entgegenbringen. Das heißt volle Konzentration auf den Kunden, ihm das Gefühl vermitteln, dass Sie sich in ihn hinein versetzen. Dazu gehören bestimmte Aufmerksamkeitssignale, bestimmte Gesten, Blickkontakt, Kopfnicken oder -schütteln, die Mimik im Gesicht oder auch kurze Ausdrücke, wie „das verstehe ich", „das ist nicht so gut" usw. Das gibt nicht nur Pluspunkte beim Kunden, sondern erleichtert es auch, ihn zu verstehen.

Zuhören muss für Sie als Projektmanager genauso wie Sprechen eine Basisfähigkeit sein, Sie brauchen es bei allen Gelegenheiten im Projektlebenszyklus. Unvoreingenommenes Zuhören ist ein aktiver Prozess. Bedenken Sie: Selbst ein unverbindlicher Smalltalk wird nur möglich, wenn die Teilnehmer auch zum Zuhören bereit sind. Nur ein ständiger Wechsel zwischen Sprechen und Zuhören führt zu einem wirklichen Meinungsaustausch.

Regel 1: Aktiv Zuhören

Der Mensch ist sich der Bedeutung des Zuhörens oft nicht bewusst: Eigentlich wollen alle nur reden, „etwas loswerden", aber was nützt es, wenn keiner (richtig) zuhört? Einander besser verstehen beginnt mit dem Zuhören. Wer zuhört, kann präzises Feedback geben. Deshalb ist Zuhören mehr als nur Hinhören oder als aufmerksam zu sein. Es ist kein passiver Zustand, sondern ein höchst aktiver Vorgang. Durch bewusste und aufmerksame Beobachtung des Gesprächspartners, seiner Stimmlage, seiner Mimik, Gestik und Körperhaltung kann sehr viel mehr als das Gesagte wahrgenommen werden.

Aktives Zuhören dient Ihnen als Projektmanager in erster Linie dazu, dem sendenden Kommunikationspartner direktes Feedback darüber zu geben, wie seine Nachricht angekommen ist, und zwar auf der Sach- und auf der

Beziehungsebene. Aktives Zuhören können Sie vielfach anwenden, zum Beispiel auch, wenn der Partner „Problembesitzer" ist (siehe auch Regel 2).

Aktives Zuhören kann nur dann wirklich erfolgreich sein, wenn Ihr Interesse an der Person Ihres Kommunikationspartners echt ist. Sie stellen den Partner mit seinen Interessen und Bedürfnissen für die Phase des aktiven Zuhörens in den Mittelpunkt, geben ihm direktes Feedback und stellen Ihre eigene Person in den Hintergrund. Sie spiegeln dem Kommunikationspartner wider, welche Nachricht bei Ihnen auf der Sachebene angekommen ist und welche Gefühle Sie beim Partner erkannt haben.

Durch direktes Feedback geben Sie dem Kommunikationspartner seinerseits die Gelegenheit, die Nachricht zu bestätigen oder zu korrigieren. Im Sinne der offenen Kommunikation dient diese Art des Feedbacks dazu, für beide Kommunikationspartner Klarheit und Deutlichkeit in ihre Gespräche zu bringen. Diese Klarheit kann gerade für den Sender und „Problembesitzer" Hilfestellung für die eigene Problemsicht und die damit verbundenen Gefühle darstellen.

Aktives Zuhören erfordert weitaus mehr Energie als das Sprechen. Abgesehen davon, dass man sich auf die Gedankengänge des Anderen einstellen muss, erfordert das Zuhören auch das Senden bestimmter körpersprachlicher Signale. Nur durch sie wird der Andere animiert, weiterzureden. Hierzu gehören Blickkontakt, aufrechte Körperhaltung, Fragen stellen sowie Bestätigungslaute absenden. Vermeiden Sie negative Handlungen, wie nervöses Wippen mit den Füßen, das Hin- und Herrücken auf dem Stuhl, das Verdrehen der Augen oder das Abbrechen des Blickkontakts, indem Sie zum Beispiel an die Decke schauen.

Wenn Sie sich das Prinzip des aktiven Zuhörens aneignen wollen, dann sollten Sie sich dazu vier Handlungsweisen verinnerlichen. Wenn Sie diese bei Ihrem nächsten Gespräch anwenden, zeigen Sie Ihrem Kommunikationspartner, dass Sie sich wirklich für ihn interessieren und dass Sie ihm Achtung entgegenbringen:

- konzentriertes Zuhören,
- das Bemühen, den Partner zu verstehen,
- das Hineinversetzen in die Lage des Partners und
- das Widerspiegeln der erkannten Gefühle.

In einem Gespräch, in dem alle Beteiligten einander aktiv zuhören, wird es nur wenige Missverständnisse geben. Der Begriff „aktiv" verlagert die Verantwortung für das Verstehen auf die zuhörende Person (also auf Sie als Projektmanager). Sie müssen etwas dafür tun, dass Sie der anderen Person in ihrer Vorstellungswelt folgen und erkennen oder entschlüsseln können, was ihr Anliegen, ihre Position oder vielleicht ihre heimliche Botschaft ist. Sie sind selbst dafür verantwortlich, dass Sie fehlende Information erhalten oder Zusammenhänge erklärt bekommen, die der Gesprächspartner nicht von sich aus darlegt. Als aktiver Zuhörer versuchen Sie also, die Welt mit den Augen Ihres Kommunikationspartners zu sehen.

Regel 2: Lernen Sie zu verstehen, was der Kunde will

Es gibt viel mehr zu verstehen als das, was Ihr Kunde gerade sagt oder wie er etwas in der Anforderungsspezifikation beschrieben hat. Als Projektmanager müssen Sie alle Anforderungen auf einer höheren Ebene verstehen und ihre volle Auswirkung auf das Projekt erkennen. Wirkliches Verständnis benötigt einen permanenten wechselseitigen Dialog.

Den meisten Projektmanagern ist klar: Wenn sie ein Projekt erfolgreich durchführen wollen, müssen sie beim Start des Projekts (Kick-off) wissen, was der Kunde will. Das hört sich selbstverständlich an, ist aber leider nicht immer der Fall. Verantwortungsbewusste Projektmanager werden Ihr Gewissen fragen:

„Kann ich das Projekt wirklich mit ruhigem Gewissen starten, wenn ich nicht verstanden habe, was der Kunde will?"

Die logische Antwort heißt „nein!", aber in der Praxis erweist es sich oft, dass ein Projekt ohne das volle Verständnis der Kundenanforderungen gestartet wird.

Beugen Sie solchen Vorgehensweisen vor, indem Sie die Erwartungen Ihres Kunden so genau wie möglich herausfinden, und lassen Sie sich nicht mit vagen Äußerungen abspeisen („Sie wissen schon, was ich meine."). Wenn Sie auch auf Informationen achten, die keinen direkten Bezug zum Projekt haben, erhalten Sie wichtige Informationen, wie politische Motivationen oder strategische Überlegungen.

Gehen Sie ruhig davon aus, dass die Kunden in der Regel keine genauen Vorstellungen darüber haben, was Sie wollen. Projektziele werden schwammig definiert, der Kunde hat bestimmte Erwartungen, gibt sie aber nicht an den Auftragnehmer bzw. an Sie weiter, sondern setzt alles stillschweigend voraus.

Dies kann aus vielerlei Gründen geschehen, wie beispielsweise:

- Die Kunden wissen nicht, was sie wollen, oder, um es genauer zu sagen, sie wissen, dass sie etwas wollen, aber sie wissen nicht genau was.

Doch wie wollen Sie ein Projekt erfolgreich planen und durchführen, ohne die Erwartungen und Motive für den Auftrag exakt zu kennen?

Deshalb ist es Ihre erste Pflicht und Aufgabe, die Zielvereinbarungen mit dem Kunden exakt zu definieren, seine Erwartungen herauszufinden und festzuhalten. In der Tat ist es wirklich die produktivste Art, anzunehmen, dass der Kunde nicht genau weiß, was er will, und dass er entsprechende Hilfe benötigt, um seine Anforderungen zu definieren. Ich möchte Sie darauf hinweisen, dass Sie sich auf die unterschiedlichsten Situationen vorbereiten sollten und dass es Ihnen auch ausdrücklich bewusst werden sollte, in welcher Situation Sie sich befinden:

- Situation 1: Die Kunden können nicht erklären, was sie wollen. Sie wissen grob, was sie wollen, benötigen aber Hilfe, um es in eine konkrete Aussage zu formulieren. Etwas wirklich eindeutig zu formulieren ist oft sehr schwer. Die Kunden sind sich selber nicht ganz klar darüber, was sie wirklich brauchen, und haben folglich Schwierigkeiten, es anderen mitzuteilen.

- Situation 2: Der Kunde glaubt, dass Sie verstehen, was er wünscht, ohne dass er es weiter erklären muss. Das ist insbesondere für innerbetriebliche Projekte üblich. Der beauftragende Linienmanager etwa glaubt, dass er seinem Projektmanager nichts aus dem täglichen Geschäftsleben erklären muss.

- Nachdem Sie die Erwartungen und Anforderungen festgelegt haben, gehen Sie diese mit dem Kunden Punkt für Punkt durch und klären Sie ab, ob Sie die Informationen wirklich richtig verstanden haben.

- Sie können die Erwartungen Ihres Kunden immer nur so genau definieren, wie es zum jeweiligen Zeitpunkt möglich ist. Deshalb müssen Sie die Erwartungen des Kunden fortlaufend überprüfen, denn viele Informationen ergeben sich erst im Projektverlauf. Klären Sie deshalb nach jedem abgeschlossenen Meilenstein ab, ob die Erwartungen noch den Vereinbarungen entsprechen, also noch aktuell sind, oder ob sie sich in der Zwischenzeit geändert haben. Nur so können Sie rechtzeitig reagieren und eine Kursänderung vornehmen.

- Die Überlegungen der Kunden, was sie wollen, sind nicht stabil. Sie sind sich über das, was sie wollen, im Klaren, bis zum Start des Projekts, dann fällt ihnen noch das eine oder andere ein. Dies kann eine kleinere Veränderung der ursprünglichen Idee sein oder etwas ganz Wesentliches. (Es gibt einige bestimmte Entwicklungsverfahren wie Prototyping, die dabei helfen können, diese Art von Problem zu lösen.)

- Der Kunde ist ungeduldig auf Ergebnisse. Einigen Leuten erscheint die Arbeit, Anforderungen zu sammeln und Aktivitäten zu planen, wie verschwendete Zeit. Sie wollen sofort in ein Projekt einsteigen, um schnell greifbare Ergebnisse zu erreichen. Obwohl dies von der Logik her völliger Unsinn ist, ist es aber leider ein üblicher Standpunkt.

Fazit

Stellen Sie exakt fest, welche Erwartungen der Kunde mit dem Projekt verbindet und überprüfen Sie diese fortlaufend, um notfalls korrigierend eingreifen zu können. Eine offene und zielgerichtete Kommunikation im Projekt bewirkt, dass man Sie als Projektmanager und Ihr Team wahrnimmt, dass man über Sie und das Projekt spricht. Wenn Sie Risiken erkennen und Lösungswege aufzeigen, wird beim Kunden Vertrauen in Ihre Kompetenz als Projektmanager aufgebaut. Mit einer entsprechenden Informationspolitik sorgen Sie auch für die notwendige Akzeptanz beim späteren Anwender, damit das Ergebnis auch angenommen und auch nach Projektabschluss als erfolgreiches Projekt gesehen wird. Eine offene Kommunikation erfordert natürlich Mut und Entschlossenheit. Die Wahrscheinlichkeit, dass Sie damit Projekte erfolgreich abschließen, steigt jedoch erheblich.

Regel 3: Legen Sie die Anforderungen/Erwartungen fest

Im Laufe der Zeit haben sich diverse Methoden zum Festlegen von Anforderungen, besonders bei technologiegeführten Projekten, entwickelt.

Die strukturierten Methoden bauen auf einen vollen und detaillierten Anforderungseinstieg in den Projektstart. Entwicklungen werden erst durchgeführt, wenn alle Anforderungen vollständig definiert sind. Man nennt diese Vorgehensweise auch „Wasserfall-Methode", weil sie die Komplettierung eines Projektschrittes in seiner Gesamtheit fordert, bevor auf den nächsten Schritt übergegangen wird. Wie ein kaskadenartiger Fluss schreitet das Projekt nur in einer Richtung fort.

Die Alternativen können alle unter dem Stichwort „iterative Methoden" zusammengefasst werden. Sie bauen auf einer ausreichende Anzahl von Anforderungen auf, die umgesetzt werden, bevor der nächste Schritt angefangen wird, oder es wird ein Prototyp erstellt, der mehr Ideen zur Festlegung der Anforderungen erzeugt. Solche iterativen Ideen fließen einige Zeit zwischen der Erstellung der Anforderungen und der eigentlichen Lieferungserbringung hin und her.

Die unterschiedlichen Ansätze passen zu unterschiedlichen Arten von Projekten und unterschiedlichen Technologien. Welche Methode man auch einsetzt, entscheidend sind immer die Anforderungen selber.

Was der Kunde will, wird normalerweise durch eine Anzahl von Schlüsseldokumenten für ein Projekt definiert. Je nach der Branche oder der Organisation, für das das Projekt durchgeführt wird, können diese Dokumente spezielle, typische Namen haben. Größe, Detaillierungsgrad und Anzahl dieser Dokumente spiegeln die Funktionalität und die Komplexität der Ergebnisse wider und beschreiben üblicherweise den Projektumfang.

Bei der Festlegung der Anforderungen und der Prüfung der Erfüllung der Anforderungen sind folgende Aspekte zu beachten:

- Der Projektauftrag

  Im Projektauftrag definiert der Kunde bzw. Auftraggeber, was er als „innerhalb" und, ebenso wichtig, was er als „außerhalb" des Projekts ansieht. Dies wird üblicherweise in einigen Dokumenten von Projektdefinition oder -aufträgen festgehalten.

- Projektdefinition

  Konzentrieren Sie sich auf eine klare Definition realistischer Ziele, überzeugen Sie Andersdenkende und setzen Sie Ihre Ziele durch.

- Erfolgsmessung

  Es müssen frühzeitig die Kriterien definiert werden, die am Ende eines Projekts gemessen werden, um zu erkennen, ob die Anforderungen erfüllt worden sind. Diese Kriterien sind üblicherweise auch in einigen Arten von Projektaufträgen festgehalten.

- Die detaillierten Anforderungen

  Alle Besonderheiten, die der Kunde vom Projekt will, werden definiert. Sie werden in einem speziellen Dokument festgehalten, normalerweise in der Anforderungsspezifikation oder im Anforderungskatalog. Die Vorgabe von detaillierten Anforderungen muss nicht immer eine Voraussetzung für den Start eines Projekt sein, sondern kann auch während des Projekts, in den dafür geeigneten Phasen, erstellt werden.

Als Projektmanager müssen Sie darauf bestehen, dass alle Anforderungen bekannt sind und dass sie definiert, dokumentiert und überprüft sind. Bei großen und komplexen Projekten ist dies nicht unbedingt Ihre Aufgabe, sondern hier werden spezielle Kenntnisse der „Geschäfts-Analyse" gefordert. Aber auch wenn in diesem Fall die Festlegung der detaillierten Anforderungen nicht Ihre Aufgabe ist, so müssen Sie trotzdem sicher sein, dass sie vollständig sind. In den Grundkursen für Projektmanagement wird gelehrt, dass der Projektmanager Anforderungen des Kunden in irgendeiner Art und Weise sammeln und dokumentieren muss, um zum einen den Umfang des Projekts zu erfassen und zum anderen ein Verständnis für den Projektauftrag zu entwickeln.

Viele Projektmanager nutzen Dokumentvorlagen und entsprechende Projektdefinitionen, um in ein Projekt einzusteigen. Diese Vorlagen dienen zunächst zum Erfassen der wichtigsten Punkte. Das kann sowohl effektiv als auch effizient sein. Dabei ist zu beachten, dass Aufgaben nicht nur im Allgemeinen erfasst werden dürfen, sondern der Projektmanager muss verstehen, warum diese Aufgaben vorhanden sind und wie sie angegangen werden können. Darüber hinaus braucht er die Fähigkeit, beurteilen zu können, ob bereits genügend Detailwissen zu einem zu bearbeitenden Projekt vorhanden ist und wann mehr Informationen dazu einzuholen sind. Sehr oft kann man Projektmanagern vorwerfen, dass sie nicht genug Anstrengungen unternommen haben, sich in einem Verständnisprozess mit den Kundenanforderungen zu beschäftigen, und unbesehen das akzeptiert haben, was ihnen anfänglich gesagt wurde.

Es gibt Zeiten, da ist es besonders wichtig, dem Kunden kritisch zuzuhören, um ihn zu verstehen. Man sollte sich den Willen dazu aneignen, und es den gesamten Projektlebenszyklus über praktizieren. Sechs Schlüsselfaktoren helfen dem Projektmanager dabei, die Kundenanforderungen zu verstehen:

1. Legen Sie die Annahmen zum Projekt ausdrücklich fest. Minimieren Sie die Anzahl von Annahmen, und wenn Sie etwas annehmen müssen, stellen Sie diese Annahme klar heraus.

2. Verstehen Sie den Zweck des Projekts. Sie sollten die Bedeutung des Projekts auch schriftlich dokumentieren können, sowohl für sich selber, das Projektteam und Ihren Kunden. Wenn Sie den Projektauftrag nicht dokumentieren können, haben Sie ihn auch nicht verstanden und Sie werden mit Sicherheit auch große Schwierigkeiten haben, den Zweck des Projekts an das Projektteam weiterzugeben.

3. Verstehen Sie die Kundenanforderungen und welche Auswirkungen diese auf das Projekt haben. Erwarten Sie Meinungsverschiedenheiten bzgl. der Anforderungen zwischen den verschiedenen Personenkreisen. Stellen Sie entsprechende Methoden und Techniken an Ort und Stelle zur Verfügung, um diese zu lösen.

4. Überprüfen Sie ständig. Erhöhen Sie Ihr Verständnis. Dinge ändern sich und Sie können nicht sicher sein, dass das, was letzte Woche gültig war, auch heute noch gilt.

5. Der Kundenbedarf geht über die Anforderungsspezifikation hinaus.

6. Denken Sie daran, es ist nicht Ihr Projekt. Die Haltung, die Sie bzgl. aller Aussagen Ihres Kunden annehmen, ist wichtig.

Das Projekt wird keinen Erfolg haben, außer vielleicht in einigen Phasen und hier vorzugsweise in der ersten Phase des Projekts, wenn die Anforderungen und der Grund für das Projekt nicht gemeinsam definiert und verstanden werden. Anforderungen existieren in verschiedenen Formaten, ob es ein Architekturplan für ein Gebäude ist, eine Anforderungsspezifikation für ein IT-Projekt oder ein Lastenheft für eine neue Produktionsstraße. Gleich welches Format die Anforderungen haben, sie sind die Grundlage für die Durchführung und Ergebnisse des Projekts.

Regel 4: Legen Sie die Annahmen ausdrücklich fest

Die goldene Regel ist:

> *Überprüfen Sie Ihr Verständnis, nehmen Sie nichts an!*

In jedem Projekt wird es eine Menge von Annahmen geben. Alle Beteiligten und Betroffenen nehmen etwas an, wenn es nicht ausdrücklich beschrieben ist. Diese Annahmen müssen durch den Projektmanager bewältigt werden und stellen eine Hauptaktivität des Projektmanagers dar, die leider oft vergessen wird. In jedem Gespräch und bei jeder Kommunikation gibt es eingebettete Ideen und implizite Informationen. Deshalb gibt es keine Garantie, dass das, was von einer Person vermeintlich eindeutig gesagt wird, von der hörenden Person eindeutig verstanden und interpretiert wird.

Annahmen im Projekt müssen Sie als Projektmanager klar herausstellen, alle anderen Personen im Projekt müssen diese kennen. Außerdem muss geprüft werden, in welcher Art und Weise Annahmen das Projekt unterminieren können, wenn sie eintreten sollten. Bevor Sie dazu umfangreiche Analysen durchführen, stellen Sie Hypothesen auf – (zunächst noch) unbewiesene Annahmen zu verschiedenen Fragen oder Ereignissen. Dann sollten Sie versuchen, die Annahmen zu beweisen oder zu widerlegen, mit viel Denken und wenigen Zahlen.

Nun lassen sich natürlich nicht alle Annahmen formulieren, auf denen der Projekterfolg beruht. Auch ist das aus Gründen der Übersichtlichkeit keineswegs wünschenswert. Wie lassen sich aber die wichtigen von den unwichtigen Annahmen unterscheiden? Zwei Aspekte von Annahmen über externe Faktoren sind besonders wichtig:

- Ihr Einfluss auf Projekterfolg oder -misserfolg.

- Die Wahrscheinlichkeit, mit der sie eintreten bzw. nicht eintreten.

Annahmen sind immer auf diese Aspekte hin zu analysieren. Die Annahmen, die nach dieser Analyse wahrscheinlich bleiben, können als wichtig eingestuft werden, d. h., wenn sie nicht eintreten, obwohl sie für den ordentlichen Projektverlauf angenommen werden, ist das Erreichen der Projektziele ernsthaft gefährdet. Beispiel: In einem IT-Projekt besteht die Annahme, dass ein Tool, das zur Entwicklung notwendig ist, rechtzeitig und zuverlässig verfügbar ist. Ist dies nicht der Fall, haben Sie als Projektmanager ein ernsthaftes Problem, die Arbeiten können nicht rechtzeitig beginnen, es kommt zu ersten Terminverschiebungen.

Die Annahmen müssen im Verlauf des Projekts regelmäßig auf ihre weitere Gültigkeit überprüft werden. Sie sollten darüber hinaus mit einer gewissen (mittleren) Wahrscheinlichkeit eintreten. Ist diese Wahrscheinlichkeit nämlich sehr hoch, so haben Sie vermutlich etwas selbstverständliches als Annahme formuliert (nach jeder Nacht kommt wieder ein Tag); ist sie dagegen extrem niedrig, so ist das ein Zeichen von „Blauäugigkeit" (die Leistungsfähigkeit der Programmierer kann durchwegs als hoch vorausgesetzt werden). Vermeiden Sie derartige Annahmen, weil das Risiko, dass sie nicht eintreten, außerordentlich hoch ist.

Wann auch immer Sie Informationen für das Projekt sammeln, versuchen Sie die Annahmen mit der Frage „Verbergen sich hinter der Erklärung bzw. Aussage irgendwelche Annahmen?" und dem Einwand „Das macht keinen Sinn, außer wenn wir annehmen, dass..." herauszufinden und zu definieren. Wenn Sie den Eindruck haben, dass eine Frage bzw. ein Einwand berechtigt ist, bitten Sie die Person, die die Frage oder den Einwand formuliert hat, die Annahmen dazu ausdrücklich zu erklären und entsprechend festzulegen.

Die Annahmen sind von Ihnen ausdrücklich zu überprüfen, dass bedeutet Arbeit für Sie, es gibt dem Planungsteam aber auch eine gewisse Sicherheit. Wenn sich die Richtigkeit von Annahmen bestätigt, wird dies im anschließenden Planungsdokument als geprüfte Voraussetzung beschrieben. Die Annahme ist somit zur gesicherten Erkenntnis geworden. Wenn sich die Annahme während des Projektverlaufs aber als nicht richtig erweisen sollte, muss die Projektplanung geändert werden.

Ein geringes Verständnis für Annahmen ist eine der größeren Risikoquellen in Projekten.

Regel 5: Verstehen Sie den Zweck des Projekts

Detaillierte Anforderungsdokumente werden am besten von einem geschulten Geschäftsanalytiker erstellt. Allerdings gibt es einige Schlüsselinformationen, die in den Verantwortungsbereich des Projektmanagers fallen. Er hat sie aufzunehmen, er muss sie verstehen und dokumentieren. Es sind jene Projektanforderungen, die grundsätzliche Art, Größe, Zweck und Aufgabe von Projekten definieren und die dazu noch kritisch beschreiben, was der Kunde wirklich will.

Wenn ein Projektmanager einen Projektauftrag bekommt, hat er als allererstes einen Projektplan zu machen. Darin schreibt er sein Verständnis des Projektauftrages nieder und definiert, was zur Projektdurchführung gehört und was nicht durchzuführen ist. Wer diesen Projektauftrag nicht versteht, nicht umsetzen und nicht kommunizieren kann, der hat keine Chance, in das Projekt einzusteigen.

Wenn Sie mit Ihrem Kunden über den Projektauftrag geredet und die Grenzen des Projekts einvernehmlich festgelegt haben, müssen Sie die Elemente dieser Vereinbarung als nächstes dokumentieren. Das ist für Sie als Projektmanager und den Kunden wichtig, damit das Besprochene und Vereinbarte nicht vergessen wird und gemeinsam genutzt werden kann. Da der Projektplan in seiner umfassenden Darstellung ein guter Test bezüglich der Inhalte des Projekts ist, stellt sich in diesem Zusammenhang noch heraus, ob Sie den Projektauftrag wirklich verstehen. Wenn Sie Schwierigkeiten bei der Dokumentation haben, können Sie davon ausgehen, dass Sie ihn nicht völlig verstanden haben. Und was Sie nicht verstehen, können Sie auch den anderen Teammitgliedern nicht mitteilen.

Regel 6: Verstehen Sie die Kundenanforderungen

Wenn Sie dem Kunden zugehört und ihm die richtigen Fragen zur richtigen Zeit gestellt haben, werden Sie jede Menge von Kundenanforderungen haben. Die nächste schwierige Aufgabe ist es dann, die Aussagen des Kunden aus der „Sprache des Kunden" in eine technische Lösung zu übersetzen. Das klingt einfacher als es ist. Beim Übersetzen dieser Anforderungen müssen Sie folgende Fragen unbedingt berücksichtigen:

- Was sind die Anforderungen?
- Warum existieren die Anforderungen?
- Wie lassen sich diese in einen Projektplan und Arbeitspakete umsetzen?

Ohne die richtigen Antworten auf diese Fragen werden Sie laufend Schwierigkeiten haben, das Projekt zu gestalten und zum Laufen zu bringen, und Sie werden es sehr schwer haben, das Projektteam zu steuern. Die Arbeit jedes einzelnen im Projektteam muss erklärt und in Zusammenhang mit der Projektaufgabe und den -ergebnissen gestellt werden.

Ein Test für Sie:

- Haben Sie die gesamten Kundenanforderungen im Griff und wissen Sie, wie sie sich aufeinander beziehen, damit Sie die umfassende Kundenlösung erzielen können?
- Verstehen Sie, warum der Kunde diese Anforderungen hat?
- Verstehen Sie, wie diese Anforderungen bei der Projektplanung in Arbeitspakete umgesetzt werden, um dann die technische Lösung zu erstellen?
- Verstehen Sie, wie die Arbeitspakete zusammenhängen?
- Können Sie sich all dies vorstellen und erklären?

Die Antwort auf alle diese Fragen muss „Ja" sein. Dies ist keine Aufforderung, alles auswendig zu lernen und jeden Satz der Anforderungsspezifikation zu kennen oder jede Zeile innerhalb Ihres Projektplanes. Es ist aber die unabdingbare Forderung, dass Sie das logische Verständnis dafür entwickeln, wie alles zusammenhängt. Wenn Sie jede größere Aktivität innerhalb des Projekts anschauen, müssen Sie wissen, warum sie nötig ist und was für Auswirkungen es haben wird, wenn ihre Ausführung scheitert. Ich habe mir angewöhnt, immer die ganze Anforderungsspezifikation zu lesen, auch wenn es oft viel Zeit kostet und lästig ist. Ziel dabei ist, sicherzustellen, dass ich alles verstehe, was im Projekt benötigt werden wird, und mich zu vergewissern, dass es durch die Details der Annahmen keine unangenehmen Überraschungen gibt.

Wenn Sie als Projektmanager nicht jede der o.g. Fragen mit „Ja" beantworten können, dann müssen Sie etwas mehr in das Studium der Anforderungsspezifikation investieren, als typische Hausaufgabe fürs Wochenende. Wenn trotzdem nicht überall ein „Ja" herausspringt, lassen Sie das Projekt einen anderen machen. Es ist besser, rechtzeitig „Nein" zu sagen, als später als Versager dazustehen.

Bei komplexen Projekten sind Sie in der Regel auf bestimmte Experten angewiesen, die Bestandteile des Projektplans für Ihre Spezialgebiete erstellen. Sie selber müssen diese Bestandteile in den Gesamtplan integrieren. Der Plan wird dann offiziell von Ihnen bekannt gegeben und Sie sind dafür verantwortlich.

Wenn die Anforderungen erfasst werden, müssen Sie in der Regel mit Meinungsverschiedenheiten über die Rechtmäßigkeit der Anforderungen rechnen und darüber, welche Bedeutung sie haben. Einfach wäre es, wenn das Projekt nur eine Person als Kunden hätte, der alle Anforderungen festlegt. Da dies kaum der Fall ist, müssen Sie eine Vorgehensweise einsetzen, in der sich alle auf diejenigen Punkte einigen, die wirklich als Anforderungen anzusehen sind. Dies kann einfach sein, wenn der Sponsor z. B. die Entscheidung hat oder wenn er einen Anforderungsausschuss einsetzt, der die eventuellen Anforderungskonflikte lösen kann.

Die Entscheidungsfindung muss so einfach wie möglich sein, denn sonst riskieren Sie, dass die Anforderungserstellung für das Projekt niemals fertig wird (denn manche Menschen können immer wieder Anforderungen erzeugen und darüber diskutieren). Wenn Sie als Projektmanager es sich zutrauen, moderieren Sie diesen Prozess und halten Sie Ihn unter Kontrolle; nur dann haben Sie die Gewähr, dass er innerhalb eines Zeitlimits durchgeführt ist.

Regel 7: Überprüfen Sie alle weiteren Dinge

Kommunizieren Sie regelmäßig mit dem verantwortlichen Kunden und überprüfen die festgelegten Anforderungen weiter auf ihre Gültigkeit. Wenn Entscheidungen getroffen werden, dass sich die eine oder andere Anforderung verändert, wegfällt oder dass neue hinzukommen, müssen Sie damit rechnen, dass das größere Auswirkungen auf Ihr Projekt hat. Überprüfen Sie die Auswirkungen, am besten zusammen mit dem Kunden, berechnen Sie den Aufwand und bieten Sie dem Kunden eine Vertragsveränderung oder -ergänzung an.

Mit einer Frage in folgender Form „Wir machen laut Vereinbarung xy, während Ihre neue Anforderung abc lautet. Wollen Sie das?" wird der Kunde gezwungen, die Verwicklung seiner Anforderung zu sehen und dann zu entscheiden, ob es wirklich so gemeint ist und sie geändert werden muss.

Machen Sie dies nicht nur einmalig, überprüfen Sie ständig. Der beste Zeitpunkt ist immer dann, wenn Sie neue Arbeiten bzw. Aufgabenpakete angehen. Dann sollten Sie besonders wachsam sein und sich immer wieder die Frage stellen: „Haben sich Anforderungen geändert und haben sich Annahmen verändert?" Alle guten Projekte haben ein Änderungskontrollgremium, ein Change Control Board (CCB). Das CCB wird eingeschaltet, wenn Änderungen beantragt werden (Change Requests) oder aufgrund irgendwelcher Umstände neu hinzukommen. Das CCB trifft die Entscheidung, wie mit den Änderungsanträgen umgegangen wird: „Änderung aufnehmen und realisieren", „Änderung verwerfen" oder „Änderung verschieben auf das Ende des Projekts".

In diesem Stadium denken einige Projektmanager: „Ich will gar keine Änderungen." Das ist verständlich, da ein Projekt ohne Änderungen wesentlich effizienter und ohne Störungen ablaufen kann als eines, das ständigen Änderungen unterworfen ist. Dies hat sich immer wieder bestätigt und ist einer der Hauptgründe dafür, dass ein Projektmanager gerade zu

Beginn eines Projektes viel Arbeit in die Prüfung der Anforderungen hineinstecken muss, um möglichst viele richtige und feststehende Anforderungen zu erhalten.

Wie umfangreich auch immer die Erfassung der Anforderungen ist, wie viel Aufwand Sie auch immer in die Gespräche mit den Kunden zum Erfassen der Anforderungen hineinstecken, alle Menschen sind fehlbar. Auch ein Projektmanager, der schon viele erfolgreiche Projekte geleitet hat, kann nicht garantieren, dass auch das heutige Projekt erfolgreich abläuft. Sichern Sie sich ab und stellen Sie die ständige Kontrolle der Änderungen sicher, seien Sie aber im Interesse des Kunden für Änderungen zugänglich.

Regel 8: Ermitteln Sie den gesamten Kundenbedarf

Erinnern Sie sich daran, dass, egal wie gut Ihr Prozess zur Erfassung der Anforderungen abläuft, er nicht den gesamten Bedarf des Kunden erfassen kann. Ihr Kunde wird z. B. eine Vorstellung über die Art und Weise haben, wie Sie mit ihm zusammenarbeiten, den Stil der Interaktionen, den Sie sich zu eigen machen und viele verschiedene andere Faktoren.

Wir Menschen sind unvollkommen, wir arbeiten in einer Gesellschaft, die einen Bedarf jenseits rein funktioneller Anforderungen hat, und schließlich sind wir Menschen, für die es wichtig ist, mit anderen zu kommunizieren. Es ist Ihr Job als Projektmanager, nicht nur die Erfüllung der Anforderungen zu sehen, sondern auch, dass dieses Erfüllen in einer Art und Weise geschieht, die vom Kunden akzeptiert wird.

Bei der Erbringung einer Dienstleistung ist es ganz entscheidend, dass die Qualität bereits beim ersten Versuch die Erwartungen des Kunden erfüllt, besser noch übertrifft. Da die Dienstleistung in den meisten Fällen beim Kunden erbracht wird, stellt dieser den Qualitätsmängel auch sofort fest. Sie haben zwar oft die Möglichkeit nachzubessern, aber der Kunde nimmt die erste Fehlleistung ebenfalls wahr.

Dienstleistungsqualität umfasst alle Maßnahmen, die Sie ergreifen, damit der Kunde sofort von Ihrer Dienstleistung begeistert ist. Folgende Aspekte sind wichtig:

1. Dienstleistungskultur

    Ihre Organisation muss nach innen und außen eine explizite Dienstleistungskultur leben und ausstrahlen. Insbesondere die Führungskräfte müssen mit gutem Beispiel vorangehen und die Dienstleistungskultur vorleben.

2. Dienstleistungsmentalität

   Alle Mitarbeiter Ihrer Organisation müssen eine ausgeprägte Dienstleistungsmentalität haben. Das bedeutet, dass man den Kunden akzeptiert, seine Anforderungen und Erwartungen versteht und dass man sie zur vollen Zufriedenheit des Kunden erfüllen will.

3. Dienstleistungszuverlässigkeit

   Die Leistungen und Prozesse müssen gemäß den Erwartungen des Kunden ablaufen und funktionieren.

4. Qualifikation

   Die Mitarbeiter, die die Dienstleistungen erbringen, müssen kompetent sein. Dies gilt in Bezug auf ihr fachliches Know-how sowie in Bezug auf Ihren persönlichen Umgang mit den Kunden.

5. Beschwerden

   Beschwerden sind als Quelle zur Verbesserung der eigenen Leistungen zu verstehen und zu nutzen.

Regel 9: Bedenken Sie immer, dass es nicht Ihr Projekt ist

Als Projektmanager haben Sie die volle Verantwortung für das Projekt und Sie haben sicherzustellen, dass das Projekt die gesteckten Ziele erreicht – tatsächlich ist es aber nicht Ihr Projekt. Sie sind der „Agent" Ihres Kunden.

Ihr Kunde ist Project Owner, ihm gehört das Projekt, er bestimmt das „Was" des Projekts und Sie kennen das „Wie". Das „Was" bezieht sich auf den Umfang und die Anforderungen und das „Wie" auf die Art und Weise der Umsetzung in eine Lösung.

Selbstverständlich dürfen Sie eine andere Meinung haben als der Kunde, aber Sie müssen wissen, wer letztendlich das Sagen hat. Eine konstruktive Beziehung ist dann gegeben, wenn Sie zwar Anforderungen in Frage stellen, Ihr Kunde aber die Entscheidung trifft; ähnlich kann er Ihre Projektplanung in Frage stellen, aber die letzte Entscheidung treffen Sie.

Zwei gute Beispiele, die oft vergessen werden, sind die definierten Anforderungen und die Änderungen während der Projektdurchführung.

Der Projektmanager muss auf jeden Fall der Versuchung widerstehen, Anforderungen, die ihm als selbstverständlich bzw. unnötig erscheinen, hinzuzufügen bzw. zu beseitigen. Wenn Sie meinen, dass etwas vergessen worden ist oder nicht mit aufgenommen werden sollte, diskutieren Sie und beraten Sie Ihren Kunden, aber überlassen Sie ihm die Entscheidung.

Die vom Kunden initiierten Änderungen können ein gewaltiges Problem werden. Unter Umständen machen sie dem Projektmanager das Leben ziemlich schwer, so dass dieser die Änderungen gerne unter den Tisch kehren würde. Aber natürlich existiert das Projekt nicht zum Nutzen des Projektmanagers, und solange der Kunde die Wirkung seiner Änderung versteht, ist es seine Entscheidung, es so zu machen.

Der Kunde hat das Recht, das Projekt zu verändern oder zu stoppen, wann immer er es will (er muss dann natürlich auch aus dem Vertrag resultierende Folgen tragen).

6.3 Mit den Projektbeteiligten und -betroffenen kommunizieren

Kommunizieren, kommunizieren und immer wieder kommunizieren – der wöchentliche Projektbericht reicht dafür nicht. Kommunikation braucht Methode und spezielle Kommunikationsfähigkeiten.

Es ist naheliegend, warum Sie mit Ihrem Projektteam kommunizieren müssen. Vorausgesetzt, Sie einen haben einen dokumentierten Projektauftrag und kennen den Anforderungsbedarf, gibt es eigentlich keine Erklärung, warum Sie mit Ihrem Kunden reden müssen. Das klingt schlüssig und kann Sie dazu verleiten, dieses Thema abzuhaken. Trotzdem ist es wirklich nützlich, sich in die Lage des Kunden zu versetzen und in sich selber Verständnis und Empathie für den Kunden zu wecken.

Die Hauptgründe für die Kommunikation mit dem Kunden während des Projektlebenszyklus sind:

- Der Kunde hat ein Recht, informiert zu werden, wie das Projekt läuft und wie die zur Verfügung gestellten Mittel verbraucht werden. Schließlich ist es nicht Ihr Geld, das Sie ausgeben, und es sind auch nicht Ihre Mittel, die Sie verbrauchen. Ressourcen sind fast überall knapp, auch in einem Projekt, und so ist durchaus eine andere Verteilung möglich oder der Abzug von Ressourcen. Es ist klar, dass ein Projekt nur erfolgreich durchgeführt werden kann, wenn die entsprechenden Mittel zur Verfügung stehen. Und die Linienmanager werden nur Leute zur Verfügung stellen, wenn sie sehen, dass es sich lohnt und dass es funktioniert. Sie müssen nicht nur Ergebnisse liefern, sie müssen auch dafür sorgen, dass Ihr Kunde dieses weiß!

- Für den Erfolg als Projektmanager brauchen Sie Vertrauen. Sie haben kein unabdingbares Recht auf Vertrauen und es wird auch nicht automatisch erreicht. Vertrauen kann man nicht kaufen, es muss erworben werden und dies funktioniert fast nur mit einer guten kontinuierlichen Kommunikation.

- Dinge ändern sich und Sie müssen sie durchsprechen; Sie können Änderungen nicht annehmen, wenn Sie nicht wissen, was sie kosten, wie viel Zeit dafür gebraucht wird, welche Mittel benötigt werden, welche Auswirkungen sie haben. Auf der anderen Seite können Sie nicht erwarten, dass der Kunde Änderungen selber durchführt. Viele Kunden betreiben ihr Geschäft in einem dynamischen Umfeld, so kann es sein, dass Ihr Projekt noch vor ein paar Wochen eine hohe Priorität hatte, heute aber nicht mehr.

- Sie brauchen den Kunden oder Sponsor des Projekts, damit er etwas für das Projekt tut. Dinge, die im Vorübergehen auftauchen oder entlang der Managementkette ablaufen, können in einer konstruktiven Weise nur gemeinsam bearbeitet werden.

- Wir alle sind Menschen und Menschen mögen es, dass man mit Ihnen redet. Häufig werden bestimmte Urteile über andere weitestgehend auf Grund der Interaktionen gefällt. Es klingt abgedroschen, aber es ist wirklich so, dass ein Projektmanager, der sich nur in seinem Büro aufhält und sich gewissenhaft um sein Projekt kümmert, als unsicherer Partner angesehen wird. Das kann ungerecht sein – aber es liegt wohl in der menschlichen Natur, so über Menschen zu urteilen, die unauffällig arbeiten.

- Sie müssen über den Projektfortschritt berichten, das hält Sie als Projektmanager „auf Trab". Seien Sie ehrlich, arbeiten Sie nicht härter, wenn jemand Ihre Leistung misst?

Der Ablauf der Kommunikation durch den Projektmanager geschieht üblicherweise formell durch kontinuierliche Berichterstattung, sei es wöchentlich oder monatlich (oder in einigen Fällen täglich oder vierteljährlich).

Dazu braucht der Projektmanager eine Vielzahl von Kommunikationsfähigkeiten. Sie werden in drei Hauptgruppen strukturiert:

- Planung und Kommunikationsansätze

- Stil und Kommunikationsmethoden

- Regeln, die die Kommunikation unterstützen

6.3.1 Planung und Kommunikationsansätze

Regel 1: Planen Sie Ihren Kommunikationsprozess

Ihr Kommunikationsansatz sollte idealerweise als selbstsicher, entspannt und natürlich herüberkommen, was aber nicht heißt, dass er nicht geplant werden sollte. Kommunikation in einem Projekt muss, wie alle anderen Projektaufgaben auch, geplant werden. Für ein kleines Projekt kann das sehr einfach sein, bei einem großen Projekt mit vielen Personen müssen Sie eine geeignete Methode einsetzen. In diesem Zusammenhang meint die Definition „Plan" nicht nur den formalen Plan, den Sie erstellen und dokumentieren, sondern auch die Denkarbeit und Richtlinien, die Sie entwickeln. Denken Sie darüber nach und strukturieren Sie Ihre alltäglichen Interaktionen. Ihre Kommunikation schließt eine Vielfalt von Personen ein, Sie sollten sich aber auf drei Personenkreise konzentrieren:

- Das Projektteam

  Planen Sie reguläre Statussitzungen zum Abschätzen des Projektfortschritts. Diskutieren Sie Probleme, Risiken und Änderungen, und vereinbaren Sie mit dem Team, worauf sie sich für den nächsten Zeitraum konzentrieren sollen. Der Plan und die Aufgaben müssen eindeutig sein und von jedem verstanden werden. Hinterlassen Sie keine offenen Themen, die eine individuelle Interpretation des Planes zulassen. Einigen Sie sich auf eine einvernehmliche Vorgehensweise, auf reguläre Berichterstattung aus dem Team heraus und auf regelmäßige Projektsitzungen.

- Kundenberichterstattung.

  Es gibt mindestens zwei Kundengruppen, die unbedingt im Berichtswesen berücksichtigt werden müssen – der Lenkungsausschuss für kontinuierliche Aktualisierungen und Unterstützung und die Endbenutzer in Vorbereitung auf die Ergebnisse des Projekts. Einigen Sie sich mit den Kundengruppen bzgl. der Projektsitzungen und die geforderte Berichterstattung.

- Stakeholder

  Sie sind Teil Ihres kontinuierlichen Stakeholder-Managements.

Fangen Sie mit Ihrer Kommunikationsplanung an, indem Sie über die Ziele der Interaktionen nachdenken, und beschäftigen Sie sich dann mit der eigentlichen Nachricht. Erinnern Sie sich daran, dass Kommunikation nicht nur das Bereitstellen von Information und Nachrichten ist, es ist auch ein Grundpfeiler der Kundenbeziehung.

Der Kommunikationsplan kann bei kleinen und einfachen Projekten aus formlosen Gedanken bestehen, bei einem großen Projekt kann er ein sehr komplexer Plan sein. Allgemein sollte er drei Hauptbestandteile beinhalten:

- Aufgaben innerhalb des Projektplanes

  Es wird einige größere Kommunikationsaufgaben und Ereignisse geben, die in den Projektplan eingearbeitet werden müssen. Dabei handelt es sich hauptsächlich um Präsentationen und Aufgaben, die bei Erreichen eines Meilensteines notwendig sind. Die bestimmten Ereignisse hängen von der Einstufung und Art des Projekts ab. Typische Beispiele bei einem größeren Projekt sind die Initiierung des Projekts (Kick-off-Meeting), die Präsentationen von Meilensteinergebnissen, die Annahme bzw. Abnahme von Ergebnissen. Für komplexe Programme kann es auf Grund der vielfachen Aufgaben einen separaten Kommunikationsplan geben.

- Richtlinien und Regeln für die Mitglieder des Projektteams

  Für kleine Projekte wird die Verantwortung für die Kommunikation beim Projektmanager liegen. Bei größeren Projekten kann dies unpraktisch werden. Dann ist explizit festzulegen, welche kontinuierliche Kommunikation stattfinden soll, in welcher Form und wer dafür verantwortlich ist. So kann der Projektmanager zum Beispiel für die monatliche Aktualisierung der Lenkungsausschussinformationen zuständig sein, andere Personenkreise können von anderen Projektmitgliedern auf den neuesten Stand gebracht werden. Für große Projekte müssen solche Richtlinien als Teil der Kommunikationsplanung formell dokumentiert werden.

- Auf den Projektmanager bezogene laufende Kommunikation

  Die laufende Kommunikation ist ein typischer dynamischer, undokumentierter Prozess. Ich meine damit die Durchführung „ganz normaler", ungezwungener Gespräche mit den Mitgliedern des Projektteams. Trotz der dabei ablaufenden inoffiziellen Mischung aus Eigeninitiative und Rückwirkung sollte dabei doch alles durchdacht werden. Gute Projektmanager betrachten Kommunikation als einen ganzheitlichen Komplex von Aktivitäten, die das Erreichen der Ziele des Projekts unterstützen.

Regel 2: Akzeptieren Sie die reguläre Berichterstattung als einen Teil Ihrer Aufgaben

Bevor Sie Ihren Kommunikationsplan erstellen, ist es wichtig, dass Sie sich als erstes Gedanken über den Zyklus von regulären Berichten und

Projektsitzungen machen, die Sie als Projektmanager halten wollen. Eine solche reguläre Interaktion bildet die Grundlage für ein sachliches Verständnis des Projektstatus. Der Projektstatus muss bekannt sein, um zu entscheiden, welche Managementaktionen für das Projekt benötigt werden. Es gibt viele Möglichkeiten und Formate. Ich habe oft erlebt, dass ein wöchentlicher Statusbericht für den Lenkungsausschuss sinnvoll war, begleitet von weniger häufigen Berichten und Sitzungen für die anderen Kundengruppen.

Als Projektmanager sollten Sie sich nicht darüber beklagen, dass Sie in wöchentlichen oder monatlichen Zyklen zu berichten haben. Akzeptieren Sie, dass die Berichterstattung eine Kernkomponente Ihrer Arbeit ist, und wenn die Berichterstattung für Sie schwierig wird, kann angenommen werden, dass Sie bzgl. Ihres Projektes nicht (mehr) auf dem Laufenden sind. Sobald Sie einen ersten wöchentlichen Bericht erstellt haben, sollte die Aktualisierung für die folgenden Wochen leicht sein. Versuchen Sie, eine übermäßige Zahl unterschiedlicher Berichte zu vermeiden, indem Sie ein Standardformat entwickeln, das so weit wie möglich zu allen Personenkreisen passt.

Der wöchentliche Projektstatusbericht sollte mindestens folgende Informationen beinhalten:

- Eine sehr klare Erklärung des Projektstatus

  Ist das Projekt noch im Soll, gibt es Terminverschiebungen oder ist es noch im Planungsrahmen? Vorzugsweise wird dies eindeutig im ersten Abschnitt des Berichtes abgedeckt. Eine Ampelschaltung in den Farben rot, gelb und grün gibt einen schnellen visuellen Überblick.

- Eine einfache Beschreibung von wichtigen Problemen, die sich auf den Fortschritt beziehen: Was für Probleme gibt es, welche Auswirkung haben sie und wann werden sie gelöst?

- Eine einfache Beschreibung von neuen Risiken oder Änderungen zum Risikostatus, die dem Personenkreis für diesen Bericht bekannt werden müssen.

- Zum Abschluss sollten Sie die Dinge aufführen, für die Sie vom angesprochenen Personenkreis Hilfe erwarten, z. B. Entscheidungen, weitere Mittel, usw.

Halten Sie solche Berichte einfach und kurz. Viele haben keine Zeit, alles in ausführlicher Form zu lesen. Wenn bestimme Personen oder Personenkreise ausführlich informiert werden wollen, müssen diese Ihnen das sagen oder persönlich mit Ihnen das ein oder andere Thema besprechen. Mit komplexen Wochenberichten riskieren Sie, dass bestimmte Personen sich nicht bemühen, diese zu lesen. Dabei gehen die wirklich wichtigen Informationen verloren. Ich habe viele Statusberichte gelesen, mit jeder Menge von Informationen, aber danach hatte ich oft keine Ahnung, ob das Projekt in Ordnung war oder nicht. Ein idealer Bericht ist nicht länger als eine DIN-A4-Seite.

Regel 3: Benutzen Sie formale Präsentationen, soweit erforderlich

Ihr Kommunikationsplan wird auch einige Präsentationen enthalten. Präsentationen gehören zum modernen Geschäftsleben, egal ob sie wichtig oder nur Teil eines geschäftlichen Rituals sind. Sie sollten Präsentationen auf jeden Fall einplanen und durchführen. Die Präsentation der Projektergebnisse nimmt einen wichtigen Stellenwert ein, denn Voraussetzung für die Anerkennung der von Ihnen und dem Team geleisteten Arbeit ist das erfolgreiche „Verkaufen" der Projektergebnisse, gemäß dem Motto:

„Tue Gutes und rede darüber."

Projekt-Marketing ist wichtig für Ihren Bekanntheitsgrad – lassen Sie bei besonderen Präsentationen auch den Sponsor mit einem Beitrag auftreten.

Sie können nicht immer im Vorhinein prognostizieren, welche Präsentationen Sie während Ihres Projektes brauchen, manchmal müssen Sie bestimmten Personen oder Gruppen das Projekt nahebringen und brauchen dafür eine Präsentation. Vielleicht benötigen die Kunden eine Analyse oder wollen wissen, warum ein Projekt in Schieflage geraten ist; vielleicht benötigen auch Teammitglieder mehr Wissen über einige Teile des Projekts, mit denen sie Schwierigkeit haben. Planen Sie Zeitpuffer für ungeplante Präsentationen ein, aber planen Sie die Präsentation sofort ein, wenn Sie wissen, was gefordert bzw. benötigt wird.

Denken Sie über wichtige Zeitpunkte nach, zu denen Sie wichtige Information für Kunden und Stakeholder haben. Die Grundlage für solche formalen Präsentationen ist Ihr Projektstrukturplan, in dem Präsentationszeiten bei größeren Meilensteinen und kritischen Ereignissen eingeplant sind.

Sehen Sie Präsentationen als Teil Ihres Jobs. Sehen Sie sie als eine Gelegenheit, das Projekt und sich selbst zu präsentieren.

Falls der Kunde vom Projektteam zu viele Präsentationen fordert, müssen Sie mit dem Kunden reden, um das zu reduzieren – aber nur, wenn es wirklich zu viele sind, denn Präsentationen sind in der Regel gut für Sie, die Projektmitarbeiter und das Projekt. Bei den Präsentationsterminen haben Sie auch eine gute Gelegenheit, an Informationen zu gelangen, die Sie vom Auditorium benötigen. Nutzen Sie Präsentationen als Hebel, um Unterstützung zu bekommen, Entscheidungen zu treffen, Mittel zu bekommen, Probleme zu lösen und Risiken zu diskutieren.

Zur Präsentation noch einige Tipps:

- Kombinieren Sie geschickt verschiedene Medien.

- Denken Sie darüber nach, was Sie mit jeder Präsentation für sich, die Mitarbeiter und das Projekt erreichen wollen und berücksichtigen Sie es in Ihrer Präsentation.

- Legen Sie das Vortrags- bzw. Präsentationsziel fest. Nicht immer liefert das Thema eine eindeutige Auskunft. Klären Sie den Inhalt mit denjenigen Personen ab, die wünschen, dass Sie die Präsentation halten.

- Klären Sie die Zielgruppe, vor der Sie Ihren Vortrag oder die Präsentation halten. Versetzen Sie sich gedanklich in die Situation, den Kenntnisstand und die Denkweise Ihrer Zuhörer, damit Sie zielgruppenorientiert präsentieren können. Nur wer die Erwartungen und Wünsche seiner Zuhörer kennt, wird in der Lage sein, diesen auch Nutzen und Vorteile aufzuzeigen und vorhandene Informationslücken zu schließen.

- Erstellen Sie nach der Klärung des Präsentationsziels und der Zielgruppe eine Stoffsammlung. Gehen Sie im ersten Schritt quantitativ vor, sorgen Sie also für die Vollständigkeit der Inhalte. Im zweiten Schritt kommen dann qualitative Aspekte hinzu. Aus der Fülle des Materials wählen Sie je nach Zielsetzung das aus, was in der begrenzten Zeit vorgetragen werden kann. Sorgen Sie dafür, dass die Präsentation einen „Roten Faden" hat und auf ein Ziel hinführt.

- Entscheiden Sie, ob das Material, dass Sie entwickeln, nur präsentiert werden oder auch als Dokument (oder Datei) ausgehändigt (oder verschickt) werden kann. Planen Sie dies sorgfältig, da es unter Umständen Auswirkungen auf Struktur und Inhalte der Präsentation haben kann.

Wenn es notwendig ist, drängen Sie dem Kunden die Kommunikation auf. Hält er sie nicht für nötig, ist es wahrscheinlich ein gutes Zeichen, dass er Ihnen vertraut, aber es kann auch bedeuten, dass er sich nicht genug für die Präsentation (z. B. Ergebnisse) interessiert. In diesem Fall haben Sie kaum ein Mittel, ihn dazu zu bewegen. Machen Sie sich jedoch eine interne Notiz.

Regel 4: Benutzen Sie die inoffizielle Kommunikation spontan und kontinuierlich

Vollenden Sie Ihren Kommunikationsplan, indem Sie über Ihre inoffizielle Kommunikation nachdenken. Natürlich sollen Sie nicht jeden „Plausch" planen, aber Sie sollten bewusst über die Ausgeglichenheit zwischen offizieller (formaler) und inoffizieller Kommunikation nachdenken.

Die inoffizielle Kommunikation kann etlichen Zwecken dienen, z. B. Beziehungen und Vertrauen aufbauen, schnellem Erkennen von kritischer Information oder dem Herausfinden unterschiedlicher Standpunkte. Das sollte entspannt funktionieren, aber nicht unüberlegt. Sie können sich glücklich schätzen, wenn Sie eine natürliche und freundliche Ausstrahlung haben, alles und jeden kennen; aber nicht jeder ist so, doch auch wenn Sie so sind, sollten Sie nachdenken, ob Ihre Kommunikation komplett ist. Inoffizielle Kommunikation – kurze Gespräche, Anrufe, Kaffeeklatsch, Thekenabende und E-Mails sind ein kritischer Teil Ihrer laufenden Arbeit – und müssen bis zu einem gewissen Grad ebenfalls durchdacht sein.

Wenn Ihnen formale Präsentationen missfallen, können Sie den Bedarf daran reduzieren, wenn Sie mehr inoffizielle Kommunikation betreiben. Je mehr Sie Ihre Personen anrufen, sie vor den Kaffeeautomaten abfangen oder sie zum Mittagessen oder zu einem „Drink" einladen, desto leichter können Sie Formalien umgehen. Eine gelungene inoffizielle Kommunikation, z. B. der „Smalltalk", ermöglicht es, in lockerer Art über Dinge zu reden, die man offiziell nicht so ohne weiteres ansprechen würde. Der Smalltalk bietet die Möglichkeit, miteinander zu kommunizieren, ohne zu persönlich zu werden oder unhöflich zu erscheinen. Das Gespräch an der Oberfläche schafft Akzeptanz und zeigt, ob sich tiefer gehende Gespräche lohnen, die man dann vereinbaren kann.

Inoffizielle Kommunikationen funktionieren gut mit gewissen Kundengruppen, aber besonders wichtig sind sie im Projektteam. Der Projektmanager, der nur auf formale, strukturierte Informationen baut, wird wahrscheinlich nicht alle Belange der Teammitglieder verstehen, noch wird er ein gutes Verhältnis zum Projektteam entwickeln.

Ein Spaziergang („Work Around") durch die Räume des Projektteams, einmal oder zweimal pro Tag, und die Frage, wie es geht, werden allerlei kritische Information zur Oberfläche bringen. Sie dienen außerdem der besseren Beziehung zwischen Projektmanager und Projektteam, ohne dass jemand besonders herausgefordert wird. Inoffizielle Kommunikationen sollten Sie so gestalten, dass Sie nicht einfach den Teammitgliedern irgendetwas erzählen, Sie sollten sie dazu bringen, selber über gewisse Dinge zu sprechen. Dies ist die beste Art und Weise, um herauszufinden, was eigentlich in dem Projekt oder Projektteam abläuft. Die Bemerkungen aller müssen immer im Zusammenhang miteinander gesehen werden und mit den anderen vielfachen Ansichten abgestimmt werden – dann lassen sich klare Schlüsse ziehen. Sie können aber auch nonverbale Kommunikationen beobachten, um Informationen über emotionale Zustände aufzunehmen, die wesentlich sind, um zu verstehen, wie die betreffenden Personen optimal gemanagt werden.

Wenn Sie dermaßen erhaltene Informationen in Ihren Präsentationen wiedergeben, erzeugen Sie große Identifikation im Projektteam, da Sie auf Bekanntes verweisen.

Inoffizielle Kommunikationen sind meistens dann wirksam, wenn Sie als Dialog durchgeführt werden. Dialoge sind wichtig, nicht nur weil ein wechselseitiger Informationsfluss entsteht, sie sind auch Grundlage für den Aufbau von Beziehungen.

6.3.2 Stil und Methode der Kommunikation

Regel 1: Sprechen Sie die gleiche Sprache wie Ihre Partner

In vielen Projekten werden Experten eingesetzt, die jeweils ihren eigenen Jargon haben und ihre eigene Art, miteinander zu kommunizieren. Bestimmte Branchen oder Berufszweige haben eine spezielle Fachsprache entwickelt, viele Organisationen eine spezielle Unternehmenssprache, abhängig zum Beispiel von der Art der Ausbildung ihrer Mitarbeiter oder von ihrer Unternehmenskultur. Die Fähigkeit, die Sprache der verschiedenen beteiligten Personen aufzugreifen und im Projekt zu benutzen, ist kritisch für den Projektmanager. Insbesondere wenn Sie ein mobiler Projektmanager oder Berater sind, der von einem Unternehmen zum anderen oder gar von einer Branche zu einer anderen springt, müssen Sie deren Sprache lernen. Auch regionale Sprachunterschiede können durchaus kritisch sein. Berliner sprechen anders als Oberbayern, Hamburger anders als Sachsen.

> Wer nicht zu verstehen ist, kann nicht auf Verständnis hoffen.

Akzeptieren Sie bitte das lokale Vokabular, genau so wie Sie es mit einer anderen Landessprache tun würden. Ein Fachjargon ist aus vielen Gründen entstanden und er bietet den beteiligten Personen in der Regel eine rationale Kommunikationsbasis. Ein Jargon ist ein Teil der Umgebung, in der Sie arbeiten; Sie sollten lernen, diesen Jargon so weit zu beherrschen, dass Sie gut in die Umgebung passen.

Regel 2: Vermeiden Sie zu viele Projektmanagementausdrücke

Projektmanager haben, wie andere Experten auch, ihre eigenen Ausdrücke. Nehmen Sie nicht an, dass andere Personen oder Personenkreise diese Ausdrücke verstehen oder sogar verstehen müssen.

Ich habe oft gehört, dass Personen gefragt haben, was der Unterschied zwischen einem Projekt- und einem Programmmanager ist oder zwischen einem Problem und einem Risiko. Manche Begriffe verursachen eine ständige Verwirrung, z. B.:

- Work Breakdown Structure (Projektstruktur) oder Organisational Breakdown.
- PID, Requirements Specification, Technical Specification
- Change Request (Änderungsantrag)
- Planning Terms, PERT, Gantt, Critical Path, Critical Chain, Earned Value Analysis
- Project Roles, z. B. Project Manager, Programme Manager, Project Director.

In einem Projekt kann es noch viel mehr solcher Begriffe geben, die allgemein nicht verstanden werden. Eine Präsentation oder ein Vortrag wird durch die Anhäufung jargonspezifischer Begriffe nicht besser, sondern für „Nicht-Projektmanager" schwer verständlich. Dies bedeutet nicht, dass Sie spezielle Begriffe um jeden Preis vermeiden müssen. Wenn Sie solche Begriffe verwenden, sollten Sie an Folgendes denken:

- Fragen Sie sich, ob es konzeptionell notwendig ist, die Begriffe zu benutzen, in Vorträgen oder auch in den Gesprächen, die Sie führen. Das gilt insbesondere auch für Abkürzungen.

- Versuchen Sie, wo möglich, eine Alternative aus dem Geschäftsalltag zu finden, beispielsweise kann eine Gantt-Tabelle den meisten Personen einfach als ein Projektplan vorgestellt werden – die Tatsache, dass es andere Arten von Plänen gibt, ist normalerweise irrelevant.

- Wenn Sie keine Alternative finden können, erklären Sie den Begriff, bevor Sie ihn benutzen. Jeder Sachverhalt kann in unkomplizierter Weise mit geläufigen und anschaulichen Formulierungen erläutert werden. Ein Begriff wie „kritischer Pfad" ist sehr nützlich, aber nicht intuitiv verständlich – erklären Sie ihn und benutzen Sie ihn dann. Sogar die Bedeutung von Begriffen wie „Probleme", „Risiken" oder „Lösungen" sind beileibe nicht immer klar.

- Machen Sie es Ihrem Kommunikationspartner nicht durch komplizierte Formulierungen unnötig schwer. Helfen Sie Ihren Zuhörern, dass die Information ankommt und verstanden wird, indem Sie sich einfach ausdrücken. Sie können davon ausgehen, dass Sie umso besser verstanden werden, je einfacher Sie sprechen.

Regel 3: Erklären Sie die Risiken

Jede Information, die in einer Kommunikation enthalten sein soll, aber aus irgendwelchen Gründen nicht ankommt, stellt ein gewisses Risiko dar.

Es ist nicht damit getan, nur auf das Risikokonzept hinzuweisen. Die Personen, mit denen Sie kommunizieren, müssen auch den Verwendungszweck des Konzepts verstehen. Ich habe eine Menge von Präsentationen gesehen, wo der Projektmanager schnell durch eine Risikoliste ging. Das kam etwa nach der Art herüber: „Hier haben wir die Risiken, aber kümmern sich nicht um sie, weil ich sie im Griff habe, und ich präsentiere sie nur, weil ich darum gebeten wurde." Dieses Vorgehen ist immer falsch, vor allen Dingen dann, wenn wirklich größere Risiken vorhanden sind, die das Projekt aus dem Ruder laufen lassen können.

Kommunizieren Sie so, dass alle Personen bzw. Personenkreise die Risiken und ihre möglichen Auswirkungen verstehen. Stellen Sie dabei sicher, dass die Personen es verstehen, falls das Projekt solche Risiken in sich birgt, dass es scheitern könnte. Versuchen Sie nicht den Eindruck zu erwecken, alles wäre ganz einfach und Sie hätten alles im Griff. Machen Sie klar, dass Risiken nur gemeinsam gelöst werden können. Erwarten Sie dann Fragen, was getan werden muss, um Risiken zu beherrschen bzw. zu vermeiden. Hat niemand eine Frage und gibt es kein weiteres Interesse dazu, können Sie annehmen, dass es für die anderen Projektbeteiligten kein Problem ist, wenn Sie das Risikomanagement nach der vorgestellten Art betreiben.

Regel 4: Präsentieren Sie komplexe Dinge gut verständlich

Viele Projekte sind von vornherein komplex oder sie werden im Laufe der Zeit komplexer; entweder wegen ihrer Größenordnung oder aufgrund ihres Inhaltes. Es ist eine herausragende Fähigkeit, wenn Sie komplexe Informationen und Details über ein Projekt präsentieren und sie mit leicht verständlichen Begriffen erklären können.

Lernen Sie zu unterscheiden, was Personen nicht so genau wissen müssen und was ausführlich behandelt werden muss. Es gibt Personen, die wollen keine Details über das Projekt wissen; verschwenden Sie deshalb nicht Ihre und deren Zeit. Sagen Sie ihnen, was für sie relevant ist, und wenn Sie es nicht wissen, fragen Sie sie, was für sie relevant sein könnte.

Gehen Sie Komplexität systematisch an, versuchen Sie, sie simpel zu erklären, in wenigen Sätzen – für die meisten Leute ist diese einfache Erklärung hinreichend, kompliziertere Darstellungen würden sie sowieso wieder vergessen.

Nehmen Sie sich die Zeit, wenn Sie mit den Leuten reden, bemühen Sie sich, schwierige Begriffe zu erklären, und nehmen Sie nicht an, Ihr Gegenüber würde alles automatisch verstehen. Lassen Sie sich sein Verständnis bestätigen und bereiten Sie im Bedarfsfall eine weitere Erklärung vor. Versuchen Sie zu verstehen, ob Ihre Zuhörer alles verstehen. Falls ja, brauchen Sie an dieser Stelle nicht mehr zu erklären. Bei einer Präsentation können Sie dann zum nächsten Teil übergehen. Denken Sie auch daran, dass manche Personen schnell irritiert sind, wenn man ihnen Begriffe erklärt, die sie schon verstanden haben oder verstanden zu haben glauben.

Unterschätzen Sie nicht, was für manche Personen komplex sein kann. Bei technikorientierten Personen können Sie zum Beispiel ganz selbstverständlich den dringenden Bedarf einer Anforderungsspezifikation einfordern. Auf der Ebene von Führungskräften sollten Sie die Notwendigkeit einer Anforderungsspezifikation wahrscheinlich erklären. Solche Dinge liegen außerhalb von deren Aufgabenbereichen und ihrer Erfahrung.

Das Beste ist immer zu fragen, ob der Personenkreis ausreichende Kenntnisse über einen bestimmten Begriff hat. Falls ja, machen Sie weiter, falls nicht, erklären Sie den Begriff. Wenn Sie nicht wissen, ob einige Personen das als herablassend empfinden, dann beginnen Sie Ihre Erklärung in der Art von: „Ich stelle immer wieder fest, dass es kein einheitliches Verständnis zu diesem Begriff gibt, deshalb möchte ich ihn hier für unsere Zwecke definieren."

Regel 5: Stimmen Sie die Kommunikation auf die Bedürfnisse der jeweiligen Gruppen ab

Verschiedene Personenkreise benötigen unterschiedliche Präsentationsstile, z. B. können Sie eine Präsentation für das Projektteam nicht für den Lenkungsausschuss verwenden. Eine Präsentation, die für einen Personenkreis gut gelingt, muss nicht automatisch für den anderen passen. Es gibt Dutzende verschiedener Typen von Adressaten, über die folgenden sollten Sie jedoch besonders nachdenken:

- Das Projektteam und unabhängig vom Team arbeitende Experten
- Lieferanten
- Sponsor(en)
- Lenkungsausschuss (Auftraggeber, Sponsoren oder Chefs usw.)
- Kunden
- Endbenutzer bzw. Endanwender
- Ressourcenverwalter
- Andere Stakeholder

Wenn Sie Präsentationen für die jeweiligen Gruppen planen, sollten Sie vorab immer die folgenden Fragen beantworten:

- Warum präsentiere ich für diesen Personenkreis?

  Wenn Sie den Grund nicht kennen, ist es schwierig, die passende Kommunikation zu entwickeln. Sehr beschäftigte Personen meinen oft, sie könnten Präsentationen durchführen, auch wenn die Gründe völlig unklar sind. Wenn Sie die Gründe wirklich nicht wissen, fragen Sie nach, wer die Präsentation geplant hat und was die Gründe dafür sind. Wenn Sie die Gründe kennen, so können Sie sich darauf einstellen.

- Was ist relevant für diesen Personenkreis?

  Die für diesen Kreis wichtigen Merkmale eines Projektes müssen dargelegt werden. Einige Projektinformationen sind hingegen nicht relevant; schließlich ist die Zeit und Geduld Ihrer Audienz beschränkt.

- Wie vermittle ich dem Personenkreis die Projektinformation?

  Sie sollten entscheiden, welches Vokabular Sie benutzen. Benutzen Sie technische Begriffe oder Spezialwörter, so denken Sie daran, diese zu erklären.

- Was sind die besten Medien?

  Geht es formal oder inoffiziell zu? Brauchen Sie eine Präsentation oder reicht eine E-Mail, ein Rundschreiben, ein Aushang oder was sonst?

- Was können Sie aus der Präsentation herausholen?

  Verschiedene Personenkreise haben unterschiedliche Auswirkungen auf das Projekt. Zum Beispiel kann ein Lenkungsausschuss mehr Mittel zur Verfügung stellen, ein gut motiviertes Projektteam leistet bessere

Arbeit, usw. Definieren Sie vorab, was Sie erreichen wollen, und orientieren Sie daran Ihre Information.

Regel 6: Führen Sie eine wirksame Kommunikation mit dem Lenkungsausschuss

Für einen neuen Projektmanager ist es eine große Herausforderung, wenn er zum ersten Mal vor einem Lenkungsausschuss präsentiert. Gelingt diese Präsentation, so erleichtert dies die weitere Projektarbeit; eine schlechte Präsentation kann Probleme verursachen. Vor dieser Präsentation sollten Sie einige Anstrengungen unternehmen und klären, was relevant für diesen Personenkreis ist.

Auch hier gilt, dass nicht alle Projektinformationen übermittelt werden müssen. Denken Sie vorab über das Ziel Ihrer Präsentation nach, über das, was Sie erreichen wollen. Versuchen Sie soweit wie möglich alle Fragen des Lenkungsausschuss sofort zu beantworten. Wo dies nicht möglich ist, notieren Sie die Fragen, um sie im Anschluss an die Präsentation zu beantworten.

Typische derartige Fragen sind:

- Wie schätzen Sie den gegenwärtigen Status ein?
- Was sind die Risiken und offenen Punkte?
- Was meinen Sie, was wir unbedingt noch wissen sollten?
- Gibt es irgendetwas, was wir verändern oder positiv beeinflussen können?

Bedenken Sie bitte, dass sich dieser Personenkreis nicht für Details interessiert; er will nicht wissen, wie der Änderungskontrollprozess funktioniert oder welche MS-Project-Version Sie benutzen. Wenn Sie nicht erkennen, welche Themen gerade relevant sind und welche Fragen Ihre Präsentation beantworten soll, ist es wahrscheinlich, dass die Präsentation ein Misserfolg wird.

Und bauen Sie beim Lenkungsausschuss Vertrauen auf, dass Sie als Projektmanager alles unter Kontrolle haben, indem Sie alles wahrheitsgemäß darstellen.

Sie können nicht Gedanken lesen, keiner kann es, aber jeder hat eine angeborene Fähigkeit, zu spüren, was andere fühlen. Das ist insbesondere beim Lenkungsausschuss angebracht. Versuchen Sie, für folgende Dinge ein Gespür zu bekommen:

- In welcher Laune sind die Personen? – Sie haben nicht viele Möglichkeiten, schwierige Nachrichten zu übermitteln, versuchen Sie deshalb den Zeitpunkt zu finden, zu dem sie diese am besten anbringen können. Überlegen Sie vorab, wie Sie vorgehen, wenn Sie negative Nachrichten übermitteln müssen.
- Was denken die Personen, wenn Sie präsentieren? – Sie können denken „das ist wirklich interessant" oder „das ist sehr nützlich", sie können aber auch glauben „das ist langweilig und warum bin ich eigentlich hier". Passen Sie Ihren Stil und Inhalt entsprechend an. Ich sage nicht, dass Sie langweilige Nachrichten vermeiden sollten, wenn es jedoch eine optionale Information ist, die Sie präsentieren wollen, und der Teilnehmerkreis ist offensichtlich gelangweilt, dann reden Sie nur kurz darüber.
- Was ist die beste Art der Informationsübermittlung? – Auch hier gibt es keine goldene Regel. Einige Personen lieben Details, andere wollen nur einen Überblick. Einige lieben Bilder und Grafiken, andere brauchen nur Text. Fachleute brauchen andere Inhalte als Laien. Wenn Ihr Publikum gemischt ist, sollten Sie an alle denken oder sich an den wichtigsten Personen orientieren. Passen Sie den Inhalt entsprechend an.

Eine Präsentation ist für Sie besonders einfach, wenn Sie Ihren Personenkreis gut kennen. Wenn Sie den Personenkreis nicht kennen und Ihnen auch niemand Informationen diesbezüglich geben kann, dann rate ich Ihnen: Planen Sie Ihre Präsentation auf hohem Niveau, seien Sie jedoch vorbereitet, jederzeit ins Detail gehen zu können. Es bietet sich also an Charts auf einer hohen Ebene vorzubereiten und zur weiteren Erklärung Charts in Reserve zu haben. Man kann so von der Überblicks- auf die Detailebene gehen und wieder zurück.

- Ist es besser, formell oder inoffiziell zu informieren? Besser in der Gruppe oder in Einzelgesprächen? – Die Gründe, warum man mit jemandem eher inoffiziell reden möchte als formell, sind eine Frage des persönlichen Stils, des Inhalts, der mitgeteilt werden soll, und der Einstufung des Risikos. Zum Beispiel werden strittige, unbewiesene oder neue Informationen im Allgemeinen am besten inoffiziell in einem Einzelgespräch präsentiert.
- Was können Sie von einer Präsentation erwarten bzw. bekommen? – Die Mitglieder des Lenkungsausschusses haben in vielen Fällen die Macht, Ihrem Projekt mehr Mittel zuzuweisen, Änderungen zu genehmigen oder Risiken zu akzeptieren. Einige Personen können Ihnen vielleicht bzgl. Ihrer beruflichen Karriere nützlich sein. (Dieser Hintergedanke ist durchaus erlaubt, solange er nicht übertrieben wird und solange er auch nützlich für das Projekt wirkt.)

- Ist irgendetwas strittig? Gibt es größere Überraschungen? – Bevor Sie eine Präsentation vor dem Lenkungsausschuss durchführen, sollten Sie sicher sein, dass Sie mit Ihren Vorschlägen nicht auf „taube Ohren" stoßen. Wenn Sie das Gefühl haben, dass es Schwierigkeiten geben könnte, kann es wertvoll sein, in bestimmten Fällen „Einzelgespräche" mit Mitgliedern des Ausschusses durchzuführen, bevor Sie Ihre Präsentation vor dem gesamten Lenkungsausschuss durchführen. Bei strittigen Punkten sollten Sie den Mitgliedern des Lenkungsausschusses vorab die Gelegenheit geben, sich über diese Punkte zu informieren, damit niemand das Gefühl bekommt, mit Informationen überfallen und sofort zu einer Entscheidung gezwungen zu werden.

Ich erinnere mich an ein Projekt, das gestoppt wurde, weil der Projektmanager einen Entscheider mit etwas überraschte, was dieser nicht unterstützen konnte – und zwar nicht, weil er anderer Meinung gewesen wäre als der Projektmanager, sondern weil es durch den Überraschungseffekt zu Unstimmigkeiten mit seinem eigenen Chef (dem CEO) kam. Wäre der Entscheider in einem Einzelgespräch vorgewarnt worden, hätte er Zeit gehabt, um bei seinem Chef eine gewisse Unterstützung zu erreichen. Er hätte die Information für diesen anpassen können und im Interesse der Projektdurchführung eine notwendige Unterstützung auch von dieser Seite erreicht. Durch die Überraschung bei der Präsentation verlor der besagte Entscheider das Vertrauen in den Projektmanager und versagte ihm seine weitere Unterstützung. Das wirkte sich so stark auf das Projekt aus, dass dieses fortan immer schlechter lief und schließlich abgebrochen wurde.

- Wie trifft diese Gruppe Entscheidungen? – In manchen Gruppen oder Organisationen werden Entscheidungen im Forum in endlos langen Debatten getroffen. Auch hier bietet sich die Möglichkeit an, im Voraus mit der Gruppe wirkungsvoll eine Übereinstimmung zu erreichen. Vergewissern Sie sich dafür der Unterstützung der dominierenden Personen. Gibt es z. B. im Lenkungsausschuss einen dominierenden Entscheider, dann versuchen Sie eine Übereinstimmung mit ihm zu erreichen, bevor er seine endgültige Entscheidung fällt.

Die Planung und Steuerung der Entscheidungsfindung ist eine wesentliche Fähigkeit erfahrener Projektmanager.

- Planen Sie Ihre Präsentation. – Auch wenn es nur ein inoffizieller Plausch mit einem Manager aus dem Lenkungsausschuss ist, strukturieren Sie die kritischen Themen gedanklich vorab, damit Sie kurz und knapp informieren können. Haben Sie die wesentlichen zwei, drei, vier, fünf oder sechs Themen mit Status, offenen Punkten und Ansätzen für notwendige Unterstützung im Kopf, und aktualisieren Sie diese Punkte permanent.

- Bitten Sie um Feedback. – Wenn Sie präsentieren, sollten Sie auf jeden Fall ein Feedback erhalten. Feedback zeigt Ihnen den Unterschied zwischen dem beabsichtigten und dem tatsächlichen erzielten Präsentationserfolg auf. Feedback umfasst Anmerkungen, Kritiken und Fragen, Informationen und weitere Ideen. Versuchen Sie diese Hinweise aufzugreifen; falls Sie viele Hinweise erwarten, können Sie sogar jemanden einsetzen, der alles mitschreibt. Analysieren Sie alle Ideen und entscheiden Sie, ob Sie sie brauchen können oder nicht. Falls Sie Ideen formell ablehnen wollen, müssen Sie evtl. weitere Mitglieder des Lenkungsausschusses einschalten. Aber es gibt kaum etwas, was einen Manager mehr irritiert, als die Tatsache, dass seine An-/Bemerkungen ignoriert werden.

Grundsätzlich gilt: Auch die Mitglieder im Lenkungsausschuss haben, genau so wie Sie, großes Interesse am Erfolg des Projekts. Die meisten von ihnen sind einsichtsvoll und realistisch bei der Abschätzung von Risiken und Problemen. Denken Sie daran, dass das, was für jemand in einer niedrigen oder mittleren Führungsposition oft ein schwieriges Gesprächsthema sein kann, manchmal von einem erfahrenen Manager einer höheren Führungsebene mit einem Kopfnicken akzeptiert wird. Insofern ist der Umgang mit dem Lenkungsausschuss oft unproblematisch.

Regel 7: Verlassen Sie sich nicht auf E-Mails

E-Mails gehören zum modernen Geschäftsleben und sind eine große Unterstützung bei der Durchführung der Kommunikation. Sie unterstützen hohe Produktivität und bieten gute Funktionalitäten. Sie helfen, gleichzeitig eine Vielzahl von Leuten zu informieren und Dokumente zu verteilen. Sie ist auch praktisch, wenn asynchrone Kommunikation benötigt wird, z. B. über Zeitzonen hinweg oder wenn Personen wegen Meetings schwer zu erreichen sind. Die Steuerung der Projekte wäre für die Projektmanager ohne E-Mails wesentlicher schwieriger. Allerdings sind sie oft lästig, wenn sie unpersönlich sind und zu wenig Inhalt bieten. Außerdem kann die Bearbeitung unsinniger und nicht relevanter E-Mails den Arbeitsablauf eines Projektmanagers erheblich stören.

Es gibt aber noch einen großen Nachteil:

Entsprechend der Kommunikationsforschung besteht Kommunikation aus drei Bestandteilen:

- der Nachricht, die gesendet wird (d. h. die Wörter),
- der Körpersprache und
- dem Ton der Stimme.

E-Mail funktioniert nur für das Erstgenannte. Die anderen Bestandteile fehlen, und so haben Sie kaum eine Möglichkeit, die Kommunikation vollständig zu beurteilen.

Es gibt andere schriftliche Medien, die potenziell unter dem gleichen Problem leiden, aber es ist doch eher so, dass z. B. Berichte eher wegen ihres Inhalts gelesen werden, man aber bei E-Mails dazu neigt, einiges hinein zu interpretieren oder anzunehmen.

Bei einem Dialog sollten Sie immer das Telefon bevorzugen (wenn Sie kein „Vier-Augen-Meeting haben können). Sie können aber Fakten, über die Sie sprechen wollen, vorab vollständig und präzise formuliert an Ihren Gesprächspartner schicken.

Wenn Sie E-Mails benutzen, denken Sie über Ihre Worte nach und vermeiden Sie Ausdrücke, die emotional falsch interpretiert werden können. Gerade weil E-Mails leicht zu benutzen sind, darf es keine Entschuldigung für schlampige Kommunikation geben.

Beschränken Sie die Anzahl der Personen, denen Sie eine E-Mail senden. Eine lange Namensliste der Personen macht in der Regel keinen Sinn, sie riecht vielleicht sogar nach „politischen Spielchen".

Nutzen Sie möglichst niemals die blinde Weiterleitungsmöglichkeit (das „bc"). In einigen Projekten habe ich sogar darauf bestanden, dass diese Funktion im Projektteam gesperrt wurde. Das Nutzen dieser Funktion ist ein eklatanter Vorgang, der Ihnen eine Menge Vertrauen kosten kann, wenn er bekannt wird.

Im Übrigen gibt es schon in einigen Unternehmen einen E-Mail-freien Tag. So haben das Logistikunternehmen PBD oder der Chiphersteller Intel einen sogenannten „No-E-Mail-Friday" eingeführt. Damit soll am fünften Werktag das Verschicken interner E-Mails vermieden werden, und die Arbeitskollegen werden gezwungen, miteinander zu reden, zu argumentieren, zu diskutieren und zu überzeugen. Miteinander sprechen hat auch was mit Vertrauen zu tun und fördert die Bereitschaft zu schnelleren Entscheidungen.

Regel 8: Seien Sie eindeutig in Ihren Aussagen

Es gibt eine einfache aber grundsätzliche Regel, um Verwirrung, Mehrdeutigkeit und ausweichende Antworten zu vermeiden: Seien Sie eindeutig in Ihren Aussagen und mit Ihren Worten. Fragen Sie umgekehrt nach, wenn Sie bemerken, dass andere nichteindeutige Begriffe benutzen – so sollten Wörter wie „genug, hinreichend, ziemlich, ein wenig, vielleicht, eventuell, mehr oder weniger, an und für sich usw." vermieden werden, besonders in formal wichtigen Situationen, etwa während der Anforderungsdefinition oder wenn der Projektstatus präsentiert wird. Machen Sie immer eindeutige Aussagen, definieren Sie z. B. genau „der Aufwand in MT/MM/MJ beträgt ...", „die Kosten belaufen sich auf ... EURO", „das Produkt ist am ... fertig". Versuchen Sie immer eindeutig zu sein. Es ist besser, wenn Sie ab und zu als kleinlich dastehen, als dass Sie nicht auf den Punkt kommen oder Informationen, die für die weitere Planung notwendig sind, ungenau, unvollständig oder sogar falsch wiedergeben.

Regel 9: Präsentieren Sie an den Meilensteinterminen faktische Schlüsselinformation

Stellen Sie sich vor, dass Sie jemand sind, der vom Projektmanager bzgl. des Projektstatus auf den neuesten Stand gebracht werden will. Sie wollen keinen „Plausch". Sie wollen ganz einfach den aktuellen und wahrheitsgemäßen Status erfahren. Wenn er Ihnen sagt, dass der Status noch mit ein paar Fragezeichen verbunden ist, Ihnen aber gleichzeitig verspricht, dass Sie nach deren Klärung eine vollständige Übersicht bekommen, so ist diese Information ehrlich und Sie sollten sie auch so akzeptieren. Möglicherweise braucht er dafür eine Stunde, einen ganzen Tag oder auch länger. Aber machen Sie ihn darauf aufmerksam, dass Sie in kontinuierlichen Zeitintervallen auf den neuesten Stand gebracht werden wollen.

Es gibt viele Informationen, die in inoffiziellen Dialogen ausgetauscht werden können. Aber klare Fakten wie Projektstatus, Risiken, Probleme, Antworten auf offene Fragen und Arbeitsanweisungen für die nächsten Arbeitsschritte müssen in bestimmten Zeitintervallen als vollständige Informationseinheiten präsentiert werden. Dafür bieten sich die offiziellen Meilensteine an, die den Beginn bzw. das Ende eines Projektabschnitts (Phase) kennzeichnen. Sie sind gleichzeitig Entscheidungspunkte, ob die im zurückgelegten Abschnitt erstellten Liefereinheiten abgenommen werden und ob der Start der nächsten Phase freigegeben werden kann.

Die Information zu den Meilensteinterminen ist wichtig, da sie vollständig ist. Teilinformation hingegen ist oft sinnlos. Wenn Sie stattdessen innerhalb kurzer Zeitintervalle immer wieder Ihre Aussagen verändern, wird das Vertrauen in Ihre Kompetenz unterminiert.

Vollständigkeit ist ein Qualitätsmerkmal, das sich auf den Detaillierungsgrad der Information bezieht. Er muss genau auf den Personenkreis abgestimmt sein, mit dem Sie kommunizieren. Dazu gehört auf hoher Ebene auch eine Information, ob sich das Projekt im grünen Bereich befindet oder nicht – eine einfache Erklärung wie: „Wir sind im grünen Bereich und gegenwärtig erwarten wir, auch dort zu bleiben." Dies ist es eine vollständige Information. Falls das Projekt nicht im grünen Bereich ist, so sollten Sie glaubhaft machen, dass Sie innerhalb einer bestimmten Zeit alles wieder im Griff haben

Auf einer tieferen Ebene kann eine Aktualisierung des Projektstatus eine Erklärung wie folgt erfordern: „Wir sind im grünen Bereich innerhalb erwarteter Toleranzen und erwarten, dass wir auch dort bleiben. Es gibt zwei Risiken, die wir bewältigen müssen, aber im Augenblick halten wir es für unwahrscheinlich, dass sie auftreten. Sollte eines der Risiken auftreten, erwarten wir eine Verzögerung der Projektdurchführung von sechs Wochen." Dies kann eine vollständige Nachricht sein, solange es nicht andere zu diesem Detaillierungsgrad dazugehörige Tatsachen gibt. Als Projektmanager entscheiden Sie, was relevant für einen bestimmten Detaillierungsgrad ist. Jede Entscheidung basiert auf Ihren Kenntnissen über das Projekt und dem Informationsbedarf Ihres Personenkreises.

6.3.3 Regeln, um alle Kommunikationstechniken zu untermauern

Regel 1: Die Wahrheit sagen

Was Wahrheit ist, weiß jeder von uns. Wahrheit ist die Übereinstimmung einer Aussage mit der Wirklichkeit bzw. die Übereinstimmung eines formulierten Sachverhalts mit dem tatsächlichen Sachverhalt.

Vermeiden Sie zu lügen. Es gibt sicher Situationen, in denen das Formulieren der Wahrheit nicht produktiv ist, aber diese Situationen sind selten und sollten so weit wie möglich vermieden werden. Ich sage nicht, dass Sie die Darstellung der Informationen nicht Ihren Bedürfnissen anpassen sollen. Wenn es eine Hiobsbotschaft gibt, versüßen Sie die Pille und wählen Sie den Zeitpunkt sorgfältig aus. Das ist dann nur vernünftig und gehört zum guten Management.

Eine Wahrheit hat bekanntlich mehrere Seiten, bei reinen Fakten gibt es allerdings nur eine Wahrheit. Bedenken Sie also, dass falsche Aussagen für Sie persönlich ein Problem werden können. Sie riskieren Ihre Beziehungen und das Vertrauen zu Ihren Partnern (vor allem Kunde und Teammitglieder), wenn diese erkennen, dass Informationen zurückgehalten wurden oder sie sogar belogen worden sind. Wenn Sie versucht sind, etwas Falsches zu sagen oder etwas zu verheimlichen, fragen Sie sich bitte zuerst: „Welche Chancen haben die anderen, etwas herauszufinden?" Fragen Sie auf jeden Fall auch: „Gibt es einen triftigen Grund, etwas nicht richtig darzustellen? Welche Schwächen will ich versuchen zu verheimlichen?"

Es gibt eine richtige und eine falsche Zeit, um eine schlechte Nachricht zu verkünden, aber es sollte Ihnen immer klar sein, dass dies gemacht werden muss.

Regel 2: Daran denken, dass es nur eine Version der Wahrheit geben darf

Es gibt nichts mehr Frustrierendes für den Kunden, als wenn er vom Projektteam immer wieder unterschiedliche und im Team nicht abgesprochene Informationen über Status und Risiken bekommt; leider ist das aber wirklich üblich. Ich habe regelmäßig das Controlling von Projekten durchgeführt; meine Aufgabe bestand darin, bei den Reviews mit verschiedenen Mitgliedern des Projektteams zu sprechen. Dabei habe ich fast immer unterschiedliche Interpretationen des Projektstands bekommen. Dafür gab es viele Ursachen: Einige Teammitglieder hatten nur Teilinformationen, einige hatten veraltete Informationen, andere wiederum interpretierten Tatsachen aus ihrem Blickwinkel und ab und zu wurden unter Teammitgliedern absichtlich falsche Informationen verbreitet. Solche Tatsachen verursachen einen erheblichen Verlust von Vertrauen in das Projekt und den Projektmanager.

Sie sollten das Projektteam dazu bringen, konsistent „eine Version der Wahrheit" mitzuteilen:

- Veranstalten Sie mit dem Projektteam regelmäßige Projektsitzungen und diskutieren Sie den Projektstand, damit jeder aus dem Team den gleichen Überblick hat. Stimmen Sie mit dem Team ab, dass irgendjemand, der wirklich eine Aktualisierung über den Projektstatus braucht, sich an den Projektmanager wenden soll.

- Wenn kritische Aktivitäten abgeschlossen werden oder größere Probleme auftreten (oder gelöst sind), sollten Sie dies dem ganzen Team mitteilen, so dass keiner einen veralteten Stand wiedergibt. Für eine solche Statusinformation ist eine kurze E-Mail hinreichend.

- Stimmen Sie mit dem Sponsor und anderen Kundengruppen ab, wie diese zu den Informationen über Statusaktualisierungen kommen, und sagen Sie ihnen, dass sie Auskünfte über den Status nur bei Ihnen einholen sollen, da Sie als Projektmanager als einziger umfassend auf dem aktuellen Stand sind.

- Am besten ist es, wenn Sie beim Projektstart (Kick-off) die Projektbeteiligten und -betroffenen darüber informieren, dass Sie der einzige Ansprechpartner für Statusinformationen sind.

Regel 3: Erwartungen bewältigen wollen

Ich habe viele Projekte gesehen, die einen Bruchteil dessen lieferten, was verlangt wurde, und dennoch als ein großer Erfolg angesehen wurden, weil die Erwartungen richtig und iterativ top-down bewältigt wurden, während das Projekt weiter fortschritt. Andererseits habe ich Projekte gesehen, die mehr erzeugten als ursprünglich geplant war. Diese wurden als Misserfolg dargestellt, weil die Erwartungen ohne Überprüfung des Projektablaufs erweitert wurden.

Der beste Ansatz, die Erwartungen zu managen, sind die folgenden einfachen Anweisungen, die Sie immer beherzigen sollten:

- Durchdenken Sie alle Arten von Problemen und Risiken, die Sie mit Ihrem Kunden besprechen müssen, damit Sie ein teilweises Verständnis davon bekommen, was Ihrem Kunden wichtig ist (Sind ihm maximal 0,5 % Kostenüberschreitung wichtig, oder können es auch 5 % oder sogar 25 % sein, bevor er sich darum kümmert?).

- Versuchen Sie ein Verständnis für den Informationsbedarf Ihres Lenkungsausschusses bezüglich Problemen und Risiken zu erreichen. Einige Mitglieder im Lenkungsausschuss haben ein Mikroverständnis, andere wollen nur auf höherer Ebene Informationen, die Sie in Projektstatussitzungen mitteilen können.

    Wenn irgendetwas zweifelhaft ist, führen Sie ein inoffizielles Gespräch mit dem Entscheider. Am Anfang des Projekts sollte der Entscheider gefragt werden, in welcher Form er informiert werden will. Möchte er nur gelegentlich kurze, aber aussagefähige Informationen oder will er täglich detailliert auf den neuen Stand gebracht werden? Die richtige Planung bezüglich dieser einfachen Fragen kann später eine Menge Spannung vermeiden.

- Ändern Sie Ihre Meinung nie überraschend. Keiner liebt es, wenn Dinge schiefgehen, und niemand ist in der Lage, auftretende Probleme vorauszusagen oder Fehler, die auftreten könnten. Aber eins ist sicher, die Kunden mögen es bestimmt nicht, wenn sie Änderungen oder Probleme später erfahren als nötig. Versetzen Sie sich in die Lage des Kunden: Es ist weitaus leichter, sich mit bekannten Änderungen von Plänen zu befassen als plötzlich mit unerwarteten Problemen konfrontiert zu werden.

- Wenn Sie die Erwartungen neu ausrichten müssen, setzen Sie sie ins Verhältnis zu dem augenblicklichen Stand des Projekts. Sehen Sie zum Beispiel ein paar Monate vor dem Projektende ein Risiko, so sollten Sie vorsichtshalber möglichst bald darauf hinweisen, dass es beim Eintreten dieses Ereignisses zu einer Verschiebung von einem Monat kommen könnte.

- Wenn Sie die Erwartungen des Kunden zurückschrauben, versuchen Sie es in der Sprache des Kunden und in einer Weise, mit der er die Implikationen verstehen wird. Teilen Sie ihm die Auswirkungen auf das Budget, die Termine, zusätzliche Ressourcen usw. mit. Ein Beispiel: Projektmanager sagen oft: „Es gibt ein Risiko beim Vorgang xy". Die Kunden interpretieren dies etwa in der Art von: „Da ist etwas, was bei der Projektdurchführung Probleme bereitet, aber der Projektmanager wird sich damit befassen." Wenn Sie wollen, dass Ihr Kunde es versteht, müssen Sie es deutlicher sagen, z. B. in der Form, dass die Auswirkung dieses Risikos wie folgt aussieht: „Es gibt eine 25 %ige Chance, das Risiko zu vermeiden, wenn ich zusätzlich 10.000 Euro ausgeben kann. Wenn Sie aber gewiss sein wollen, dass das Projekt erfolgreich abgeschlossen wird, brauchen wir etwa den fünffachen Betrag." Ihr Kunde wird nicht besonders erfreut sein, aber es ist besser, er wird gewarnt, als wenn Sie einfach mehr Geld ausgeben. Machen Sie ihm klar, dass Sie Ihr Bestes geben um das Risiko zu bewältigen, falls es eintritt.

- Erfüllen Sie Ihre Versprechen. Wenn Sie jemandem ein Versprechen machen, müssen Sie davon ausgehen, dass dieser dann eine gewisse Erwartungshaltung hat. Die Regel „weniger versprechen, aber dann mehr halten" ist guter ein Vorsatz. Denken Sie daran, dass Sie ein persönliches Image haben, und Sie dieses Image erfüllen oder sogar verbessern wollen. Dazu müssen Sie Ihren Versprechungen gerecht werden. Nichts erzeugt mehr schlechte Erwartungen an die Zukunft als die schlechten Erinnerungen aus der Vergangenheit, als man Versprechen nicht gehalten hat.

- Wenn Sie nicht sicher sind, versprechen Sie nichts, und wenn Sie definitiv unsicher sind, versprechen Sie erst recht nichts. Vermeiden Sie auf jeden Fall auch Versprechen, die dazu dienen, die Leute bei guter Laune zu halten. Ein Versprechen darf nie Wunschdenken sein.

Erwartungen zu managen ist einfach, wenn man den Status und die Risiken in einem Projekt versteht und dem Kunden diesbezüglich rechtzeitige und hinreichende Informationen gibt.

> Egal welche Botschaft Sie übermitteln müssen oder dürfen, gute oder schlechte Botschaften, machen Sie es so früh wie möglich. Stellen Sie sicher, dass Ihr Kunde wichtige Botschaften über das Projekt nie von irgendjemandem Dritten oder über inoffizielle Kanäle (Gerüchte, Zeitung) erfährt.

Regel 4: Feedback geben

„Feedback geben" ist eine Technik, jemandem – einer Person oder einer Gruppe von Personen – auf irgendeine Aktion hin etwas mitzuteilen, egal ob positiven, neutralen oder negativen Inhalts. Seien Sie vorsichtig dabei, manche Personen fühlen sich sehr leicht angegriffen und verletzt. Diese Personen beschäftigen sich nicht vorrangig mit dem Inhalt des Feedbacks, sondern lassen sofort ihre Gefühle spielen. Wenn Sie als Projektmanager Verhaltensänderungen erreichen wollen, haben Sie dann kaum noch Chancen.

Ein richtiges Feedback gibt in nicht verletzender Weise konstruktiv wieder, wie sein Verhalten (oder das der Gruppe) auf Sie wirkt bzw. gewirkt hat. Deshalb sollten Sie Ihre Kommunikation durch gekonntes Feedback unterstützen.

Als Beispiel möchte ich Ihnen die „Sandwich-Methode" vorstellen, nach der ein Feedback unterteilt wird in Basis, Belag und Deckel.

Nach dieser Methode beginnt ein gutes Feedback damit, dass man dem Gegenüber mitteilt, was man an seiner Arbeit gut findet (positive Würdigung). Das verbessert die Akzeptanz auch für kritische Rückmeldungen.

Weiter geht es mit einer sachlichen, wertfreien und präzisen Beschreibung dessen, was man wahrgenommen hat („Was habe ich wahrgenommen?"). Erst danach sollte man schildern, wie etwas gewirkt hat („Wie hat es auf mich gewirkt?"). Der Blickwinkel eines anderen ist wichtig, denn oft ist sich jemand der Wirkung seiner Handlungen gar nicht bewusst. Doch Ihre Kritik sollte jetzt nicht im Raum stehen bleiben: Nun sollten Ihren eigenen Vorstellungen folgen – in Form von realisierbaren Änderungsvorschlägen („Was wünsche ich mir?").

Den Abschluss macht eine Art Vision, wie das Ergebnis aussehen könnte (Ergebnis und Nutzen). Ganz wichtig: Hier soll kein Druck erzeugt werden, sondern ein „Zug", der den Empfänger motivieren soll.

Damit ein Feedback auch tatsächlich sein Ziel erreicht, ist es erforderlich, bestimmte Gestaltungshinweise zu beachten:

- Feedback muss richtig formuliert werden, d. h. es muss die Beschreibung konkreter Einzelheiten enthalten, die Reaktionen beim Feedbackgeber benennen und mögliche Folgen für den Feedback-Empfänger aufzeigen.
- Feedback muss angemessen sein, d. h. auf die Bedürfnisse des Feedback-Empfängers ausgerichtet und nicht auf diejenigen des Feedbackgebers.

- Feedback muss sich auf die Verhaltensweisen beziehen, die der Empfänger zu ändern in der Lage ist.
- Feedback sollte so bald wie möglich gegeben werden.
- Feedback darf keinen Zwang zu einer Verhaltensänderung beinhalten. Der Empfänger entscheidet also selbst, ob er aufgrund der erhaltenen Informationen sein Verhalten ändert oder nicht.

Ganz generell gilt:

> Feedback sollte so formuliert sein, dass auch Sie es akzeptieren würden, wenn Sie es erhielten.

Am einfachsten läuft „Feedback geben" ab, wenn es eine regelmäßige Feedbackrunde gibt. Dann kommt es nicht zu aufgestauten Emotionen, die sich irgendwann unsachlich entladen. Hier folgen ein paar Regeln für die Feedback-Runde:

- Die Feedback-Runde absichern: Das betroffene Team oder das einzelne Teammitglied sollte an der Feedback-Runde interessiert sein. Ansonsten sollte das Gespräch abgebrochen oder verschoben werden.
- Konkrete Wahrnehmung (Beobachtung) artikulieren:
  - Konkrete „Ich-Botschaften" zu konkreten Situationen!
  - Eindeutige Aussagen zum Verhalten (positive oder negative), nicht zur Person selber!
- Eigenes Empfinden (Wirkung) als „Ich-Botschaften" benennen.
  - Wie wirkte das beobachtete Verhalten auf mich?
  - Welche Gefühle löste es in mir aus?
- Ggf. Wünsche anfügen:
  - Alternativen durch konstruktive Vorschläge wertfrei aufzeigen.
  - Die Alternativen ggf. erläutern.
  - Welche Verhaltensänderung wäre wünschenswert?
- Die Verhaltensänderungen besprechen und einvernehmlich beschließen.

Sollten Sie als Projektmanager – aus welchen Gründen auch immer – nicht in der Lage sein, eine Feedback-Runde zu leiten, so schalten Sie einen Moderator ein.

Regel 5: Bedenken, dass Kommunikation kein Ersatz für die Lieferung ist

Kommunikation ist ein kritischer Erfolgsfaktor. Aber glauben Sie bitte nicht, dass die Kommunikation ein Ersatz für die echte, vollständige, vereinbarungsgemäße, termingerechte Lieferung ist. Ab und zu werden Sie als Projektmanager versucht sein, mit geschickten Worten eine Ausrede zu finden, wenn etwas nicht fertig gestellt wurde. Aber wenn Sie merken, dass solche Ausreden funktionieren, kann das derartige Kommunizieren durchaus zu einer Angewohnheit werden, hinter der die eine oder andere zentrale Aufgabe in den Hintergrund tritt.

Zum Abschluss des Kapitels noch ein paar Tipps:

- Projektmanagement ist mehr als Lieferung der Projektergebnisse; genauso wie Fußball mehr ist als nur Tore.
- Kommen Sie nicht in Versuchung, einen schlechten Projektfortschritt mit geschickten Fortschrittberichten zu tünchen.
- Ersetzen Sie wirkliche Projektmeilensteine nicht durch Kommunikationsereignisse.
- Interpretieren Sie undokumentierte Kommunikationsergebnisse nicht als Auftrag für Aktionen.
- Bauen Sie die Kommunikation in Ihren Projektplan ein, aber bauen Sie Ihre Pläne nicht um Ihre Kommunikation herum.
- Bringen Sie nichts durcheinander, richten Sie Projektsitzungen ein und führen Sie den Projektfortschritt gemäß dem Projektplan durch.
- Kommunizieren Sie regelmäßig und kommunizieren Sie, wie Sie liefern. Kommunikation unterstützt die Lieferung der Projektergebnisse
- Ihre Lieferungen können ein Kommunikationselement einschließen, aber Kommunikation ist nicht Lieferung.

7 Erfolgsgeheimnis 5: Das Projektteam

Umfangreiche und schwierige Arbeitspakete, wie sie bei einer Projektabwicklung zu bewältigen sind, lassen sich nur in Teamarbeit bewältigen. Der Wert der Teamarbeit in Projekten (und auch in Unternehmen) – im Sinne intelligenter Wissensausbeutung, -potenzierung und Arbeitsteilung – darf nie unterschätzt werden. Mit vereinten Kräften eine gestellte Aufgabe zu erfüllen, macht das Wesen eines Teams aus. Damit das gut funktioniert, müssen einige Erfolgsfaktoren erfüllt sein, die typisch für ein engagiertes und leistungsfähiges Team sind:

- ein klar gestecktes Ziel,
- geordnete Aufgabenverteilung,
- persönliche Verantwortung,
- eindeutige Kompetenzen und
- definierte Weisungsbefugnisse.

Projektmanagern kann es gelingen, eine Atmosphäre von Transparenz, Vertrauen und gegenseitiger Akzeptanz zu schaffen, wenn sie die Individualität der Projektmitarbeiter schätzen und nutzen. Durch bloße Anweisung zur Teambildung lässt sich dies allerdings nicht erzielen. Klare Rahmenbedingungen hinsichtlich Ressourcen, Kompetenzen und Zielvorgaben sowie die Kommunikationsbereitschaft, die Unterstützung und das Vertrauen in den Projektmanager sind notwendige Voraussetzungen.

Um die verschiedenartigen Kenntnis- und Erfahrungsanforderungen in optimaler Weise zu nutzen, können Projektteams gebildet werden. Diese Projektteams setzen sich aus etlichen unterschiedlichen Mitarbeitern zusammen. Je nach Projektaufgabe werden Ingenieure, Betriebswirtschaftler, Kaufleute, Techniker, Sachbearbeiter, aber auch Experten (Berater, Juristen, Controller, Revisoren usw.) aus internen und externen Organisationen eingesetzt. Man nennt so etwas „interdisziplinäre Teams".

Für den Teamaufbau können, auch wieder abhängig vom Projektauftrag, unterschiedliche Organisationsformen verwendet werden. In der neu geschaffenen Organisation werden die Teammitglieder aus den betroffenen

Linien- und Stabsstellen sowie externe Mitarbeiter als Vollzeit- und Teilzeitkräfte für eine begrenzte Zeit zur Erfüllung der Projektaufgabe in Teamform zusammengeführt.

7.1 Das Beste vom Projektteam erreichen

Es zählt zu Ihren Hauptaufgaben als Projektmanager, Ihr Projektteam so zu motivieren, dass sich alle mit dem Projektziel und seinen Teilaufgaben identifizieren. Ziel ist es, das Beste aus dem Projektteam herauszuholen.

Es ist wichtig, dass Sie sich als Projektmanager immer wieder bewusst machen, dass Sie neben der technischen Durchführung eines Projektes auch Menschen führen müssen. Sie haben als Projektmanager üblicherweise kein fest zugeordnetes Personal, wie es z. B. der Linienmanager hat. Dennoch müssen Sie akzeptieren, dass es zu Ihrer Aufgabe gehört, die Mitglieder des Projektteams zu führen. Ohne das Projektteam sind Sie wertlos.

Was haben Sie als Projektmanager alles zu tun, um das Beste aus seinem Projektteam herauszuholen? Ich möchte Ihnen die vier wichtigen Führungsaufgaben, die Sie beherrschen müssen, nachstehend vorstellen:

1. Erkennen und zuordnen: richtige Personen, richtige Fähigkeiten, richtige Aufgaben.
2. Das Projektteam zusammenstellen und motivieren.
3. Die Herausforderungen für die Teamführung annehmen.
4. Weitere Managementaufgaben ausführen.

7.1.1 Erkennen und zuordnen

Eine wirkungsvolle Organisation des personellen oder institutionellen Projektmanagements ist eine entscheidende Erfolgkomponente jedes Projekts. Das Zusammenspiel der Faktoren – richtige Personen mit den richtigen Fähigkeiten für die richtigen Aufgaben – ist eine unverzichtbare Grundlage für die Projektarbeit. Um diese Anforderungen zu erfüllen, haben Sie als Projektmanager folgende Aufgaben durchzuführen:

Aufgabe 1: Ordnung in das Projekt bringen

Jedes Projekt benötigt ein gewisses Maß an Ordnung. Diese Ordnung kann dadurch entstehen, dass sich erkennbare Verhaltensmuster etablieren. Diese Verhaltensmuster müssen wahrgenommen und interpretiert werden. Entwickeln sich nicht von selbst geeignete Verhaltensmuster, so müssen Sie ihre Entstehung durch geeignete Maßnahmen fördern. Sie können zum Beispiel mit Ihrem Team eine Projektkultur definieren oder zu Beginn eines Projektes Verhaltensregeln und -normen festlegen.

Ordnung in ein Projekt zu bringen, bedeutet aber mehr als das gemeinsame Festlegen von Vorschriften, Richtlinien und Regeln, nämlich auch das Einstimmen auf gemeinsame Werte, Ziele und Strategien. Mittels der Ordnung in Projekten wird ein Beitrag zur Reduzierung der Komplexität geleistet und somit auf jeden Fall die tägliche Arbeit erleichtert, weil man sich besser zurechtfindet.

Aber Achtung: Es sollte keine „Über-Ordnung" entstehen, sonst besteht die Gefahr einer Verwaltermentalität und ein Hang zu Bürokratismus.

Aufgabe 2: Die richtigen Fähigkeiten identifizieren

Wenn Sie als Projektmanager ein Projektteam zusammenstellen, müssen Sie als erstes festlegen, welche Fähigkeiten und welches Wissen für das Projekt erforderlich sind. Diese Anforderungen werden zuerst konzeptionell ausgearbeitet. Sobald Sie eine Übersicht darüber haben, was benötigt wird, überprüfen Sie, ob die entsprechenden Personen verfügbar sind, fordern sie aus der Organisation an und weisen ihnen die entsprechenden Rollen im Projekt zu.

Bei der Besetzung von Projektteams sollten Sie darauf achten, dass die Diskrepanz unter den Teammitgliedern bezüglich deren Wissen und Fähigkeiten nicht zu groß ist. Ausgeprägte Polarisierungen zwischen sogenannten „Low- und High-Performern" sind schädlich für die Teamarbeit. Nach Möglichkeit sollte ein hinreichend homogenes Wissens- und Fähigkeitsniveau innerhalb des Projektteams angestrebt werden.

Dennoch wird es immer wieder Lücken zwischen Fähigkeiten und Wissen innerhalb des Projektteams und dem, was Sie für das Projekt idealerweise benötigen, geben. Versuchen Sie diese Lücke so klein wie möglich zu halten bzw. ganz zu schließen.

> Sie müssen sich jedoch darüber im Klaren sein, dass es nicht immer gelingt, eine vollständige Übereinstimmung zwischen den Projektanforderungen und den Fähigkeiten der Personen zu erreichen, die Sie bekommen. Diese Lücke muss wie jedes andere Risiko als ein Risiko erkannt und bewältigt werden.

Dies ist im Übrigen einer der Gründe dafür, dass Sie Ihre konzeptionellen Überlegungen in der folgenden Reihenfolge durchführen sollten:

1. Was brauche ich?
2. Was habe ich?
3. Wie groß ist die Lücke?
4. Welche Risiken ergeben sich?

Ein Risiko beim Thema „Fähigkeiten" muss auf jeden Fall im Risikomanagementplan aufgeführt werden. Ignorieren Sie diesen Punkt auf keinen Fall und akzeptieren Sie auch nicht so ohne weiteres das Ihnen zugewiesene „nicht so fähige" Personal.

Die Realität zeigt leider, dass die wenigsten Projektmanager das perfekte „Wunschteam" erhalten. Denken Sie jedoch immer daran, dass Sie für das Projekt und die Projektergebnisse verantwortlich sind. Wenn die Auswirkungen der Lücke klein sind, können Sie versuchen, diese zu umgehen. Aber spekulieren Sie bitte nicht darauf, dass die Lücke in allen Phasen des Projekts so klein bleiben wird, dass Sie diese nicht irgendwie ausgleichen müssen, z. B. durch zusätzliche Kapazitäten.

Versuchen Sie, eine optimale Balance zwischen Ihren Anforderungen und den angebotenen Fähigkeiten zu erreichen, und tappen Sie nicht in die Falle, die Personen zu nehmen, die man Ihnen andrehen möchte. Suchen Sie bewusst Personen, mit denen Sie gut zusammenarbeiten können. Vergewissern Sie sich, dass einige von Ihnen in der Lage sind, konstruktive Beiträge zu leisten und Probleme und Risiken zu sehen und einzuschätzen, an die Sie noch nicht gedacht haben. Mit solchen Personen sind Sie in der Lage, kreativ Lösungen zu erreichen.

Unterschiedlich „denkende" Personen im Projektteam stellen eine konstruktive Herausforderung dar und helfen, das sogenannte „Gruppendenken" zu vermeiden. Als „Gruppendenken" bezeichnet man es, wenn ein Team immer in gleicher Weise denkt und blind gegenüber Problemen wird. Besonders in kleinen, gut motivierten und fokussierten Projektteams, die in einer geschlossenen Umgebung arbeiten, ist dies ein Risiko.

Betrachten Sie bei der Teamzusammenstellung nicht nur die Personen, die Ihnen aus Ihrer Organisation zur Verfügung gestellt werden. Es gibt viele gute Entwickler und Berater, die die Lücke schließen können. Einige von ihnen verfügen über außergewöhnliche Fähigkeiten, die in Ihrer Organisation nicht vorhanden sind. Andererseits sind externe Berater teuer und sie können zu Lösungen führen, die nicht in Ihren spezifizierten Umfang passen. Außerdem sehen es Abteilungen im eigenen Unternehmen nur dann gerne, dass in Projekten viel Fremdpersonal eingesetzt wird, falls sie selbst voll ausgelastet sind. Versuchen Sie eine Ausgewogenheit zwischen internen und externen Ressourcen zu finden.

Aufgabe 3: Für Qualität entscheiden statt für Quantität

Wenn Projektmanager die Personalplanung für ihr Projekt durchführen, neigen sie oft dazu, einfach die Zahl der benötigten Personen anzugeben – 5, 10 oder 20 Personen, so als ob es keinen Unterschied in der Quantität und Qualität dieser Personen gäbe. Mein Rat an Sie als Projektmanager: Im Zweifel entscheiden Sie sich immer für wenige aber bessere Personen, sie sind leichter zu führen und produzieren mehr. Es gibt beliebig viele Beispiele, wo ein kleines Projektteam weit mehr geleistet hat als ein großes. Bei steigender Teamgröße nimmt der Aufwand für die Kommunikation überproportional zu. Der höchste Grad an Kreativität, Qualität und Effizienz lässt sich mit Projektteams erreichen, die eine Größenordnung von 5 Personen haben, aber auch zu kleine Teams oder Einzelkämpfer sind nachteilig, weil es ihnen an Kreativität, Ideen und Zeit mangelt.

Ich habe Situationen gesehen, wo ein einzelner erfahrener Projektmanager freitags das Projekt verließ und montagmorgens mit einer völlig neuen Strategie wieder auftauchte, über die woanders ein Strategieprojektteam von zehn Beratern tagelang gebrütet hat. Ich habe kleine Arbeitsgruppen von motivierten Monteuren gesehen, die an einem Wochenende am Bau mehr schafften als eine doppelt so große Mannschaft in der Woche davor. Ich habe erfahren, dass ein Team von vier hervorragenden Softwareentwicklern eine Software in ein paar Wochen besser, funktioneller und robuster entwickelten als ein Projektteam von 20 Mitarbeitern aus einem bedeutenden Softwarehaus. Das Projektleben ist voll von Beispielen, dass ein kleines Team mit motivierten Mitarbeitern schlagkräftiger ist als ein größeres Team mit weniger fähigem Personal.

> Die Qualität der einzelnen Teammitglieder hat Auswirkungen auf die Qualität des gesamten Teams und wird immer über die Quantität siegen.

Wenn Sie das beste Personal bekommen, können Sie es sich leisten mit weniger Personal auszukommen, auch wenn dadurch die Kosten je Person steigen. Akzeptieren Sie nicht so ohne weiteres das Personal, das Ihnen angeboten wird. Wenn es fähigere, besser qualifizierte und besser motivierte Personen irgendwo in der Organisation gibt, versuchen Sie diese statt den angebotenen zu bekommen. Vielleicht müssen Sie zum einen wie ein Verkäufer agieren, um diese Personen von dem Projekt und ihren persönlichen Vorteilen zu überzeugen, und zum anderen eine Vermittlerrolle übernehmen, um mit dem Linienvorgesetzten die Freistellung der Personen für das Projekt zu erreichen. Diese Anstrengungen werden mit einem erfolgreichen Projekt belohnt.

Aufgabe 4: Klare Rollen und definierte Ziele zuweisen

Eine der wichtigsten Aufgaben für den Projektmanager ist es, die Personen in einem Projektteam von dem Projekt zu überzeugen, sowie davon, warum er sie braucht und was er von ihnen erwartet. Wenn Sie als Projektmanager irgendeine Person angefordert haben, sollten Sie wissen, warum Sie sie brauchen und wie Sie sie einsetzen wollen. In diesem Zusammenhang sollten die Teammitglieder Ihnen ihre Fachkenntnisse und Erfahrungen für die Projektarbeit einerseits als auch ihre persönlichen Erwartungen und Wünsche hinsichtlich des Projektverlaufs andererseits mitteilen.

Leider wird dies oft vernachlässigt. Es ist erstaunlich, wie oft sich Personen in einem Projekt wiederfinden, ohne eine klare Vorstellung zu haben, welche Rolle und welche Arbeit sie übernehmen.

Jeder im Projektteam sollte deswegen wissen:

- Was ist meine Rolle und was sind meine Aufgaben? Dies muss klar und eindeutig definiert sein. Das einfache Auflisten von Aufgaben und die Zuordnung von Personen reichen nicht aus, um die spezifizierten Ziele zu erreichen.
- Wer in dem Projekt darf mich mit Arbeiten beauftragen und mit welchen Mitteln werde ich die Arbeiten verrichten?
- Mit wem arbeite ich in dem Projekt zusammen, um die gestellten Aufgaben zu erledigen?
- Wie viel Zeit werde ich im Projekt verbringen (gesamter Zeitraum und Anteil in Prozenten)?
- Nach welchen Kriterien und wie wird der Erfolg meiner Arbeit gemessen?
- Warum wurde ich ausgewählt? (Auch wenn es vielleicht wahr ist, vermeiden Sie dieser Person zu sagen, sie wäre in dem Projekt, weil sie die einzige verfügbare Person ist. Dies ist demotivierend!)

Für ein großes Projekt ist diese Zuweisung ein erhebliches Stück Arbeit und eine der wichtigsten Aufgaben für Sie als Projektmanager. Projekte mit mehreren Teams werden wie eine Kaskade organisiert und die individuellen Teamleiter unterstützen Sie bezüglich ihrer Teams mit den oben genannten Informationen. Behilflich kann außerdem der Projektplan sein, der eine direkte Verbindung zwischen allen Aktivitäten und den Projektteams bzw. den Projektteammitgliedern herstellt.

Rollenzuweisung und Zuteilung von Aufgaben laufen nicht automatisch ab, da wahrscheinlich die meisten der Teammitglieder noch nie zusammengearbeitet haben. Dies ist eine große Aufgabe und Verantwortung, die Sie als Projektmanager im Rahmen Ihrer Führungsaufgabe haben.

Versuchen Sie eine Ausgewogenheit zwischen den definierten und zugewiesenen Rollen und einem gewissen Grad von Flexibilität zu erreichen. Gehen Sie davon aus, dass es unwahrscheinlich ist, dass Sie alle Aufgaben voraussehen können und diese auch vollständig in Ihrem Plan erscheinen. Aufgaben werden sich verändern, neue können dazu kommen. Rollen sollten deshalb so definiert werden, dass es zu keiner Einschränkung bei der Zuweisung neuer oder weiterer Aufgaben an die Teammitglieder kommen kann. Rollenbeschreibungen sollten vorausschauend durchdacht sein, z. B. indem man die Erwartungen an die Personen erhöht, so dass sie sich weiter entwickeln können, ähnlich der Projektentwicklung.

Sobald Sie Rollen und Ziele zugewiesen und überprüft haben, sollte es keine Lücken und, fast genau so wichtig, keine Überschneidungen mehr geben. Jede Aufgabe benötigt eine verantwortliche Person oder ein verantwortliches Team, die Ihnen rechenschaftspflichtig sind. Verschwommene Verantwortung und fehlende Rechenschaftspflicht führen zu einer Zeitverschwendung im Projekt, der Zunahme Ihrer Managementaufgaben und erhöhen das Risiko für die gesamte Projektdurchführung.

Die Zuweisung von Verantwortung und Rechenschaftspflicht für bestimmte Rollen und Aufgaben ist ein kritischer Erfolgsfaktor für Projekte.

Aufgabe 5: Ein Gespür dafür entwickeln, wann man sich von jemandem trennen muss

Was werden Sie mit einem leistungsschwachen Teammitglied machen, besonders dann, wenn es zu einem Risiko wird?

Wenn Sie merken, dass ein Teammitglied nicht die erwartete Leistung bringt, so geben Sie ihm eine Chance, es besser zu machen. Sprechen Sie ihn an und geben Sie ihm in einem Einzelgespräch die Möglichkeit, sein Verhalten zu erläutern. Gehen Sie bei diesem Gespräch konstruktiv vor, Sie können sich dabei an dem folgenden Fragenkatalog orientieren:

- „Haben Sie die an Sie gestellten Anforderungen verstanden?"
- „Haben Sie bemerkt, dass Ihre Leistung nicht den Erwartungen entspricht?" (Vielleicht wird konstruktives Feedback das Problem lösen.)
- „Können Sie erklären, warum Sie die Erwartungen nicht erfüllen? Welche Gründe sehen Sie dafür?"
- „Können irgendwelche dieser Gründe aufgehoben werden?"
- „Sind Sie bereit und fähig, das Leistungsproblem zu überwinden?"

Bevor Sie das Gespräch im Detail vorbereiten, sollten Sie überlegen, ob der Problem-Mitarbeiter auch die richtige Stelle innehat. Oftmals hat man zum Beispiel einen introvertierten Einzelgänger, einen eigenwilligen Menschen zur Teamarbeit „verdammt". Solche Fehlentscheidungen wurden zum Beispiel oft in einer Zeit getroffen, als Teamarbeit als allein seligmachende Wahrheit angesehen und die Wichtigkeit von talentierten Einzelgängern schlichtweg übersehen wurde.

Ein anderer Fall von Fehlbesetzung funktioniert so, dass Erfolgreiche immer weiter befördert werden, bis sie eben am falschen Platz sitzen. In der Forschung und Entwicklung sind das zum Beispiel exzellente Experten, die mit ihrem Wissen und ihren Fähigkeiten neue Entwicklungen vorantreiben, aber in einem Projektteam völlig überfordert sind. Wenn Sie solche Mitarbeiter haben, sollten Sie sich überlegen, ob für sie nicht andere, in der Bedeutung und Bezahlung möglichst gleichwertige Positionen zur Verfügung stehen. Sie können auch darauf hinwirken, dass solche Mitarbeiter einen Stellenwechsel innerhalb des Unternehmens vollziehen und mit neuen Arbeitsinhalten glücklicher werden.

Führen Sie derartige Gespräche so früh wie möglich durch. Warten Sie nicht, bis ein größeres Problem aufgetreten ist, andernfalls drücken Sie sich nämlich vor Ihrer Verantwortung als Projektmanager. Im Zweifel sollten Sie die kritische Person aus dem Projekt entfernen. Ihre Aufgabe ist es, dafür zu sorgen, dass das Projekt seine Ziele erreicht, die Entwicklung des Personals ist für Sie nur sekundär. Dies ist hart, aber für Sie selber und das Projekt lebensnotwendig. Informieren Sie den direkten Vorgesetzen der betroffenen Person, der sich um die Rückführung in die Linie und seine weitere Entwicklung kümmern muss.

Eine weitere wichtige Aufgabe ist, dass Sie die Stimmung im Team beobachten und bemerken, ob sich hier Konflikte entwickeln. Anhaltende Konflikte sind schädlich und störend für die Projektabwicklung. Durch Probleme innerhalb des Teams und die damit verbundene Frustration, Resignation und Demotivation wird der Projektfortschritt und damit das ganze Projekt gefährdet.

Hier ist Ihre Fähigkeit zur Konfliktbewältigung gefragt. Schwelende Konflikte, z. B. durch ein Teammitglied verursacht, das seine Arbeit nicht oder nur halbherzig macht, dürfen nicht einfach übergangen werden. Sie müssen spüren, weshalb Konflikte entstehen. Versuchen Sie daher möglichst viel über die allgemeine Situation und die konkreten Probleme des Teammitglieds herauszufinden:

- Ist er ein Nörgler und Trittbrettfahrer, zieht er das Team erkennbar nach unten, verletzt er Spielregeln und Abmachungen?

- Was nimmt dieser Mitarbeiter an Gehalt, Weiterbildung, Sonderrechten etc. in Anspruch?
- Wie groß ist der Aufwand, den Sie oder andere betreiben müssen, bis dieser Mitarbeiter Ergebnisse liefert?

Wichtig ist auch, dass Sie Ihren eigenen Gestaltungsspielraum erkennen. In welchem Rahmen können Sie selbst Entscheidungen treffen? Von welchen Personen oder Stellen benötigen Sie evtl. Hilfe? Das könnten z. B. der Linienvorgesetzte des Teammitglieds sein, Ihr Vorgesetzter, Kollegen oder der Betriebsrat.

Als Strategie zur Konfliktlösung können Sie eine „sanfte Lösung" versuchen. Im Team sollte es zu Gegenüberstellungen und Aussprachen kommen. Kommt das Team jedoch zu dem Ergebnis, dass genau eine Person das Problem ist und diese Person sich nicht anpassen will, so müssen Sie diesen Mitarbeiter aus dem Projekt entfernen. Es gibt eigentlich nichts, was einem Team mehr missfällt, als ein Individuum, das die Teamarbeit gefährdet und das Klima verseucht.

Es kann angebracht sein, dass Sie alle Projektbeteiligten entsprechend informieren – schon alleine deshalb, weil dafür eine neue Person ins Team kommen muss und Sie eine Ersatzbeschaffung durchführen müssen.

7.1.2 Das Projektteam zusammenstellen und motivieren

Aufgabe 1: Ziele festlegen und Motivation erreichen

Es liegt in der Natur der meisten Projekte, dass Projektteams nur für eine beschränkte Zeit existieren und der Projektmanager oft nicht der disziplinarische Vorgesetzte der Personen im Projektteam ist, sondern der Linienmanager. Dann ergibt sich eine Dreiecksbeziehung zwischen dem Teammitglied, seinem Linienmanager und Ihnen. Sie benötigen die Fähigkeit, mit dieser „Matrixorganisation" zurechtzukommen, sie ist nun mal das Los eines Projektmanagers. Allerdings ist es für viele Projektmanager angenehm, dass sie nicht die disziplinarischen Vorgesetzten ihrer Projektmitarbeiter sind.

Wenn Teammitarbeiter Vorgesetzte aus dem Linienmanagement haben, entscheiden diese in der Regel viele wichtige Dinge für sie, z. B. Gehaltserhöhungen, Aus- und Weiterbildung, Beförderungen und dergleichen. Das bedeutet für Sie als Projektmanager, dass Sie nicht die gleichen Motivationsmöglichkeiten wie der Linienvorgesetzte haben, deshalb müssen Sie sich die Frage stellen: Wie manage ich das Team?

Als erstes müssen Sie versuchen, die Ziele festzulegen, führen Sie dafür folgende Aufgaben durch:

- Bilden Sie ein Kernteam, z. B. aus 3 bis 4 wichtigen Personen (das können evtl. die Teilprojektleiter bzw. Teamleiter sein). Stimmen Sie mit diesen den Projektinhalt und die Ziele ab. Bei großen Projekten werden die einzelnen Aufgaben dokumentiert und mit Rollen besetzt. Die Anforderungen an die einzelnen Rollen werden mit den Linienmanagern besprochen, die dann den Bedarf abdecken sollen.

- Für das abgestellte Personal sind alle Bedingungen (Dauer des Einsatzes, Einsatzort, Reisekosten, Arbeitszeit usw.) formell festzulegen. Für die persönliche Motivation ist es nützlich, ausgerichtet auf den Projekterfolg auch definierte Leistungsmaße (Prämien, Aus- und Weiterbildung, Karriereförderung usw.) festzulegen. Als extremes negatives Beispiel habe ich mal Projektteammitglieder erlebt, denen man Zuwendungen einschließlich substanzieller Bonuselemente versprochen hatte, wenn die Ziele der Linienorganisation erreicht würden. Diese Personen waren jedoch für viele Monate in einem Projekt und ihre Jahresleistungsziele hatten nichts mit dem Projekt zu tun, so dass sie in Bezug auf das Projekt nicht motiviert waren. Diskutieren Sie mit dem Linienmanager oder mit einer höheren Instanz (z. B. dem Lenkungsausschuss), ob es nicht eine Möglichkeit gibt, die Zuwendungen der Projektmitarbeiter eher an den Erfolg des Projekts zu binden als an die Ziele der Linienorganisation.

- Versuchen Sie, Personen zu gewinnen, die ein persönliches Interesse am Projekt haben. Solche Personen werden sich auf eine Anfrage oft freiwillig melden. Begeisterung, Enthusiasmus und ein gewisser Antrieb sind oft mehr wert als offenbar bessere Fähigkeiten auf dem Papier. Jeder hat es schon mal erlebt, dass der Fachmann die „Brocken hingeworfen" hat, aber der motivierte und begeisterte „Nicht-Fachmann" hat seine Aufgaben zur vollsten Zufriedenheit erledigt. Natürlich kann man ein Projekt nicht ohne die entsprechenden Fachleute durchführen, aber unterschätzen Sie nicht den Wert von persönlich bestens motivierten Individuen.

- Seien Sie sich sicher, dass Ihr Projekt unter ständiger Beobachtung steht. Es gibt viele, die Ihnen über die Schulter schauen, neidisch sind auf Ihre Erfolge und Misserfolge gerne ausnutzen.

Fast alle Mitarbeiter im Team erbringen problemlos die vereinbarten Stundenzahlen (8 Stunden am Tag, 40 Stunden in der Woche). Ein Problem in Projekten ist jedoch, dass dies in vielen Phasen und Situationen nicht ausreicht.

Die Arbeit in einem Projekt unterscheidet sich oft von der Arbeit, die die Personen normalerweise in der Linie durchführen. Das kann diejenigen motivieren, die eine Herausforderung suchen, aber es ist nicht bei allen so. Deswegen ist es wichtig, Personen zu motivieren, die außerhalb ihrer bisherigen normalen Erwartungen an Aufgaben, Aufgabendurchführung und Arbeitsstunden eingesetzt werden.

Jüngere und wenig geübte Projektmanager sind oft geneigt, Motivation mit Autorität zu verwechseln. Als Projektmanager werden Sie oft eine eingeschränkte Autorität haben, da Sie keine hierarchische Machtposition innehaben. Umso wichtiger ist die „natürliche Autorität".

Autorität kann z. B. auch aus einer Position überragender Sachkenntnisse kommen. Idealerweise sollten Sie wegen Ihrer Projektmanagementkenntnisse und menschlichen Eigenschaften vom Projektteam respektiert werden. Trotzdem haben Sie als Projektmanager viele Möglichkeiten das Projektteam zu motivieren, wenn sie wissen, was Motivation ist und welche Möglichkeiten Sie nutzen können.

Der Ausgangspunkt, Motivation zu verstehen, ist die Erkenntnis, dass das Verhalten eines Teammitgliedes und der Grad seiner Anstrengungen auf Beweggründen – Motiven – beruht, die seine persönlichen Bedürfnisse am besten befriedigen und ihm ausreichende Erfolgserlebnisse bringen. Niemand will im Projekt versagen; wenn Sie und das Projektteam erfolgreich sein wollen, wird die Mehrheit der Teammitglieder mitziehen. Die meisten Teammitglieder verhalten sich auch so, doch sie müssen dabei der Überzeugung sein, dass das, was von ihnen gefordert wird, auch erreichbar ist. Motivation erreichen Sie bei Teammitgliedern, die engagiert sind, die den Sinn ihrer Arbeit verstehen und Spaß daran haben. Sie wollen die Herausforderung, sie mögen das Projektteam, in dem sie arbeiten, und ihre persönlichen Ziele werden weitestgehend erfüllt.

Da ein Teil der Motivation des Mitarbeiters, nämlich Entlohnung oder Status (also die extrinsischen Motivationsanreize) nicht in den Zuständigkeitsbereich des Projektmanagers fallen, hat dieser den Linienvorgesetzten bezüglich der positiven Leistungen eines Projektmitarbeiters zu informieren und dieser ist wiederum für die Anerkennungen zuständig.

Weil der Projektmanager hier also nur eingeschränkte Möglichkeiten hat, muss er einen anderen Weg einschlagen, um die Motivation für bestimmte Aufgaben zu erreichen bzw. zu steigern. Dabei geht es primär um die aktive Einflussnahme auf das Niveau der Arbeitszufriedenheit, die stark motivationssteigernd wirken kann. Motivation kann sowohl durch die genannten externen Abgeltungen und die persönlichen Leistungsaufforderungen geschaffen werden, als auch durch Anreize, die vom Arbeitsinhalt (intrinsische Motivation) selbst ausgehen.

Von Ihnen als Projektmanager erwartet man, dass Sie die Projektmitarbeiter zu Leistung anspornen können. Konkret heißt das, Sie müssen dafür sorgen, dass das Team zügig und qualitätsorientiert arbeitet, damit die Projektziele, wie Termine, Kosten und Qualität, eingehalten werden. Das bedeutet, dass Sie zuerst einmal herausfinden müssen, ob die Leistung überhaupt möglich ist. Drei wesentliche Dinge haben Sie dabei zu beachten:

1. Die Leistungsfähigkeit,
2. die Leistungsbereitschaft und
3. die Leistungsmöglichkeit der Mitarbeiter.

Bezüglich der Leistungsfähigkeit ist zu klären, ob der Mitarbeiter aufgrund von Ausbildung, Erfahrung, Auffassungsgabe und Interesse für die Aufgabe überhaupt in der Lage ist, die geforderte Leistung zu erbringen.

Wenn Sie bei leistungsfähigen Mitarbeitern mangelnde Leistungsbereitschaft bemerken, so liegen irgendwelche Gründe vor, dass diese ihre Leistung nicht erbringen können oder wollen, es fehlt die hinreichende Motivation. Hierbei geht es beispielsweise um die Aufgabe selber, die Spaß machen soll, um das Arbeitsklima, Beförderungsmöglichkeiten, Akzeptanz im Team usw.

Bezüglich der Leistungsmöglichkeit geht es in erster Linie um ein vom Mitarbeiter akzeptiertes Umfeld, in dem er sich wohl fühlt, wo er gerne arbeitet und eine dementsprechende Leistung erbringt. Dazu gehören ausreichende Räumlichkeiten, frische Luft, gutes Licht und Ruhe. Ruhe ist vor allen Dingen für die Bearbeitung von komplexen Sachverhalten wichtig. Für Diskussionen sollte ein separater Raum zur Verfügung stehen. Zur Leistungserbringung gehören selbstverständlich auch die Arbeitsmittel, wie PC, Drucker, Scanner, Telefon und Handy (oder ein Miet- oder Firmenwagen für Dienstreisen).

Durch persönliche Gespräche können Sie ermitteln, an welchen Aufgaben ein Mitarbeiter Spaß hat und welche er durch seine Fähigkeiten ausfüllen kann. Nach der Erwartungstheorie von Weinart bedeutet dies:

1. Menschen sind motiviert, in solche Arbeitsaktivitäten einzusteigen, die sie als attraktiv empfinden und von denen sie meinen, dass sie sie leisten können.
2. Die Attraktivität der Arbeitsaktivitäten hängt von dem Ausmaß ab, in dem sie zu erwünschten und günstigen persönlichen Konsequenzen führen.

Von besonderer Bedeutung für das Ausmaß der empfundenen Zufriedenheit ist die wahrgenommene Gerechtigkeit der Entlohnung und Anerkennung. Sie haben hier nur einen eingeschränkten Einfluss, indem Sie zum

Beispiel bei der Erfüllung der Projektziele (Aufgaben-/Meilensteinziele) die im Budget festgelegten Prämien ausschütten oder auch angemessene Projektfeiern an attraktiven Orten (Incentivereisen) veranstalten.

Einen stärkeren Einfluss auf die Zufriedenheit haben Sie durch eine projektinterne „Beförderung" als Bestätigung der positiven Arbeitsergebnisse und als Anreiz zur weiteren Leistungssteigerung. Als Möglichkeiten bieten sich etwa an, dass man dem Projektmitarbeiter

- höher qualifizierte Aufgaben überträgt,

- ihn an Schulungsmaßnahmen teilnehmen lässt, die seine Fähigkeiten und Kompetenzen erweitern, oder

- ihm Teamleiter- und sogar Teilprojektleiterfunktion überträgt.

Ein sehr motivationsfördernder Ansatz ist das Konzept der Arbeitsbereicherung (Job Enrichment) für jeden Mitarbeiter. Dieses Konzept sieht vor, dass die Projektmitarbeiter mehr Verantwortung übernehmen, zum Beispiel in der Art und Weise, dass sie planende, vorbereitende und durchführende Teiltätigkeiten für die Erfüllung der Gesamtaufgabe mit übernehmen. Durch einen Zuwachs an Verantwortung wird die Motivation positiv beeinflusst, das schlägt sich wiederum auf die Persönlichkeitsentwicklung nieder. Hintergrund bei diesem Ansatz ist der Gedanke, dass der Mensch sich nicht nur im Idealfall weiterentwickelt, sondern dass es auch dem Wesen des Menschen entspricht, sich immer weiter zu entwickeln und sich an kooperativen Prozessen zu beteiligen. Motivation ist das Schlüsselwort zur erfolgreichen Führung eines Projektteams.

Nachdem Sie die Ziele festgelegt haben, gibt es jetzt eine Reihe von Punkten, die Sie bedenken müssen, wenn Sie die Motivation des Projektteams sicherstellen wollen:

- Sie möchten, dass jedes Projektteammitglied den Erfolg des Projekts als ein persönliches Ziel sieht. Als Projektmanager müssen Sie dafür so handeln, dass über die Projektziele für die Teammitglieder auch die persönlichen Ziele erreichbar sind, andernfalls wird es schwierig sein, das Projektteam zu überzeugen, sich für die Projektziele einzusetzen.

- Einige Teammitglieder werden durch ihren innerlichen Antrieb motiviert; es ist für sie normaler Teil ihres Arbeitslebens, das zu tun, worum sie gebeten werden. Für andere ist Motivation jedoch ein externer Faktor. Der wichtigste dieser externen Faktoren ist üblicherweise die Ausrichtung auf Ziele und Belohnung, die damit nötig sind, um den Projekterfolg zu sichern.

- Vergewissern Sie sich, dass die spezifizierten Ziele, die Sie dem Projektteam gesetzt haben, auch erreichbar sind. Dabei ist es in Ordnung, wenn das Projektteam sich herausgefordert fühlt und sich anstrengen muss.
- Kontrollieren Sie ohne autoritäres Verhalten. Kontrolle kann schwierig sein, wenn Sie keine disziplinarische Weisungsbefugnis haben, da manche Mitarbeiter ablehnen, sich von jemandem kontrollieren zu lassen, der gar nicht ihr Vorgesetzter ist. Unter Umständen können Sie aber auch aufgrund mangelnden Fachwissens nicht beurteilen, ob Ihre Teammitglieder gute Arbeit leisten und – zumindest während der Projektabschnitte – wie geplant vorankommen. Trotzdem stehen Sie in der Pflicht, sich als Projektmanager stets über den ordnungsgemäßen Fortschritt der Arbeit und die Qualität der Ergebnisse auf dem Laufenden zu halten. Dies können Sie erreichen, indem Sie Ihre Teammitglieder zum Beispiel fragen: „Kommen Sie wie geplant voran?", „Wie weit sind Sie?", „Wie viel Zeit brauchen Sie noch?", „Werden Sie voraussichtlich pünktlich fertig?". Dass Sie als Projektmanager für Ihre Koordinationsaufgaben solche Fragen stellen müssen, sehen die Mitarbeiter ein. Sie werden Ihnen normalerweise auch Bescheid sagen, wenn etwas nicht nach Plan läuft.
- Als nächstes sollten Sie eine motivierende Umgebung schaffen. Die Faktoren, um ein Individuum zu motivieren, unterscheiden sich von Person zu Person, aber einige Dinge treffen immer zu:
  - Reguläres, informelles und konstruktives Feedback geben: Positive Aussagen zum Verhalten einer Person in Form von Anerkennung und Lob sind wichtige Motivationsfaktoren für viele Teammitglieder. Nutzen Sie dafür das persönliche Gespräch, fragen Sie Ihre Teammitglieder: „Was kann ich tun, damit Ihnen die Arbeit im Projekt Spaß macht?", „Wie kann ich Ihnen helfen, dieses Projekt für Ihre berufliche Entwicklung zu nutzen?".
  - Viele Teammitglieder arbeiten gerne in einer Umgebung, in der sie wissen, dass sie unterstützt werden, wenn sie Hilfe benötigen. Diese Umgebung garantiert ihnen ermutigende Offenheit und Ehrlichkeit, wenn es Fragen und Probleme gibt. Schaffen Sie daher eine Teamumgebung, in die die Teammitglieder einbezogen werden wollen und als deren Teil sie sich fühlen.
  - Bilden Sie eine Umgebung, in der eine positive Haltung zum Projekt erreicht und der Spaß am Arbeiten gefördert wird. Es kann trivial sein, ein Betriebsklima zu schaffen, indem es zum Beispiel üblich ist, die Gemeinsamkeit durch organisierte gesellschaftliche Ereignisse zu untermauern. Seien Sie flexibel, gehen Sie mit dem Team zu einem Teambildungsseminar unter dem Motto „Wie können wir effektiv

miteinander arbeiten?", halten Sie beim Kaffee oder Bier einen Smalltalk mit den Projektmitarbeitern oder betreiben sie gemeinsam Sportwettkämpfe oder Spiele. Ihrer Kreativität und Ihrem Ideenreichtum sind keine Grenzen gesetzt.

- Vermeiden Sie Dinge, die zu einer Demotivierung führen können. Die Hauptursachen für Demotivierung sind mangelndes Zugehörigkeitsgefühl, keine Anerkennung und die falsche Ausrichtung der Ziele, verbunden mit einer Ungewissheit wie es persönlich weitergeht. Viele Personen sagen, dass sie bei einer Veränderung der Umgebung aufblühen. Das ist typisch für Personen, die flexibel sind und die Fähigkeiten haben, sich schnell anzupassen, und die sich sicher sind, dass sie die Veränderungen überleben. Klare Ziele und Zielvereinbarungen kombiniert mit regulärer Belohnung (Anerkennung) und Lob reduzieren die Ungewissheit.

- Geben Sie den Teammitgliedern das Gefühl, dass ihre Arbeit für das Projekt wichtig ist und geschätzt wird. Nehmen Sie leistungsschwache Personen aus dem Team, da es die meisten Teammitglieder demotiviert, wenn Sie spüren, dass ihre gute Arbeit im Gesamtergebnis des Teams nichts zählt, wenn ein Leistungsschwacher die Arbeiten behindert.

• Steuern Sie das Engagement durch „Manöverkritik". Auch im besten Projektteam wird es hin und wieder zu Nachlässigkeiten oder sogar Fehlverhalten kommen. Kritikgespräche sind für Sie als Projektleiter ohne Weisungsbefugnis höchst unangenehm und eher konfliktstiftend als korrigierend. Ganz schnell kommt womöglich das Argument, dass „man sich von Ihnen gar nichts sagen lassen muss" oder „Sie auf diesem Gebiet schließlich kein Fachmann sind". Lassen Sie daher das Projektteam selbst förderliches oder hinderliches Verhalten reflektieren. Führen Sie dafür von Anfang an eine regelmäßige „Manöverkritik" ein. Sie können zum Beispiel jedes Meeting mit den Standardfragen beginnen („Was hat uns geholfen, zu Ergebnissen zu kommen?", „Was hat uns bei der Arbeit behindert?") und die Antworten auf dem Flipchart sammeln. Die Mitarbeiter können hier die Dinge erwähnen, die sich positiv oder negativ ausgewirkt haben. Ihre Aufgabe als Projektmanager ist es dabei, engagierte Teammitglieder zu loben. Zu den Störern und Verhinderern brauchen Sie wahrscheinlich nichts zu sagen – ihnen ist das Feedback durch die Kollegen häufig peinlich genug.

Aufgabe 2: Das Team aufbauen

Die meisten Projektmanager werden wahrscheinlich nie in der Lage sein, mit ein und demselben Team mehrere unterschiedliche Projekte durchzuführen. Deshalb müssen Sie als Projektmanager immer davon ausgehen, dass Sie ein Team neu aufbauen müssen. Es ist Ihre Aufgabe, die einzelnen Individuen zu einem Team zusammenzubringen.

Bei der Einsatzplanung von Projektmitarbeitern ist auf die Präferenz der einzelnen Personen für das Projekt und für die Teamarbeit zu achten. Von großer Bedeutung ist dabei, dass diese Personen, neben den schon erwähnten sozialen Fähigkeiten, auch den grundsätzlichen Willen haben, sich an kollektiven Aufgaben innerhalb eines Projektteams zu beteiligen. Sie sollten vornehmlich diejenigen in das Projektteam aufnehmen, die in kollektiver Bearbeitung von Aufgaben einen besonderen Ansporn sehen. Das erleichtert auf jeden Fall den nicht immer einfachen Teamaufbau.

Für den Aufbau eines Teams gibt es keinen „Königsweg". Man kann die Arbeitsform Team nicht schlichtweg anordnen, wie man überhaupt eine intensive Zusammenarbeit von Individuen nicht erzwingen kann. Das Wir-Gefühl muss von allein entstehen. In jedem Falle verlangt die Arbeitsform im Projektmanagement ein Umdenken, eine andere innere Einstellung und neue Verhaltensweisen von bisher projektunerfahrenen Linienmitarbeitern.

Die Teammitglieder müssen lernen, Abstand von der konkurrierenden, manchmal mit Selbstdarstellung und Rivalität verbundenen Arbeitsweise zu nehmen, die sie von einer hierarchischen Organisation gewohnt sind und als traditionelles Rollenmuster in sich herumtragen, das ihnen vielleicht bisher gute Ergebnisse brachte.

Sie haben sich fortan zu orientieren an

- der teamspezifischen Arbeitsweise,
- der Gleichberechtigung im Team,
- der Fähigkeit und Bereitschaft zur Verständigung,
- offener Kommunikation und Informationsaustausch,
- einem Aufeinander-Eingehen,
- einer rationalen Konfliktbewältigung,
- einer effektive Kooperation und
- einer Selbstkontrolle.

Angesichts der kaum völlig überwundenen Kinderkrankheiten der meisten „real existierenden" Teams sowie im Hinblick auf die Probleme und Schwierigkeiten, die bei der Teamarbeit mangels „Team-Geübtheit" auftauchen können, sind vom Projektmanager die entsprechenden Konsequenzen zu ziehen. Insbesondere sind die personellen Voraussetzungen

(Teamfähigkeit) zu überprüfen, die erfüllt sein müssen, um Reibungsverluste zu vermeiden, da andernfalls die Funktionsfähigkeit des Teams sowie die systematische Teamarbeit gehemmt oder gar gefährdet sein könnten.

Selbst wenn die Teammitarbeiter teamfähig sind, so bedeutet dies nicht, dass das Projektteam sich sofort findet. Teamentwicklung ist ein dynamischer Prozess ist mit eigenwilligen Phänomenen:

Es bilden sich diverse Rollen heraus, es kann zu Spannungen kommen, Ängste und Konflikte entstehen. Die Voraussetzungen können manchmal günstiger oder auch ungünstiger aussehen, eine Entwicklung mit spezifischen Krisen und Konflikten wird bei jeder Teambildung durchlaufen. Erfahrungsgemäß dauert es eine Weile, bis sich ein Team gefunden hat und die Teammitglieder aufeinander eingespielt und so „teamgeübt" sind, dass sich eine enge und zielgerichtete Zusammenarbeit vollziehen kann.

Der Prozess des Aufbaus und der Einübung benötigt eine gewisse Zeit. In der Regel durchläuft er mehrere Phasen, die sich folgendermaßen gliedern und beschreiben lassen:

Orientierungsphase

Dies ist die Phase des vorsichtigen Abtastens („Beschnuppern") der Beteiligten. Das Team konstituiert sich mit der Abklärung der Aufgaben und Rahmenbedingungen. Es geht um ein Kennenlernen der Aufgabe und der anderen Teammitglieder. Man geht vorsichtig und respektvoll miteinander um. Meinungsunterschiede werden konstatiert, aber nur selten gleich zu Beginn ausgetragen. Da alle Projektbeteiligten in nächster Zeit eng zusammenarbeiten sollen, ist es sinnvoll, dass sich die Teammitglieder untereinander vorstellen. Das kann beispielsweise geschehen, indem sich jeweils zwei Mitarbeiter gegenseitig befragen und anschließend den jeweils anderen vorstellen. Die Abhängigkeit der Teammitglieder von einer formellen Leitung/Führung, die strukturiert, entscheidet und initiiert, ist aufgrund der inneren Unsicherheit der einzelnen Teammitglieder groß.

Konfrontations- und Konfliktphase

Diese Phase ist die Phase der Turbulenzen und des kritischen Aufbegehrens. Das Projektteam hat sich etabliert, man glaubt die Stärken und Schwächen der anderen Teammitglieder zu kennen, Vorurteile haben sich gebildet und nun zeigen sich Meinungsunterschiede und Interessensgegensätze. Spannungen und Konflikte tauchen auf, die Tendenz zur Polarisierung nimmt zu, Statuskämpfe und Eigeninteressen scheinen wichtiger als die gemeinsame Bewältigung der Aufgabe. Die formelle Kontrolle und die Aufgabe werden angezweifelt oder gar abgelehnt. Die Abhängigkeit von einem formellen Führer wird bekämpft. In diesem Stadium wird das Vorankommen schwierig und es besteht die Gefahr zu weitschweifender Auseinandersetzung und des ausweglosen Aneinander-Vorbeiredens. Um die Arbeitsfähigkeit der Gruppe muss gerungen werden.

Konsensphase, Kooperation und Kompromiss

Das ist die Stufe des Strukturierens und Durchorganisierens, der Versachlichung der Beziehungen. Das Projektteam entwickelt ein Bedürfnis nach Normen und Spielregeln. Die wiederkehrende Klärung von Grundfragen ist als nicht ökonomisch (Energieverlust) und aufreibend erlebt worden. Jetzt suchen die Teammitglieder gegenseitige Unterstützung. Normen und Spielregeln entspannen die Situation, sorgen für Standpunktklärung und Feedback. Das Wir-Gefühl und die Zusammenarbeit bilden sich aus, Kooperation entsteht. Der Widerstand gegen die Führungsautorität wird abgebaut, Konflikte unter den Teammitgliedern werden bereinigt, es findet eine kooperative Suche nach Alternative statt. Im besten Falle entstehen daraus Harmonie und Klarheit der Rollen, Vorgehensweisen und Methoden.

Arbeitsphase

Dies ist die Phase der Konsolidierung und Verschmelzung des Teams. Damit beginnt die eigentliche konstruktive Aufgabenbearbeitung. Das Team hat sich zur Geschlossenheit, zum synergetischen Zusammenhalt durchgerungen und ist zur aufgabenorientierten Einheit herangereift. Die Energie des Projektteams richtet sich auf die Erfüllung der Aufgabe. Jetzt kommt der Ideenreichtum zum Tragen. Produktivität und Kreativität sind da. Das alles geschieht flexibel, selbstorganisiert, in Verantwortung füreinander und für die Projektziele und -ergebnisse. Der Teamprozess wird beiläufig mitreflektiert und entwickelt sich auf einmal spielerisch und selbstverständlich weiter.

Wird dieser beschriebenen, „langsamen" Teamentwicklung nicht Rechnung getragen, indem man z. B. sich gleich zu heftig in die Arbeit stürzt, brauchen Sie sich nicht zu wundern, wenn die nicht erfolgte Konfliktphase zu einem späteren Zeitpunkt aufbricht.

Folgendes sollten Sie als Projektmanager bedenken:

- Nehmen Sie die Aktivierung (Orientierungsphase) ernst. Wenn das Team das erste Mal zusammenkommt, führen Sie eine Vorstellungsrunde durch. Jeder soll etwas von sich erzählen und seine Vorstellungen zum Projekt und der Arbeit erläutern. Als Projektmanager haben Sie die Aufgabe, den Zweck des Projekts und die einzelnen Rollen vor-

zustellen. Geben Sie den einzelnen Projektteammitgliedern ausreichend Zeit einander kennen zu lernen.
- Stellen Sie sicher, dass die Rollen klar und verstanden worden sind.
- Stellen Sie sicher, dass die Kommunikation offen durchgeführt wird, nicht nur zwischen Ihnen und den Teammitgliedern, sondern auch untereinander im Team.
- Bringen Sie die Personen zusammen, die im Projekt Gemeinsamkeiten haben (gleiches Team, gleiches Arbeitspaket, gleiches Büro usw.).
- Fördern und unterstützen Sie die Aktivitäten der einzelnen Teammitglieder beim Teamaufbau. Verhindern Sie Aktivitäten, die schädlich sein können.
- Betrachten Sie den Teamaufbau nicht als selbstverständlich. Arbeiten Sie kreativ mit und bauen Sie auf die Aufgaben 3,4, 9 und 10.

Aufgabe 3: Stellen Sie sicher, dass es eine persönliche Entwicklung für die Teammitglieder gibt

Wenn Personen aus der Linienorganisation heraus gerissen werden und für eine längere Zeit in einem Projekt arbeiten sollen, darf man es ihnen nicht übel nehmen, wenn sie auch eine persönliche Entwicklung für ihren beruflichen Werdegang daraus erwarten. Dies ist auch ein bedeutender motivationaler Antrieb dafür, in einem Projekt mitzuwirken. Als Projektmanager müssen Sie daran denken, dass den Personen eine persönliche Entwicklung im Projekt zugesagt worden ist. Sie als Projektmanager können keine direkten Zusagen machen, sondern Sie geben jedem Teammitglied die Möglichkeit, sich im Rahmen seiner Aufgaben und Möglichkeiten weiterzubilden und neue Dinge durchzuführen.

- Akzeptieren Sie den Bedarf der Teammitglieder an ihrer persönlichen Entwicklung im Projekt. Für Sie selbst ist das kein Projektziel, da dies normalerweise niemand als Projekterfolgsfaktor festlegt, aber manchmal könnte es sogar zu Ihrem persönlichen Erfolg beitragen. Versuchen Sie deshalb, einen guten Kompromiss zwischen den vorhandenen Fähigkeiten und Kenntnissen der Teammitglieder und den möglichen persönlichen Zielen (Lernzielen) zu erreichen.
- Versuchen Sie die Ansinnen der Teammitglieder so früh wie möglich herauszufinden, idealerweise wenn sie zum ersten Mal zusammenkommen. Wenn deren Erwartungen aus der Rolle fallen oder unvernünftig erscheinen, so weisen Sie sie darauf hin, dass dies nicht möglich ist. Ich glaube, dass es sehr wichtig ist, den Personen ihre Möglichkeiten aufzuzeigen, aber auch das zu sagen, was nicht möglich ist. Es ist besser,

die Enttäuschung gleich in Kauf zu nehmen als später, wenn das Projekt angelaufen ist.

- Versuchen Sie die Idee von der persönlichen Weiterentwicklung im Projekt auch den Teammitgliedern zu verkaufen, die keine Vorstellungen haben oder noch nicht überzeugt sind. Vielleicht kommen Sie sich dabei vor wie ein Verkäufer, ich glaube aber, dass einige wirklich froh sind, dass ihnen mit dem Projekt eine Chance eingeräumt wird, sich weiterzuentwickeln – auch wenn es anfangs nur „Learning by Doing" ist.

- Ermöglichen Sie persönliche Erfolge. Erfolgsorientierte Mitarbeiter nutzen die Beteiligung in interessanten Projekten gerne, um ihre eigene Karriere voranzutreiben. Gestehen Sie jedem Teammitglied die Chance zu, in Präsentationen die eigenen Ergebnisse selber vorzustellen. Publizieren Sie in Projektveröffentlichungen die Namen derjenigen, die für Teilprojekte oder fachliche Teilgebiete verantwortlich waren. Falls einige Ihrer Teammitglieder Führungsfunktionen anstreben, erhalten Sie sich deren Motivation, indem Sie sie Meetings und Workshops leiten lassen, ihnen die Einarbeitung in Moderationsmethoden und Teamsteuerungstechniken ermöglichen und die Verantwortung für Arbeitsgruppen und Teilprojekte übertragen.

- Planen Sie die Aus- und Weiterbildung in Ihrem Projektplan ein: interne und externe Seminare, Kurse oder Trainings, oder etwa auch Job-Rotation mit der Zuweisung neuer oder anders gelagerter Arbeit oder der Integration in ein neues Team. Allerdings, stellen Sie sicher und vergewissern Sie sich, dass diese Möglichkeiten keine Risiken hervorrufen und die Projektziele nicht gefährden.

- Vergessen Sie auf keinen Fall, dass Sie all diese Dinge mit dem Linienvorgesetzen der betroffenen Personen absprechen oder sogar dessen Einverständnis einholen müssen.

Aufgabe 4: Die Rückkehr der Teammitglieder in die Linienorganisation absichern

Einige in dem Projekt arbeitende Personen sind sicher professionelle Projektarbeiter. Diese Ingenieure, Techniker, Entwickler, Berater usw. verbringen ihr Berufsleben damit, von einem Projekt in ein anderes zu wandern. Für viele Projektteams wird jedoch die Mehrzahl der Mitarbeiter aus der Linienorganisation rekrutiert, weil ihre Fähigkeiten in einem bestimmten Projekt gefragt sind. Diese Linienjobs bieten mehr Sicherheit, weil sie kein definiertes Ende haben, anders als das Projekt.

In einer wirtschaftlichen Phase der ständigen Reorganisation und Umstrukturierung in vielen Unternehmen und Unternehmensbereichen darf es nicht überraschen, wenn sich diese Personen Sorgen um ihren Arbeitsplatz machen. Sie stellen sich die Frage: „Wenn die normale Linienaufgabe für Monate oder noch länger ruht, werde ich dann noch gebraucht und gibt es diese Stelle überhaupt noch?" Wie auch immer die Antwort ausfällt, es ist das gute Recht der Personen, sich Sorgen zu machen und Sicherheit zu fordern. Ist diese Sicherheit nach ihrer Meinung nicht gewährleistet, schauen sie sich im schlimmsten Fall nach einem neuen Job um.

Als Projektmanager sollten Sie früh genug an diese Aspekte denken:

- Beschäftigen Sie sich schon früh mit diesem Thema, am besten bevor irgendjemand einem Projektteam zugewiesen wird.

- In Zusammenarbeit mit dem Linienverantwortlichen und dem Personalleiter sollten formale und ausdrückliche Zusagen gemacht werden, dass der Arbeitsplatz und sonstige bestehende Vereinbarungen auch dann noch Bestand haben, wenn das Projekt beendet ist.

- Wenn die Möglichkeit besteht, sollte die Rückkehrzusage abgesichert werden, indem man den Arbeitsplatz über die Dauer der Abwesenheit durch einen Kollegen besetzt (der dann vielleicht ebenfalls wieder abgesichert werden muss). Auf diese Art und Weise wird die Existenz des Arbeitsplatzes abgesichert.

- Für Schlüsselpersonal gibt es eine extreme Methode: Man garantiert ihnen Bonus- oder Erfolgszahlungen am Ende des Projekts, dafür erhalten sie aber keine Rückkehrgarantie. Dies ist keine übliche Praxis, aber ich habe diese Möglichkeit gesehen und sie war wirksam.

Ich muss auch noch erwähnen, dass das Projekt für viele Personen eine der ganz wenigen Möglichkeiten ist, einen Ausweg aus ihrer derzeitigen Position in der Linienorganisation zu finden. Für diese Personen besteht die Motivation darin, sich in ein Projekt zu begeben und sich zu verändern.

Aufgabe 5: Sich der Teamdynamik und -politik bewusst sein

Bei der Teambesetzung muss ausreichend auf soziale Kompetenz der einzelnen Teammitglieder geachtet werden. Die soziale Kompetenz, d. h. die Fähigkeit des Umgangs mit andern Menschen, ist eine wesentliche Voraussetzung für offene und intensive Zusammenarbeit. In jedem Team entwickelt sich im Laufe der Zeit eine eigene, teamspezifische Art der Zusammenarbeit, mit einer speziellen Gruppen- bzw. Teamdynamik. Diese Teamdynamik müssen Sie verstehen und mit ihr umgehen können.

Es gibt keinen richtigen oder falschen „Teamstil" und es gibt auch keinen richtigen oder falschen Weg, auf die Dynamik eines Teams zu reagieren. Sie werden als Projektmanager immer mit der Dynamik eines Teams beschäftigt sein, je nach Größe, Aufgaben und Zusammensetzung des Teams mit mehr oder weniger teamdynamischen Prozessen:

- Die Teamdynamik ist eine Tatsache im Leben eines Projektes, beobachten sie die entsprechenden Prozesse genau. In großen Projekten werden Teams für viele Monate oder sogar für Jahre zusammen sein, deshalb ist es nützlich, zu versuchen, die Persönlichkeitstypen in einer Art Assessment herauszufinden. Das wird Ihnen helfen festzustellen, ob Fähigkeiten oder Eigenschaften im Team noch fehlen oder ob welche schon überrepräsentiert sind, und die angestrebte Ausgewogenheit bestimmter Persönlichkeitsmerkmale zu erreichen. Wenn Sie ein formales Assessment nutzen (eher einfacher nach Belbin oder komplexer nach Myers Briggs), vergewissern Sie sich, dass Sie die Ergebnisse auch richtig interpretieren können, da man leicht die falschen Schlüsse zieht, wenn man nur die Grundkenntnisse einer solchen Methode hat.

   Hinweis: Die von Myers Briggs festgelegte Methode heißt MBTI (Myers Briggs Type Indicator). MBTI ermöglicht, den individuellen Persönlichkeitstyp jedes einzelnen Teammitglieds zu ermitteln, und so Aussagen über dessen spezifische Präferenzen zu machen. Diese Zuordnung von Persönlichkeitstypen ist Ausgangsbasis für die Analyse, wie sich die verschiedenen Profile einzelner Teammitglieder gegenseitig beeinflussen und welche Wirkungsdynamiken dabei entstehen.

- Benutzen Sie auf jeden Fall solche Methoden, Sie erkennen damit positive und negative Faktoren. Wenn Sie die Teammitglieder formell eingeschätzt haben, verwenden Sie ihre Erkenntnisse und helfen Sie dem Team damit, sich zu formieren und eine gute Teamdynamik bei möglichst wenig politischen Aktionen herauszubilden.

- Nehmen Sie nicht an, dass Sie dann alles in trockenen Tüchern haben, im Laufe des Projekts wird sich noch einiges tun: Die Teammitglieder lernen sich näher kennen und das Teamverhalten wird sich laufend ändern.

- Bremsen Sie diese Veränderungen, wenn die Teamdynamik oder -politik die Teamleistung reduziert. In Ihrer Verantwortung als Projektmanager liegt es, negative Auswirkungen zu verhindern.

- Seien Sie besonders sensibel, wenn Sie neue Personen in ein Team einbringen wollen. Zum einen könnte das gut eingespielte Team empfindlich gestört werden, zum anderen kann das „Einleben" für die neue Person sehr schwierig werden. Hier ist Ihre Fähigkeit als Integrierer gefragt.

- Fördern Sie Offenheit und Ehrlichkeit. Erfolgreiche Teams haben durch diese Art der Kommunikation die wenigsten Barrieren.

- Sie sind als Projektmanager ein Teil des Teams und haben eine Vorbildfunktion. Wenn Sie keine Politik im Team haben wollen, dann betreiben Sie bitte auch keine. Sie möchten mit dem Team und den einzelnen Teammitgliedern eine Vertrauenbasis herstellen. Vertrauen heißt hier, dass Sie so schnell wie möglich informiert werden, wenn es Probleme oder Fragen gibt, ohne dass der Überbringer der Nachricht darunter leidet. Vertrauen basiert auf Gegenseitigkeit. Sie müssen eine Basis schaffen, Informationen (auch schlechte Nachrichten) ehrlich an das Team rüberzubringen.

- Behalten Sie immer im Hinterkopf, dass das Team wichtiger ist als das Individuum. Das Team bringt die Ergebnisse und nicht ein Einzelner. Auch wenn Sie besonders gute Personen – Stars – in Ihrem Team haben, so vermeiden Sie auf jeden Fall eine Bevorzugung dieser Personen, das schadet sonst dem Teamklima. Genau so wenig sollten Sie Personen, die nicht so gut sind wie die anderen, benachteiligen bzw. vor dem Team schlecht machen. An solchen Dingen zerbrechen Teams. Denken Sie immer an die drei Musketiere: „Einer für alle, alle für einen".

Bei vielen Projekten haben sich die Teammitglieder vorher noch nie getroffen, und selbst wenn, kamen sie damals vielleicht nicht so gut miteinander aus. Deshalb müssen Sie als Projektmanager den Aufbau des Teams vor allem in der Orientierungsphase fördern und die positiven Interaktionen im Team während des Projektlebenszyklus ständig unterstützen.

7.1.3 Herausforderungen an die Teamführung

Aufgabe 1: Nähe und Kommunikation suchen

Einer der am meisten unterschätzten Faktoren ist der Vorteil der „physischen Nähe" für ein Projektteam: Personen arbeiten besser zusammen, wenn sie nah beieinander sind. Probleme werden schneller gelöst, Fragen schneller beantwortet, es kommt zu mehr kreativen Lösungen und bewiesenermaßen treten weniger Konflikte auf.

Immer wenn ich ein neues Projekt startete, versuchte ich Räumlichkeiten zu finden, in denen ich Teams gemeinsam unterbringen konnte. Ich glaube, wenn man ein Team in einem Raum zusammenbringt, hat das die größten Auswirkungen auf Effektivität und Effizienz. Wenn es sich um ein größeres Projekt handelt, ist es nützlich, wenn man zum einen eine eigenständige Projektorganisation bildet und zum anderen mit dem Team an einen eigenen Standort zieht.

In der Praxis ist es jedoch schwierig, ein Projektteam an einen eigenen Standort zu bringen. Das kann daran liegen, dass manche Verantwortliche diesen Vorteil nicht sehen („Wir leben doch in einer virtuellen Welt, wo ist da das Problem?"), dass die Kosten zu hoch sind oder die Umzugslogistik recht komplex. Geben Sie Ihre Vorstellungen in dieser Sache nicht so leicht auf, suchen Sie entsprechende Begründungen, wie z. B. Kundennähe, keine Störungen durch das Tagesgeschäft, kurze und schnelle Kommunikationswege, Erhöhung der Produktivität, Nähe zu einem Entwicklungs-/Forschungszentrum usw.

Es ist natürlich nicht immer möglich, ein Projektteam so zusammenzubringen. Die zugewiesenen Mittel, die Organisationsstruktur Ihres Unternehmens oder einfach die Größe und geographische Ausbreitung des Projekts benötigen sehr unterschiedliche Arbeiten. Dann richten Sie die Projektarbeit so ein, dass das Projektteam sich mindestens einmal in der Woche trifft (der Freitag hat sich dafür in vielen Fällen als sehr geeignet erwiesen).

Generell sollten Sie sich bei verteilten Teams vergewissern, dass das Kommunikationssystem bzw. die Informationskette funktioniert und die Teammitglieder auf „innigste" Weise miteinander kommunizieren – idealerweise „Face-to-Face", als nächstes per Videokonferenz, dann per Telefon und schließlich über E-Mail, sofern Dinge über E-Mail eindeutig zu klären sind.

Einen Nachteil im Projekt kann die räumliche Trennung von der Linienorganisation darstellen, wenn bestimmte Einheiten der Linienorganisation sich nicht für das Projekt verantwortlich zeigen und eine Interaktion mit der Linienorganisation nötig ist oder die Unterstützung durch sie, z. B. in Form des Einkaufs preiswerter Produkte, die im Projekt benötigt werden. Möglicherweise kann dieser Nachteil mit einer stetigen und regulären Kommunikation kompensiert werden. Aber ein Team am Standort hat den schnelleren Zugriff auf alle Wissensträger und wird auf jeden Fall effizienter arbeiten können.

Räumliche Trennung heißt für den Projektmanager Mehrarbeit und höheren Kontrollbedarf. Dazu ein paar nützliche Tipps:

- Legen Sie die Beziehungen zwischen Ihnen und dem Team und innerhalb des Teams klar und eindeutig fest, bevor sich das Team verteilt bzw. an seinen Standorten konsolidiert. Versuchen Sie, die Teammitglieder in der Orientierungsphase zusammenzubringen.

- Vergessen Sie die isolierten Teammitglieder nicht. Diese können in den beiden Extremen entweder glücklich und hochproduktiv sein oder sie ignorieren einfach, was sie tun sollen – außer wenn Sie sie entsprechend führen.

- Kommunizieren Sie regelmäßig. Kommunikation muss sehr bedacht geplant werden. Ist die Möglichkeit zu informellen Plauschs durch getrennte Standorte nicht gegeben, so müssen Sie die Kommunikation formaler und strukturierter planen.

- Überprüfen Sie Ihr Verständnis und den Umfang der Anforderungen an die Kommunikation. Es gibt Teammitglieder, die wollen laufend unterrichtet werden, und andere wiederum wollen in Ruhe – ohne Störungen – ihre Arbeit machen.

- Stellen Sie sicher, dass sich keine produktivitätshemmenden Standortvorurteile oder sonstige Spannungen entwickeln.

- Versuchen Sie, regelmäßig zu allen Standorten zu reisen und persönlich mit den Projektteams zu sprechen.

Aufgabe 2: Ein geographisch verteiltes und isoliertes Projektteam (virtuelles Team) führen

In vielen Projekten sind geographisch verteilte Teams üblich, manchmal gibt es sogar vereinzelte isolierte Teammitglieder. Diese Teams können sich kaum persönlich treffen, arbeiten aber trotzdem zusammen. Für den Unterschied zum konventionellen Team gibt es eine sehr treffende Definition:

„Im Gegensatz zum konventionellen Team arbeitet ein virtuelles Team über Raum-, Zeit- und Organisationsgrenzen hinweg und benutzt dazu Verbindungswege, die durch IuK-Technologie unterstützt werden."

> Beim Führen virtueller Teams gehört es zu Ihren Aufgaben, dafür zu sorgen, dass dem Team optimale technische Unterstützung zur Verfügung steht. Zeit ist Geld, und wenn technische Systeme nicht optimal funktionieren, wenn Datenbankzugriffe oder gemeinsame Workspaces nicht „realtime" funktionieren, wenn die Kapazität auf individuellen oder gemeinsamen Servern zu gering ist, wenn Software nicht auf dem gleichen Stand ist, wenn E-Mail-Systeme nur mit Verzögerung arbeiten, wenn keine regelmäßigen Datensicherungen durchgeführt werden können usw., dann haben nicht nur die Mitarbeiter ein Problem, sondern auch das Projekt und damit Sie.

Aufgabe 3: Die Teilzeitkräfte managen

Jeder Projektmanager hat die Wunschvorstellung, ein Team mit Vollzeitkräften aufzubauen, die nur für sein Projekt tätig sind, sich nur für sein Projekt engagieren und ihre ganze Energie auf sein Projekt verwenden. In der Praxis ist diese ideale Konstellation aber nicht immer realisierbar. Jedes Teammitglied kann virtuell auch in anderen Projekten eingesetzt werden oder andere Arbeiten durchführen, die nichts mit dem eigentlichen Projekt zu tun haben. Viele kleinere Projekte sind hauptsächlich mit Teilzeitpersonal bestückt.

Als Projektmanager eines derartigen Projekts müssen Sie dann vielleicht immer wieder um Ressourcen bitten, damit die Aufgaben in Ihrem Projekt ausgeführt werden können. Sie müssen dann viel Zeit für das Überreden und Überzeugen der Teilzeitbeschäftigten und der Linienvorgesetzten investieren, damit diese sich intensiv genug für Ihr Projekt interessieren und mehr Zeit darin investieren als für andere Dinge. Das kann ein leidvoller und langatmiger Prozess für Sie sein, aber es kann auch ein entscheidender Faktor sein, ob ein Projekt erfolgreich ist oder nicht.

Nehmen wir einmal an, dass die Projektauslastung den Einsatz von Vollzeitkräften begründet und Sie als Projektmanager diese auch anfordern. Aber aus irgendwelchen Gründen bekommen Sie nur Teilzeitkräfte, dann müssen Sie in der Lage sein, mit dieser Situation zurechtzukommen:

- Vergewissern Sie sich, dass Sie genug Ressourcen haben. Es geht um die Erfüllung Ihres Bedarfs aufgrund der Arbeitspakete und des Aufwands in Stunden, Tagen, Wochen und Monaten.

- Bedenken Sie, dass sich Aufwände nicht eins zu eins hochrechnen lassen. Teilzeitkräfte sind im Allgemeinen nicht so produktiv wie Vollzeitkräfte. Das liegt in der Natur der Projektarbeit, da das Projekt während ihrer Abwesenheit fortschreitet und sie sich jedes Mal wieder einarbeiten müssen. So könnte es sein, dass Sie statt 5 Vollzeitkräften nicht 10, sondern 12 Halbzeitkräfte brauchen.

- Planen Sie entsprechende Puffer in Ihrem Projektplan ein. Sogar da, wo sich die Anzahl der für ein Projekt vorgesehenen Arbeitsstunden nicht ändert, kann es die Laufzeit für ein Projekt immens erhöhen.

- Fordern Sie feste und verfügbare Zeiten der Personen an, z. B. zwei oder drei Tage pro Woche oder jeden Vormittag. Wichtig sind in diesem Zusammenhang auch der Wochentag oder die Wochentage. Vermeiden Sie, dass sich die vereinbarte Einsatzzeit dieser Personen durch Reisezeit, Veranstaltungen usw. nicht noch weiter verringert.

- Stellen Sie sicher, dass Sie die vereinbarte Zeit auch bekommen und kontrollieren Sie, ob das auch so umgesetzt wird. Personal, das in unterschiedlichen Projekten oder Teams eingesetzt wird, steht unter großem Druck, und es besteht die Gefahr, dass sich diese Personen gerne etwas eher aus Ihrem Projekt entfernen, wenn die anderen Aufgaben einfacher sind.

- Versuchen Sie die Einsatzzeiten auszurichten. Beispiel: Sie haben zwei Teammitglieder, die nur zwei Tage pro Woche im Projekt verfügbar sind, aber gemeinsam an einer Sache arbeiten. Ihre Aufgabe ist es, diese beiden Personen zusammenzubringen, so dass sie zeitgleich an beiden Tagen im Projekt arbeiten.

- Überprüfen Sie die Ergebnisse genau so wie die Einsatzzeit. Teilzeitkräfte dürfen keine Entschuldigung für schlechte Ergebnisse und Nichteinhaltung von Terminen sein.

Aufgabe 4: Die höheren Führungskräfte managen

In vielen Projekten gibt es Aufgaben, die von höheren Führungskräften gemacht werden müssen, die sich nicht automatisch mit dem Projekt identifizieren und es nicht als ihre Aufgabe ansehen, den Projektmanager zu unterstützen.

Wie können Sie als Projektmanager diese höheren Manager einspannen?

- Stellen Sie sicher, dass sie darauf hingewiesen werden, dass ihr Einsatz für das Projekt wichtig ist und sie jederzeit benötigt werden. Dies ist leichter, wenn es sich Personen handelt, die eine formale Rolle im Projekt haben, z. B. als Sponsor.

- Erklären Sie, warum Sie sie brauchen. Vermeiden Sie dabei eine unangebrachte Form der Forderung nach Unterstützung, sondern lassen Sie sie spüren, dass Sie sie aufgrund ihrer Rolle, Erfahrung und Autorität nur für Themen brauchen, die für Sie selber unlösbar sind.

- Erklären Sie den Zeitrahmen und wann Sie das Ergebnis brauchen. Bestimmte Manager werden normalerweise wenig Zeit für Ihr Projekt aufwenden, sie haben eine Menge andere wichtige Dinge zu tun und tun längst nicht alles, worum sie gebeten werden. Bestimmte Aufgaben werden in der Priorität heruntergestuft, achten Sie darauf, dass das nicht mit Ihren Projektaufgaben geschieht. Manche Manager könnten auch sagen, dass es zu spät für sie ist, um noch etwas zu tun. Umso wichtiger ist es, ihnen zu sagen, dass es eben nicht zu spät ist, damit sie die an sie gestellten Aufgaben durchführen.

- Seien Sie immer höflich, offen und respektvoll, verdeutlichen Sie aber immer, dass die Arbeit gemacht werden muss. Die meisten Manager sprechen leicht darauf an.

- Wenn Sie glauben, dass Sie mit einigen maßgeblichen Managern Probleme bekommen, so wenden Sie sich an den Lenkungsausschuss (Steering Committee) oder initiieren Sie einen solchen Ausschuss, falls es ihn noch nicht gibt.

Aufgabe 5: Nicht fest zugeordnete Experten führen

Projektmanager versuchen immer, fest zugeordnete, in ihrem Sinne zuverlässige Ressourcen zu bekommen, zum Beispiel aus dem praktischen Grund, weil dadurch die Managementaufgabe überschaubarer (einfacher, unkomplizierter) wird. Aber es gibt Experten, bei denen man nicht sicher sein kann, dass man deren volle Unterstützung bekommt. Ein typisches Beispiel ist der Jurist.

Wenn man eine teilweise Unterstützung von einem Experten braucht, so muss man bedenken, dass sich dessen Arbeit (wie bei den Juristen) in viele wichtige Aktivitäten aufteilt und es ihm daher nicht möglich ist, Ihnen und dem Projekt absolute Priorität zu geben. Außerdem sind die meisten Experten mehr auf Qualität in ihrem Aufgabenbereich eingestellt als z. B. auf die Einhaltung der Projekttermine. Schnelle Entwicklungen, die Sie als Projektmanager wünschen, sehen sie als ein Risiko an, das sie gerne verhindern möchten.

Alles, was Sie in einer solchen Situation tun können, ist sicherzustellen, dass der infrage kommende Spezialist sich wirklich die Zeit für Ihre Aufgabe nimmt und die Auswirkungen einer verspäteten Lieferung versteht. Machen Sie ihm klar, dass Sie für ihn ein wichtiger Kunde sind und in Ihrem Sinne zufrieden gestellt werden möchten. Er wird dann hoffentlich bereit sein, einen Kompromiss zwischen dem Erreichen einer absoluten Qualität für seine Aufgabe und den Anforderungen der restlichen Projektaufgaben zu treffen.

Aufgabe 6: Das Projektteam auflösen

Projekte kommen immer zu einem Ende; dies liegt in ihrer Natur. Das Projektteam wird aufgelöst und die einzelnen Projektteammitglieder gehen wieder zurück in ihre Linienorganisation oder in ein weiteres Projekt. Überlassen Sie dies bitte nicht dem Zufall. Keinesfalls darf das Gefühl aufkommen: „Der Mohr hat seine Schuldigkeit getan, der Mohr kann gehen."

- Bereiten Sie die Teammitglieder entsprechend früh genug auf das Ende ihrer Tätigkeit im Projekt vor und überraschen Sie sie nicht plötzlich mit einer Entlassungsurkunde.
- Der Abschluss eines Projekts sollte nicht einfach durchgeführt werden, wenn die Zeit abgelaufen ist. Der Abschluss wird mit einer bewussten Entscheidung (Abnahme, Annahme) vollzogen: „Die Produkte entsprechen den Anforderungen und der Projektmanager und das -team haben alle ihre Aufgaben erfüllt."
- Steuern Sie die Erwartungen der freigestellten Teammitglieder. Projekte weichen schon mal von der geplanten Zeitdauer ab, versuchen Sie die Teammitglieder entsprechend lange im Projekt zu halten.
- Widerstehen Sie dem Druck, kritische Teammitglieder zu früh gehen zu lassen.
- Staffeln Sie die Freigabe der Teammitglieder. Es ist ungewöhnlich, alle auf einmal gehen zu lassen, aber es ist genauso ungewöhnlich, jeden bis zum Ende des Projekts zu behalten.
- Danken Sie den Teammitgliedern, besonders denjenigen, die sich mehr als üblich für das Projekt eingesetzt haben. Das ist nicht nur guter Brauch, sondern bestätigt Ihre guten Führungseigenschaften und hinterlässt bei den Teammitgliedern ein gutes Gefühl.
- Unterrichten Sie die Linienmanager über die Leistung der Teammitglieder. Denken Sie daran, dass einige persönliche Erwartungen an ihre Projektarbeit hatten und dass Sie den einen oder anderen wieder mal in einem Projekt benötigen.
- Bei der Abschlusssitzung sollten nochmals alle Erlebnisse und Erfahrungen ausgetauscht werden. Zweckmäßig ist in diesem Zusammenhang eine gemeinsame Reflexion mit einem gegenseitigen Feedback im Projektteam mit dem Projektmanager. Dabei geht es weder darum, Ärger los zu werden noch um eine späte Abrechnung mit irgendjemanden oder irgendetwas. Es geht vielmehr darum, den Projektverlauf aus Sicht der einzelnen Teammitglieder nachzuvollziehen, um damit gute Ideen, wie auch Fehlentwicklungen und Verbesserungsvorschläge besser zu verstehen. Ziel muss es sein, dass man aus den gemachten Erfahrungen zu wertvollen Erkenntnissen kommt und daraus lernt. Die Dokumentation dieser Ergebnisse ermöglicht die Nutzbarmachung und Weitergabe wertvoller Projekterfahrungen. Der Projektmanager kann zu diesem Zweck auch eine Erfahrungsdatenbank führen.

8 Erfolgsgeheimnis 6: Das Projekt effektiv managen

Dieses Kapitel gibt eine Übersicht über die grundsätzlichen Prinzipien des Projektmanagements und stellt den Zusammenhang mit den übrigen Themen in diesem Buch her. Insgesamt bietet dieses Kapitel einen nützlichen Rahmen, um sich und seine Art und Weise zu prüfen, wie man Projekte managt.

8.1 Was müssen Sie managen?

Die Leichtigkeit, mit der man ein Projekt managt, beruht im Wesentlichen auf einigen vorab gemauerten Fundamenten, wie der Festlegung des Ziels, des Umfangs und der Aufgaben, der Behandlung von Annahmen und Risiken, der Erstellung von Plänen und der Ermittlung und Zuordnung von Ressourcen.

Wenn Sie ein Projekt als Projektmanager übernommen haben, kommen tagtäglich eine Menge von Dingen auf Sie zu. Abgesehen von trivialen Dingen ist es in den meisten Fällen praktisch unmöglich, alle Eventualitäten des Projektverlaufs vorauszusehen, Krankheiten, technische Probleme oder organisatorische Veränderungen treffen praktisch jedes ernsthafte Projekt und führen dazu, dass von der ursprünglichen Vorgehensweise abgewichen werden muss. Der einmal übersichtliche Plan wird immer komplizierter. Es gibt eine Menge Projektbeteiligte, die ihre Arbeit mehr oder weniger unter Kontrolle haben, und solche, die auch Arbeiten ausführen, die nicht zum Projekt gehören. Es gibt viele interne und externe Einflüsse auf das Projekt, gute und schlechte. Manchmal haben Sie das Gefühl, etwas nicht unter Ihrer Kontrolle zu haben und sich darum kümmern zu müssen. Dann kann der Termin verschoben, der Umfang abgespeckt, das Team in sehr engen Grenzen vergrößert oder eben an der Qualität gespart werden.

Die Praxis zeigt hier eine Reihe von Möglichkeiten auf, die aber unter die Rubrik „Vortäuschung falscher Tatsachen" fallen. Die häufigste Variante besteht darin, die Kundenanforderungen nach eigenem Gutdünken zu interpretieren – das bedeutet, die Anforderungen an die Qualität zu manipulieren. Eigenschaften wie Wartbarkeit oder Erweiterbarkeit sind so schwer nachzuprüfen und zu messen, dass hier in der Regel aus Kosten- oder Termingründen schon mal eigene Vorstellungen statt des „Stands der Technik" realisiert werden. Aber solche Dinge, und noch viele andere „Täuschungen", kommen spätestens dann ans Licht, wenn kleine Erweiterungen zu riesigen Aufwänden führen.

Aber was sollen Sie nun wirklich managen und in welcher Form?

In Ihrer Rolle als Projektmanager gibt es sechs Dinge im Projekt, für die Sie wirklich verantwortlich sind. Diese sind oft genug schwierig zu managen, aber Sie sollten sich nur auf diese sechs Dinge konzentrieren und Ihr Leben als Projektmanager wird leichter werden:

1. *Die Projektlaufzeit.* Sie wird laufend anhand des Fortschritts gegenüber dem Plan (Soll/Ist- bzw. Plan/Ist-Vergleich) gemessen. Durch den laufenden Plan/Ist-Vergleich erreicht man, dass Abweichungen rechtzeitig erkannt werden. Planabweichungen führen dann entweder zu einer Änderung der Planvorgaben oder es werden entsprechende andere Maßnahmen beschlossen und durchgeführt.

2. *Der Ressourcenverbrauch.* Auch dieser wird (in Mannstunden, Manntagen, Geld usw.) laufend mit der Planung verglichen. Der Ressourcenverbrauch ist im Allgemeinen schwierig zu verfolgen, weil alles auf Schätzungen beruht, auch Kosten fallen ja in der Regel erst dann an, wenn die Leistungen bereits erbracht sind. Sie müssen ständig daran arbeiten, dass Ihnen nötige Mittel auch zur Verfügung gestellt werden. Sie stellen Anträge, brauchen Nachweise und vor allen Dingen Argumente, wenn Sie mehr brauchen als geplant. Bei großen und komplexen Projekten ist es durchaus üblich, dass dem Projektmanager ein Controller an die Seite gestellt wird, der sich um die betriebswirtschaftlichen Aspekte im Projekt kümmert.

3. *Die Qualität.* Hier gibt es zwei Dinge, die bezüglich ihrer Qualität geprüft werden müssen: Erstens der Projektprozess („Machen wir die Dinge richtig?") und zweitens Ergebnisse („Machen wir die richtigen Dinge?"). Wichtig in diesem Zusammenhang ist das Prinzip der Kundenorientierung. Die interne Kundenorientierung verlangt eine ordnungsgemäße, qualitätsgerechte Weitergabe eines Ergebnisses (Teil- oder Zwischenergebnisses) an den/die Teamkollegen, damit dieser/ diese effizient damit weiterarbeiten kann/können. Die externe Kundenorientierung betrifft den Kunden. Dessen Qualitätsanforderungen

müssen erfüllt sein, sie werden durch Prüfungen und Tests nachgewiesen. Der Kunde soll nach Abschluss des Projekts einen wirklichen Nutzen daraus ziehen können. Um die Qualität sicherzustellen, benötigt man ein projektbegleitendes Qualitätsmanagement. Übertragen Sie diese Aufgabe an einen qualifizierten Qualitätsmanager, behalten Sie auf jeden Fall die Kontrolle.

4. *Der Projektfortschritt*. Wenn man ganz genau ist, kann man den Projektfortschritt in zwei unterschiedliche Komponenten teilen: einmal die Kontrolle des Produktfortschritts, zum anderen den eigentlichen Projektfortschritt. Beide hängen eng zusammen, benötigen jedoch jeweils eigene Kenngrößen. Der Produktfortschritt wird gemessen an der Erfüllung der geforderten Funktionen und deren Funktionalität und Qualität. Der Projektfortschritt steht eng im Zusammenhang mit den anderen Projektparametern wie Terminen, Zeit, Kosten und ihrer jeweiligen Planerfüllung. Hier steht also die Frage nach dem Fertigstellungsgrad im Vordergrund, wie z. B.: „Sind bei 50% Kosten- bzw. Aufwandsverbrauch auch 50% Leistung erbracht worden?"

5. *Der Kunde*. Sie tragen als Projektmanager die volle Verantwortung für die Erfüllung der Kundenanforderungen im Projekt und leisten damit einen großen Beitrag für die Erfüllung der Kundenzufriedenheit. Ihr Hauptaugenmerk muss darauf liegen, die Kundenanforderungen zu verstehen und sie entsprechend umzusetzen. Zuhören und verstehen ist hier das Prinzip, aber nötig sind auch sachliche Hinweise und Ideen, Freundlichkeit und Hilfsbereitschaft bei Fragen oder die Behebung von Problemen. Fragen Sie während des Projektablaufs den Kunden inoffiziell nach seinem Befinden, etwa in der Art und Weise: „Wie zufrieden sind Sie mit dem Projektverlauf?" Im folgenden Gespräch ergeben sich bestimmt noch weitere detaillierte Fragen zur Leistungserbringung, zu Terminen, Kompetenz des Projektmanagers und des Projektteams usw. Wenn Sie solche Fragen regelmäßig und systematisch stellen, können Sie quasi messen, ob verschiedene Maßnahmen im Projektverlauf eine positive Veränderung bewirken. Wollen Sie eine offizielle Stellungnahme des Kunden, z. B. am Ende des Projekts, dann setzen Sie im Rahmen des projektbegleitenden Qualitätsmanagements eine Kundenbefragung an. Diese Befragung ist zum einen für Ihre Organisation und das Qualitätsmanagement gemäß der ISO-Zertifizierung wichtig, aber auch für Ihre Karriere, Ihren persönlichen Erfolg.

6. *Die Organisation*. Es ist wichtig, dass das Projekt neben der Erreichung der Kundenzufriedenheit auch für Ihre eigene Organisation ein voller Erfolg wird. Dazu gehört zum einen die wirtschaftliche Durchführung (Gewinnerzielung) und die Behauptung im Wettbewerb und auf dem

Markt, aber auch die Vermeidung von Folgekosten und Ansprüchen bei Nichteinhaltung der vertraglichen Vereinbarungen, etwa durch Gewährleistungsansprüche, Produkthaftung usw. Monetäre Auswirkungen solcher Ansprüche können kleinere Organisationen an den Rand des Ruins bringen, hinzu kommt dann noch der nur schwer vorauszusagende Imageschaden.

8.2 Wie sollten Sie managen?

Wenn Sie wissen, was zu managen ist, müssen Sie sich als nächstes fragen: „Wie soll ich das managen?" Die Antwort darauf ist schwieriger als auf das „Was?", aber auch diese Aufgabe lässt sich bewältigen. Natürlich haben es hier insbesondere die erfahrenen Projektmanager etwas leichter als neue und junge Projektmanager. Entscheidend dabei sind jedoch nicht nur der Wille und das Können, sondern auch die Befugnisse und die Kompetenzen, die Ihnen zugewiesen wurden. Teilweise geht es um schwerwiegende Entscheidungen für das Projekt, den Kunden, die Organisation und auch für Sie selber.

Folgende Managementhebel können Sie einsetzen:

- Verändern Sie die Art und Weise, wie Sie selber und das Team arbeiten:
  - Versuchen Sie, auftretende Zeitverluste möglichst sofort auszugleichen, z. B. indem Sie bzw. das Team in der gleichen Woche an einem Tag länger arbeiten, statt die ganze Zeitplanung vor sich her zu schieben. Bitten Sie darum, etwas mehr Zeit für das Projekt zu investieren, die Anstrengungen zu intensivieren oder auch nur mal die Art und Weise zu überdenken, wie jeder arbeitet: Läuft die interne Lieferanten-Kunden-Prozesskette „Erstellen, Liefern, Weiterbearbeiten" ohne Reibungsverluste und Schnittstellenprobleme oder bleiben z. B. fertige Ergebnisse liegen und werden erst nach Tagen von einem Teammitarbeiter aufgenommen und fortgeführt?
  - Vermeiden Sie Überbelastung. Überbelastungen entstehen in vielen Fällen durch nicht geplante Arbeiten oder Störungen durch Telefonanrufe oder auch durch persönliche Anfragen durch andere Projektbeteiligte. Ein Teammitarbeiter hat das Recht, sich auf seine Arbeit zu konzentrieren. Prüfen Sie deshalb Ihre Regelungen und legen Sie fest, wie mit Anfragen von außen, sei es vom Kunden oder von Kollegen aus anderen Teams, umgegangen werden soll. Zum Beispiel könnte das Projektbüro solche Anfragen aufnehmen und koordiniert weitergeben.

- Vermeiden Sie zu starke Ablenkungen. Wenn Sie merken, dass Sie selber oder auch die Teammitglieder sich nicht voll auf die Arbeit konzentrieren können, weil sie aus dem Arbeitsumfeld gestört werden, dann überprüfen Sie die Umfeldbedingungen am Arbeitsplatz. Gibt es zu viel Lärm und Ablenkungen im Großraumbüro, etwa durch „Publikumsverkehr" oder weil dort zu viele Mitarbeiter beschäftigt sind? Wie sind die Lichtverhältnisse, besonders im Winter, gibt es gehäuften Ärger mit der Technik usw.? Um die Leistungsfähigkeit und Effizienz des Teams zu erhalten, sollte vielleicht in Verbesserungen der Arbeitsplätze oder in neue Technik investiert werden.

- Vermeiden Sie unproduktive Zeiten, wie Meetings ohne festgelegte Ziele oder unnötiges Verteilen von Dokumenten an Personen, die diese nicht brauchen. Auch die Beschaffung von z. B. Informationen oder neuem Druckerpapier darf die produzierenden Teammitarbeiter nicht behindern, ihre Zeit ist viel zu kostbar. Auch hier können Projektbüro oder Teamassistenten eine wertvolle Hilfe sein.

- Verbessern Sie die Kommunikation. Überprüfen Sie noch einmal die Kommunikationskanäle: Wer braucht von wem welche Information? Sind Bring- und Holschuld eindeutig geklärt? Nicht immer ist es notwendig, sich mit allen Teammitgliedern zu treffen, weil dafür ein großes Zeitbudget erforderlich ist. Vor allem, wenn es um Themen geht, die nicht jeden betreffen oder die keiner Rückmeldung oder Diskussion bedürfen, eignen sich Alternativen.

- Setzen Sie entsprechende Prioritäten und unterscheiden Sie die Dinge nach wichtig und dringend. Nutzen Sie neue Techniken, überprüfen Sie Ihr Berichtswesen und die Dokumentation: Was ist wirklich nötig? Was will der Empfänger gar nicht haben?

Um die Zusammenarbeit zwischen den unterschiedlichen Teams und evtl. Beratern und Experten zu unterstützen, hat sich die Installation von Cross-Functional-Teams bewährt. Diese auf Zeit zusammengesetzten Teams eignen sich besonders für das schnelle Lösen von Problemen und das beschleunigte Erreichen von Zwischenzielen, da sie notwendiges Wissen zusammenführen und sich die erforderlichen Abstimmungs- und Entscheidungsprozesse verkürzen.

- Bauen Sie Bürokratie ab. Prüfen Sie, ob sich im Laufe der Zeit zu viel Bürokratie breit gemacht hat, die Ihre Zeit und Ihre Beweglichkeit und natürlich auch die der Teammitarbeiter raubt. Räumen Sie mit formalen Vorgaben und Regelungen auf. Überprüfen Sie Ihre Arbeitsorganisation, schneiden Sie alte Zöpfe ab und gestalten Sie sie wieder als effizienten Prozess.

- Verändern Sie die Entwicklungsmethode. Iterative und inkrementelle Entwicklungsmethoden sind Faktoren für ein erfolgreiches Risiko- und Anforderungsmanagement. Risiken werden durch die Gestaltung der Inkremente früh abgebaut und Anforderungen lassen sich entsprechend ihrer tatsächlichen Gewichtung und durch entsprechenden Nutzertest während der Entwicklung filtern.

- Verändern Sie Ressourcen. Wenn sich ein Projekt verspätet oder gelegentlich auch vor der Zeit ist, können Sie versuchen, das Ressourcenniveau zu verändern – Ressourcen aufzubauen oder, im anderen Fall, freizugeben. Für den Aufbau gibt es mehrere Möglichkeiten: Mehr Ressourcen (Budget, Zuarbeit, Geräte, Räume) oder besseres und fähigeres Personal anfordern. Wenn Sie in der Zwangslage sind, weitere oder andere Ressourcen zu brauchen, sollten Sie die Priorität des Projekts anheben. Der Zugriff auf die Ressourcen wird dadurch wahrscheinlich leichter.

- Verändern Sie den Umfang des Projekts. Können Sie den Endtermin des Projekts nicht einhalten, so sollten Sie über eine Reduzierung des Projektumfangs nachdenken. Setzen Sie sich mit dem Anforderungsmanagement, dem Kunden und dem Lenkungsausschuss zusammen, streichen Sie einige weniger wichtige Funktionen und konzentrieren Sie sich auf die wirklich kritischen Elemente, so dass die Implementierung, Lieferung, Test und Annahme in diesem Rahmen möglich sind. Die restlichen Funktionen können in ein nachträgliches Projekt einfließen.

- Überdenken Sie die Kostensituation:
  - Steigen die Kosten z. B. durch Mehrarbeit oder weil Zulieferungen teurer geworden sind, müssen Sie sich nochmals eingehend mit der Planung befassen. Wenn andere Kriterien, wie Qualität und der Endtermin, einen höheren Stellenwert haben, überschlagen Sie die aktuelle Kostenentwicklung, suchen Sie eventuelle Einsparmöglichkeiten, aber lassen Sie das Projekt auf jeden Fall weiterlaufen. Bei Zulieferungen oder externen Dienstleistungen mahnen Sie den Einkäufer, bei den Vertragsverhandlungen mit Ihnen Rücksprache zu halten.
  - Ein anderer Grund von Kostensteigerungen liegt vor, wenn das Anforderungsmanagement beim Projektbeginn nicht richtig funktioniert hat und ein Projektreview als Ergebnis hervorbringt, dass mehr Funktionalität implementiert wurde als tatsächlich gefordert war. Ein Zurückrudern würde noch mehr Kosten verursachen, verhandeln Sie mit dem Kunden über die zusätzliche Funktionalität, vielleicht trägt er einen Teil der Kosten.

- Neue Aufgaben in das Projekt einfügen. Das Hinzufügen neuer Aufgaben wird nicht so oft durchgeführt wie das Verändern des Umfangs. Wenn sich aber die Probleme oder Risiken anhäufen, sollten zusätzliche Aufgaben für die Auslastung der Teammitglieder eingefügt werden.
- Verändern Sie Ihren Plan. Ein Plan ist nur ein Plan. Er ist nur dann endgültig, wenn das Projekt zu Ende ist. Wenn er falsch ist, sollte er verändert werden. Dies kann grundsätzlich zu einem neuen Plan führen oder man versucht einige Parameter zu verändern, um zu sehen, ob die Dinge dann besser laufen. Es gibt normalerweise viele Wege, ein Projekt durchzuführen und Probleme zu lösen. Wenn der eingeschlagene Weg nicht funktioniert, ist es nützlich, einen kritischen Blick darauf zu werfen und zu versuchen, einen alternativen Weg zu finden.
- Verändern Sie die Qualität. Die Qualität der Projektergebnisse zu verändern ist deutlich wesentlicher als Veränderungen etwa bei Projektterminen oder Projektkosten. Wenn das ein Thema sein sollte, müssen Sie in Zusammenarbeit mit dem projektbegleitenden Qualitätsmanagement untersuchen, ob für einige Dinge übermäßige Qualitätsmerkmale definiert wurden, die nicht gefordert bzw. nicht notwendig sind. Lässt sich die Qualität auf ein annehmbares Maß reduzieren, so können Kosten und Zeit eingespart werden.
- Beenden des Projekts. Wenn das Projekt in eine Krise gerät, ist eine der letzten zur Verfügung stehenden Möglichkeiten, das Projekt zu beenden. Manchmal gilt tatsächlich: „Lieber ein Ende mit Schrecken als ein Schrecken ohne Ende." Natürlich können Sie vor der Beendigung das Projekt erst einmal stoppen, um zu analysieren, was schiefgelaufen ist und ob es noch Möglichkeiten gibt, es wieder in die richtigen Bahnen zu lenken. Versuchen Sie auch, ein Einlenken und Entgegenkommen aller Projektbeteiligten zu erreichen. Ein Neustart, evtl. mithilfe eines Coachs oder PM-Beraters, kann neue Perspektiven eröffnen. Denken Sie auch über den Austausch einiger Teammitglieder nach, denn hier muss die Frage erlaubt sein, warum ein neues Projekt mit dem alten Team besser laufen sollte als das vorherige?
- Treffen Sie Entscheidungen, entweder selbst oder zusammen mit dem Kunden. Alle Änderungen, die oben beschrieben wurden, benötigen in gewisser Weise eine Entscheidung und teilweise auch eine vertragliche Vereinbarung. Aber es gibt natürlich auch noch einfachere Entscheidungen im täglichen Projektleben – die trotzdem getroffen werden müssen.

Setzen Sie bei all den aufgeführten Aktionen Ihr individuelles Urteilsvermögen und Ihre Entscheidungs- und Handlungsfähigkeit zielorientiert ein. Projektmanagementwerkzeuge helfen Ihnen, die Situation zu verstehen und untermauern Ihre Entscheidungen für die eine oder andere Aktivität. Aber vergessen Sie nicht, Sie müssen nach bestem Wissen und Gewissen selber entscheiden.

Wer nicht überdenken kann, entscheiden oder verändern, der sollte auch kein Projektmanager werden. Wenn Sie sich jedoch zutrauen, mit solchen Aktivitäten ein Problem oder ein Projekt wieder in den Griff zu bekommen, dann machen Sie es, aber machen Sie es richtig.

Wenn Fragen oder Probleme auftreten, die Managementaktionen verlangen, müssen auch wirklich Aktionen durchgeführt werden, um ein besseres Ergebnis zu erreichen. Tatsächlich ist es weniger wichtig zu verstehen, wie ein Problem entstanden ist, als eine Lösung zu finden. Man verwendet meistens auch zu viel Zeit, wenn man versucht herauszufinden, wer was verursacht hat. Sollte eine solche Analyse dennoch unbedingt erforderlich sein, um derartige Probleme für die Zukunft zu vermeiden, dann analysieren Sie nach der Lösung und führen Sie dann Verbesserungsmaßnahmen durch.

Wenn Sie das Problem gelöst haben, konzentrieren Sie sich wieder auf Ihre normalen Managementaufgaben, vermeiden Sie dabei, die Mitarbeiter mit kontinuierlichen Aktualisierungen unproduktiv zu machen. Beweisen Sie in solchen Situationen gute Führungsqualitäten durch die richtige und ausgewogene Festlegung Ihres Bedarfs an Informationen für Kontrolle und Steuerung des Projekts und geben Sie den Teammitgliedern genügend Spielraum für die Durchführung ihrer Aufgaben.

Sobald Sie eine wichtige Entscheidung getroffen und sich für eine geeignete Vorgehensweise entschieden haben, müssen Sie das allen Projektbeteiligten mitteilen. Legen Sie dazu die Struktur der diesbezüglichen Meetings und die Kommunikationskanäle fest. Die Teammitglieder sollten wissen, dass der Plan, nach dem sie arbeiten, ein Rahmenplan ist und keine endgültige Festlegung. Jeder muss damit rechnen, dass immer mal wieder Aktualisierungen vorgenommen werden müssen, wenn der aktuelle Status des Projekts es erforderlich macht.

Ihr Erfolg als Projektmanager hängt davon ab, ob Sie ein Verständnis dafür bekommen, was gemanagt werden muss und welche Ereignisse und Informationen die entsprechenden Managementaufgaben auslösen. Das Ausmaß Ihres Erfolges hängt dann ausschließlich von der effizienten und effektiven Durchführung dieser Aufgaben und deren Ergebnissen ab.

8.3 Wie führen Sie die Managementaufgaben durch?

In der Vorbereitungsphase für Ihr Projekt sollten Sie sich noch etwas Zeit für ein paar Ideen nehmen. Sie müssen nämlich noch entscheiden: „Mit welchem Werkzeug will ich die einzelnen Aufgaben im Projekt überhaupt angehen?" Für viele Aufgaben stehen Ihnen Prozesse und Werkzeuge zur Verfügung, die ich Ihnen nachstehend kurz erläutern möchte:

- Formale Fortschrittsüberwachung und Statusberichte:
    - In Fortschrittsberichten wird der allgemeine Sachfortschritt des Projekts festgehalten. Er basiert in erster Linie auf dem „Feedback" aus dem Projektteam. Im Sinne der Sicherung der Abwicklung des Projekts gegen Fehlleistungen kommt es für den Projektmanager darauf an, das normale Berichtswesen nicht nur zu seiner persönlichen Unterrichtung über den Projektverlauf zu nutzen, sondern es auch hinsichtlich schwacher Signale auszuwerten, die auf Probleme hindeuten könnten.

    Die einzelnen Teammitglieder melden (per Stundenaufschreibung) die verbrauchte Zeit und das erreichte Ergebnis, das dann in die grafische oder tabellarische Form des Projektfortschrittsberichts einfließt.

    - Ein ähnliches Informationsmittel ist der Statusbericht, wobei hier die Detailtiefe nicht so stark ist wie beim Projektfortschrittsbericht. Hier wird in erster Linie das Gesamtergebnis des Projekts vorgestellt, z. B. mit der bekannten Ampelschaltung (rot = Projektziel ist nicht erreicht, gelb = Projektzielerreichung ist gefährdet, grün = Projektziel ist erreicht). Bei Rot und Gelb werden noch Maßnahmen aufgeführt. Ergänzt wird die Angabe der allgemeinen Situation durch weitere Hinweise in verbaler Form oder durch Angabe von Prozentzahlen, Terminen, Aufwand, Kosten, besonderen Vorkommnissen, kritischen Problemen und Personalsituation.

    - Für die kontinuierliche Überwachung und Planung gibt es eine Vielzahl von verfügbaren Tools, mit denen man systematische Überwachungen und Abweichungsanalysen durchführen kann. Bei der Menge der möglichen Abweichungsursachen und Auswirkungen ist oftmals eine systematische und nachvollziehbare Überwachung notwendig. Da gibt es zum einen die Trendanalysen, wie die Meilensteintrendanalyse (MTA), die Kostentrendanalyse (KTA), aber auch das Fertigstellungs-Bewertungssystem Earned-Value-Analyse (EVA).

    Die MTA erlaubt eine auf Teilziele reduzierte Übersicht über die Planentwicklung und eine Vorschau bis zum Projektende. Zur Darstellung werden die geplanten Meilensteine vertikal und die geplanten Berichtszeitpunkte horizontal in ein Dreieckraster eingetragen. Mit Fortschreiten des Projekts entsteht eine Kurve, die den Trend der Terminentwicklung aufzeigt. In ähnlicher Weise wird die KTA verwendet, aber statt um Meilensteine geht es um Kosten. Die EVA hingegen analysiert die einzelnen Komponenten (verstrichene Zeit, verrichtete Arbeit, verursachte Kosten) unabhängig voneinander und setzt Plandaten und Istdaten in Relation. EVA zeigt dabei kompromisslos den aktuellen Stand Ihres Projektes auf. Der dem Aufwand entsprechende Geld- bzw. Kostenwert für die bis zum Stichtag erbrachten Leistungen oder, anders ausgedrückt, für die fertig gestellte bzw. geleistete Arbeit wird als Fertigstellungswert oder Arbeitswert bezeichnet. Im angelsächsischen Sprachraum heißt dies Earned Value („verdienter Wert").

- Budgetierung und Ausgabenverfolgung. Einige dieser Aufgaben können Sie in eigener Regie mit den entsprechenden Tools durchführen, z. B. die Kostenerfassung des eigenen Personals oder auch zusätzliche Projektkosten (Miete für Büroräume, PCs, weitere Dienstleistungen, erhöhtes Kommunikationsaufkommen, Telefon, Porto, Papier usw.). Aber schon bei den Investitionen und der Kostenverrechnung für externes Personal wird es richtig schwierig, ganz zu schweigen von Weiterverrechnungen mit Verrechnungsschlüssel und Verrechnungswegen.

• Verwendung und Abschätzung von Ausgaben für Projektmanagementtools, z. B.:
  - Risikomanagement
  - Problemmanagement
  - Annahmenmanagement
  - Änderungsmanagement

• Qualitätsmanagement und Qualitätsaudits der Prozesse und Produkte: Alle Aufgaben rund um das Qualitätswesen sollten Sie einem Experten aus dem Qualitätsmanagement übertragen. Gemeinsam mit ihm werden die Anforderungen an die Qualität, Aufgaben und Maßnahmen festgelegt, sie werden im Rahmen des projektbegleitenden Qualitätsmanagements durchgeführt. Sie als Projektmanager behalten allerdings die volle Verantwortung. Für derartige Aufgaben werden normalerweise keine Projektmanagementwerkzeuge eingesetzt, sondern das Qualitätsmanagement setzt je nach Projekttyp entsprechende Qualitätswerkzeuge ein. In erster Linie sind dies Werkzeuge für die Prüfung, den Test und die Verwaltung von Produkten und deren Versionen (Konfigurationsmanagement).

- Inoffizielle tägliche Gespräche und Kommunikation:

  Nicht nur das offizielle und systematische Berichtswesen ist nützlich, sondern es sind auch die inoffiziellen Gespräche, mit denen Sie immer versuchen sollten, Ihr Ohr am Geschehen zu halten. Ein Mittel für die Selbstunterrichtung ist das „Management by Walking Around", das Ihnen unmittelbar aufzeigt, was „in vorderster Linie" wirklich los ist. Hier kommen auch Gerüchte und Hintergrundinformationen ans Tageslicht, die dem offiziellen Berichtswesen niemals entnommen werden können.

- Direktes Feedback vom Kunden und von den Teammitgliedern:

  Es muss in Ihrem Sinne sein, z. B. bei einem Meeting direkt zu erfahren, wie sich die einzelnen Teammitglieder unter Ihrer Regie und überhaupt im Projekt fühlen. Schreiben Sie sich im Verlauf eines Meetings immer Stichpunkte zu Motivation, Fachproblemen, Führungs- oder Teamproblemen auf. Nehmen Sie auch Kritik auf und versuchen Sie, daraus positive Ansätze für Verbesserungen zu finden. Das Gleiche gilt selbstverständlich auch für das Feedback des Kunden.

All diese Werkzeuge verschaffen unterschiedliche Informationen für Sie als Projektmanager. Nicht nur die professionelle Ausstattung mit entsprechender Software ist wichtig, Sie sollten sich auch eine ausgiebige Schulung in der Handhabung dieser Werkzeuge gönnen. Dabei sollte Ihnen aber bewusst sein, dass es nur Werkzeuge sind, die eben nur bei richtiger Handhabung funktionieren. Sie sollten so ausgelegt sein, dass sie einfach zu verstehen und zu bedienen sind, aber immer genau die Informationen zur Verfügung stellen, die Sie für die augenblickliche Arbeit brauchen. Wenn Sie ein Projekt einrichten, müssen Sie entscheiden, welches Werkzeug am besten zu Ihrer Aufgabe passt und zu dem, was sie tun wollen.

8.4 Komplexität vermeiden und Einfachheit erreichen

Alle reden von Komplexität und nur wenige können genau sagen, was sie damit eigentlich meinen. Das Wort Komplexität ist lateinischen Ursprungs und bezeichnet die Gesamtheit aller Merkmale oder Möglichkeiten. Im Unterschied dazu wird der Begriff heute überwiegend im Hinblick auf die Vielschichtigkeit eines Systems oder eines sozialen Sachverhalts gebraucht.

In der Wissenschaft wird Komplexität wie folgt definiert: Ein System ist umso komplexer, je mehr Informationen innerhalb eines Systems und mit einem System ausgetauscht werden. Es ist außerdem umso komplexer, je mehr Elemente es aufweist, je größer die Zahl der Beziehungen zwischen diesen Elementen ist, je verschiedenartiger die Beziehungen sind und je ungewisser es ist, wie sich die Zahl der Elemente, die Zahl der Beziehungen und die Verschiedenartigkeiten der Beziehungen im Zeitablauf verändern. Schon Systeme mit wenigen Elementen können zu einer unüberschaubaren Menge an Möglichkeiten führen. Systeme können schließlich schnell überfordert sein, ihre eigene Komplexität zu bewältigen.

Systemisch gesehen sind Projekte komplexe, soziale Systeme, die nicht direkt steuerbar sind. Besonders die Unklarheit bzw. Unsicherheit bezüglich

- relevanter Faktoren (Anzahl, mit welchen Wechselwirkungen, ...) und

- Interessen und Erwartungen der Beteiligten

sind es, die die Komplexität in Projekten ausmachen, weniger die technischen und fachlichen Lösungswege. Ich habe in meinem Projektmanagerleben noch kein Projekt gesehen, das aus technischen Gründen gescheitert ist.

Komplexität gehört zum Alltag eines jeden Projektmanagers. Hervorgerufen durch die Vielzahl der beteiligten Menschen, deren unterschiedliche Aufgaben und die sich ständig verändernden Bedingungen wirkt sie manchmal bedrohlich. Schnell kann es daher zu einer Überforderungssituation für den Projektmanager kommen. Nur wenn es Ihnen als Projektmanager gelingt, mit der dynamischen Komplexität und mit unklaren Faktoren angemessen umzugehen, haben Sie in zunehmend vernetzten Projektzusammenhängen Erfolg.

Im Umgang mit Komplexität brauchen Sie strategisches Geschick, Mut und Organisationstalent. Die Gestaltung der Organisation und Regeln ist das Schlüsselkriterium der Komplexitätsbeherrschung. Ihre Aufgabe in der Organisation ist es, den notwendigen Umfang an Koordination und Kommunikation zu verringern.

Strategie und Organisation bestimmen die Komplexität. Mit der Komplexität steigen auch die Kosten. Typisch dafür sind die technischen Anforderungen, aber auch die Anzahl der Projektbeteiligten und die Anzahl von Regeln, Gesetzen, Verordnungen und Anweisungen. Manchmal kann sogar die Vielzahl von Ideen die Komplexität erhöhen und deshalb kann es zur Vermeidung steigender Komplexität sinnvoll sein, auf bestimmte Ideen und damit auch auf Perfektion zu verzichten. Nachstehend einige Komplexitätsfaktoren:

- die Anzahl der Anforderungen und Ziele und deren Widersprüchlichkeit
- die Anzahl der zu entwickelnden Produkte
- die Anzahl der Komponenten, aus denen die Produkte bestehen
- die Anzahl der Projektbeteiligten und -betroffenen (Teams und Teammitglieder, Kunden, Stakeholder, Sponsoren, Geldgeber, Entscheider und Lieferanten)
- die Anzahl und der Inhalt von Regelungen, Vorgehensmodellen, Methoden und Techniken.

Selbstverständlich reagieren viele Projektmanager unterschiedlich auf zu hohe Komplexität. Einige blenden möglichst viele Aspekte der komplexen Situation aus oder reduzieren die für sie unerträgliche Komplexität durch feste Regelwerke. Andere versuchen möglichst viel an möglichst vielen Stellen gleichzeitig zu bewirken, was von außen häufig als chaotische Handlungsweise empfunden wird. Doch was ist richtig?

Eine Ursache von Komplexität ist, dass es Menschen gibt, die alles wollen. Alles soll perfekt sein. Sie haben Angst vor Fehlern. Es fehlt der Mut zu Risiken und Flops. Sie stellen noch eine weitere Analyse zur Absicherung ihrer Gedanken und Vorhaben an. Und das unter krank machendem Zeitdruck, unter dem Stress einer möglichen Erfolglosigkeit. Gelassenheit und Übersicht gehen verloren. Das führt zu Komplexität und damit zu Langsamkeit und Ineffektivität.

> Stattdessen Einfachheit zu pflegen, in Verantwortung für Kunden und Teammitarbeiter, aber auch für die eigene Gesundheit und das eigene Wohlbefinden – das wäre ein sinnvoller Weg.

Das einzigartige Mittel zur Komplexitätsbeherrschung ist die Reduktion der Möglichkeiten. Einfach machen heißt: weglassen, verzichten, Prioritäten setzen. Die Komplexität in Projekten kann nur beherrscht, kontrolliert, gesteuert werden, wenn sie verringert wird. Die Menge der Komponenten und Möglichkeiten muss reduziert werden.

Die fundamentale Frage ist dabei, wie man die richtige Balance zwischen Einfachheit und Komplexität findet:

> *Wie einfach kann man es machen?* ↔ *Wie komplex muss es sein?*

Einerseits soll ein Projekt einfach durchzuführen sein (einfache Planung, einfache Realisierung und Implementierung, einfache Steuerung, einfache Kontrolle), andererseits soll es sämtliche Anforderungen erfüllen. Der Prozess, einen idealen Zustand der Einfachheit zu erreichen, kann wirklich komplex sein, aber am einfachsten erreicht man Einfachheit durch eine durchdachte Reduktion. Im Zweifelsfall einfach wegnehmen! Aber achten Sie darauf, was Sie wegnehmen! Einfachheit kann sowohl positiv als auch negativ bewertet werden.

Die Einfachheit des Projektmanagements

Einfachheit ist ein Zustand, der sich dadurch auszeichnet, dass nur wenige Faktoren zu seinem Entstehen oder Bestehen beitragen, und dadurch, dass das Zusammenspiel dieser Faktoren durch nur wenige Regeln beschrieben wird. Damit ist Einfachheit das Gegenteil von Komplexität. Einfachheit ist dann erstrebenswert, wenn man mit wenigen Mitteln möglichst viel erreichen will.

Einfache Lösung bedeutet nicht die erstbeste Lösung. Besonders wenn man weiß, dass das nächste Arbeitspaket viel einfacher wird, wenn man beim aktuellen Arbeitspaket nur die „zweit-einfachste" Lösung umsetzt.

Folgende Fragen sollten im Rahmen der Komplexitätsbewältigung zumindest im Generellen adressiert sein, beim Top-down-Ansatz auch in dieser Reihenfolge. Bei großen Projekten wird dann die Beantwortung, Abstimmung oder Erledigung einer Frage eine ganze Phase (d. h. mehrere Wochen oder Monate) beanspruchen:

1. WARUM (Ziele, wie viel, wann, weshalb, wozu, für wen, ...)?
2. WAS (Requirements, Spezifikationen, wie viel, wann, mit wem, ...)?
3. WER (verantwortlich für Leitung, Ownership)?
4. WIE – Ungefähr (Grobdesign, Schnittstellen, wie, wann, mit wem, womit, ...)?
5. WIE – Genau (Implementation, Wochenpläne, Tagespläne, ...)?
6. WIE – Erreicht (Methoden, Techniken, Test, Zusammenbau, Abnahme, ...)?

Zu den grundsätzlichen Fragen gehört erstens, WARUM man etwas macht. Man nennt dies „die Ziele definieren". Voraussetzung oder sogar Bedingung für Einfachheit ist das Vorhandensein klarer Ziele. Wenn das nicht gegeben ist, sind alle weiteren Mühen vergebens. An diesen Bedingungen scheitern viele Projekte. WARUM-Antworten sind immer die schwierigsten, denn sie haben immer noch zwei Ausrichtungen, nämlich „was ist die Ursache" und „was ist der Zweck". Während die Ursachen in der Vergangenheit liegen (weshalb, aus welchem Grund) und deshalb noch eher greifbar sind, ist der Zweck (wozu) fast immer in die Zukunft gerichtet und nicht leicht einzuschätzen. Aber immer wieder nach dem

„Warum" fragen reduziert die Komplexität, insbesondere wenn zu viele Ziele definiert wurden und auch die Widersprüchlichkeiten der einzelnen Ziele erkannt wurde.

Zweitens wird man sich damit beschäftigen, WAS dann die Ziele der ersten Planungsphase erfüllt. Das ist die Frage nach den Anforderungen (den Requirements), auch Spezifikationen genannt. Auch hier ist die Sinnhaftigkeit und Zweckmäßigkeit der Anforderungen durch Warum-Fragen zu hinterfragen und das Wesentliche herauszufiltern. Wie bei den Zielen muss man so lange streichen, bis man nichts mehr weglassen kann, ohne das Wesen und die Grundanforderung zu verändern.

Drittens sollte man mit der „WER-Frage" die Projektbeteiligten und -betroffenen ermitteln. Zu viele dieser Art erhöhen den Koordinations- und Kommunikationsaufwand, die Bürokratie wird durch übermäßiges Berichtswesen und Besprechungen überstrapaziert. Organisieren Sie in Zusammenarbeit mit dem Kunden und dem diesbezüglichen Entscheider eine einfache Organisation. Ohne ein bestimmtes Maß an organisatorischer Gestaltung ist Einfachheit nicht möglich.

Erst dann kann man sich um das WIE (das Design) kümmern, und hier muss man auch zuerst mit den großen Fragen beginnen, bevor man in die Details geht. Hier sind dann die Entwickler und Ingenieure mit ihren Techniken und Methoden gefragt.

Wirkung der Einfachheit

Einfachheit ist der Weg jenseits von Komplexität, Bürokratie, Regularien. Wenn das Wesentliche im Mittelpunkt steht und entsprechend Beachtung findet, kann auf das Übrige verzichtet werden. Dann steigt die Klarheit, Eindeutigkeit und Übersichtlichkeit. Sie haben als Projektmanager alles besser im Griff und können so gelassener und mit weniger Stress das Projekt managen. Die Chancen, Projekte besser und schneller zum Erfolg zu führen, steigen rapide. Verbunden damit sind eine bessere Qualität (bezüglich Produkten und Prozessen), höhere Produktivität und zufriedenere Kunden und Projektmitarbeiter.

Für die Reduktion der Komplexität benötigen Sie nicht nur Ihren gesunden Menschenverstand, sondern auch die Fähigkeit, komplexe Projekte und Situationen zu meistern. Wenn Sie diese Fähigkeiten noch nicht besitzen, aber erreichen wollen, so hilft Ihnen ein spezielles Komplexitätstraining. Hier lernen Sie, worauf zu achten ist, und trainieren dieses neue Verhalten. Die Trainings zeigen Ihnen die Zusammenhänge zwischen Komplexität und den möglichen auftretenden Turbulenzen auf und befähigen Sie, sich in turbulenten und instabilen Projekten zurechtzufinden.

Die Beherrschung der Komplexität, die Abstraktion vom Komplexen zum Wesentlichen und damit zur Einfachheit geschieht insbesondere durch Fallstudien, Nachspielen und Projektsimulationen.

8.5 Managen von Änderungen

Durch das Änderungsmanagement steht ein Mechanismus für Sie zur Verfügung, um auf Änderungen des Projektumfangs und der Anforderungen in einer kontrollierten Art und Weise zu reagieren. Für einen erfolgreichen Projektmanager ist es unerlässlich, dass er bei den laufenden Änderungsanforderungen durch einen Änderungskontrollprozess und ein Änderungsmanagementwerkzeug unterstützt wird.

In der Praxis sind weder der Projektumfang noch die detaillierten Anforderungen statisch, demzufolge ist der ganze Projektmanagementprozess flexibel zu gestalten. Flexibel bedeutet, dass Änderungen auf keinen Fall abgelehnt werden können, aber sie müssen flexibel kontrolliert und gemanagt werden. Dann kommen der Änderungskontrollprozess und das Änderungsmanagementwerkzeug zum Zuge.

Der Verursacher von Änderungen im Projekt ist in erster Linie der Kunde; er hat weitere neue Anforderungen und will bestehende Anforderungen ändern, verzichtet aber in den wenigsten Fällen auch mal auf die Implementierung von Anforderungen. Änderungsanforderungen können aber auch aus dem Projektteam oder vom Projektmanager kommen, z. B. wenn eine vorgesehene Entwicklung nicht durchführbar ist oder wenn der Plan geändert wurde. Schließlich gibt es auch noch Änderungsanforderungen aus dem Projektumfeld, bedingt durch gesetzliche, organisatorische, technische und regulative Rahmenbedingungen, die nicht explizit gestellt werden, aber dennoch beachtet werden müssen.

Erfolgreiche Projekte liefern das aus, was zum Zeitpunkt der Auslieferung benötigt wird und einen Nutzen bringt, und nicht das, was beim Projektstart geplant wurde.

Es gibt Änderungen, die nicht optional sind, sie müssen durchgeführt werden, weil z. B. Anforderungen bzw. Funktionen nicht erfüllt werden. Aber in vielen Fällen ist es unbedingt erforderlich, die Notwendigkeit von Änderungen zu überprüfen und sie im Zweifelsfalle abzulehnen. Aufgabe des Änderungsmanagements ist es deshalb, die entsprechenden Informationen zu liefern, um die richtigen Entscheidungen zu treffen.

Wenn Sie einen Blockpuffer in Ihrem Projektplan vorgesehen haben, so sind Sie in der Lage, kleinere Änderungen durchzuführen, ohne ausdrücklich den Änderungskontrollprozess zu durchlaufen. Bei Änderungen, die möglicherweise Auswirkungen auf Zeit, Kosten und Aufwand haben, sollten jedoch bestimmte Aktivitäten zur Durchführung geplant und eingeleitet werden. Dieser Prozess kann in der Regel nicht von Ihnen alleine durchgeführt werden. Sie brauchen zum einen Teammitglieder, die die Änderung beurteilen und abschätzen können, und zum anderen ein Entscheidungsgremium, das in einigen Organisationen Change Control Board (CCB) genannt wird.

Ansonsten ist der Änderungskontrollprozess nicht kompliziert und läuft eigentlich ziemlich geradeaus:

- Grundsätzlich ist vom Antragsteller ein Änderungsantrag (Change Request) zu stellen. Ein zweckmäßiges Hilfemittel ist hier ein standardisiertes Formular, auf dem der Änderungswunsch eindeutig zu beschreiben und zu begründen ist.

- Der Änderungsantrag wird im Projektbüro oder vom Konfigurationsmanagement registriert und gesammelt.

- Der Änderungsantrag wird dem Projektmanager und den entsprechenden Teammitgliedern zur Beurteilung vorgelegt. Diese müssen den Änderungswunsch verstehen und schätzen dann die Auswirkungen auf das Projekt ab. Es gibt zwei mögliche Sichtweisen für die Auswirkungen:

    – Die Projektmanagersicht: Wird sich der Zeitaufwand vergrößern oder vermindern, werden mehr Ressourcen benötigt oder kann hier eine Entlastung erfolgen, werden sich die Kosten erhöhen oder reduzieren und gibt es insgesamt Auswirkungen auf die Qualität des Projekts?

    – Die Kundensicht: Wird durch die Änderung das vom Kunden erwartete Projektergebnis und ein Kundennutzen erreicht? Die Auswirkung auf den Kundennutzen wird oft nicht genügend betrachtet, obwohl dies eigentlich kritisch ist, und ohne diese Betrachtungsweise wird etwas ausgeführt, was zu Beginn des Projekts nicht vereinbart war.

- Stellungnahme zum Änderungsantrag. Wenn sich zum Beispiel der Projektumfang vergrößert, wird angegeben, um welchen Zeitraum sich das Projekt verlängert, welche Mehrkosten entstehen und welche Ressourcen zusätzlich benötigt werden.

- Der Änderungsantrag und die Stellungnahme werden dem CCB zur Entscheidung vorgelegt. Die Mitglieder im CCB bewerten diese Informationen. Bei positiver Bewertung wird eine Genehmigung erteilt, parallel dazu werden der Projektauftrag und der Vertrag geändert. Bei negativer Bewertung ist evtl. der Antrag zu modifizieren und erneut in den Änderungsgang zu bringen oder er wird verworfen.

- Der Projektplan wird entsprechend angepasst. Der Projektmanager verändert entweder bestehende Aktivitäten aufgrund der neuen Situation oder baut neue Aktivitäten in seinem Projektplan ein. Über das Änderungs- bzw. Konfigurationsmanagement wird ein Änderungsauftrag an die betroffenen Teams bzw. Teammitglieder erteilt.

Ein Schlüsselfaktor für erfolgreiches Änderungsmanagement ist die gute Unterstützung durch das Anforderungsmanagement. Die Anforderungen des Kunden sollten so schnell wie möglich gemanagt werden, so dass dann Änderungen, die Auswirkungen auf das Projekt haben, rechtzeitig kommuniziert und bestätigt werden. Vergewissern Sie sich, dass alle Projektbeteiligten die Auswirkungen verstehen und akzeptieren.

Ein wesentlicher Teil des Anforderungsmanagements sollte sich auch darum drehen, den Kunden entsprechend seiner Anforderungen zu beraten. Wenn ein Kunde einen mit ihm abgestimmten Plan mit Terminen, festen Kosten usw. signifikant verändern möchte, so ist es unwahrscheinlich, dass dies ohne Auswirkungen auf Termine, Ressourcen und Kosten durchgeführt werden kann. Bieten Sie ihm also bei den Möglichkeiten der Beurteilungen „nice to have", „absolutely necessary" oder „irgendwo in der Mitte" Ihre Hilfe an. Fragen Sie nach seinem zusätzlichen Nutzen und ob er bereit ist, dafür z. B. Mehrkosten in Kauf zu nehmen. Wenn er sich für die Änderung entscheidet, sollte er entsprechende Mittel zur Verfügung stellen.

8.6 Managen von Risiken

Die realistische Einschätzung von Risiken ist eine wesentliche Grundlage für den Projekterfolg. Deshalb sollten Sie als Projektmanager im Vorfeld des Projekts und während der Projektplanung ggf. mit dem Kernteam eine gründliche Risikoanalyse durchführen. Der Nutzen einer solchen Risikoanalyse liegt vor allem im frühzeitigen Erkennen von Risiken, bevor sie zu Problemen werden (Frühwarnung vor potenziellen Risiken) und in der Bildung eines Risikobewusstseins im Projekt. Das Risikobewusstsein sowohl bei Ihnen, den Teammitgliedern und bei allen anderen Projektbeteiligten (z. B. Kunde, Sponsor, Lieferanten) ist eine wesentliche Grundlage für effektives Risikomanagement in Projekten. Die Basis für den Erfolg des Risikomanagements schaffen Sie durch eine gut funktionierende Kommunikation innerhalb des Projekts und durch eine Rückkopplung zwischen Ihnen, dem Projektteam, dem Kunden und den Mitgliedern des Lenkungssauschusses.

Die Durchführung des Risikomanagements im Projekt sollte folgendes sicherstellen:

- positives Bewusstsein für Risikomanagement im Projekt
- Bereitstellung erforderlicher Ressourcen
- eine Atmosphäre, in der alle Risiken und Bedenken offen und ohne Schuldzuweisung angesprochen und festgehalten werden
- die Möglichkeit, das gesamte, bei allen Mitarbeitern vorhandene Wissen als wertvolle Unterstützung beim Risikomanagement zu nutzen
- Planung und konsequente Umsetzung von Maßnahmen und Verantwortlichkeiten zur Risikovermeidung bzw. -minimierung. Dies setzt voraus, dass entsprechende Ressourcen für Maßnahmen bereitgestellt werden.
- die Nutzbarkeit von Erfahrungsdaten aus früheren Projekten
- bei Risiken, die innerhalb einzelner Projekte nicht im Projektteam getragen werden können, bzw. bei Maßnahmen, die nicht innerhalb einzelner Projekte umgesetzt werden können, weil sie die Befugnisse der Projektverantwortlichen überschreiten, die Möglichkeit, die nächste zuständige Hierarchie- bzw. Verantwortungsebene einzuschalten.

In diesem Abschnitt geht es um das Verfahren und die Regelungen, die Sie bzgl. des Risikomanagements in Projekten beherrschen sollten, und um Vorschläge, wie die Abläufe für das Risikomanagement und Verantwortlichkeiten definiert werden sollten.

Für das Risikomanagement in Projekten möchte ich Ihnen den nachfolgend beschriebenen Prozess empfehlen. Die diesem Prozess zugrunde liegenden Prinzipien wurden beim SEI (Software Engineering Institute der Carnegie Mellon University) entwickelt und in zahlreichen Projekten getestet. Dieser Risikomanagementprozess beinhaltet auch wesentliche Elemente der aus der Produkt- und Prozessentwicklung bekannten Vorgehensweise FMEA. Der Prozess ist wie folgt aufgebaut:

- Projektkontext feststellen
- Risiken identifizieren und analysieren
- Risiken quantifizieren und bewerten

- Risiken steuern und bewältigen
- Risiken überwachen und kontrollieren
- Maßnahmen nach eingetretenen Risiken festlegen
- Erfahrungen projektübergreifend sichern.

Projektkontext feststellen

Im Rahmen der Projektvorbereitung und der Projektplanung haben Sie den Projektkontext festgelegt. Im Rahmen des Risikomanagements gehen Sie diese Festlegungen nochmals durch und ergänzen Sie sie gegebenenfalls um:

- Randbedingungen/Umfeld des Projekts
- externe Einflussfaktoren auf das Projekt
- Ziele der Organisation
- Projektumfang und Erfolgskriterien für das Projekt
- Kriterien für das Akzeptieren von Risiken.

Risiken identifizieren und analysieren

Überlegen Sie zu Beginn, welche Risiken überhaupt existieren. Bei der Identifizierung von Risiken ist es hilfreich, den Projektkontext bezüglich der

- Bedingungen (Annahmen),
- Aktivitäten und
- Entscheidungen

zu analysieren und das Augenmerk auf die Dinge zu richten, die den Erfolg des Projekts gefährden könnten. Um ein systematisches Vorgehen zu gewährleisten und die Identifizierung zu erleichtern, sollten Sie hierfür Checklisten verwenden. Solche Checklisten bieten durch ihre Vielzahl von Risikodefinitionen eine große Hilfe. Alle definierten Risiken können zusätzlich noch in Risikobereiche sortiert werden, nach Risiken,

- die vor dem Projekt,
- die während des Projekts und
- die nach dem Projekt auftreten.

Diese können dann in einer Risiko-Aktionsliste zusammengestellt werden.

Beispiele:

- Vor dem Projekt
  - Die Abnahme und die Abnahmebedingungen sind nicht definiert. Hier können die Vertragsparteien eine Vertragsänderung durchführen, indem man diese Punkte genau definiert und die Auswirkungen auf Kosten, Aufwand, Termine neu berechnet.
  - Für ein erfolgreiches Projektteam brauchen Sie geeignete Knowhow-Träger. Erhalten Sie nicht das geforderte Personal, so stellt dies ein erhebliches Risiko dar.

- Während des Projekts

  Wahrend des Projekts kann es zu Personalengpässen kommen. Hier sind rechtzeitig Zeitreserven einzuplanen (wie z. B. Krankheitstage per MA von 10 Tagen per anno) oder eine entsprechende Vertreterregelung.

- Nach dem Projekt

  Bestimmte Zusagen (Performance, Zuverlässigkeit) können nicht eingehalten werden.

  Vorbeugemaßnahmen: Erarbeiten und Heranziehen von Erfahrungswerten, Erstellen von Mengengerüsten, Hochrechnungen usw.

  Eventualmaßnahmen: Kosten für Aufrüstung und Aufwand für Tuningmaßnahmen einplanen.

  Maßnahmen zur Vermeidung von Risiken bzw. zur Minimierung von Risikoauswirkungen werden explizit als Arbeitspakete geplant und in die Schätzungen und Kalkulationen aufgenommen.

Risiken quantifizieren und bewerten

Um Risiken quantifizieren und bewerten zu können, brauchen Sie Informationen, die Sie dann so aufbereiten müssen, dass Sie als Entscheidungsgrundlagen dienen können:

- Eintrittswahrscheinlichkeit der Risiken bewerten
- Risikoauswirkungen bewerten
- Risiken quantifizieren (Eintrittswahrscheinlichkeit mal Auswirkung)
- Zeitrahmen einschätzen
- Identifizierte Risiken priorisieren und ggf. in einem Diagramm darstellen.

Risiken steuern und bewältigen

Die Ergebnisse der Risikoquantifizierung setzen Sie dann in Entscheidungen und Aktionen um. Folgende Entscheidungen sind möglich:

- Risikovermeidung (Sicherstellen der Lieferfähigkeit bei Abwicklungsprojekten, anderes Produktdesign, Änderung im Entwicklungsprozess)
- Auswirkungen von Risiken minimieren (Ausweichpläne): Dazu müssen auslösende Ereignisse (Trigger) definiert werden, z. B. mit der Festlegung, wann, aufgrund welcher Ereignisse, sollen welche Aktionen durch wen ausgeführt werden?

Wenn ein auslösendes Ereignis eintritt, wird dies im Rahmen der Projektberichterstattung bekannt gemacht und in der Risiko-Aktionsliste vermerkt. Wenn sich ein Risiko weder vermeiden noch minimieren lässt, dann sollten Sie über Risikoteilung, Risikoübertragung oder Risikorückstellung nachdenken.

- Risikoteilung

    Aufteilung des Risikos (bzw. der Verantwortung für die Behandlung des Risikos) auf mehrere Stellen innerhalb oder außerhalb des Projekts, die die gleichen Projektziele verfolgen.

- Risikoübertragung

    Übertragung der Verantwortung für die Behandlung des Risikos an eine andere Stelle innerhalb oder außerhalb des Projekts. Dies ist verbunden mit dem Bezahlen einer Prämie für den Verantwortungsnehmer, unabhängig davon, ob das betreffende Risiko eingetreten ist oder nicht.

- Risikorückstellung

    Geldrückstellung bzw. Versicherung. Unter Umständen können Sie auch einmal ein Risiko bewusst ohne Gegenmaßnahmen akzeptieren, d. h. Sie wollen die Folgen beim Eintritt eines Risikos tragen. Bei unzureichender Entscheidungsgrundlage können weitere Untersuchungen bzw. ein erneuter Durchlauf der Schritte „Risiken identifizieren und analysieren" und „Risiken quantifizieren und bewerten" erforderlich sein.

Welche dieser Entscheidungen getroffen wird, hängt von den für das Projekt vereinbarten Risikoklassen und von projektspezifischen Regelungen für das Ergreifen von Maßnahmen ab. Die Risikoklassen und die projektspezifischen Regelungen müssen in jedem Fall vor Projektstart verbindlich festgelegt werden.

In einer Risiko-Aktionsliste halten Sie alle identifizierten Risiken, Entscheidungen und Maßnahmen sowie die Beurteilungskriterien zur Wirksamkeit der Maßnahmen, Termine und Verantwortlichkeiten fest. Bei Risiken, bei denen das Ergebnis aus Eintrittswahrscheinlichkeit und dem möglichen Schaden gering ist, kann der Eintrag in die Aktionsliste unter Umständen entfallen.

Risiken überwachen und kontrollieren

Hier geht es um das Überwachen des aktuellen Stands der Risiken und der beschlossenen bzw. durchgeführten Maßnahmen. Bei Abweichungen von der aktuellen Planung werden Korrekturen in der Risiko-Aktionsliste vorgenommen.

Berücksichtigen Sie, dass die Risikoüberwachung integraler Bestandteil des Projektmanagements sein muss. Sie unterscheidet sich nicht grundlegend vom üblichen Projektcontrolling und besteht aus folgenden Tätigkeiten:

- Reagieren auf auslösende Ereignisse

- Identifizieren neu auftretender Risiken parallel zum Prozess

- Überwachen von Änderungen bei der Risikowahrscheinlichkeit und Risikoauswirkung

- „Ausmustern" von Risiken, die nicht mehr auftreten können, aus dem Risikoplan

- Dokumentieren eingetretener Risiken einschließlich verursachter Schadenhöhe

- separates Ausweisen offener Risiken nach Projektende.

Voraussetzung dafür sind Kennzahlen, die den Status der Risiken selbst und den Stand der Maßnahmen beschreiben, und mit deren Hilfe das Greifen der Maßnahmen überwacht werden kann, z. B. Zeit, Aufwand, Fehler.

Maßnahmen nach eingetretenen Risiken festlegen

Beim Eintritt von Risiken müssen Sie Maßnahmen zur Schadenbegrenzung und gegebenenfalls zur Wiederherstellung des vorherigen Zustandes festlegen. Dazu kann ein Krisenmanagement erforderlich sein. Bei vorausgesehenen Risiken kann auf die in der Risiko-Aktionsliste für diesen Fall vorgesehenen Maßnahmen zurückgegriffen werden. Dabei ist zu beachten, dass die Behebung von Schäden in aller Regel bedeutend teurer ist als die Kosten für Risikoprävention bzw. Risikominimierung.

Erfahrungen projektübergreifend sichern

In allen Projekten müssen die Daten zum Risikomanagement, das sind

- Randbedingungen des Projekts,
- identifizierte Risiken,
- Schätzdaten zu Risikoauswirkungen und -eintrittswahrscheinlichkeiten,
- Controlling-Daten,
- offene Risiken und
- eingetretene Risiken

in der Risiko-Aktionsliste dokumentiert und fortgeschrieben werden. Am Projektende sollten Sie als Projektmanager alles zusammenfassen und in Ihrer Organisation zur Verfügung stellen. Dazu kann, falls vorhanden, die Erfahrungsdatenbank der Organisation benutzt werden.

Neben diesen Erkenntnissen sind auch Erweiterungen und Anpassungen der Checklisten zur Risikoidentifizierung wichtige Erfahrungen, die anderen Projekten nützen können.

Auf Basis aller dieser Daten ist es möglich, aus den Erfahrungen früherer Projekte zu lernen und den Risikomanagement-Prozess für die Projekte zu verbessern.

8.7 Entscheidungen treffen

Ein wichtiger Grundsatz:

Entscheiden Sie sich, entschieden zu entscheiden.

Effektivität lässt sich nicht erreichen, wenn nicht die richtigen Entscheidungen getroffen werden, denn Entscheidungen sind die Basis für Erfolg und Misserfolg eines Projekts. Eine mangelnde Entscheidungsbildung kann zu fortgesetzter Ineffektivität führen.

Ich habe in diesem Buch an vielen Stellen darauf hingewiesen, dass Sie als Projektmanager während des gesamten Projektes immer wieder Entscheidungen treffen müssen. Egal wie gut und wie genau Ihre Planung und Vorbereitung ist, immer wieder werden Hürden, Aufgaben und Probleme auftreten, die Entscheidungen erfordern, damit sie überwunden werden. Deshalb ist die Fähigkeit, Entscheidungen zu treffen, eine der wichtigsten Voraussetzungen für einen guten Projektmanager.

Wenn Sie selbst nicht entscheiden können, dann führt das in den meisten Fällen dazu, dass andere für Sie oder über Sie entscheiden – oder es führt dazu, dass nicht getroffene Entscheidungen chaotischere Zustände verursachen.

Wer Entscheidungen trifft, braucht Prinzipien. Halten Sie sich vor Augen, dass auch eine herausgezögerte Entscheidung oft weit reichende Konsequenzen hat, beispielsweise kann sie dem Projekt schaden (Stillstand) oder Ihnen selber („dieser PM ist nicht entscheidungsfreudig") oder sie führt dazu, dass der Kunde unzufrieden ist.

Bei der Betrachtung ihrer Entscheidungen stellen Projektmanager oft fest, dass die meisten davon schon Tage, Wochen oder Monate früher hätten getroffen werden können oder müssen. Der Zeitpunkt ist also genauso wichtig wie die Richtigkeit der Entscheidung.

Natürlich hat es keinen Wert, Entscheidungen übereilt oder zu weit im Voraus zu treffen, aber es hat oft auch keinen Sinn, sie aufzuschieben. Viele ineffektive Projektmanager vermeiden schwierige Entscheidungen und überlassen sie der Zeit und der Situation. Sie denken lange über Vor- und Nachteile nach, holen neue Information ein, warten ab, wenn sie längst schon eine Entscheidung hätten treffen sollen. Andere handeln vorschnell, spüren bereits einen Entscheidungsdruck, wenn noch genügend Zeit wäre, eine Entscheidung gründlich vorzubereiten.

Doch nicht nur die Zeiteinteilung ist bei Entscheidungen zu beachten, auch die Qualität und die Akzeptanz, d. h. die richtige Durchführung einer Entscheidung. Entscheidungen könnten oft verbessert werden, wenn kompetente Mitarbeiter oder erfahrene Projektmanager zu Rate gezogen würden. Ein solcher Rat verbessert auch das Wissen um die Gründe für und die Einzelheiten einer Entscheidung bei den Betroffenen und garantiert eine bessere und schnellere Umsetzung.

Basis für eine Entscheidung ist, dass Sie das Problem richtig begriffen haben. Dann können Sie versuchen, die richtige Antwort zu raten (generell jedoch keine gute Idee) oder sich auf Ihre Intuition und Erfahrung zu verlassen und eine (schnelle) „Bauchentscheidung" zu treffen. Viele Projektmanager haben gute Erfahrungen mit ihrer Intuition gemacht, viele wissen auch, dass man sich nicht immer darauf verlassen kann und gehen dementsprechend selbstkritisch damit um.

Ist eine „Bauchentscheidung" nicht möglich, weil die Situation zu kompliziert ist, so müssen Sie einen anderen Weg beschreiten. Erfahrene Projektmanager treffen ihre Entscheidungen eigentlich immer mit Bedacht und gut überlegt. Sie legen fest, welche Informationen sie noch brauchen, analysieren diese, identifizieren mehrere Möglichkeiten und entscheiden sich dann für die beste Lösung. Die beste Lösung zu finden ist nicht so einfach, denn Sie stecken Aufwand in die Beschaffung von Informationen, Sie brauchen Zeit für die Analyse und evtl. müssen Sie sogar noch Meetings (z. B. ein Brainstorming) mit Ihrem Team durchführen, um gemeinsam zu einer Entscheidung zu kommen.

Sie können sich auch auf einen Kompromiss zwischen „Bauch und Analyse" einlassen und diesen akzeptieren, dann nämlich, wenn Sie eine schnelle Entscheidung treffen müssen und nicht die Zeit haben, an die entsprechenden Informationen zu gelangen.

Sie sollten aber auf jeden Fall selbst über Ihr Entscheidungsverhalten Bescheid wissen; dafür können Sie für sich die folgenden Fragen beantworten:

- Bin ich ein „schneller" Entscheider, d. h. veranlasse ich sofort Aktionen, auch wenn sie manchmal noch Zeit hätten, oder bin ich ein „sorgfältiger" Entscheider, d. h. denke ich manchmal zu lange über eine vergangene, gegenwärtige oder zukünftige Situation nach, ehe ich mich entscheide?

- Was kann ich an meinem Entscheidungsverhalten verbessern?

- Welche Entscheidungen muss ich in den nächsten Tagen, in den nächsten Wochen, in den nächsten Monaten treffen?

- Welche Entscheidungen sind besonders wichtig, welche sind besonders dringlich?

- Was müsste ich tun, um anstehende Entscheidungen optimal vorzubereiten? Welche Methode benutze ich, um die Entscheidungsfindung zu verbessern? Wer könnte in die Entscheidungsfindung einbezogen werden?

Projekte sind in dieser Hinsicht wie alle anderen Managementherausforderungen. Egal welche davon Sie nutzen, die Werkzeuge und Analysen werden Ihnen nur selten vollständige Informationen liefern, die für eine perfekte Entscheidung ausreichen.

Der Knackpunkt ist, die richtigen Kompromisse zu finden:

- Wie kritisch ist die Entscheidung und was ist die Konsequenz, wenn sie falsch ist? Die Gefahr einer falschen Entscheidung ist sehr real und der häufigste Grund dafür, dass Sie immer mehr das Gefühl bekommen, nur noch „kopfgesteuert" zu sein und spontane Entscheidungen und Ideen abzulehnen. Intuitive und „bauchgesteuerte" Entscheidungen helfen schnell, allerdings sollten Sie trotzdem versuchen, über Konsequenzen nachzudenken. Damit werden alle Ihre Entscheidungen kalkulierbarer, und wenn Sie sie nach dem Ursache-Wirkungs-Prinzip hinterfragen, finden Sie manchmal schnell Alternativen.

- Wie kritisch ist die Entscheidung und was ist die Auswirkung, wenn Sie sich zu viel Zeit für die Entscheidung nehmen? Viele Entscheidungen müssen innerhalb einer gewissen Frist getroffen werden. Die Zeit, die für eine Entscheidung benötigt wird, muss angemessen sein. Ihre Entscheidungsfähigkeit können Sie mit Hilfe einer Entscheidungsmatrix systematisch unterstützen. Auf den beiden Achsen werden die Faktoren Wichtigkeit und Dringlichkeit eingetragen. Eine Schwierigkeit wird dabei sein, sich die notwendigen Informationen zu besorgen, um Wichtigkeit und Dringlichkeit unterscheiden zu können.

- Wer kann oder sollte die Entscheidung treffen? Können Sie dies tun, dürfen Sie es tun, haben Sie die Befugnis? Brauchen Sie die Unterstützung des Teams oder von Experten? Ist es eine Entscheidung, die auf oberer Ebene, z. B. durch den Sponsor oder im Lenkungsausschuss, getroffen werden muss?

- Wie ist Ihre Organisations- bzw. Projektkultur? Einige Organisationen legen Wert darauf, dass Entscheidungen auf höherer Ebene getroffen werden, andere wiederum schätzen die schnelle Entscheidung und die geht über die Genauigkeit.

Haben Sie keine Angst Entscheidungen zu treffen, in den meisten Situationen ist es wichtiger, eine Entscheidung zu treffen als gar keine. Alle Konsequenzen in ihrer vollen Tragweite werden Sie möglicherweise gar nicht überblicken können. Es gibt also keine „perfekte" Entscheidung, ein Restrisiko bleibt immer. Davon mal abgesehen, ist es eher unwahrscheinlich, dass jeder mit jeder Entscheidung zufrieden ist. „Allen Leuten recht getan ist eine Kunst, die keiner kann", sagt ein altes Sprichwort.

Eine langwierige Analyse durchzuführen, ist üblicherweise weit schlechter, als ein paar suboptimale Entscheidungen zu treffen. Der Schlüssel ist, die kleine Zahl kritischer Entscheidungen zu identifizieren und sich zu vergewissern, dass sie richtig sind.

Ein ganz wichtiger Punkt, den Sie bei Entscheidungen immer berücksichtigen sollten, ist die anschließende Realisierung; denn wenn Sie eine Entscheidung getroffen haben, so muss diese selbstverständlich auch noch umgesetzt werden. Effektive Projektmanager planen die Realisierung in Ihren Entscheidungsprozess ein. Sicherlich ist eine Entscheidungsfindung schwierig, aber die Realisierung – und das können Sie mir wirklich glauben – ist weitaus schwieriger.

Sie müssen als Projektmanager die Entscheidung gegenüber den anderen Projektbeteiligten verständlich und transparent darstellen: „Warum gerade diese Entscheidung und welches Ziel soll erreicht werden?" Sie müssen auf jeden Fall versuchen, Interpretationsfehler und Missverständnisse zu vermeiden. Dies gilt nicht nur für die Stakeholder, sondern vor allen Dingen auch für die Realisierer. Wurden diese in den Entscheidungsprozess mit eingebunden, so können Sie erwarten, dass die Aufgabe verstanden wurde und die Realisierung problemlos durchgeführt wird. Dennoch, Sie waren für die Entscheidung verantwortlich und sind dementsprechend auch für die richtige Umsetzung weiter mit im Boot. Beobachten Sie den Umsetzungsprozess und vergewissern Sie sich, dass die richtigen Dinge gemacht werden.

8.8 „Nein" sagen

Sie sollten lernen, zu nicht realisierbaren Projekten „Nein" zu sagen. Projekte aus lauter Höflichkeit (oder Ängstlichkeit) doch anzugehen, bedeutet in den meisten Fällen, einen Misserfolg zu riskieren.

Sie erhalten einen Projektauftrag und stellen schon beim Durchlesen und bei der Grobplanung fest, dass das Projekt in der dargestellten Form nicht realisierbar ist. Sie haben erkannt,

- dass wesentliche kritische Erfolgsfaktoren fehlen,
- die Anforderungen und Ziele unklar oder unrealistisch sind und
- dass die Eckpfeiler des Projekts (Kosten, Termine, Zeit, Ressourcen) überhaupt nicht der Realität entsprechen.

Für den Fall, dass einfach zu viele Projektfallen, Risiken, Stolpersteine, Barrieren und Grenzen vorhanden sind, sollten Sie nach bestem Wissen und Gewissen eine Projektübernahme ablehnen. Dazu ein paar Tipps:

- Sie müssen davon ausgehen, dass nicht jeder Ihre Entscheidung versteht. Wenn es Ihnen klar ist, warum das Projekt nicht durchführbar ist, so sagen Sie dies auch in einer verständlichen Form. Einfach nur „nein" sagen genügt nicht, Sie müssen es schon erklären, damit jeder die Entscheidung versteht. Dabei gibt es durchaus nette Umschreibungen für das Wörtchen „Nein", die das Gleiche bedeuten, aber wesentlich angenehmer sind – für beide Seiten.

- Bereiten Sie eine klare und einleuchtende Präsentation vor, in der Sie Ihren Standpunkt darstellen. Versuchen Sie aus psychologischen Gründen nicht nur die negativen Fakten und Gründe aufzuführen, sondern auch ein paar positive, damit Sie nicht in die Schublade „negativ denkende Person" gesteckt werden. Präsentieren Sie in einer für den Personenkreis verständlichen Sprache. Vermeiden Sie komplexe technische Begriffe oder Expertensprache. Überhaupt brauchen Sie Feinfühligkeit, wenn Sie einem „Nicht-Techniker-Personenkreis" vor allem technische Gründe darlegen wollen. Geraten Sie nicht in den Geruch, das Projekt aus Mangel an Fähigkeiten nicht durchführen zu wollen.

- Begründen Sie Ihren Standpunkt mit konstruktiven Bemerkungen und zeigen Sie Alternativen auf, wie das Projekt gemacht werden könnte. Machen Sie dies zum einen, um wirklich eine Alternative aufzuzeigen, und zum anderen um zu zeigen, dass Sie nicht ganz unwillig sind. Für den Fall, dass Ihre Alternativen nicht akzeptiert werden, ist dies für Ihre Argumentation behilflich.

- Bereiten Sie sich auch darauf vor, dass Sie jemanden in dem Personenkreis vor den „Kopf stoßen", da dieser eine emotionale Bindung zu dem (oder seinem) Projekt hat. Emotionen sind eine großartige Sache, wenn man erfolgreich sein will, aber sie können auch hinderlich sein, wenn jemand an etwas hängt und man ihn vom Gegenteil überzeugen will. Nehmen Sie nicht an, dass dann noch rational argumentiert wird.

- Werden Sie nicht emotional, argumentieren Sie mit einfachen Fakten. Wenn Sie aus Emotionen heraus argumentieren, wird das Ihre gut gemeinte Kommunikation durchkreuzen.

- Zunächst würdigen Sie das Anliegen des Anderen mit Anerkennung: „Das ist ein interessantes Projekt/eine interessante Herausforderung." Machen Sie dann deutlich, dass Ihre Kräfte zurzeit anderweitig stark gebunden sind und Sie deshalb zu diesem interessanten Projekt „Nein" sagen müssen. Erklären Sie aber nicht, was „das andere" ist und warum Sie sich lieber darum kümmern möchten. Solche Erklärungen könnten erfahrungsgemäß zu einem Streitgespräch führen. Wahrscheinlich findet der Andere „sein" Projekt wichtiger und könnte Sie zum Mitmachen überreden wollen.

- Seien Sie zugänglich für die Gegenargumente und hören Sie gut zu, analysieren Sie das Gesagte und bilden Sie sich Ihre eigene Meinung darüber. Für das Diskussionsklima ist es wichtig, dass Sie auch einige Dinge positiv bewerten. Vermeiden Sie aber auf jeden Fall zu viele Kompromisse.

- „Das passt mir im Augenblick leider nicht." Dabei handelt es sich um eine Worthülse, die eigentlich nur verschiebt. Dennoch stellt sie so manchen Fragesteller zufrieden und er lässt seine Bitte fallen. Falls das noch nicht wirkt, können Sie noch hinzufügen: „Im Moment kann ich es einfach noch nicht sagen. Geben Sie mir etwas Bedenkzeit." Oder noch genauer: „Lassen Sie mich darüber nachdenken. Ich rufe Sie in einer Stunde zurück." Rufen Sie nach genau einer Stunde an (nicht vergessen!) und sagen Sie höflich und klar: „Nein." Die Bedenkzeit und der zuverlässige Rückruf machen das „Nein" weniger hart.

- Eine andere Möglichkeit ist die Wertschätzung des Gegenübers. Wendet sich jemand mit einer Bitte oder Anfrage an Sie, so loben Sie zunächst Ihr Gegenüber. Die Absage lautet dann „Ich würde sehr gerne zusagen. Mit keinem anderen als mit Ihnen könnte ich mir ein solches Projekt vorstellen. Aber ..."

- Geben Sie Ihrem internen Auftraggeber (Bereichsleiter, Geschäftsführung) die Gelegenheit, eine rationale Entscheidung zu treffen. Wenn er die von Ihnen genannten Einwände und Risiken verstanden hat und das Projekt dennoch will, so ist es sein gutes Recht. Es ist aber auch für Sie legitim, darüber nachzudenken, ob das Projektrisiko auch für Sie persönlich ein Risiko ist und Ihren Ruf als erfolgreicher Projektmanager schädigen könnte. Es gibt nur wenige Projektmanager, die durch Projektmisserfolge noch erfolgreicher wurden.

- Wird eine Entscheidung nicht in Ihrem Sinne, auch auf Grund der persönlichen Risiken, getroffen, so steigen Sie aus (wenn es möglich ist).

Was also werden Sie im schlimmsten Fall machen? Sie haben die gerade aufgeführten Ratschläge befolgt. Sie haben das Projekt beurteilt und einen Misserfolg vorausgesehen. Ihr konstruktiver Versuch, das Projekt nicht durchzuführen, ist gescheitert. Irgendjemand will das Projekt und setzt auch die Fortführung durch. Sie haben Ihre gesamte Kommunikationsfähigkeit und Rhetorik benutzt, um zu überzeugen, dass das Projekt nicht durchführbar ist. Aber keiner hört Ihnen zu.

Jetzt ist es an der Zeit, Ihre Sachen zusammenzupacken und „Nein" zu sagen. Sie sind in dieser Angelegenheit der Experte und Ihr Auftraggeber will Ihnen nicht zuhören – und er will wahrscheinlich auch sonst nichts mehr hören, die gesamte Arbeitsbeziehung ist gestört. Aber als Projektmanager können Sie nun mal nicht immer nur lieb und nett sein, das widerspricht Ihrer Rolle, Ihrer Verantwortung und vielen Ihrer Aufgaben. Wer seine soziale Orientierung übertreibt, wird unangenehme Entscheidungen nicht treffen wollen, sich selbst und den meisten anderen damit aber letztlich auch nicht gerecht werden.

Ich glaube, dass Sie es nicht immer machen können, aber es gehört wirklich sehr viel Selbstvertrauen und Mut dazu, am Ende einfach aufzustehen und freundlich dafür zu danken, dass Sie die Gelegenheit hatten,

Ihre Meinung zu sagen. Ergänzen Sie diese Dankesworte noch mit folgenden Satz: „Es tut mir wirklich leid, ich habe ihnen meinen Rat aufgrund meiner beruflichen Erfahrung gegeben und ich respektiere die Tatsache, dass sie es ignorieren. Ich wünsche Ihnen viel Glück und hoffe, dass ich mich geirrt habe."

„Lieber ein Ende mit Schrecken als ein Schrecken ohne Ende."

Nicht jeder wird Ihnen dafür dankbar sein, aber das ist es auch nicht immer, was für einen erfolgreichen Projektmanager zählt.

9 Erfolgsgeheimnis 7: Seine eigenen Grenzen kennen

Eigentlich ist nun fast alles gesagt, was man wissen muss, um Projekte effektiv zu managen. Aber es gibt noch zwei Stolpersteine, die Ihren Erfolg beeinträchtigen könnten:

1. Wenn Sie als Projektmanager mit Ihren generischen Projektmanagementfähigkeiten versuchen, Projektsituationen zu beherrschen, für die eigentlich ein Spezialist benötigt wird.

2. Wenn Sie als Projektmanager versuchen, Disziplinen im Projekt auszuführen, die besser von anderen Personen gemacht werden sollten.

Wie Sie solche Situationen vermeiden, werde ich nachstehend beschreiben, wichtig ist auf jeden Fall, dass Sie die Grenzen Ihres Wissens und Ihrer Fähigkeiten realistisch einschätzen. Dafür sollten Sie sich zwei entscheidende Fragen stellen:

1. „Wann wird ein professioneller Projektmanager benötigt und wann braucht man einen Experten für die Durchführung von bestimmten Projekten?"

In vielen Organisationen diskutiert man (immer wieder) die Frage, ob man überhaupt professionelles Projektmanagement braucht, weil ja eigentlich schon viel Projektmanagementwissen bei anderen Managern der Organisation vorhanden ist. In anderen Organisationen weiß man zumindest, dass ein Projektmanager generische Fähigkeiten besitzt, die nicht jeder hat, und vertritt deshalb die Auffassung: „Wenn wir richtige Projektmanager haben, so müssten die eigentlich in der Lage sein, alle Arten von Projekten zu managen!"

Solche Aussagen sind sehr kritisch. Managen Sie nur Projekte, die zu Ihren Fähigkeiten passen, und reagieren Sie entsprechend, wenn eine Anforderung auf Sie zukommt, der sie nicht entsprechen können (als IT-Projektmanager sollten Sie kein Projekt für den Bau einer Fertigungsstraße übernehmen).

Ähnlich sieht es bei Projekten aus, für die Experten benötigt werden. Experten sind in diesem Zusammenhang Personen, die Kenntnisse und Fähigkeiten (spezielle Fachkompetenz) für die Ausübung ihres

Berufes oder eine spezielle Disziplin haben, z. B. Jurist, Steuerberater, Elektroingenieur, Qualitätsmanager, Betriebswirt, Informatiker. Diese Experten haben in der Regel keine Projektmanagementausbildung und ihnen fehlen die Erfahrungen und Schlüsselkompetenzen der Projektmanager. Wird also einem Experten die Verantwortung für ein bestimmtes Projekt übertragen, so kann es sich nur um ein kleines, für eine spezielle Situation erforderliches Projekt mit wenigen Mitarbeitern handeln.

2. „Was sollte der Projektmanager wirklich nicht tun?"

In jedem Beruf ist es notwendig zu wissen, was zu den Aufgaben des Berufes gehört und was nicht. Im Falle eines Projektmanagers ist dies nicht immer eindeutig, weil der Projektmanager für das gesamte Projekt, also für die Effektivität und die Effizienz verantwortlich ist. Es werden sich immer wieder Lücken bei den einzelnen Aufgaben oder Fähigkeiten auftun, die nicht von anderen ausgefüllt werden können. Es gibt jedoch eine Menge von kompletten Aufgaben in einem Projekt, die besser von anderen durchgeführt werden sollten. Viele Projektmanager haben dies erkannt und ihre Hauptfähigkeit, das Delegieren-Können, entsprechend ausgebaut.

Betrachten wir nun einige Aspekte dazu genauer.

9.1 Generalist versus Experte

Projektmanagement ist ein weitestgehend generischer Ansatz für das Managen von Projekten, aber selbst die besten generischen Fähigkeiten eines Projektmanagers reichen nicht, dass er alle Arten von Projekten managen kann. Um erfolgreich zu sein, müssen die Projektmanager die Fachsprache, die Konzepte und Ideen, die für das spezielle Projekt benutzt werden, verstehen und auch benutzen können.

Lassen Sie mich die Projektmanagementwelt in zwei Kategorien unterteilen. Diese Aufteilung ist zwar sehr willkürlich, aber sie ist für die folgende Betrachtung nützlich. Ich behaupte also, dass es nur zwei Arten von Projektmanagern gibt:

1. Die generischen Projektmanager,
    - die sich im eigenen Interesse nicht auf ein bestimmtes Gebiet festgelegt haben,
    - die den Blick fürs Ganze haben,
    - die flexibel gegenüber den vielen Veränderungen sind und

- die allgemein als Allrounder, Multitalent oder Alleskönner bezeichnet werden.

2. Die Experten,
   - die über ein hohes Spezialwissen auf ihrem Gebiet verfügen,
   - die Fachkompetenz in verschiedenen Funktionsbereichen bewiesen haben,
   - die aber nicht die Kompetenz besitzen, um ein Projekt zu managen.

Wenn das Projektmanagement wirklich nur aus diesen zwei Extremen bestünde, wäre offensichtlich, dass wir, damit ein Projekt erfolgreich durchgeführt und abgeschlossen werden kann, eigentlich beide brauchen. Einer von ihnen managt das Projekt und die durchzuführenden Arbeiten, und der andere führt auf Grund seiner Expertenkenntnisse die Schlüsselaufgaben für die Erstellung der Produkte durch.

Die Realität ist aber komplexer. Ist es der generische Projektmanager und der Experte in einer bestimmten Disziplin, wie IT, HR oder Finanzwissenschaft, der auch Projekte managen soll? Wer ist in irgendeiner Situation die bessere Alternative?

Eine einfache Antwort könnte lauten: Man wählt denjenigen, der den Erfolg eines bestimmten Projekts erreichen will. Ich werde in den nächsten Abschnitten näher darauf eingehen. In der Praxis hängt alles von Umfang, Komplexität und Inhalt des Projekts ab. Und so glaube ich, dass es keine absoluten Regeln für die Entscheidung gibt, wer die bessere Wahl als Projektmanager ist. Nachstehend gebe ich Ihnen ein paar Orientierungsmöglichkeiten:

- Teilzeit-Projektmanager sollten nur bei kleinen Projekten eingesetzt werden. Bei kleinen, nichtkomplexen Projekten ist es ohne weiteres zu vertreten, dass der Projektmanager auch andere Dinge macht als nur Projektmanagement. In der Tat ist es sehr wahrscheinlich, dass einer der Experten im Team die Rolle des Projektmanagers ausfüllen kann. Er kann es schaffen, Projekte zu managen, während er seine eigene Expertenrolle erfüllt, und die Mehrkosten für einen „Vollzeit-Projektmanager" entfallen.

- Projektmanagement ist selbst eine Expertenfähigkeit und hat als solche ihre eigene Berechtigung. Abgesehen von den einfachsten oder kleinsten Projekten ist es von hohem Nutzen, einen Projektmanager zu haben, der wirklich weiß, wie man Projekte managt. Die Mehrkosten eines ausgebildeten Projektmanagers werden in einem größeren Projekt leicht wieder eingebracht. Eine Daumenregel ist, wenn weniger als fünf Personen in einem Projekt sind, dann kann die Rolle des Projektmanagers innerhalb einer der anderen Rollen aufgenommen werden. Wenn fünf oder mehr Personen in einem Projekt sind, kann man schon überlegen, ob man einen „Vollzeit-Projektmanager" einsetzt, wenn es zehn und mehr Personen sind, ist es selbstverständlich.

- Wenn Sie vielfältige Fähigkeiten zusätzlich zu Ihren Projektmanagementfähigkeiten haben, dann müssen sie entsprechend der Situation entscheiden, was Sie machen wollen. Es ist richtig, dass viele Experten auch Projekte managen können, aber wenn Sie ein großes oder komplexes Projekt übernehmen wollen, müssen Sie sich über Ihre Rolle im Klaren sein. Wenn Sie die Rolle des Projektmanagers durchführen wollen, dann müssen Sie sich auch auf diese Aufgabe konzentrieren und Ihre Expertenrolle zurückstellen oder für dieses Projekt gar aufgeben. Wenn Sie aber der Experte im Projekt sein wollen, dann machen Sie das auch und überlassen Sie die Projektmanagementaufgabe einem anderen.

- Projektmanager müssen keine Experten in dem Projekt sein, das sie managen sollen. Sie sollten auch nicht versuchen, außer aus persönlichem Interesse, Experten in einzelnen Projektdisziplinen zu sein. Der Projektmanager, der meint, er müsse mehr über den Inhalt eines Projektes wissen als der für bestimmte Aufgaben eingesetzte Experte, der versteht nicht, welche Kenntnisse ein Projektmanager wirklich haben muss.

- Projektmanager müssen im Zusammenhang stehendes relevantes Wissen haben. Aber auch der „Top-Generalist" unter den Projektmanagern kann nicht in jedem Projekt erfolgreich sein. Tatsache ist, dass alle Projektmanager innerhalb ihrer Projekte sehr ähnliche Aufgaben wahrnehmen und so könnte man leicht den Schluss daraus ziehen, dass sie jedes Projekt managen können. Das Problem ist aber, dass die Projektmanager in einer bestimmten Umgebung agieren. Jede Organisation hat ihre eigene Kultur, Begriffe und Sprache sowie unterschiedliche Arbeitsmethoden und jedes Projekt hat innerhalb dieser Organisation einen eigenen Stellenwert.

Sie sollten die Begriffe verstehen und die Sprache der Organisation sprechen können. Zusammen mit den Experten können Sie dann Aufgaben planen, Risiken abschätzen und, was ganz wichtig ist, Sie können eindeutig mit allen verständlich kommunizieren. Dann sind Sie auch in der Lage, mit den Experten die Ideen und Konzepte zu diskutieren und in eine technische Lösung umzusetzen.

Wenn Sie aber die Begriffswelt nicht beherrschen, dann werden Sie niemals ein Projekt auf diesem Gebiet managen können.

Ein einfaches Beispiel: Wenn jemand ein IT-Projekt für ein Finanzsystem managen kann, dann kann er mit entsprechenden Zusatzinformationen wahrscheinlich auch andere IT-Projekte – z. B. für Industrie oder Handel – managen, aber nicht den Bau einer Walzanlage oder den Umzug eines Unternehmens auf eine neues Gelände.

Besonders zu beachten ist nicht nur, wie sich jemand in einer fremden Begriffswelt auskennt, sondern auch wie schnell er lernt, die organisatorischen Unterschiede, die Art zu arbeiten und die einzelnen Ansätze zu verstehen. Wer das alles kann, ist am nähesten daran, die Anforderungen zu erfüllen. Wenn Sie als Projektmanager in einer ähnlichen Situation sind, so sollten Sie folgende Fragen für sich beantworten:

- Sind Sie in der Lage, diese Arten von Projekten zu managen?

- Sind Sie in der Lage, in dieser Organisation zu arbeiten? Verstehen Sie weitestgehend die Expertensprache und ihre Terminologie?

- Sind Sie in der Lage, die verschiedenen Komponenten des Projekts zu steuern und zu kontrollieren, sofern die notwendigen Experten für diese Arbeit zur Verfügung stehen?

- Sind Sie in der Lage, die Qualität der Liefereinheiten einzuschätzen oder den Prozess zur Abschätzung der Qualität zu managen?

- Sind Sie in der Lage, die Experten kompetent zu überzeugen? (Z. B. wenn jemand sagt, dass er für seine Aufgabe 20 Tage braucht, können Sie ihn dann überzeugen, dass er es in 15 Tagen schafft, und verstehen Sie auch die Implementierung und ihre Konsequenzen?)

- Werden Ihre Kunden Sie akzeptieren und haben Sie Ihr Vertrauen?

Wenn die Antwort auf alle sechs dieser Fragen „ja" lautet, dann sollten Sie fähig sein, das Projekt zu managen. Bereits wenn Ihre Antwort bei mindestens einer dieser Fragen „nein" ist, sollten Sie Ihre Kompetenz in Frage stellen und mindestens eine Unterstützung anfordern.

9.2 Was Sie als Projektmanager nicht tun sollten

Sie müssen als Projektmanager den Expertenbedarf für Ihr Projekt erkennen und mit allen Mitteln um die Zuteilung dieser Ressourcen kämpfen. Auch wenn Sie die Fähigkeiten haben, andere Aufgaben zu übernehmen, müssen Sie Ihre Zeit und Energie auf das Managen des Projekts fokussieren und sollten keine anderen Aufgaben wahrnehmen.

Es gibt viele Aufgaben, die der Projektmanager vermeiden sollte, aber doch kommt es immer wieder vor, dass der Projektmanager meint, er müsste diese Aufgaben durchführen. Leider vergisst er dabei das große Risiko für ein Misslingen des Projekts. Die Gründe dafür sind sehr unterschiedlich, können aber wie folgt erklärt werden:

- Projektmanager haben die volle Verantwortung für das Projekt. Sie sind die einzigen Personen, die sich für die individuellen Situationen zu verantworten haben. Auf Grund der Ressourcenengpässe werden die Bedürfnisse der Projektteams selten optimal erfüllt. In Projekten fehlt oft die eine oder andere Fähigkeit. Häufig, speziell bei kleineren Projekten, füllt der Projektmanager persönlich die Lücken der nicht besetzten Fähigkeiten aus. Bei einem kleinen Projekt ist dies durchaus möglich, aber es muss sorgfältig geplant sein. Viele Projekte scheitern, obwohl der Projektmanager kompetent ist, weil er einfach zu viele andere Aufgaben übernimmt (oder übernehmen muss) und das Managen des Projekts vernachlässigt.

- Viele Projektmanager haben ursprünglich eine andere Ausbildung und besitzen somit auch eigenes Expertenwissen. Bei kleinen Projekten ist es durchaus möglich, diese einzusetzen, in einem großen Projekt sollte der Projektmanager sich aber voll und ganz auf seine Projektmanagementaufgabe konzentrieren. Wenn Sie der Meinung sind und glauben, dass Ihre Projektmanagementaufgabe Sie nicht voll beansprucht, dann behaupte ich, dass Sie nicht richtig managen.

- Weitaus gefährlicher ist es aber, wenn bestimmte Expertenaufgaben überhaupt nicht erkannt oder wenn sie falsch eingeschätzt werden, z. B. bezüglich Schwierigkeitsgrad, Aufwand und Zeitverbrauch. Im nächsten Abschnitt beschreibe ich einige der Expertenfähigkeiten, die regelmäßig diesem Muster folgen. Der Bedarf an diesen Fähigkeiten kann zum Beispiel während der Planungsphase vergessen worden sein und die erforderlichen Ressourcen sind daher nicht vorgesehen, oder die Aufgabe ist unterschätzt worden.

Egal was geschehen ist, es gibt eine Lücke zwischen dem, was für die Durchführung des Projekts erforderlich ist, und den Fähigkeiten innerhalb des Projektteams. Wenn dies eintreffen sollte, müssen Sie das Problem verstehen und eine Überbrückung der Lücke durch Sie selber vermeiden. Wenn Sie selbst die Aufgabe ursprünglich vergessen haben, verheimlichen Sie es nicht, planen Sie entsprechend und versuchen Sie die Experten zu bekommen, die diese Aufgabe zur vollen Zufriedenheit ausführen können. Das kann bedeuten, dass Sie mehr Zeit oder mehr Mittel für das Projekt benötigen und beantragen müssen. Ihrem Kunden wird das nicht gefallen, aber so ist es immer noch besser, als das Projekt grundsätzlich zu gefährden, mit dann höheren Folgekosten.

Als Projektmanager haben Sie einige Produkte, wie Pläne und Fortschrittsberichte, persönlich zu erstellen und zu aktualisieren. Sie sollten berücksichtigen, dass Sie dafür Aufwand und Zeit benötigen, genau so wie andere ihre Zeit und Fähigkeiten einsetzen, um ihre eigenen Aufgaben zu erfüllen. Wenn Sie also als Projektmanager Aufgaben von anderen übernehmen, die eigentlich nicht von Ihnen gemacht werden sollten, dann ergeben sich folgende Risiken:

1. Das Projekt wird schiefgehen, weil zu wenig Zeit für die Managementaufgaben verwendet wird.

2. Das Projekt wird schiefgehen, weil der Projektmanager eine Aufgabe durchführt, obwohl er kein Experte dafür ist. Das erreichte Ergebnis kann die funktionellen oder qualitativen Anforderungen nicht erfüllen.

Versuchen Sie bitte, beide Risiken zu vermeiden. Ich stelle Ihnen im folgenden Abschnitt einige Disziplinen vor, deren Ausübung Sie vermeiden sollten. Wenn Sie einen zu großen Teil Ihrer Zeit auf diese Aufgaben verwenden, dann machen Sie den falschen Job.

9.3 Expertenfähigkeiten im Projekt

Die Geschäftswelt ist übersät mit Projekten, die mit großen Schwierigkeiten zu kämpfen haben oder abgebrochen werden, weil Expertenfähigkeiten vergessen wurden oder weil man meinte, dass sie in den Aufgabenbereich des Projektmanagers fallen würden. Das Schwierige an diesen teils falsch verstandenen Disziplinen ist, dass Sie als Projektmanager doch etwas davon verstehen müssen und dass es auch nicht zu verhindern ist, dass Sie regelmäßig damit konfrontiert werden. Dies ist im Prinzip nichts Nachteiliges, solange Sie keine Aufgaben und Verantwortung dafür übernehmen.

Die Expertenfähigkeiten, um die es im Folgenden geht, sind in vielen Projekten üblich. Sie sollten wissen, wann und wie Sie damit zu tun haben und ob Sie persönlich verantwortlich dafür sind oder nicht. Wie Sie dann damit umgehen, ist eine Frage Ihres Urteilsvermögens und Ihrer ausgewogenen Entscheidung. Die Wahrheit ist leider, dass die entstehenden Situationen selten eindeutig sind, deshalb sollen die folgenden Punkte Ihnen helfen, die richtigen Entscheidungen zu treffen.

Expertenfähigkeit 1: Geschäftsanalyse und Anforderungserfassung

Viele Projekte, wie IT-Entwicklungsaktivitäten oder neue Produktentwicklungen, benötigen die Definition und Dokumentation von komplexen Anforderungen. Wenn die Anforderungen falsch, unvollständig und nicht eindeutig definiert sind, können auch die in einem Projekt zu erstellenden Produkte nicht fehlerfrei sein. Solche Missstände entstehen bevorzugt, wenn man für diese Tätigkeiten keine Experten eingesetzt hat oder welche, die zu wenig Wissen und Erfahrung auf diesem Gebiet haben. Wenn Sie ein Eigenheim bauen wollen, schalten Sie einen Architekten (und nicht einen Maurer) ein. Dieser hört sich Ihre Wünsche an und erstellt einen Bauplan, den er im Detail mit Ihnen bespricht. Alle Ihre Anforderungen und Wünsche sind dann berücksichtigt und der Bau kann beginnen.

Diese recht einfache Vorgehensweise gilt im Prinzip auch für IT-Entwicklungen oder andere technische Entwicklungen. Die Fähigkeit, die Kundenanforderungen in solchen Projekten zu verstehen, haben eigentlich nur Experten wie der Geschäfts- oder Systemanalytiker und nicht der Projektmanager. Natürlich gibt es auch Projektmanager, die aufgrund ihrer beruflichen Entwicklung ein Basiswissen zum Thema Geschäftsanalyse haben, aber ist dieses noch aktuell? Selbst wenn, dann sollten Sie nicht so leichtsinnig sein und die Aufgabe in der Art „ich mache es, weil ich es kann" durchführen. Als Projektmanager müssen Sie sicherstellen, dass der Prozess für die Anforderungserfassung robust ist und dass Sie ein umfassendes Verständnis für die Anforderungen entwickeln, d. h. aber nicht, dass Sie sich im Einzelnen mit den Anforderungen befassen müssen.

Expertenfähigkeit 2: Änderungsmanagement

Änderungsmanagement ist ein oft missverstandener Begriff, da er unterschiedliche Bedeutungen für verschiedene Aufgabengebiete hat. Wenn man diesen Begriff benutzt, muss man den angesprochen Personenkreisen verständlich machen, um welches Änderungsmanagement es sich handelt. Meines Erachtens gibt es drei Möglichkeiten bei der Verwendung des Begriffs:

1. Projekt-Änderungsmanagement

   Damit ist der Änderungsprozess in einem Projekt gemeint. Dieser Prozess nimmt Änderungsanträge von allen Projektbeteiligten (insbesondere aber vom Kunden) auf, bewertet sie bzgl. der Realisierbarkeit und der wahrscheinlichen Auswirkungen, quantifiziert den Aufwand, die Kosten und die Zeit. Wird der Änderungsantrag angenommen, so übernimmt die Änderungskontrolle die Steuerung der Realisierung und Integration in das System. Ein Konfigurationsmanagement behält die Übersicht über unterschiedliche Produktstände und Versionen.

2. Betriebs-Änderungsmanagement

   Damit ist der Änderungsprozess in einem laufenden Betrieb gemeint. Der Begriff des laufenden Betriebes bezeichnet in irgendeiner Form technische Systeme oder Prozesse, die für die tägliche Arbeit und Geschäftsunterstützung in Organisationen benötigt werden. Er wird oft in Verbindung mit IT-Systemen oder Netzen benutzt, wo Änderungen regelmäßig durchgeführt werden, um ein lebendiges System zu erhalten. Ziel ist dabei, das Risiko der gegenwärtig vorhandenen Dienste zu reduzieren, indem man regelmäßig Änderungen durchführt. Für technische Projekte ist es meistens die letzte Aufgabe, die erfüllt werden muss, um die Produkte des Projekts richtig in die Betriebsumgebung zu implementieren.

3. Organisations-Änderungsmanagement

   Dieser Änderungsprozess betrifft Organisationen, Strukturen und Mitarbeiter. Das Organisations-Änderungsmanagement steuert die relevanten Änderungen und stellt sicher, dass die Änderungen erfolgreich durchgeführt und auch von den betroffenen Mitarbeitern angenommen werden.

In diesem Zusammenhang müssen wir nun die Frage stellen, um was sich ein Projektmanager kümmern sollte. Es kommt wie immer auf die Art des Projekts an – bei einem Entwicklungsprojekt sicher um das Änderungsmanagement für Anforderungen oder Umfang eines Projekts, bei einem Änderungsprojekt, z. B. bei Prozessänderungen oder -optimierungen, wahrscheinlich um das Organisations-Änderungsmangement.

Auch für Änderungen gibt es Experten. Erfahrene Änderungsmanager haben in der Regel auch Projektmanagementerfahrung oder sind möglicherweise sogar fachliche Projektmanager und überblicken im Gesamtzusammenhang die Auswirkungen von Änderungen. Viele Projektmanager hingegen haben fast gar kein Wissen und keine Fähigkeiten für die Durchführung von Änderungen, insbesondere bei Organisations- und Personaländerungen, wo sehr viel Psychologie gefragt ist.

Die Komplexität besteht nun darin, dass es eine Überschneidung zwischen Änderungsmanagement und Projektmanagement gibt und sie nicht als vollkommen verschiedene Disziplinen kategorisiert werden können. Alle Projekte resultieren in Änderungen, die sich auf Organisationen, Strukturen, Prozesse, Systeme oder Personen auswirken, und sind deswegen mögliche Kandidaten für das Änderungsmanagement. Die meisten Änderungen werden durch Projekte realisiert. Allerdings muss man deutlich herausstellen: Die Fähigkeiten, die für Änderungsmanagement nötig sind, unterscheiden sich wirklich von den Fähigkeiten, die man für das Projektmanagement braucht.

Expertenfähigkeit 3: Systemintegration und -test

In einem Projekt werden viele unterschiedliche Teilprodukte von unterschiedlichen Teams und/oder Teilprojekten erstellt, einige Fertigprodukte werden auch von Fremdlieferanten bezogen. Der Projektmanager hat diesen Entwicklungsprozess geplant und ist auch für die termingerechte Bereitstellung bzw. Lieferung verantwortlich. Ist er auch dafür verantwortlich, dass alles zusammenpasst und läuft? Ein klares „Nein"!

Er ist „nur" verantwortlich dafür, sicherzustellen, dass die Integrations- und Testaufgaben gemacht werden und dass die Ergebnisse den Anforderungen des Kunden entsprechen. Damit sind wir wieder bei dem Thema, dass es ein Unterschied ist, eine Aufgabe zu managen oder sie durchzuführen. Obwohl viele Organisationen den Sinn dieser Aufgaben verstehen, gibt es überraschenderweise immer noch Entscheider, die den hohen Nutzen dieser Aufgaben nicht verstanden haben und sie manchmal streichen, ohne die Auswirkungen einer solchen Entscheidung zu überblicken. Diese Streichungen werden im Allgemeinen dann vorgenommen, wenn ein Projekt zu lange läuft oder zu viel kostet.

Systemintegration ist grundsätzlich die Fähigkeit, eine Lösung aus einer End-to-End-Perspektive zu entwerfen und zu realisieren und nicht unbedingt von den einzelnen Komponenten her. Die Aufgabe des Systemintegrationstests ist es, zu prüfen, ob die einzelnen Komponenten aus der Entwicklung fehlerfrei zusammenwirken. Es gibt zwei verschiedene Strategien für den Integrationstest:

1. Der geschäftsprozessorientierte Integrationstest betrachtet jeweils diejenigen Systemkomponenten, die von einem Geschäftsprozess betroffen sind, gemeinsam. Getestet wird z. B. die Abwicklung eines Kundenauftrages von der Akquisition über die Auftragserfassung, die Lieferung, die Rechnungserstellung bis hin zur Bezahlung.

2. Beim testzielorientierten Integrationstest werden die Tests ausgehend von den Testzielen erstellt. Ein Testziel wäre z. B. die Integration von Systemkomponenten, die eine gemeinsame Schnittstelle nutzen.

Da, wie gesagt, die einzelnen Komponenten von unterschiedlichen Experten oder Teams entwickelt werden, die wiederum nur ihre spezifizierte

Aufgabe kennen, wird ein Experte für Integration (der sog. Integrator) benötigt, der alle bereitgestellten Komponenten übernimmt, sie zusammensetzt und sicherstellt, dass sie zusammenarbeiten und die umfassenden Ziele der Lösung erreichen.

Hier taucht natürlich die Frage auf, warum man für diese Aufgabe zusätzlich einen Experten für Integration und Test benötigt, schließlich gibt es doch im Projekt genügend gut bezahlte Entwickler und einen Projektmanager?

Darauf gibt es mehrere Antworten:

- Integration und Test gehören zu den kritischsten Aufgaben in einem Projekt und benötigen besondere Fähigkeiten, die in enger Beziehung zum Qualitätsmanagement zu sehen sind.

- Die Befähigung für diese Aufgaben erfordert zum einen Kenntnisse der Testverfahren und der unterstützenden Werkzeuge, zum anderen den vollen Überblick über ganzheitliche Zusammenhänge und die Ziele der Lösung.

- Für die Aufgaben ist ein Testkonzept erforderlich, in dem die Teststeuerung und die Testdurchführung ausführlich beschrieben sind.

In IT-Projekten können Integration und Test 30 bis 40 % des Aufwands ausmachen. Holen Sie sich zum gegebenen Zeitpunkt einen fähigen Integrator mit seinem Team an Bord, lassen Sie ihn nach Plan seine Aufgaben durchführen, aber kontrollieren Sie auch die Ergebnisse.

Expertenfähigkeit 4: Verhandlungen mit Lieferanten

Es gibt Projektmanager, die meinen, sie müssten mit Lieferanten für Produktteile verhandeln, so als ob sie mal eben ein neues Auto für sich kaufen würden. Aber es gibt auch welche, die es nicht machen, weil sie Konfrontationen und Schwierigkeiten befürchten (muss allerdings nicht sein, wenn man richtig damit umgeht), zu viele sehen in den Verhandlungen eine komplizierte Aufgabe.

Nehmen Sie bitte als Projektmanager nicht an, dass Sie wissen, wie man mit Lieferanten umgeht, da nur wenige Projektmanager derartig ausgebildet sind. Für viele kleine Verträge ist es nicht wert, ein professionelles Vertragsmanagement einzuschalten, und Sie können dann diese Aufgaben selbst durchführen. Aber wenn es hart wird oder der Umfang des Vertrages zu groß oder kompliziert ist, dann machen Sie es nicht selber.

Sie brauchen zweifellos einen Experten, wenn der Vertrag für irgendetwas Ungewöhnliches erstellt wird. Alleine die Vielzahl von unterschiedlichen

Vertragsarten (Consultingvertrag, Dienstleistungsvertrag, Personalgestellungsvertrag, Werkvertrag usw.) und die vielen Bestandteile innerhalb eines Vertrages machen es Ihnen unmöglich, Vertragsverhandlungen und Vertragsmanagement durchzuführen. Schalten Sie einen professionellen Unterhändler ein, sagen Sie ihm, was Sie wollen (am Besten durch Dokumente wie Anforderungskatalog, Pflichtenheft, Leistungsbeschreibung usw.) und schauen Sie sich evtl. mit weiteren Experten das Produkt an, das Sie erwerben möchten. Lassen Sie es sich vorführen, testen Sie es selber und geben Sie dann Ihr OK.

Expertenfähigkeit 5: Vertrags- und Rechtsfragen

Jeder Auftrag zur Durchführung von Projekten läuft über Verträge. In den Verträgen werden die Leistungsinhalte definiert; sie setzen somit die rechtlichen Parameter für die Erfüllung bzw. das Scheitern (Unmöglichkeit/Verzug) eines Projektes. Weil aber die in einem Projekt entwickelten Systeme niemals fehlerfrei sind und weil Projekte schon mal in Krisen geraten, empfehle ich juristische Grundkenntnisse für den Projektmanager. Dies umso mehr, je komplexer die technischen und organisatorischen Gegebenheiten sind. So ist beispielsweise juristisches Basiswissen ganz besonders wichtig, wenn es darum geht,

- Vertragsentwürfe und Verträge lesen und verstehen zu können und

- die Konsequenzen bei Nichterfüllung der Vertragsvereinbarungen zu kennen.

Zur weiteren Unterstützung muss ein geordnetes Vertragsmanagement betrieben werden. Das Vertragsmanagement mit Unterstützung der Rechtsabteilung hilft zunächst, die genauen Pflichten aus dem Vertrag zu erkennen. Bereits dabei werden Risiken sichtbar. Das Vertragsmanagement steuert die weitere Vertragsabwicklung so, dass Pflichten genau eingehalten und Risiken minimiert werden.

Manchmal werden Projekte innerhalb eines gesetzlichen oder geregelten Rahmens durchgeführt, insbesondere in regulierten Bereichen der öffentlichen Hand, wie bei Versorgungsbetrieben, Polizei, Zoll und kommunaler Verwaltung. Rechtsunterstützung ist hier normalerweise nur erforderlich, um das Einverständnis für die vorliegenden Regeln und Regelungen zu bestätigen. Diese Bereiche haben ihr eigenes Vertragswerk mit ausgewogenen Bestimmungen, die von vielen Anbietern und Kunden als angemessen akzeptiert werden, z. B. EVB-IT-Kauf bzw. EVB-IT-Überlassung und die EVB-IT-Dienstleistung. Ansonsten ist das Vertragsrecht nach dem BGB (Bürgerliches Gesetzbuch) geregelt. Dazu kommen noch Bestimmungen über allgemeine Geschäftsbedingungen sowie Sonderbestimmungen für einzelne Vertragstypen wie Kaufvertrag, Dienstvertrag, Werkvertrag. Beim Werkvertrag ist das Ziel bzw. der Erfolg ausschlaggebend. Beim Dienstvertrag handelt es sich um die Leistung versprochener Dienste gegen eine vereinbarte Vergütung, ausschlaggebend ist hier die Durchführung.

Ein weiteres Augenmerk sollten Sie auf die Auswirkungen bei Nichterfüllung von Vertragsvereinbarungen werfen. Sie haben als Projektmanager im Rahmen des Vertrages eine Leistung vollständig, rechtzeitig und in der vereinbarten Qualität zu erbringen. Schaffen Sie das nicht, so liegt eine Leistungsstörung vor. Zentraler Begriff des Leistungsstörungsrechts ist die Pflichtverletzung. Wenn also eine Vertragsseite ihre Pflichten aus dem Vertrag verletzt, kann die andere Vertragsseite den hierdurch entstehenden Schaden einklagen und Schadenersatz verlangen, andere Möglichkeiten sind Rücktritt, Nacherfüllung, Minderung und Kündigung. Zusätzlich zu den Haftungsschäden auf der Basis des BGB gibt es mit dem Produkthaftungsgesetz (PHG) eine weitere, dem Deliktrecht zuzuordnende Anspruchsgrundlage. Im Rahmen des Produkthaftungsanspruchs kommen verschiedene Anspruchsgrundlagen in Betracht:

1. die vertragliche Zusicherungshaftung (§ 463 BGB)

2. die Haftung wegen schuldhafter Vertragsverletzung (§635 BGB)

3. die deliktische Produkthaftung (§823 Abs. 1 BGB)

4. die Haftung nach dem Produkthaftungsgesetz (§ 1ff ProdHG).

An den hier aufgeführten juristischen Regelwerken erkennen Sie schon, wie schwierig das Thema Vertrags- und Rechtfragen ist, deshalb zögern Sie nicht, juristische Unterstützung aus Ihrer Rechtsabteilung anzufordern. Unterschätzen Sie dabei nicht die Zeit, die die juristische Beratung braucht, planen Sie also diese Unterstützung so früh wie möglich ein. Auch wenn es etwas länger dauert, ist das immer noch besser, als die Dinge als Projektmanager selber regeln zu wollen.

Expertenfähigkeit 6: Claim Management

Im engen Zusammenhang mit den im vorherigen Abschnitt beschriebenen Vertrags- und Rechtsfragen ist das Claim Management zu sehen. Insbesondere beim Auftragsprojektmanagement sind für den Auftragnehmer vielfältige Risiken zu berücksichtigen. Die Betrachtung claimrelevanter Gesichtspunkte ist in jeder Phase des Projekts von großer Bedeutung. Schon in der Angebots- und Vertragsphase geht es darum, potenzielle Risiken zu erkennen und zu bewerten. Hier wird die Grundlage für ein claimbewusstes Projektmanagement gelegt. Um finanzielle Verluste während der Durchführung eines Projektes zu vermeiden, wird ein erfahrener Jurist aus der Rechtsabteilung den Claimsituationen höchste Aufmerksamkeit widmen.

Als Projektmanager arbeiten Sie auf der kommunikativen Ebene mit diesem juristischen Fachmann zusammen. Sie schließen ihn in das übliche Berichtswesen mit ein und informieren ihn über den Projektfortschritt.

In Zusammenarbeit mit Ihnen als Projektmanager beurteilt er dann, ob finanzielle, terminliche und/oder sachliche Forderungen des Vertragspartners infolge von Abweichungen oder Erschwernissen im Zusammenhang mit dem Vertrag zu sehen bzw. zu erwarten sind. Das Ziel und die Aufgabe des Juristen ist es, Eigen- und Fremdclaims frühzeitig zu erkennen und zu aktivieren, die Eigenclaims durchzusetzen und die Fremdclaims abzuwehren.

Expertenfähigkeit 7: Projektbüro

Es wird einige Leser überraschen, wenn ich Ihnen rate, dass Sie als Projektmanager keine Projektbüroaufgaben übernehmen sollten, da Sie doch eigentlich dem Projektbüro vorstehen und die Arbeiten darin steuern. Wahrscheinlich haben auch einige Projektmanager Ihre Projektmanagementkarriere in Projektbüros oder mit deren Arbeit gestartet.

Der Grund, warum der Projektmanager diese Aufgaben vermeiden sollte, ist nicht eine Frage der zusätzlichen Belastung. Er hat sich auf die Durchführung des Projekts und die Erreichung der Ziele zu konzentrieren und nicht die administrativen Aufgaben eines Projektbüros zu übernehmen. Ein anderes Problem ist, dass viele Projektmanager die Betriebskosten eines Projektbüros nicht rechtfertigen können und so muss der Projektmanager in Ermangelung anderer Kandidaten die Arbeit selber machen.

Die Realität ist allerdings, dass ein Projektbüro in einem großen Projekt unbezahlbare Unterstützung für das Projekt und den Projektmanager leistet. Ein Projektbüro muss nach den Wünschen des Projektmanagers so organisiert werden, dass hier alle administrativen Aufgaben durchgeführt werden und die Informationen des Projektmanagers in die Unterlagen und Dokumente eingearbeitet werden. Das Projektbüro übernimmt zur Unterstützung des Projekts einige administrative Funktionen, dies sind in der Regel Planungs-, Erfassungs- und Informationsaufgaben:

1. Planungsaufgaben

   Mitarbeit beim Strukturieren des Projekts unter Einsatz der bekannten Werkzeuge (Produktstruktur, Projektstruktur, Kontenstruktur). Erstellen der entsprechenden Pläne (Aufwands- und Terminpläne) und Aktualisieren entsprechend eines Rückmeldesystems.

2. Erfassungsaufgaben

    Aufbau, Entwicklung und Pflege der Projektstammdaten, um Aufwandsdaten und Stundenkontierungen zu erfassen. Die erfassten Daten gegen den Balken- bzw. Netzplan, Kontenplan usw. plausibilisieren und die Ist-Daten an das Kostenverrechnungsverfahren weiterleiten.

3. Informationsaufgaben

    Unter die Informationsaufgaben fallen Dinge wie Projektdatenauswertung, Erstellen von Projektplänen und Projektberichten und deren Verteilung nach einem festgelegten Verteiler. Das Projektbüro sorgt für eine vollständige und aktuelle Projektberichterstattung, die Verteilung von Informationen und Berichten und plant und organisiert auch Projektsitzungen oder andere Veranstaltungen.

Das Projektbüro ist die Schnittstelle zwischen den einzelnen Teilprojekten, Teams, dem Kunden, dem Projektmanager und dem Lenkungsausschuss. Handelt es sich bei dem Projekt um ein kleines Vorhaben, so können Sie als Projektmanager einen Teil dieser Aufgaben übernehmen oder die Aufgaben an eine dezentralisierte Projektmanagement-Dienstleistung weitergeben. Aus Kostengründen ist das Einrichten eines eigenen Projektbüros nicht zu empfehlen, notwendig wird es jedoch bei einem großen Projekt, wo es quasi die „rechte Hand" des Projektmanagers darstellt. Deshalb der Rat an Sie als Projektmanager: Organisieren und unterstützen Sie das Projektbüro so gut Sie können, erledigen Sie aber dessen Aufgaben im Interesse des Projekts nicht selber.

Expertenfähigkeit 8: Projektbegleitendes Qualitätsmanagement

Niemand kann dem Projektmanager die Verantwortung für die ordnungsgemäße Lieferung der Produkte abnehmen. Er trägt im Besonderen die Verantwortung für die Qualität. Niemand wird aber auch bestreiten, dass gerade das Thema Qualitätsmanagement in Projekten für viele Projektmanager ein Geheimnis mit sieben Siegeln ist. Wenn er nicht gerade aus dem Qualitätsmanagement kommt oder schon mal einen Lehrgang nach DIN ISO 9001:2000 besucht hat, so ist er von seinen Fähigkeiten her nicht in der Lage, alle Maßnahmen des Qualitätsmanagements durchzuführen. Eine wertvolle Hilfe für all diese Aufgaben bietet ein Mitarbeiter mit den entsprechenden Kenntnissen des Qualitätsmanagements. Er kennt das Qualitätswesen aus dem „Eff-Eff", beherrscht alle Methoden, Techniken und Werkzeuge zum Analysieren, Prüfen und Verbessern von Produkten, Verfahren und Prozessen. Er hat auch gelernt, den Kunden und seine Anforderungen zu verstehen und diese in entsprechende technische und qualitätsgerechte Merkmale umzusetzen. Das sind alles Fähigkeiten, die ein Projektmanager nicht unbedingt beherrschen kann oder muss. Deshalb sollten Sie sich als Projektmanager gerade in mittleren und größeren Projekten diese wertvolle Hilfe in das Projekt holen und nicht versuchen, es selber zu machen.

Der Qualitätsfachmann und evtl. auch sein Team werden projektbegleitend eingesetzt und als Dienstleister und Berater den Projektmanager in allen Fragen zum Thema Qualität konstruktiv unterstützen. Das fängt schon im Vorfeld an. Hier sind die Machbarkeit und die Wirtschaftlichkeit eines beantragten Projektes zu prüfen und zu hinterfragen; eine Aufgabe, die auch aus der Sicht des Qualitätsfachmanns geleistet werden kann. Ähnliche Aufgaben hat der Qualitätsfachmann auch in der Analyse- und Konzeptionsphase. Hier ist z. B. zu prüfen, ob die vorgeschlagene Lösung sachgerecht ist und ob die Kunden- und Qualitätsanforderungen erfüllt werden. Auch die Gesamtkomplexität der konzipierten Lösung bedarf einer Überprüfung, um sicherzustellen, dass das entstehende Produkt/System auch künftig pfleg- und wartbar ist und mit den bereits existierenden Anwendungen zusammenarbeiten kann. Während der heißen Realisierungsphase wird die fachliche Beratungsfunktion des Qualitätsfachmanns naturgemäß auf das Prüfen von Dokumenten und Programmtests reduziert. Dennoch ist es empfehlenswert, ihn in allen fachlichen Fragestellungen mit einzubinden, um den Aspekt der Verhältnismäßigkeit und sachlicher Angemessenheit des Entwicklungsprozesses (Qualität, Kosten, Zeit, Funktionalität) auch weiterhin zu berücksichtigen.

Des weiteren wird er ein Qualitäts-Berichtswesen einrichten, das quasi automatisch funktioniert, und alle quantitativ und qualitativ relevanten Daten in regelmäßigen Zeitabständen bereitstellen. Mit diesen Informationen kann der Projektmanager das Projekt rechtzeitig steuern (gegensteuern) und lenken.

Bei der Skizzierung dieser Aufgabenstellung fällt sicherlich auf, dass die Abgrenzung von Aufgaben des Projektmanagements und des Qualitätsfachmanns schwerfällt. In der Tat bin ich der Ansicht, dass der Qualitätsfachmann in der hier dargestellten Form eine wertvolle Hilfe für den Projektmanager und keine Kosten verursachende Institution im Projektgeschäft ist.

Expertenfähigkeit 9: Public Relations für das Projekt (Projekt-PR)

Im Gegensatz zu klassischer Werbung oder PR-Arbeit orientiert sich erfolgreiche projektbegleitende Öffentlichkeitsarbeit (Projekt-PR) überwiegend an Fakten. Ein positives Bild des Projekts stellt sich alles andere als von selbst ein. Auch Projekte müssen „vermarktet" werden. Fehlt die Projekt-PR, besteht sogar die Gefahr, dass nur negative Aspekte des Projekts nach außen treten. Macht es schon bei klassischer Öffentlichkeitsarbeit wenig Sinn, Dinge zu verschweigen oder gar zu lügen – hier wäre es fatal. Projekt-PR heißt Werbung um öffentliches Vertrauen und bedeutet, die Öffentlichkeit ernst zu nehmen, ihr die Chance zu geben, sich unvoreingenommen ein eigenes Bild von dem Projekt zu machen.

Wer soziale Kompetenz glaubwürdig im Markt vertreten will, kann es sich nicht leisten, zum Spielball innerhalb der öffentlichen Auseinandersetzung zu werden. Es genügt heute einfach nicht mehr, extern lediglich eine Pressekonferenz oder eine Bürgerversammlung und intern eine Betriebsversammlung einzuberufen. Dabei wird immer nur ein kleiner Teil der aufklärungsbedürftigen Öffentlichkeit und der Mitarbeiter erreicht. Alle anderen erhalten ihre Informationen nicht aus erster Hand. Mit jedem weiteren Tag ohne direkte Aufklärung steigt die Gefahr, dass bereits vorhandene Ängste, unvollständiges Wiedergeben, Missverständnisse oder gar von anderer Seite bewusst gestreute Fehlinformationen eine projektgefährdende Stimmung bei den Betroffenen schüren. Das Krisen-Risiko steigt dramatisch. Deshalb empfiehlt es sich, den gesamten projektrelevanten Meinungsmarkt frühzeitig, wahrheitsgemäß und rückhaltlos zu bedienen.

Projekt-PR ist ein wichtiges Instrument, um

- Imagebildung für das Projekt, den Projektmanager und die Organisation zu fördern

- Neukunden zu gewinnen und das Netzwerk zu erweitern

- extern und intern Vertrauen, Glaubwürdigkeit und Akzeptanz zu erreichen

- durch gezielte Information Gerüchte zu vermeiden

- ein möglichst großes Umfeld über den Projektverlauf zu informieren

- möglichst früh über eventuelle „Unannehmlichkeiten" zu informieren

- den Teammitgliedern eine gute Identifikation zu ermöglichen, weil andere über das Projekt sprechen oder sie selbst darauf angesprochen werden

- das Projektziel breit zu kommunizieren, damit Verständnis entsteht.

Die Verantwortung für Projekt-PR tragen in erster Linie Sie als Projektmanager. Die Teammitglieder sind meist mit den Inhalten oder der Gruppendynamik beschäftigt. Deren Blick ist auch eher nach innen als nach außen gerichtet. Natürlich muss der Projektleiter die PR-Aktivitäten nicht selbst machen, aber er muss die entsprechenden Informationen und Daten liefern und sie anstoßen. Dazu bedient er sich der Profis aus dem Marketing bzw. Experten für Public Relations. Typische Leistungen dafür sind:

- PR-Betreuung

- Klassische Presse- und Öffentlichkeitsarbeit und Online-PR

- Erstellung aktueller Pressemitteilungen und Presseversand

- Entwicklung kreativer PR-Konzepte und PR-Kampagnen, operative Umsetzung

- Themenmanagement, Recherchen, Texterstellung und Redaktionsleitung

- Bildredaktion und -beschaffung, Gestaltung und Herstellung von Drucksachen

- Online- und Offlinemarketing

- Mediadienstleistungen und Medienkooperationen

- Sponsoring, Messe- und Veranstaltungsplanung und -durchführung

Ich habe bei einigen Projekten Situationen erlebt, wo erst informiert wurde, als alles fertig war. Die Folge: Die Gerüchteküche brodelte, teilweise litt die Motivation erheblich. Machen Sie es besser! Gerade für Change-Management- oder Rationalisierungsprojekte ist der Kurzbericht, am besten gepaart mit Erfolgsmeldungen, zwischendurch wichtig. Informieren Sie mindestens zu den Meilensteinen eine breitere Betriebsöffentlichkeit.

Klar kostet Projekt-PR Zeit und teilweise auch Geld. Doch wenn Sie sich die Vorteile anschauen, müsste deutlich werden, dass dies eine gute Investition ist. Manchmal entsteht gar kein Zusatzaufwand. Denn der Lenkungsausschuss wird zu den Meilensteinen sowieso von Ihnen informiert, einiges aus diesem Infopaket ist sicher auch für einen größeren Kreis interessant.

Die beste Projekt-PR sind ein zufriedener Kunde, ein motiviertes Team, ein überzeugter Lenkungsausschuss, gute Ergebnisse und eine tolle Abschlussfete! Frei nach dem Motto: Rede mit den Menschen über das, was du tust, und vor allem über das, was du tun willst."

Fazit

- Alle die in diesem Buch genannten Disziplinen werden in vielen Projekten benötigt. Eignen Sie sich auf all diesen Gebieten ein entsprechendes Basiswissen an. Es muss nicht dazu dienen, dass Sie komplexe Aufgaben durchführen können, sondern Sie in die Lage versetzen, mit den Experten über bestimmte Themen zu kommunizieren und das Ganze zu managen. Sie haben natürlich auch die Fähigkeiten und evtl. die Zeit, die meisten dieser Aufgaben in diesen Disziplinen durchzuführen, und ob Sie nun viel investieren oder wenig, hängt von Ihrer Einschätzung ab. Wenn Sie aber merken, dass irgendeine Aufgabe Sie über Gebühr strapaziert, dann lassen Sie es lieber und konzentrieren sich auf das Managen des Projekts.

- Lernen Sie, wie man Experten für die einzelnen Disziplinen engagieren kann. Bauen Sie sich ein Netzwerk von Experten auf, die Sie für bestimmte Aufgaben in Ihrem Projekt benötigen. Sie haben dann die Möglichkeit, diese in Ihrem Projekt einzusetzen oder auch nur für eine Beratungsfunktion zu engagieren.

- Lernen Sie die Sprache und Begriffe der Experten kennen, damit Sie sie beauftragen und managen können. Sie sind für deren Vorgehensweise nicht verantwortlich, aber für die Qualität des Ergebnisses. Kontrollieren Sie also entsprechend.

- Wenn Sie Experten engagieren, vergewissern Sie sich, dass der Entscheider dieses Anliegen versteht. Erklären Sie ihm, warum Sie diese Unterstützung brauchen und dass die Tätigkeit des Experten nicht Ihre Aufgabe ist. Stellen Sie den Nutzen durch den Einsatz eines Experten heraus.

10 Schlussgedanken

Der Inhalt dieses Buchs soll allen Projektmanagern eine Orientierung geben, welche Dinge im Leben eines Projektmanagers wichtig sind. Fälschlicherweise wird immer noch angenommen und teilweise auch gelehrt, das Fach- und Methodenkompetenz für einen Projektmanager das Wichtigste seien. In diesem Buch wird gezielt auf die anderen wichtigen Kernkompetenzen des Projektmanagers eingegangen, nämlich auf Sozialkompetenz und die Selbstkompetenz. Viele Fachleute aus dem Projektmanagementwesen sind sich inzwischen einig, dass diese Kompetenzen ausschlaggebend sind für den persönlichen Erfolg des Projektmanagers und in Verbindung damit auch den Projekterfolg.

Die meisten Dinge in diesem Buch leuchten intuitiv ein und sind im Prinzip weit einfacher zu implementieren als viele vorgeschobene Projektmanagementprozesse. Ich empfehle Ihnen nicht, dass Sie solche Vorgaben ignorieren, ich möchte nur eine andere Priorisierung oder ein ausgewogenes Verhältnis der einzelnen Kompetenzen erreichen. Wer nur auf Methoden, Techniken und Werkzeuge setzt, wird zwar die besten und schönsten Pläne erstellen, die nützen aber nichts, wenn man keine Persönlichkeitseigenschaften hat, einen unpassenden Führungsstil pflegt, nicht oder nicht richtig kommuniziert, mit dem Kunden nicht zurechtkommt oder das Team nicht motivieren kann und sich somit kein Teamgeist entwickelt.

Sie sollten selbstverständlich bestrebt sein, den Projektmanagementprozess zu beherrschen, aber lernen Sie ihn eher auf praktische Art und Weise als durch Seminare und Trainings. Projektmanagement ist ein praktisches Thema und was ich hier beschreibe, lernen Sie durch praktische Erfahrung und Übung, und Sie erkennen dann, wie wichtig solche Hinweise und Tipps sind.

Wenn Sie also wirklich ein guter Projektmanager sein wollen, ist das Wissen über den Projektmanagementprozess nicht genug, Sie sollten Ihren gesunden Menschenverstand und das Wissen aus diesem Buch anwenden. Erweitern Sie Ihre Fähigkeiten so, dass sie automatisch und intuitiv zur Geltung kommen.

Die Anforderungen an das Projektmanagement werden weiter steigen und der Beruf wird kontinuierlich professioneller werden. In den Organisationen entsteht eine neue Denkweise. Die Zeiten, wo irgendjemand mit einer Projektdurchführung beauftragt wurde, weil er gerade nichts zu tun hatte, sind vorbei. Vieles hat sich in den letzten Jahren grundsätzlich verändert. Die Jobchancen und Karrieremöglichkeiten sind wesentlich verbessert worden, auch dank der Projektmanagementorganisationen, die ein Karrieresystem entwickelt haben, das für die Projektmanager-Laufbahn wirklich interessant ist. Große Organisationen, die sich projektorientiert aufgestellt haben, erkennen den Wert des Projektmanagers und richten Projektmanager-Pools ein, um jederzeit professionelle Projektmanager für bestimmte Vorhaben einsetzen zu können.

Beobachten Sie auch andere Projektmanager. Durch Vorbilder lernen Sie fast so viel wie durch eigene Erfahrung. Beobachten Sie, wie diese ihre Projekte durchführen. Suchen Sie sich gute Projektmanager aus und versuchen Sie an deren Seite (als Assistent, Teamleiter oder im Projektbüro) zu arbeiten oder versuchen Sie, bei ihnen als Teilprojektleiter eines größeren Programms eingesetzt zu werden. Eignen Sie sich das Prinzip der Selbststeuerung an, mit der Sie Ihre Fähigkeiten steigern, sich selbst zu motivieren und produktive Kritik auf das eigene Verhalten übertragen können. Auch das Thema der Selbstreflexion und der Anpassung an veränderte Umgebungsbedingungen gehören dazu. Selbstkompetenzen führen meist zu einer größeren Frustationstoleranz und damit zu einer höheren Belastbarkeit und vor allen Dingen zu einer umfassenden Lernbereitschaft.

Wenn ein Projekt abgeschlossen ist, sollte es eigentlich üblich sein, einen Erfahrungsbericht zu schreiben oder eine Erfahrungsdatenbank mit entsprechenden Informationen zu füllen. Oft werden diese Dinge aus Zeitgründen oder Bequemlichkeit nicht gemacht. Ich denke, das ist ein schweres Versäumnis. Alles noch einmal Revue passieren lassen, ist nicht nur für die Organisation und die anderen Projektmanager wichtig, sondern es zeigt in erster Linie Ihnen selber, was gut funktionierte und was schlecht lief.

Wenn einiges schiefging, fragen Sie „warum?" und seien Sie dann ehrlich mit sich selber, wenn es Ihre eigene Schuld war. Verstecken Sie sich nicht hinter der Tatsache, dass es zu viele Änderungen und zu viele Risiken gab oder die Mittel nicht ausreichten. Die Frage ist: Wie sind Sie mit diesen Dingen umgegangen? Sie waren der Projektmanager! Alle bedeutenden Projektmanager machen irgendwann mal Fehler, aber sie haben alle überlebt und aus der Erfahrung gelernt. Legen Sie fest, was Sie beim nächsten Mal anders machen wollen bzw. müssen.

Und sehen Sie Projektmanagement als das, was es ist: Eine faszinierende Tätigkeit, bei der Sie, wie in sonst nur wenigen Berufen, fachliche Fähigkeiten und soziale Kompetenzen einbringen für ein Ziel, das im Endergebnis ein ganz besonderes Erfolgserlebnis bescheren kann.

Viel Glück.

Literaturhinweise

Andler, Nikolai: Tools für Projektmanagement, Workshops und Consulting. Publicis, Erlangen 2009 (umfassende, praxisorientierte Sammlung von Tools)

Belbin, Meredith: Management Teams: Why they succeed or fail. Butterworth-Heinemann, Oxford 1996

Belbin, Meredith: Erfolg und Misserfolg. Bergander 1996

Berkel, Karl: Konflikttraining. Sauer: Heidelberg 2002 (Konfliktarten, -analyse, -bewältigung im Alltag; Arbeitsheft, macht verständlich, was Konflikte sind, wie sie entstehen usw.)

Briggs Myers, Isabel; Myers, Peter B.: Gifts Differing: Understanding Personality Type. Oxford Psychologists Press 1993

Briggs Myers, Isabel: An Introduction to Type: A Guide to Understanding Your Results on the Myers-Briggs Type Indicator: European English Version. Oxford Psychologists Press 2000

Burghardt, Manfred: Projektmanagement. 8. Auflage. Publicis, Erlangen 2008 (umfassende Darstellung des Themas Projektmanagement)

Cooper, Robert K.; Sawaf, Ayman: EQ Emotionale Intelligenz für Manager. Heyne: München 1998 (praktische Übungen und Methodik, mehr mit seiner gesamten Person inklusive seinen Gefühlen zu agieren)

Covey, Stephen R.: Die sieben Wege zur Effektivität. Prinzipien für persönlichen und beruflichen Erfolg. Gabal, Offenbach 2005 (Vermittler konkreter Anleitungen auf dem Weg zur sozialen Kompetenz)

DeMarco, Tom; Lister, Timothy: Peopleware – Wien wartet auf dich! Der Faktor Mensch im DV-Management. Hanser, München 1991 (exzellente Darstellung von SW-Projekterfahrungen)

Dörner, Dietrich: Die Logik des Misslingens. Strategisches Denken in komplexen Situationen. rororo, Hamburg 2003 (Ein Buch gegen das „Eunuchenwissen"; welche Fallen stellen einem in unserem Geschäft durchaus übliche komplexe Situationen und wie umgeht man sie?)

Drucker, Peter F.: Die Praxis des Managements. Econ, Düsseldorf 1998

Glasl, Friedrich: Konfliktmanagement. Haupt, Bern 1992 (ein umfassendes Buch, das viel zum tieferen Verständnis von Konflikten beiträgt)

Hersey, Paul; Blanchard, Kenneth (1986): Das Reifegradmodell. In: Wildemann, B. (2000): Professionell führen. 5. Auflage. Luchterhand-Verlag, Neuwied

Kepner, Charles H.; Tregoe, Benjamin B.: Entscheidungen vorbereiten und richtig treffen. Moderne Industrie, Landsberg am Lech 1998 (Klassiker der Managementliteratur, speziell auf Führungskräfte zugeschnitten, mit hoher Praxistauglichkeit)

Kummer, Walter A.: Projektmanagement. Leitfaden zu Methoden und Teamführung in der Praxis. Verlag Industrielle Organisation, Zürich 1989

Litke, Hans-Dieter: Projektmanagement. Methoden, Techniken, Verhaltensweisen. Hanser, München/Wien 2007

Malik, Fredmund: Führen Leisten Leben. Campus, Frankfurt/Main 2006 (Klassiker der Management-Literatur, speziell für Führungskräfte und deren Führungsalltag)

Maslow, Abraham: Motivation und Personality. Harper & Row: New York 1954

Noé, Manfred: Projektbegleitendes Qualitätsmanagement. Publicis, Erlangen 2006

Noé, Manfred: Crash-Management in Projekten, Publicis, Erlangen 2006

Staehle, Wolfgang H.: Management. Eine verhaltenswissenschaftliche Perspektive. 8. Auflage. Vahlen, München 1999

Schulz von Thun, Friedemann: Miteinander reden. Kommunikationspsychologie für Führungskräfte. Rowohlt, 2003

Wallmüller, Ernest: Software-Qualitätsmanagement in der Praxis. Hanser, München 2001

Watzlawik, Paul: Menschliche Kommunikation. Huber, Bern 2000 (ein Klassiker der Kommunikationspsychologie)

Weinert, Ansfried B.: Motivation. In: Gaugler, E., Weber W. (Hrsg.): Handwörterbuch des Personalwesens. Schäffer-Poeschel, Stuttgart 1992

Stichwortverzeichnis

A

Ablenkungen 233
Aktivität 50, 51, 68, 69, 86
Allgemeine Effektivitätsbereiche 36
ALPEN-Methode 54
Änderungen 82, 83, 84, 171, 244
Änderungsantrag 245
Änderungskontrollprozess 245
Änderungsmanagement 267
Änderungsmanagementprozess 84
Anforderungen 164, 165, 169, 171
Anforderungsdokumente 168
Anforderungserfassung 267
Anforderungsspezifikation 162, 170
Angst 67, 69
Annahme 86, 167
Arbeitsmethodik 50
Arbeitsphase 217
Arbeitszufriedenheit 210
Aufgabe 51
Ausgabenverfolgung 238
Autorität 210

B

Bauprojekte 23
Belastung 124
Berichterstattung 177
BGB 271, 272
Budgetierung 238
Bürokratie 233

C

Change Control Board 245
Claim Management 272
Coaching 70

D

Delegieren 79
Diktator 102
DIN 69901 26
DIN EN ISO 9000:2005 20
DIN ISO 9001:2000 274
Dynamischer Stil 124

E

Earned-Value-Analyse 237
Effektiv managen 229
Effektivität 18, 30, 31
Effektivität der Projektmitarbeiter 39, 40
Effektivitätsbereich 32
Effektivitätsmaßstäbe 32
Effizienz 30
Einfachheit 239, 242, 243
Einfühlungsvermögen 133
E-Mails 190
Empathie 133
Endbenutzer 155
Endkunde 156
Entscheidung 232, 244, 252
Entwicklungsmethode 234
Entwicklungsprojekte 23

Erfolgsmessung 34, 165
Erwartungen 164, 195
Eskalation 78
EVB-IT-Kauf 271
Experten 97, 99, 182, 227
Expertenbedarf 264
Expertenfähigkeiten 266
Externe Projekte 24

F

Fachliche Kompetenz 59
Fähigkeiten identifizieren 202
Feedback 145, 157, 160, 190, 197, 213
Feinfühligkeit 130
Forschungsprojekte 23
Fortschrittsüberwachung 237
Führung 113
Führungsaufgabe 26
Führungskräfte 226
Führungsmittel 27
Führungssituation 49
Führungsstile 46, 101, 115, 116
Führungstechniken 26
Führungsverhalten 6, 46, 96, 102

G

Gefälligkeitsapostel 111
Gefühlslage 137
Geldgeber 154
Generalist 261
Geschäftsanalyse 267
Geschäftsnutzen 92
Gesellschaftspolitik 44

Gewinner-Gewinner-Lösungen 128
Glaubwürdigkeit 126
Grenzen 260
Grundhaltungen 141

H
Humor 129

I
Integration 40
Integrationsstil 117, 118, 119
Interaktionen 147
Interne Projekte 24
Investitionsprojekte 24

J
Job Enrichment 212

K
Kneifer 110
Kommunikation 146, 181, 182, 185, 222, 224
Kommunikationsansatz 176
Kommunikationsmethoden 175
Kommunikationspartner 148
Kommunikationsplan 177
Kommunikationsplanung 176
Kommunikationsprozess 176
Kommunikationstechniken 193
Kommunizieren 174
Komplexe Dinge 184
Komplexität 239
Komplexitätsbeherrschung 240
Konfliktbewältigung 207
Konflikte 127, 216
Konfliktfähigkeit 136
Konfrontations- und Konfliktphase 216

Konsensphase, Kooperation und Kompromiss 217
Kosteneinhaltung 92
Kostensituation 234
Kostentrendanalyse 237
Kreative Persönlichkeit 96
Kreativität 96
Krisenfähige Persönlichkeitsmerkmale 138
Krisen-Management 136
Krisenresistenz 137
Krisensituationen 139
Kunde 28, 48
Kundenanforderungen 166
Kundenbedarf 172
Kundenbedürfnisse 49
Kundenberichterstattung 176
Kundenzufriedenheit 37, 231

L
Leadership 113
Leidenschaft 62
Leistungsbereitschaft 211
Leistungserbringung 35
Leistungsfähigkeit 211
Leistungsmöglichkeit 211
Leistungsstörung 272

M
Machbarkeit 275
Macho 104
Management by Objectives (MbO) 32
Managementaufgaben 236, 237
Manöverkritik 214
Maslows Theorie 38
Meilensteine 192, 238
Meilensteintrendanalyse 237
Mitarbeiterzufriedenheit 38

Motivation 208, 209, 210, 211, 212, 213
Myers Briggs Type Indicator 221

N
Nichtverlierer-Nichtverlierer-Lösungen 128
Normen 132
Nutzen 35
Nutznießer 155

O
Operatives Projekt 24
Ordnung 201
Organisation 231
Organisationsprojekte 23
Orientierungsphase 216

P
Parallele Aktivitäten 82
Pareto 52
Pareto-Prinzip 66
Passivität 68, 69
Perfektionist 108
Persönliche Entwicklung 218
Persönliche Grenzen 260
Persönlicher Effektivitätsbereich 40
Persönlichkeitsmerkmale 138
Pflichtverletzung 272
PMBOK Guide 26
PMI 26
Politisches Gespür 135
Positives Denken 124
Präsentation 179, 183
Präsentationsstile 185
Präsentieren 144
ProdHG 272
Projekt-/Arbeitsstruktur 49
Projektauftrag 165
Projektbegleitendes Qualitätsmanagement 274
Projektbegriff 20

Projektbesprechungen 56
Projektbeteiligte 47, 174
Projektbüro 273
Projektdefinition 165
Projektfortschritt 231
Projektgremien 146
Projektkontext 248
Projektkultur 113
Projektlaufzeit 230
Projektmanagement 26, 27
Projektmanagementausdrücke 183
Projektmanagementprozess 77
Projekt-Marketing 179
Projektorganisation 87
Projektplan 75, 169, 177
Projektplanung 75
Projektsitzungen 194
Projektstand 194
Projektstatus 192
Projektteam 98, 99, 200, 201, 208, 222, 224, 227
Projektteam auflösen 227
Public Relations 275

Q
Qualität 92, 204
Quantität 204

R
Reaktionen 68, 128
Respekt 126
Ressourcenverbrauch 230
Risiken 184, 246
Risiko 80
Risikobewusstsein 137
Risikoebene 80
Risikomanagement 247
Rollen 205

S
Sachverwalter 105
Schwache Reaktion 128

Selbstakzeptanz 66
Selbstbewusstsein 66
Selbstorganisation 69
Selbstvertrauen 64
Selbstwertgefühl 66
Sinnvermittlung 40, 141
Situation 122
Smalltalk 181
SMART 33
Soziale Kompetenz 140
Spezialist 260
Sponsor 154
Sprache 182
Stakeholder 29, 38, 85, 88, 150, 158, 176
Stakeholderanalyse 88
Stärke 65
Starke Reaktion 128
Statusberichte 237
Stilflexibilität 121
Stilmerkmale 120
Strategisches Projekt 24
Stressbewältigung 125
Systemintegration 269
Systemtest 269

T
Tagesplan 54
Team 214
Teamaufbau 214
Teamdynamik 220
Teamfähigkeit 216
Teamführung 139, 222
Teampolitik 220
Teamwork 140
Teilzeitkräfte 225
Termineinhaltung 92
Test 269
Therapie 70
Training 70
Trainingsseminare 71

U
Überbelastung 232
Umfang des Projekts 74, 89, 92
Unproduktive Zeiten 233

Unternehmenskultur 132
Unternehmerisches Denken und Handeln 61
Urteilsvermögen 72, 87

V
Verantwortung 137, 173
Verhalten 45, 133
Verhaltensmuster 201
Verhaltensregeln 202
Verhaltensweisen 65, 128, 215
Verhandlungen mit Lieferanten 270
Vernetzung 143
Vertrags- und Rechtsfragen 271
Vertragsmanagement 270
Vertrauen 124, 126, 127
Verwaltungsprojekte 23
Virtuelles Team 224

W
Wahrheit 193
Wahrheitsversion 194
Wahrnehmung 135
Wertvorstellung 132
Wir-Gefühl 40, 142, 215, 217
Wirtschaftlichkeit 275
Work Around 181

Z
Zeit 52
Zeitmanagement 44, 56
Zeitverluste 232
Ziel 26, 41, 51
Ziele 218
Zielsetzung 26
Zuhören 160, 161
Zweck 168

Manfred Noé
Crash-Management in Projekten
Vorbeugen, Erkennen, Analysieren und Überwinden von Konflikten und Krisen

2006, 253 Seiten,
32 Abbildungen, gebunden
ISBN 978-3-89578-269-5, € 32,90

Manfred Noé
Projektbegleitendes Qualitätsmanagement
Der Weg zu besserem Projekterfolg

2006, 320 Seiten,
60 Abbildungen, gebunden
ISBN 978-3-89578-270-1, € 39,90

Manfred Burghardt
Einführung in Projektmanagement
Definition, Planung, Kontrolle, Abschluss

5. Auflage 2007, 359 Seiten,
120 Abbildungen, 24 Tabellen, gebunden
ISBN 978-3-89578-301-2, € 39,90

Manfred Burghardt
Projektmanagement
Leitfaden für die Planung, Überwachung und Steuerung von Projekten

8., überarbeitete und erweiterte Auflage,
2008, 744 Seiten + 56 Seiten Beiheft,
351 Abbildungen, 101 Tabellen, gebunden
ISBN 978-3-89578-310-4, € 119,00

www.publicis.de/books

Walter Gregorc, Karl-Ludwig Weiner

Claim Management

Ein Leitfaden für Projektmanager und Projektteam

2., überarbeitete und erweiterte Auflage, 2009, 365 Seiten, 40 Grafiken und Beispiele, gebunden
ISBN 978-3-89578-335-7, € 49,90

Nicolai Andler

Tools für Projektmanagement, Workshops und Consulting

Ein Kompendium der wichtigsten Techniken und Methoden

2., überarbeitete und erweiterte Auflage, 2009, 309 Seiten, 109 Abbildungen, 40 Tabellen, gebunden
ISBN 978-3-89578-334-0, € 39,90

Sven Voelpel, Marius Leibold, Jan-Dirk Früchtenicht

Herausforderung 50 plus

Konzepte zum Management der Aging Workforce: Die Antwort auf das demographische Dilemma

2007, 292 Seiten, 23 Abbildungen, 13 Abbildungen, gebunden
ISBN 978-3-89578-291-6, € 32,90

Stefanie Widmann, Andreas Wenzlau (Hrsg.)

Moderne Parabeln

Eine Fundgrube für Trainer, Coachs und Manager

2008, 189 Seiten, gebunden
ISBN 978-3-89578-306-7, € 19,90

www.publicis.de/books